U0142314

醫護統計與
AMOS
分析方法與應用

楊秋月　陳耀茂　編著

序　言

在網際網路上享受漫無國界的瀏覽時，不使用個人電腦是行不通的。統計也是一樣，自己想要驗證所設想的模式時，當然要使用有效的統計工具。

「問卷調查進行之後要如何進行分析不得而知……」

「想以結構方程模式（Structural Equation Models）寫報告但是……」

在面臨解決各種問題時，手中有此工具書的人，想必可以減輕不安並能一面查閱一面使用，心中的「霧煞煞」可以一掃而光。

世間有許多事象，它們經常是複雜交織著。如想探索事象之間的因果關係時，試著使用結構方程模式來分析也是一個方法。譬如說，在什麼情境下醫護人員的好感度會提高呢？要改善什麼項目才會提高患者就醫的安全感呢？此癌症的預防篩選應以什麼作為訴求重點呢？……如果可以知道形成原因之要素並了解其構造時，不就有解決問題的線索與對策了嗎？

可是，不管是多麼高明的工具，如果不知道用法是沒有意義的。能活用它，並達成自己的目的時，它的價值才會受到肯定，也就是「有用才有價值」。本書提出 Amos 作為進行結構方程模式分析的工具，以工具的用法，以及從中所得到結果的判讀方法作為中心進行解說。盡可能排除數學式子，以具體的例子為中心來說明其使用步驟與解讀方法。

換言之，本書的立場是「雖然不甚了解車子的內部構造，但只要知道車子的適切操作方法就可以到達目的地」。首先，請在安全駕駛的原則下享受開車的樂趣吧。儘管路途有些曲折，只要能到達目的地，必然是快樂的旅行吧。

本書上篇主要是針對初次接觸 Amos 的人，從使用潛在變數到活用結構方程模式為止，利用實際數據依照步驟去練習的一本基礎教科書。下篇是有了基礎概念想進一步充分活用時可作為進階教科書。

關於結構方程模式分析的書，市面上出版有一些參考書，大都用數學方式解說，想實際應用結構方程模式去進行分析，可將本書當作學習的跳板，再參照其他的參考書加強學習。

　　學習結構方程模式的人（某種程度）能自由地設定 Amos 是最迷人的地方，但也有其難處。不妨一面依照步驟一面去練習克服困難，務必要能實際感受它的有趣之處才行。

　　結構方程模式（Structural Equation Modeling, SEM）是一門基於統計分析技術的研究方法學（statistical methodology），用以處理複雜的多變量研究數據的探究與分析。一般而言，結構方程模式被歸類於高等統計學，屬於多變量統計（multivariate statistics）的一環，但是由於結構方程模式有效整合了統計學的兩大主流技術「因素分析」與「路徑分析」，其應用範圍相當廣泛，並且與 SPSS 的用法、研究方法不同，近年來已普遍受到學術界的青睞。

　　關於結構方程模式分析的書，市面上出版有一些參考書，大都用數學方式解說，本書的特色則是嘗試以步驟別的方式去解說，步驟清晰，佐以圖解的方式去解讀，簡明易懂。想實際應用結構方程模式去進行分析，可將本書當作學習的跳板，再參照其他的進階書去搭配學習。

　　雖然心理學中使用 SEM 的頻率甚高，但近年來醫護界中尤其精神醫學、成人護理學等的探討與心理學有諸多雷同之處，因此，SEM 的使用方法、分析方法也逐日受到醫護學院、健康管理學院等學生們的採用。學習 SEM 不僅可催化學生們學習的樂趣，進而也可提高學生們研究的品質。

　　讀者在閱讀時，建議第一篇第 1 到第 7 章是必要的，其他各章包括下篇，則視研究的需要，可從中取材閱讀即可。

　　以路徑圖去理解模式，不單是進行所需的分析，也有助於理解事情的始末。而且，利用 SPSS 以外的方法如 Amos 進行分析時，將目前進行的分析要如何才能畫在路徑圖上，對此試著加以考察也有助於分析的推測。此外，對學習者來說，能閱讀路徑圖，也有助於加深論文的理解。

　　最後，不妨透過 Amos 來體驗此分析的奧妙之處，如能有助於解決問題更是令人感到欣慰的，並祝學習愉快。

楊秋月　陳耀茂
謹誌於大度山

CONTENTS 目　錄

上　篇

第1章　尺度的種類

「嘗試著蒐集數據，但使用這些數據要進行如何的分析才好……」

「一度嘗試著進行分析，但它的結果要如何解釋才好……」

在講習會的休息時間，這是講員時常被問及的問題。被大量的意見調查資料所圍繞，報告期限迫在眉睫卻束手無策。不太了解研究者過去所進行的分析方法，只是依樣畫葫蘆……。吃盡苦頭蒐集了數據，卻無法活用而感到苦惱的人似乎還真不少。

為了高明地活用數據，最重要的事情就是選擇合適的分析手法與解釋它的結果。本章是為了選擇合適的分析手法，確認應該要掌握的重點。

1-1　選擇分析手法的重點

查明以下 2 個重點，即可選擇能進行的分析手法。

⊃ Point 1　查明意見調查的目的或假設

進行意見調查或分析時，目的或假設可能有一個或多個。首先請查明它。它是探討數據的傾向呢？或是估計母體呢？依目的之不同必須要確認的統計量是有所不同的。

目的：是指想知道什麼？是為了什麼進行該調查或分析？

假設：使用述語明確地表示 2 個以上變數的關係。

譬如，假定使用〔企業歸屬意識〕與〔工作滿足感〕2 個變數。想了解

〔企業歸屬意識〕與〔工作滿足感〕是否有關係。

☞ 此時，雖然使用 2 個變數，但因為未明確定義它的關係性，因之無法成為假設。此情形相當於目的。

〔工作滿足感〕影響〔企業歸屬意識〕吧！

☞ 這是將 2 個變數的關係以因果關係明確定義，所以可以成為假設。依調查之性質沒有假設的情形也有，但目的是在分發問卷之前請先決定好。如此，不僅可以特定分析手法，問卷中應列入的詢問項目可以確定，而且可以有效活用有限的詢問項目。

Q 問卷中要列入何種的詢問項目（以下簡稱問項）才好呢？

A 雖然有些意外但被問及此問題還真不少。當然，依調查內容而有所不同。一概而論是不可能的。可是，掌握意見調查的目的即可減少無謂的詢問。譬如，某企業想「促銷商品 A」進行意見調查時，調查的最終目的是在於「提高商品A的業績」。此時，將顧客的〔年收入〕列入問項中，進行數據的蒐集。分析結果儘管可以使用〔年收入〕非常精確地預測〔購買意願〕，但進行銷售活動時，如果不知道顧客的〔年收入〕，那麼就無法使用該模式。不管精確度如何地好，無法達成〔提高商品 A 的業績〕之目標，該模式對企業而言只是「畫餅充飢」而已。將活用問卷的分析結果之觀點也包含在內，蒐集有效的資訊在企業管理上是製作「可以使用之模式」的重點所在。

譬如，
調查上司與部下之關係的目的是

◆ 想知道上司是屬於哪種類型？
◆ 哪種上司類型是會影響部下的公司歸屬意識呢？
◆ 想知道職種環境與職場滿足感有何種關係？

試著寫出時即可重新確認。
試著寫出您的調查、分析的目的是什麼？
調查的目的是

◆

◆

◆

如果是**有假設的調查**時，也把假設寫出是非常重要的。

調查的假設是

◆

◆

◆

⇒ Point 2　查明變數的尺度的種類

　　一個問項想成是具有一個資訊。所謂設定「你的性別是？」之問項，即為蒐集〔性別〕的資訊，將此資訊稱為變數。

　　變數的尺度有 4 種，選擇分析手法時，作為分析對象的變數尺度是哪一種呢？使它明確是重點所在。問卷的問項分別是何種類型的尺度呢？如能識別，可以說是選擇分析手法的最低條件。

　　依尺度的不同，為何可以使用的分析手法即有不同呢？那是因為取決於尺度的種類，其值所具有的資訊（特徵）即有不同。譬如，進行因素分析時，有計算上所需要的資訊，使用未具有該資訊之尺度類型的變數是不行的。

　　此處從資訊少的變數依序列舉，並整理它的特徵。

一點靈

至少如下分成 3 種之中的任一種，選擇分析手法時就不會困擾。

I. 名義尺度

II. 順序尺度

III. 數量尺度（間隔尺度與比率尺度）

在 SPSS 資料編集中的變數檢視的〔測量〕行中，儲存有這些尺度的種類，而此處即採取三者選一的方式。SPSS 中表示有〔名義〕〔順序〕〔量尺〕，而〔量尺〕是將間隔尺度與比率尺度一併表示。

○名義尺度（Nominal scale）──例：性別、所屬單位等

譬如詢問 A（男性），B（男性），C（女性）三人的性別，假定對男性分配 1 之值，女性分配 2 之值。

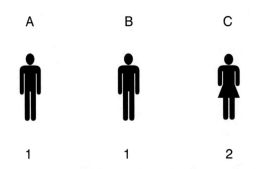

A 與 B 在性別的資料上均是 1〔1 = 1〕，亦即具有表示「性別相等」之關係的資訊。相對的，B 與 C 的性別資料是〔1〕與〔2〕，因之有〔1 ≠ 2〕之關係，從此資料可以得到「性別不相等」的資訊。將此種〔=〕或〔≠〕的資訊稱為「同一性」，名義變數只具有此資訊。

使用同一性的資訊可以計算的統計量是「眾數」（mode）。所謂眾數是指回答者人數最多的類（組），而且，以使用同一性的資訊可以分析的手法來說有 χ^2 檢定。此檢定是以屬性將被調查者分類後，為了觀察其比率的差異，如有同一性的資訊時，即可進行分析。

Q 觀察兩個名義變數的關係的方法是？想了解購買商品的種類（商品 A、商品 B、商品 C）是否因性別而有不同⋯⋯

A 目的明確之後，接著請確認用於分析之變數的尺度種類。此時使用的變數是〔性別〕與〔購買商品〕。這些只具有同一性的資訊，因之可以考慮進行 χ^2 檢定的方法。試著檢定是否可以捨棄虛無假設即「購買商品不依性別而有不同（〔性別〕與〔購買商品〕相互獨立）」。如果可以捨棄時，即成為「購買商品依性別是有不同的」。

⊃ 順序尺度（Ordinal scale）──例：馬拉松賽跑的抵達順位、好感度的等級等

譬如從 A 到 D 共四人進行馬拉松賽跑，試將抵達終點的順位當作數據儲存著吧。

假定 A 最先抵達終點是第 1 位，其次是 B 抵達終點是第 2 位，最後是 C 與 D 同時抵達終點均屬第 3 位。

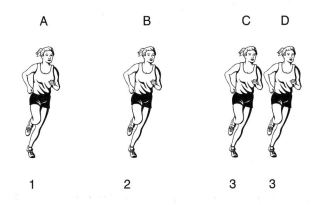

C 先生與 D 先生同時抵達終點，因之被分配相同的數值。知「3 = 3」的關係是成立的，且具有「同時抵達終點」的資訊。相對的，A 先生與 B 先生分別具有「1」與「2」的不同值，知「未同時抵達終點」亦即具有「≠」的資訊。像這樣，順序尺度與名義尺度一樣具有同一性的資訊。

在此「同一性」的資訊上再加上具有「順序性」的資訊是順序尺度的特徵。順序性的資訊可以表示成「>」「<」的關係。以本例來說，馬拉松賽抵達順序之值，愈小是表示「愈先抵達終點」的順序，因之不是名義尺度可以想成是順序尺度。像這樣，數值的大小關係具有順序的資訊，是與名義變數不同的地方。

基於具有順序性的資訊，可以將受調者重新排成數據值的大小順序（名義尺度時由於該數值的大小不具意義，即使進行重排後，重排的結果順序仍看不出其意義）。將數據按數值的大小順序重排後，位於正中位置之人的值稱為中央值。亦即，數據具有順序的資訊才有計算中央值此統計量的意義。

以使用順序的資訊的分析手法來說，有 Spearman 的順位相關係數，Mann-Whitney 的檢定，符號順位和檢定等。

Q 以 χ^2 檢定確認顯著差之後，要如何深入解釋才好呢？

在〔性別〕與〔購買商品〕進行 χ^2 檢定時，在 1% 水準下是顯著的，但購買商品依性別是如何的不同呢？

A 將〔性別〕（2 類）與〔購買商品〕（3 類）交叉時，可以得出 $2 \times 3 = 6$ 種組合類型。如想要有效果且有效率地進行促銷，了解哪一種組合類型會出現哪種的差異是重點所在，必須將它整理在報告書上。

可是，χ^2 統計量是將各類型的觀測次數〈註1〉與期待次數〈註2〉之差數量化之後，將它們之值全部合計，因之只有 χ^2 統計量與顯著機率（P 值）無法推導「如何不同」。是故，有顯著差時，按各主組合類型計算「標準化殘差」後查明「如何不同」之疑問是可行的。以絕對值觀察標準化殘差之值，愈大時，愈可判斷〔性別〕與〔購買商品〕有關係。

譬如，在「男性 × 商品 A」的組合類型中，如標準化殘差是「+2.0」，可以解釋「男性選擇商品 A 的比率較高」，「女性 × 商品 B」的類型中，標準化殘差是「−2.4」，可以解釋「女性選擇商品 B 的比率較低」。縱然是 1% 水準，在標準化殘差之值近似 0 的組合類型中，〔性別〕與〔購買商品〕想成沒有關係或許比較好吧。

➲ 間隔尺度（Interval scale）──例：氣溫（℃）、偏差值等

在順序尺度的例子中列舉馬拉松抵達順序，確認了數值的大小是表抵達終點的順序資訊。可是，只是順序性的資訊，不能說是數值的間隔相等，此點是要注意的。

〈註 1〉 實際作為數據被觀測的次數
〈註 2〉 虛無假設為真（購買商品依性別並無不同）時可以被觀測的次數。此可利用計算求出。

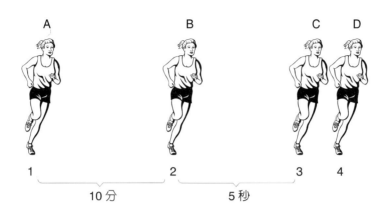

　　譬如，第1位與第2位之間有10分之差，第2位與第3位之間只有5秒之差。雖然不是等間隔而是從抵達終點的順序依第1位，第2位……分配數值，因之，第1位與第2位之差，第2位與第3位之差不能說相等，「1＋1＝2」的關係是不成立的。

　　相對的，除順位的概念以外具有間隔概念之尺度是數量性的數據。將此等間隔的資訊稱為「加法性」。間隔尺度是具有「同一性」、「順位性」、「加法性」的資訊。此處列舉氣溫（℃）作為間隔尺度的例子。

　　假定前天的氣溫是18℃，昨日的氣溫是19℃，今日的氣溫是20℃。

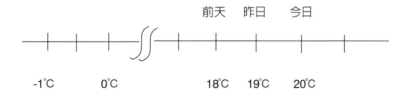

　　在〔氣溫〕的變數中，當被觀測出相同數值時，即為「氣溫相等」，具有同一性的資訊。並且，值愈小，「氣溫即愈低（冷）」，因之也具有順序性的資訊。可是，不僅如此，在攝氏的氣溫中，因為值是等間隔地被分配，因之「20－19＝1」亦即可以認為今日的氣溫比昨日的氣溫高1℃。而且「18＋2＝20」的計算也成立，能解釋今日的氣溫是前天的氣溫加上2℃。像這樣，由於加上加法性的資訊，即可使用「＋」或「－」的符號。

　　一般人都知道的平均值此統計量是將所有的數據合計後求出。換言之，可以使用「＋」的符號是計算平均值的條件，滿足此條件的尺度是「間隔尺度」

與後續會提及的「比率尺度」兩種。以使用加法性資訊的分析手法來說，有 Spearman 相關係數、t 檢定及變異數分析。

Q 李克特（Likert）尺度的種類是？

雖然是將〔滿意度〕以「5：非常滿意～ 1：非常不滿意」此 5 件法的 Likert 尺度蒐集數據，但尺度的種類是使用哪種的呢？

A 如有相同的回答時，滿意的程度即為相等，而且，值愈大，滿意度即愈強，因之也可以認為具有順序的資訊。另一方面，1 與 2 之差，2 與 3 之差並未保證相等，因之嚴格來說 Likert 尺度即為順序尺度。可是，在意見調查的場面中如果是 5 件法以上時，視為間隔尺度來分析的情形甚多。3 件法的情形不當作間隔尺度來處理是比較好。4 件法則是灰色區域（gray zone）。此後製作問卷時，如認為受調者可以識別 5 級的差異時，則採取 5 件法以上是可以的。但高齡者或未上學兒童等是調查對象時，使用 4 件法也不少。

⊃ 比率尺度（Ratio scale）—— 例：入場人數、身高、體重等

譬如，假定星期一的入場人數是 0 名，星期二的入場人數是 50 名，星期三的入場人數是 100 名。入場人數如果相等時則只有相同人數入場，如果是像 50 名與 100 名此種不相等的數值時，星期二與星期三的入場人數即不相等，因之具有「同一性」的資訊，並且，數目愈大入場人數就愈多，因之也具有「順序性」。

另外，星期二的入場人數加上 50 名即等於星期三的入場人數，亦即「50 名 + 50 名 ＝ 100 名」的關係成立，也具備有「加法性」的資訊。目前為止與間隔尺度是相同的，但比率尺度也具有「等比性」的資訊是特徵所在。是否具有等比性的資訊，0 的處理方式是不同的，在**比率尺度中的 0 是表示絕對的 0，什麼也不存在**。相對的，在未具有等比性資訊的**間隔尺度中的 0**，在等間隔地分配刻度的結果，以通過點來說 0 是會出現的，**並非絕對的 0**。

在氣溫中，0℃的溫度，並非氣溫不存在，而是存在有 0℃的溫度，再冷 1℃

時，即存在有 –1℃的氣溫，而在入場人數中的 0 名，是意謂「並無入場人數」，此點是不同的。

　　基於絕對的 0 是什麼也不存在的，因之即可使用 × 或 ÷。星期一的氣溫是 10℃，星期二的氣溫是 20℃時，星期一的氣溫加上 10℃的部分，意謂星期二的氣溫變熱，但星期二的氣溫是星期一的氣溫的兩倍熱卻不能如此計算。可是，如果是具有等比性資訊的入場人數的數據時，星期一的入場人數是 10 名，星期二的入場人數是 20 名時，星期二的入場人數是星期一入場人數的 2 倍，比率的計算似乎可以成立。

　　比率尺度的情形，可以使用所謂的統計手法。

各尺度具有的資訊

	尺度的種類	同一性 （＝ ≠）	順序性 （＞＜）	加法性 （＋ －）	等比性 （× ÷）
質的	名義尺度	○			
	順序尺度	○	○		
量的	間隔尺度	○	○	○	
	比率尺度	○	○	○	○

　　將 4 個尺度分別具有的資訊作成一覽表。名義尺度只具有同一性一個資訊，而比率尺度則具有從同一性到等比性 4 個資訊。

一點靈

　　此後蒐集數據時，建議盡可能以高層次（資訊多的尺度類型）來蒐集。比率尺度是含有同一性、順序性、加法性、等比性的資訊，但捨去等比性與加法性的資訊，亦即使用同一性與順序性的資訊時，即可切換成順序尺度。譬如，詢問〔年收〕並照樣當作數據保存時，它即為比率尺度。可是，將〔年收〕的數據分成「1：100 萬未滿」、「2：100 萬以上 300 萬以下」、「3：300 萬以上 500 萬以下」、「4：500 萬以上 800 萬以下」、「5：800 萬以上 1000 萬以下」、「6：1000 萬以上」的 6 個類別後，儲存在〔年收類別〕的新變數中時，該變數即為順序尺度。

　　將數據加工的作業，是指切換尺度的種類，也具有使之能對應各種分析手法的準備作業。相對的，將一度以順序尺度所蒐集的數據改成間隔尺度，只要不重新蒐集數據是不可能的。

　　由於意見調查無法重做，因之對此點需要注意。

1-2　問卷中間項的尺度種類

　　確認本書中用於分析的「上司與部下之關係的調查」之各問項，查明尺度的種類。SPSS 的變數檢視，因為是分成〔名義〕、〔順序〕、〔量尺〕，因之此處也分成 3 種類型的任一者。

問 1　請記入在目前的公司中的服務年數？

　　（　　　）年

☞ 服務年數是等間隔，工作 1 年以後如再工作 1 年時，即成為服務 2 年。因為有加法性的資訊，所以這是「量尺」。

問 2　請在目前的職位的符合項目中加上「○」記號。

　　1. 無

　　2. 主任級

　　3. 課長級

　　4. 部長級

　　5. 其他

☞ 依「5. 其他」的處理方式而有不同。1 到 4 是值愈大職位即愈高，因之如只使用此 4 類時，即為〔順序〕。可是，「5. 其他」因為並未保證比「4. 部長級」的職位還高，因之如包含此類別時，即成為〔名義〕。

> **問 3　目前的工作是隸屬於以下何者？**
>   1. 像總務，管理，人事之類的幕僚部門
>   2. 像營業的直線部門
>   3. 其他

☞ 部門中並未假定優劣時，由於只是分類，所以成為〔名義〕。

> **問 4　進公司時是屬於事務系統或是技術系統呢？**
>   1. 事務系統
>   2. 技術系統

☞ 因為只是分類，所以是「名義」。可是，不是分配 1、2 之數值，而是作成「0：事務系統」「1：技術系統」的 0、1 數據時，即可當作「量尺」來處理。

> **Q** 虛擬編碼（dummy code）化時應作成 0 的類別是？
>   想將〔抽菸的有無〕如 0、1 予以虛擬編碼化，但要將抽菸者與非抽菸者的何者作為 0 好呢？

A 在計算上，將任一類當作 0 並無不妥。但是，在作解釋時，因為解釋的方式是「由 0 的類別變成 1 的類別時……（0 → 1）」，因之如將作為基準的類別當作 0 時，就會容易理解。如考慮「由非抽菸者變成抽菸者的話……」時，將「0 當作非抽菸者」、「1 當作抽菸者」，在解釋分析結果時，變得比較簡單。

> **問 5　請記入年齡？**
>   （　）年

☞ 詢問年齡時即成為「量尺」，但是假定特定的類別如 20 歲以下，20 世代，30 世代等時，即為「順序」。

一點靈

　　與其詢問年代，不如詢問年齡，由於可以當作「量尺」來處理數據，因之分析手法的選擇範圍較廣。可是，依受調者的不同也有不喜歡年齡與年收等的記入。一般來說，年齡是女性較不願回答的，而男性則較不願回答年收。在意見調查中，「將缺損數據止於最少限度」亦即如何多蒐集有效回答也是重點所在，因之如可事先料到會有甚多的拒絕回答時，不要只局限於尺度的種類，從回答的容易性之觀點來考量它的詢問方法也是非常重要的。

問 6　性別是屬於何者？

　　1. 男

　　2. 女

☞ 如維持「1、2」那樣，即為〔名義〕，如「0、1」虛擬編碼化時，即可當作「量尺」來處理。

問 7　婚姻的狀況是屬於何者？

　　1. 已婚

　　2. 未婚

　　3. 其他

☞ 因為只是將婚姻狀況分類，所以是「名義」。

問 8　你的職場是屬於何種的場所。在符合的號碼中加上「○」記號。

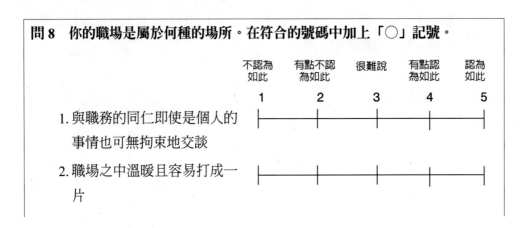

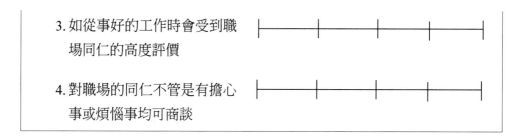

☞ 因爲是 Likert 尺度所以嚴格來說是「順序」，但因爲是 5 件法所以可當作「量尺」來處理。

　　確認此後想要分析的問項後，再進行尺度的分類吧。請將問項的名稱寫進以下的一覽表中。

名　義	順　序	量　尺
數值的大小不具意義，只是分類的變數	數值的大小有意義，但無法進行加算與減算的變數	數值是等間隔可以進行加算與減算的變數

總結

　　本章確認了選擇分析手法的重點所在。亦即查明目的或假設，以及掌握尺度的種類兩項。

　　目的或假設由於有所決定，應蒐集的資訊（數據）即可確定，並可找出適合驗證的分析手法。根據它，以符合分析手法的尺度種類來蒐集數據，即可製作出不會有無效的問卷。

輕鬆一下

➲ 用複製與貼上節省手續

　　我們在進行分析時，像 SPSS 或 Amos 等，使用 SPSS 產品的軟體甚多，而在製作問卷或報告書時，可使用 Word 或 Excel。特別是在製作問卷方面，當製作羅列有 Likert 尺度之項目的頁面時，可使用 Excel。第 1 行是列印在問卷上所需的連續號碼，第 2 行是詢問文，第 3 行以後當作回答欄來安排布置然後列印，然而，以 SPSS 的資料編集設定變數名稱或變數標籤時，也可活用 Excel 檔案。如 100 個項目、200 個項目，當問項增多時，光是在 SPSS 資料編集中定義變數名稱或變數標籤也是非常累人的作業。可是，事先以 Excel 製作變數名稱或變數標籤時，因為可以在 SPSS 資料編集的變數檢視中進行複製與貼上，因之可以節省將變數名稱或變數標籤輸入到資料檔案中的時間。

定義從變數名稱「q1_1」到「q1_5」時

　　在詢問文旁邊的行輸入「q1_1」（見下圖①），將游標移至方框右下角顯示黑十字符號後，再按住與拖移到第 5 行為止（見下圖②），自動的號碼被分配，完成從「q1_2」到「q1_5」為止的變數名稱（見下圖③）。

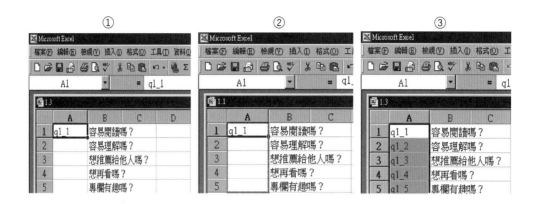

之後，複製 Excel 表上的變數名稱與變數標籤（見下圖④），選擇 SPSS 資料檔案的複製對象，然後只是貼上（見下圖⑤），完成如下圖⑥所示。

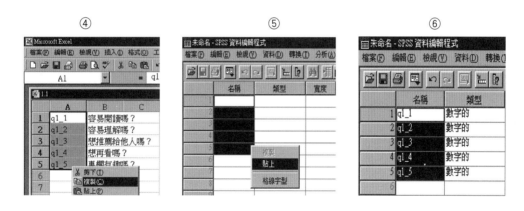

變數標籤也可以利用圖④至圖⑥的步驟複製。

第2章　Amos 操作方法

所謂 Amos 是指執行結構方程模式分析的一種軟體。

本書是使用 SPSS 與 Amos 作為分析的工具，但 Amos 的畫面構成與操作方法，卻與 SPSS 有相當多的不同，因之，本章說明 Amos 的畫面構成與操作方法。

2-1　何謂結構方程模式

手中如有問卷時，請看一下它的問項。除了〔性別〕或〔年齡〕以外，依調查的不同會有各種問項羅列著。只有 1、2 個問項的情形幾乎不存在。本書中所列舉「上司與部下的關係」的問卷，是使用 5 級法的 Likert 尺度，測量「對目前的工作的意識」或「對上司的意識」等，有關職場的認知只設定 8 項，在對上司的意識中則設定 42 項。基本上，由於「**問項 = 變數**」，因之存在許多的問項，就成為分析許多的變數。

Q 進行意見調查時，適切的問項數目是多少？

此後想要製作問卷，要有多少個問項才好？

A 並無絕對的基準。製作問項時，要注意不要造成受調者（回答者）在身體上、心裡上的負擔才好。儘管想了解各種事情，過度地增加問項就會造成受調者的負擔。結果，在中途會作罷，後半的問項幾乎未閱讀全部以「均可」來回答的情形也有。為了防止回收率或回答的品質降低，在進行正式調查之前，最好進行預備調查，先確認會造成多少的負擔。

以同時使用許多的變數進行分析的手法來說，有複迴歸分析或探索的因子分析。在過去有過分析意見調查數據的人之中，使用過這些手法的人也有不少吧。以往許多這些的統計手法，是將數據適配在已固定的數理模式再計算參數。

結構方程模式（**Structural Equation Models**）也是可以同時分析許多變數的一種統計手法，而分析者本身可以製作模式。因此，有以下的優點。

⊃ 結構方程模式分析的優點

優點 1 可以**探索**符合數據的模式。

優點 2 將調查計畫階段所考慮的假設當作模式來顯示，能以統計的方式**驗證**自己的假設是否與數據一致。

雖然是「以數理模式顯示假設」，但 Amos 並非以數式顯示模式，而是以「**路徑圖**」的視覺方式來顯示。因之，即使是對數式排斥的人，也可以比較簡單地製作模式，有此優點。

☞ 如模式並非路徑圖而是以數式顯示，也可以執行分析。

此情形當起動 Amos 時，請選擇 Program Editor。

2-2　在路徑圖中變數的種類與變數間的關係性

在結構方程模式分析的模式中，可以設定以下 3 種變數。

- **觀測變數**（Observed Variables）
- **潛在變數**（Latent Variables）
- **誤差變數**（Unique Variables）

此處先說明這些變數的意義、在 Amos 中的畫法，以及變數的關係性的顯示方法。

在製作 Amos 的 Smallwaters 的網頁上可以取得許多 Amos 或共變異數分析的資訊。

雖然有參數的限制，但想要免費下載 Student Version 時，可搜尋以下的網站：

http://amosdevelopment.com

⊃ 觀測變數

譬如，想測量 A 先生的〔體重〕時，如準備有體重計即可測量。如想測量〔身高〕時，使用身高計即可直接測量。如有像體重計或身高計此種「量尺」

時，那麼蒐集這些數據並非難事。

像這樣直接觀測（測量）現象，將數值化之後的變數稱為「觀測變數」。這些的數值資訊可以當作數據儲存。亦即，儲存在 SPSS 的資料編輯中的變數，全部均為觀測變數。

在 Amos 的軟體上以路徑圖繪製模式時，是以「**長方形**」來表示**觀測變數**。

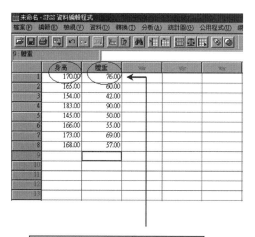

被輸入到 SPSS 資料編輯中的變數，均為觀測變數

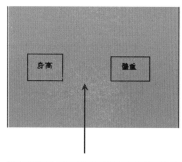

以 Amos 在路徑圖上繪製觀測變數時，是以長方形顯示。

⊃ 潛在變數

可是，想測量 A 先生具有的〔品牌印象〕或〔對職場同仁的意識〕時，直接測量這些是有困難的。像設定

> Q1「與職場的同仁可以無拘無束的交談嗎」
> Q2「如工作表現良好時，會受到職場同仁的高度評價嗎」
> Q3「與職場的同仁可以真心交談嗎」

等，與〔對職場同仁的意識〕有密切關係的數個問項，使用這些觀測變數的資料，試著取出〔對職場同仁的意識〕此種無法直接測量的**構成概念**。像構成概念無法當作實測值直接觀測者，在思考結構上成為重要要素的變數，稱為「**潛在變數**」。

在 Amos 的軟體上將潛在變數繪製在徑圖上時，是以「**橢圓形**」顯示。

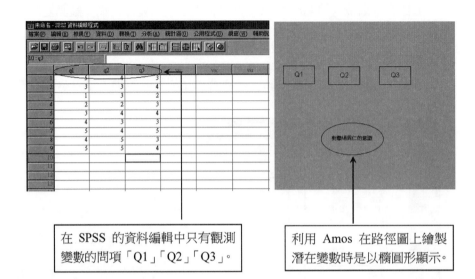

在 SPSS 的資料編輯中只有觀測變數的問項「Q1」「Q2」「Q3」。

利用 Amos 在路徑圖上繪製潛在變數時是以橢圓形顯示。

⇒ 誤差變數

與潛在變數一樣，以不具實測值的非觀測變數來說，尚有誤差變數。因為沒有實測值，所以在 SPSS 的資料編輯中，誤差變數是不存在的。

⇒ 變數間的關係性

在 Amos 的路徑圖上，以箭線顯示變數間的關係性。在變數間的關係性方面，有**因果關係**與**共變動**。

變數間假定**有因果關係**時，Amos 是以**單方向的箭線**顯示。箭線的方向是從獨立變數（成為原因的變數）向從屬變數（成為結果的變數）。

變數 A 與變數 B 間假定**共變動**時，Amos 在 2 變數間是畫**雙向曲線**。

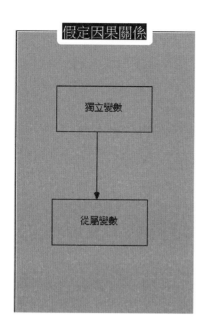
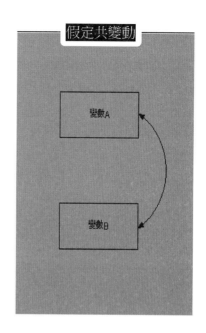

2-3　Amos Graphics 的畫面構成

起動 Amos 的方法有很多，本書因為是使用路徑圖製作模式，因之使用 Amos Graphics。

在 Windows 的開啓清單〔Amos 17〕之中，選擇〔Amos Graphics〕。

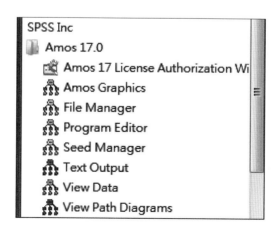

一點靈

為了啟動 Amos Graphics，當製作捷徑圖像時，右方按一下 Amos 檔案夾（folder）的 Amos Graphics CLI 檔案（file），選擇〔製作捷徑〕。

儘管安裝了 Amos，捷徑也無法自動製作。

➲ Amos Graphics 主視窗

Amos Graphics 主視窗是最先顯示的。此視窗是為製作路徑圖或執行計算所需的。

數個視窗縱列顯示。使用這些頁面，可以控制頁面顯示之切換、模式、組別。

於此處描繪路徑圖。即使路徑圖超出畫面中央框線也可以計算。
可是，超出的部分無法列印，所以在輸出時要注意。

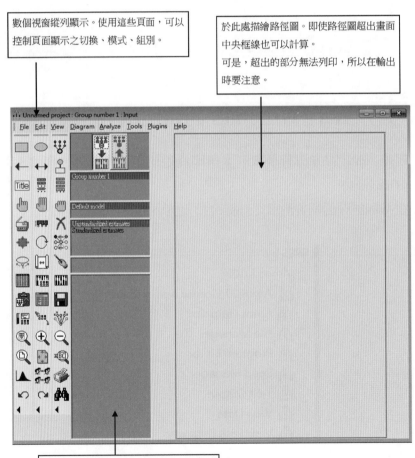

此稱為工具視窗。使用此處並列的工具圖像，描繪路徑圖或進行模式的操作。

Q 改變 Amos Graphics 主視窗之框線的方法？

想將縱長的框線改成橫長的框線但……

A 從〔顯示（view）〕清單之中，點選〔介面性質（Interface Property）〕，
〔頁面佈置（Page Layout）〕。可以指定〔縱方向（porteait）〕
（Default），〔橫方向（landscape）〕。

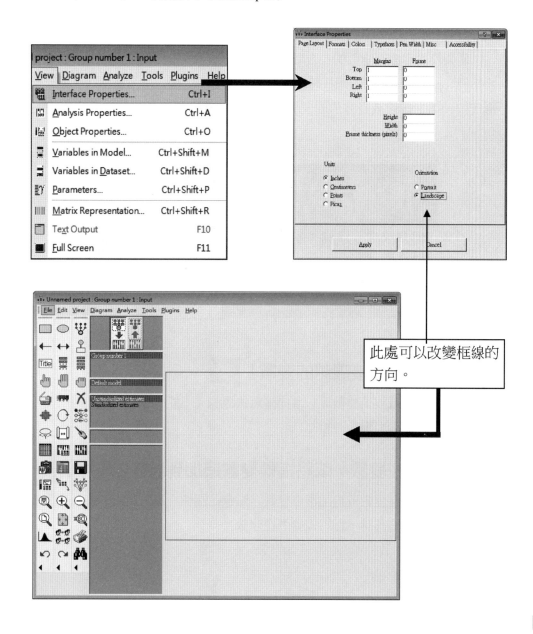

此處可以改變框線的
方向。

2-4　工具視窗的圖像

　　工具視窗是在 Amos Graphics 主視窗的清單之中，點選圖像時，按鈕即形成凹下狀態，即可執行它的指令。如再點選凹下的按鈕時，該圖像即恢復成原來的狀態，操作作業狀態即被解除。於操作 Amos 時，如使用這些圖像就會很方便。本節就各圖像進行說明。

➲【描繪被觀測的變數】

　　當製作顯示觀測變數的長方形時所使用。點選圖像，按扭變成凹下狀態後，將指針（pointer）移動到想描繪觀測變數的地方。以按一下及拖移即可描繪長方形（按一下之後變成長方形的左上角，拖移之後放開的地方變成長方形的右下角）。

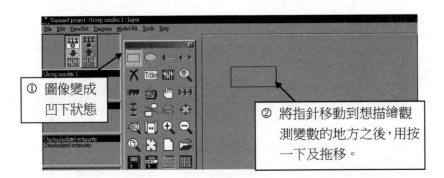

① 圖像變成凹下狀態

② 將指針移動到想描繪觀測變數的地方之後，用按一下及拖移。

➲【描繪未被直接觀測的變數】

　　像潛在變數或誤差變數等，當描繪無法觀測（不能實測）的變數時所使用。操作方法與描繪觀測變數時相同。

➲【描繪潛在變數，或將指標變數追加到潛在變數中】

　　可以描繪潛在變數或追加指標變數。點選此圖像之後，將指針移動到主視窗內，以按一下及拖移時，即可描繪潛在變數。

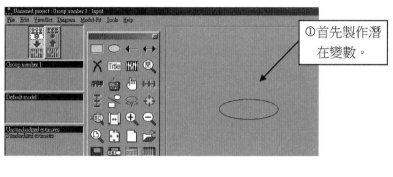

①首先製作潛在變數。

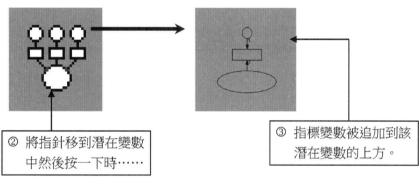

② 將指針移到潛在變數中然後按一下時……

③ 指標變數被追加到該潛在變數的上方。

——一點靈——

　　於規劃使用幾個問項來測量〔品牌印象〕或〔對職場同仁的意識〕之構成概念（潛在變數）的意見調查中，使用一組潛在變數與指標變數的情形甚多，如記住此圖像 🔲 是會方便的。有關指標變數的詳細說明，請參考第 5 章。

⊃【描繪路徑】（單向箭線）←

　　於變數間設定因果關係時可使用此圖像。點選此圖像後，從獨立變數到從屬變數以按一下及拖移，即可從獨立變數向從屬變數描繪單向箭線。

⊃【描繪共變異數】（雙向箭線）↔

　　於變數間設定共變動時，可使用此圖像。點選此圖像後，從一方的變數到另一方的變數以按一下及拖移，即可在兩變數間描繪雙向的曲線箭頭。

⊃ 【將固有的變數追加到既存的變數中】

在觀測變數或潛在變數設定誤差變數時所使用。點選此圖線之後,將指針移到想設定誤差變數的變數內側再按一下。按一下時,可以在原先的變數上側描繪誤差變數,如重複按一下時,即可按順時針的方向移動誤差變數的顯示位置。

☞ 想變更誤差變數的位置時,將指針放在貼有誤差變數的變數之中按一下。將指針放在誤差變數之中按一下時,就會對誤差變數再設定誤差變數。

⊃ 【圖形標題】 Title

讓標題在 Amos Graphics 主視窗的路徑上顯示時所使用。讓標題顯示模式名稱或適合度指標是可能的。點選此圖線之後,將指針移到想顯示標題的地方再按一下時,即可顯示〔圖形標題(caption)〕的對話框。

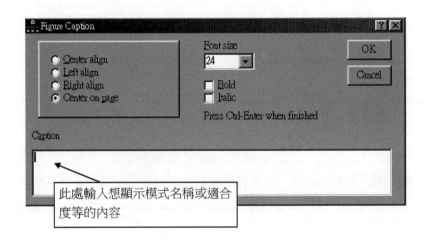

此處輸入想顯示模式名稱或適合度等的內容

⊃ 【一覽模式內的變數】

想在所描繪的路徑圖內一覽顯示所設定的變數時即可點選此圖像。打開〔模式內所含的變數〕視窗,即可在其中確認。

⊃ 【一覽資料組內的變數】

可以一覽用於分析之資料檔案內所包含的變數,打開〔資料內所含的變數〕視窗,即可在其中確認。

➲ 【每次選擇一個物件】

　　在路徑圖上選擇所描繪的變數或路徑（箭線）時所使用。點選此圖像按一下變數或路徑時，顏色即改變（Default 是綠色），顯示已被選擇的狀態。如再按一下所選擇的變數或路徑時，選擇狀態即被解除。

➲ 【選擇所有的物件】

　　於路徑圖上選擇所描繪的所有變數與路徑時所使用。

➲ 【解除選擇所有的物件】

　　解除所選擇的狀態時使用此圖像。因為是以所有的變數與路徑為對象，只想解除一部分時，可利用〔每次選擇一個物件〕的圖像。

➲ 【複製物件】

　　當複製主視窗上的變數時，使用此圖像。點選想複製的變數，拖移至想複製的地方再鬆開即可。

➲ 【移動物件】

　　想將主視窗上的變數或路徑的位置變更時，使用此圖像。點選想讓它移動的變數再拖移至想要移動的地點。路徑則可以變更箭頭的接觸對象。

➲ 【消去物件】

　　想消去主視窗的變數或路徑時所使用。點選此圖像之後，按一下想消去的變數或路徑。

➲ 【變更物件的形狀】

　　想變更變數的形狀或大小時所使用。將要變更大小的變數按住並拖移時，形狀或大小就會改變。

● 【迴轉潛在變數的指標變數】

讓追加在潛在變數的指標變數迴轉，可以變更顯示位置。將指針放在潛在變數上然後按一下時，指標變數即按順時針每次迴轉 90 度。

● 【反轉潛在變數的指標變數】

想讓在潛在變數上所設定的指標變數之位置反轉時所使用。將指針放在想讓指標變數的位置反轉的潛在變數上，然後按一下。

● 【移動參數值】

可以變更模式上所顯示之估計參數的位置。不管是在執行計畫之前或執行之後的哪一個路徑圖均可使用，點選想讓位置移動而帶有參數之變數或路徑時，因為是以四角形顯示參數的顯示位置，因之拖移至想顯示的位置。

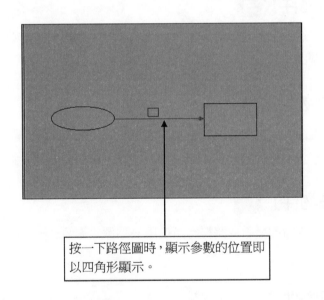

按一下路徑圖時，顯示參數的位置即以四角形顯示。

● 【在畫面上移動路徑圖】

可以變更主視窗上所顯示之框線的位置。附帶的，已經畫好的路徑圖也會在視窗內移動。點選此圖像之後，在框線內移動指針，以按一下及拖移即可執行。

⊃ 【修整】

將接觸變數的路徑的顯示位置予以修整（touch up）。按一下想將路徑修整之變數即可執行。

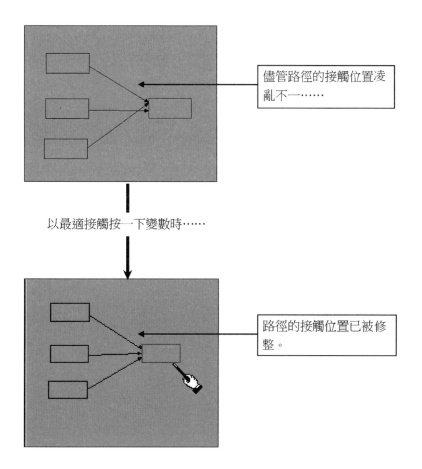

儘管路徑的接觸位置凌亂不一……

以最適接觸按一下變數時……

路徑的接觸位置已被修整。

⊃ 【選擇資料檔】

執行分析時為了指定使用的資料檔而顯示的「資料檔」對話框。

⊃ 【分析的性質】

為了指定所要計算的統計量或計算方法等而顯示的〔分析的性質〕的對話框。

⊃ 【計算估計值】

點選此圖像時即可執行計算。

⊃ 【將路徑圖複製到剪貼簿上】

可以將所描繪的路徑圖貼在剪貼簿上。想將路徑圖複製在其他的應用軟體時可以使用，但要注意只能在框線內複製。

⊃ 【Text 輸出的顯示】

以正文（text）形式顯示輸出的圖像。

⊃ 【物件的性質】

可以開啓〔物件的性質（object property）〕的對話框。使用此對話框，可以在各變數或各路徑上設定變數名稱或變數標籤、參數的固定、顯示字型或大小的指定等。點選此圖像顯示對話框之後，按一下想進行指定的變數或路徑。

未選擇路徑圖內的變數或路徑時

選擇路徑圖內的變數或路徑時

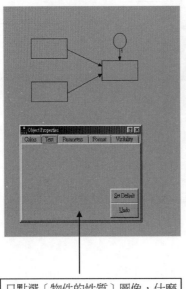
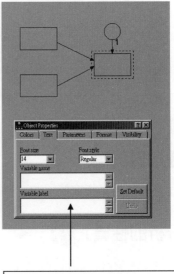

只點選〔物件的性質〕圖像，什麼也未顯示。

以虛線圍起所選擇的變數之同時，可以顯示該變數的性質設定頁面。

⊃ 【將性質在物件間拖移】

將任意的變數或路徑上所設定的字型（Font）或大小可以複製到其他的變數上。也可以將變數的顯示位置使之排列。不是複製所有的資訊，只是複製使用者所指定的內容。按一下複製來源的變數或路徑，拖移至想複製的變數上。

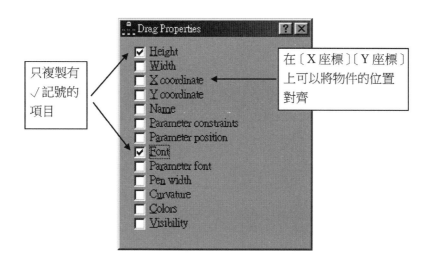

只複製有
√記號的
項目

在〔X座標〕〔Y座標〕
上可以將物件的位置
對齊

──── 一點靈 ────

關閉此對話框時，即使進行點選與拖移也無法執行複製的動作。請在顯示對話框之下執行操作。

⊃ 【保存對稱性】

可以將潛在變數與所附隨的指標變數當作一組來處理。點選此圖像之後，如進行複製或移動時，並非以變數單位而是以一組單位執行複製或移動。

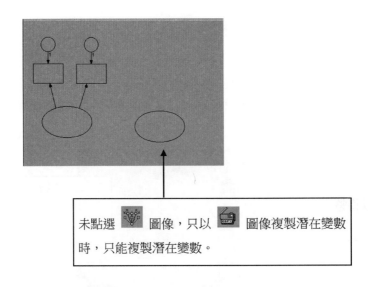

未點選 圖像，只以 圖像複製潛在變數時，只能複製潛在變數。

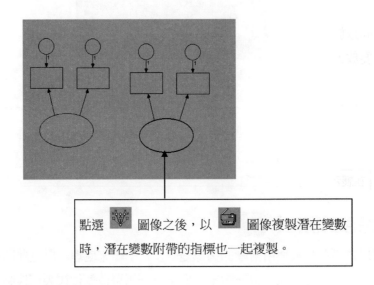

點選 圖像之後，以 圖像複製潛在變數時，潛在變數附帶的指標也一起複製。

● 【擴大選擇領域】

想將路徑圖上的特定領域擴大顯示時所使用。點選此圖像之後，以按住及拖移來指定想擴大顯示的範圍。

⊃ 【路徑圖的部分擴大】🔍

點選此圖像時，路徑圖即被擴大顯示，重複點選即可使擴大的倍率增大。

⊃ 【路徑圖的部分縮小】🔍

點選此圖像時，路徑圖即被縮小顯示，重複點選即可使它的倍率縮小。

⊃ 【將整頁顯示在螢幕上】🔍

可以將整頁顯示在螢幕上。

⊃ 【將路徑圖擴大 / 縮小使符合頁面】

將路徑圖收納在框線內。

⊃ 【以放大鏡檢查路徑圖】

如同以放大鏡來看特定的場所那樣可以使之擴大顯示。點選圖像後，將指針移到想要放大顯示的的地方。

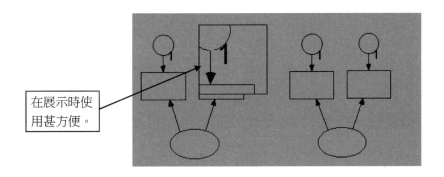

在展示時使用甚方便。

⊃ 【貝氏估計】

進行貝氏估計時所使用。在〔分析性質〕中勾選〔估計平均值與截距〕之後按一下〔貝氏估計〕的圖像時，即自動開始抽樣。

● 【數組分析】

進行多母群體的同時分析時，使用此圖像後即可在數個群體中以對應的狀態對參數自動命名。

〔數組分析〕圖像的詳細用法請參閱第 8 章。〔物件性質〕的預設是〔所有組〕，當多母群體時如使用〔plugin〕清單中的〔Name Parameter〕時，即使是不同的群體也可對參數設定相同名稱而變成了等值限制。如可高明的搭配使用〔數組分析〕與〔Name Parameter〕時，分析會變得輕鬆。

● 【自由度的顯示】 DF

點選此圖像時，出現〔自由度〕的對話框，可在執行計算前確認路徑圖上的自由度與參數個數。

● 【連結所選擇的物件】

一併處理特定的變數時所使用。使用〔每次選擇一個物件〕之圖像，將想要一併處理的變數全部選擇之後，點選〔連結所選擇的物件〕圖像，即可恢復成選取狀態。

● 【列印所選擇的路徑圖】

點選此圖像，即可出現〔列印〕的對話框。

● 【還原】

點選此圖像，可以將路徑圖還原到前一步驟的作業狀態。

● 【重做】

點選此圖像，可以將回到前一個作業狀態的頁面再回到原來的頁面。

● 【探索式模型特定化】

模式中使用的變數已確定，其結構被假定而想要以探索的方式檢討要設定幾個路徑時，可使用〔探索式模型特定化〕。在 Amos Graphics 主視窗中繪出路徑

圖後使用此圖像時，即開啓〔探索式模式特定化（Specification Search）〕視窗。

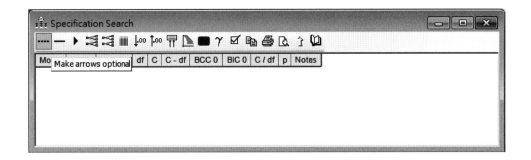

　　使用此視窗的〔設定選擇性的箭線（Make arrows optional）〕圖像時，是否
要假定路徑呢，指定想要比較的路徑後再執行時，它的比較結果即在〔探索式模
型特定化〕視窗中以一覽表的方式顯示。

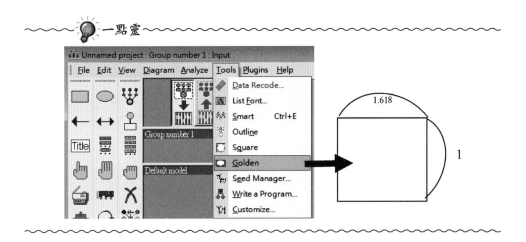

總結

　　本章說明了 Amos 的路徑上可以設定的變數與路徑之後，進行了頁面的構成
與圖像的說明。使用調查數據進行結構方程模式分析時，如將路徑圖當作模式
（數式）來建立的話也許是足夠的。可是，製作外表美觀的路徑圖，在進行展示
或發表時或許是需要的。一點一點地增加圖像的活用而能及早作出有魅力的路徑
圖時，Amos 不也變得駕輕就熟嗎？

輕鬆一下

⊃ 即使強制結束也沒關係

　　只要一忙時，個人電腦的狀況就顯得特別奇怪，或今日之中必須將分析結果加以整理，但在儲存分析結果前卻強制結束了……陷於欲哭無淚的經驗是否有過呢？6 頁的原稿未加儲存而消失時，誰都曾發呆 10 秒，約 5 分左右遠離現場的經驗，從此之後工作中就會特別留心儲存。以 SPSS 分析時，雖然「勤勉」的儲存是很重要的，但沉迷於分析時也會忘記。此時如果強制結束的話……，事實上 SPSS 的作業履歷是以 SPSS syntax command 儲存在其他的檔案中。藉著使用該檔案，即可使之前的作業與結果重現。檔案的位置是使用 SPSS 資料編輯的編輯清單中的〔選項〕即可確認及變更（見下圖①）。在〔檔案位置〕的欄標（Tab）中，請確認〔階段作業日誌登載〕的方框（見下圖②）。

①

②

　　初始值（Default）是點選〔附加（P）〕儲存。附加儲存時，安裝 SPSS 之後的作業履歷全部保留在日誌登載檔中。但若點選〔覆寫（T）〕儲存時，每次啓動 SPSS，以前的作業紀錄就會被刪除。亦即，想要在「強制結束之後使用日誌登載檔（J）重現之前的作業」時，一旦讓 SPSS 重新啓動就會無法重現，因之在啓動 SPSS 之前必須使用 Explorer 等變更檔名。

　　當變更儲存位置時，使用〔瀏覽〕按鈕。附帶一提，每次分析或每個案件都更換日誌登載檔儲存，每個案件都保留作業紀錄。「由於仍是以相同的意見調查蒐集數據，希望與前次進行相同的分析」每當有此需求時，只要執行該日誌登載檔分析作業即結束，可以縮短大幅的時間。

第3章　相關係數

　　以表示變數間之關係的方法來說，可以舉出相關係數，此處使用 SPSS 與 Amos 解說輸出方法。每次蒐集數據後也許會立刻想要嘗試進行多變量分析，但在此之前先探討數據的特徵也是很重要的。

3-1　觀察關連性

　　譬如，想到「年齡與年收之間是否有線性的關係呢？」爲了驗證它，乃蒐集數據，進行分析。

　　首先，要確認分析所使用的變數。本例舉出〔年齡〕與〔年收〕2 個變數。所謂 2 個變數之間有關係（有關連性），是指其中的一方的變數有變動時，另一方的變數也隨著變化，亦即呈現共變動。本例，因爲是列舉〔年齡〕與〔年收〕2 個變數，當〔年齡〕變化時，〔年收〕也變化一事，需要以統計的指標來表示。像這樣，列舉數個變數確認它的關連性時，是使用相關的概念。

⊃ 相關係數的種類

　　爲觀察相關的強度而使用相關係數，但相關係數也有各式各樣。有各種能應用的尺度種類，記住它之後有助於探索合適的分析手法。

①分割係數
②ϕ(phi) 係數　　　　⎫
③Cramer 的關連係數　⎬ 處理的變數是名義尺度時
　　　　　　　　　　　⎭
④Kendall 的 τ_b
⑤Kendall 的 τ_c　　⎫ 處理的變數是順序尺度時
⑥Spearman 的順位相關係數
⑦Pearson 的相關係數—處理的變數是量尺度時（間隔尺度或比率尺度）

此處請再確認分析的目的與尺度的種類。

分析的目的：年齡 與 年收 是否有線性的關係呢？

尺度的種類：量尺 × 量尺

因為是列舉 2 個量尺，確認其相關作為目的，因之可以考慮使用 Pearson 的相關係數。

☞ 在變數間的關係性方面，有線性關係與非線性關係。**Pearson 的相關係數是觀察線性關係強度的指標**，無法確認非線性關係的強度。

首先，製作**散佈圖**確認是否有線性關係之後，再判斷是否可以使用 Pearson 的相關係數。

3-2　何謂線性的關係

當觀察變數的相關性時，立即想到 Pearson 相關係數的人或許不少吧。可是，請不要忘了 Pearson 的相關係數是表示線性關係的指標。

所謂線性關係是指隨著某一方之變數的值在增加，另一方變數之值也隨之增加或減少的一種直線關係。

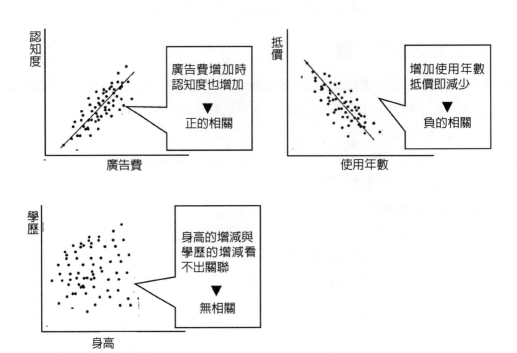

Pearson的相關係數(r)是在+1～−1的範圍之間。相關係數的符號如為+時，表示右上的正關係，符號如為−時，表示右下的負關係。相關的強度亦即 2 個變數間有何程度的關係是以絕對值來判斷。絕對值愈接近 1，表示愈強的線性關係，愈接近 0，表示愈弱的線性關係。

Q 相關的強度是如何表現的呢？
此後必須在報告中加以整理但……

A 一般來說，以如下的規定來表現的居多。

$0 \leq |r| \leq 0.2$	幾乎沒有相關
$0.2 \leq |r| \leq 0.4$	稍微（弱）有相關
$0.4 \leq |r| \leq 0.7$	有相當的（中程度）相關
$0.7 \leq |r| \leq 1$	有強烈相關

當表現成「稍微」時是與「相當」的表現成對使用，「弱」則是與「中程度」成對使用。請注意不要將這些表現混淆。

3-3　利用 SPSS 的 Pearson 相關係數

Section 3 是在
查明「 年齡 與 就業年數 」
是否有相關的目的下使用 SPSS 進行分析。
一面對照自己的數據一面閱讀的讀者，請使用數據中的變數，記入目的看看。
「查明 　　　 與 　　　 是否有相關」。
☞ 當依照 Section 3 所表示的操作步驟執行時，一面讓它與此四角形的種類一致一面進行。

⇒ 步驟 1：製作散佈圖

想確認是否有相關的變數，是像 年齡 與 就業年數 那樣的尺度時，製作散佈

圖後再以視覺的方式確認。

步驟1 選擇〔統計圖〕清單的〔歷史對話記錄〕中的〔散佈圖／點狀圖〕。

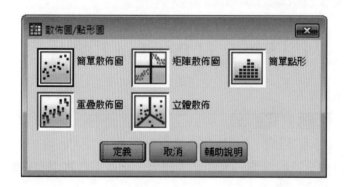

步驟2 選擇「散佈圖」對話方框中的〔簡單散佈圖〕，按一下「確定」鈕。

〜〜一點靈〜〜

「簡單」是只使用2個量尺變數，「矩陣」、「重疊」、「立體散佈」是使用3個或以上的量尺變數。譬如，使用「年齡」「年收」「儲蓄」3個變數時⋯⋯。

「矩陣」：以所有的組合類型（「年齡」×「年收」，「年齡」×「儲蓄」，「年收」×「儲蓄」，「年收」×「年齡」，「儲蓄」×「年齡」，「儲蓄」×「年收」）製作簡單散佈圖，將這些散佈圖以矩陣表示。

「重疊」：將數個變數放入 X 軸或 Y 軸製作 1 個散佈圖時所使用。假定，X
軸放入「年齡」，Y 軸設定成「年收」與「儲蓄」時，「年齡」
×「年收」的散佈圖與「年齡」×「儲蓄」的散佈圖可重疊成一
個散佈圖表示。使用此散佈圖可以以視覺的方法確認隨著年齡的
增加，年收增加的傾向，以及隨著年齡的增加，儲蓄額增加的傾
向。

「立體」：在 X 軸、Y 軸、Z 軸分別各設定一個變數即可製作 3 次元的散佈
圖。

步驟 3 出現有「簡單散佈圖」的對話框。

將 年齡 放入 X 軸，將 就業年數 放入 Y 軸，按一下 確定。

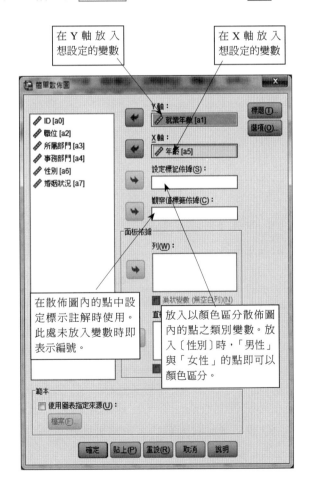

步驟 4　在 SPSS 檢視視窗上所表示的散佈圖中要確認以下幾點。

散佈圖中至少應確認的點是：

Point 1　有無偏離值或異常值？

Point 2　是線性關係或是非線性關係？

Point 1　有無偏離值或異常值

必須確認想使用的數據能否用於分析。特別是使用統計量調查線性關係時，儘管有一個偏離值或異常值時，統計量之值即有變大的可能。

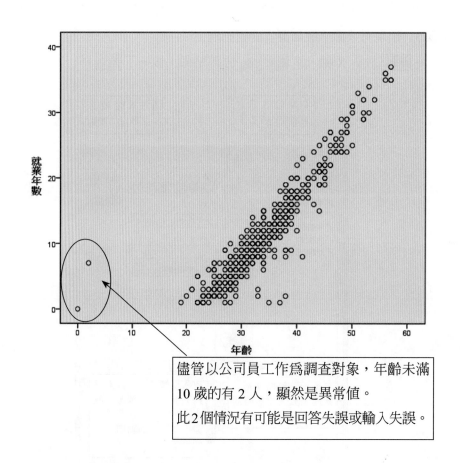

儘管以公司員工作爲調查對象，年齡未滿
10 歲的有 2 人，顯然是異常值。
此2個情況有可能是回答失誤或輸入失誤。

處理方法是重新檢視問卷的回答，已確認是輸入失誤時，重新正確地再輸入。另外，問卷的確認作業如有困難時，可將數據從分析扣除。

一點靈

描繪在散佈圖上的點，想確認是屬於哪一個觀察值的點時，如使用〔點的識別〕就會很方便。按二下已作成的散佈圖，開啟圖表編輯視窗，按一下〔點的識別〕鈕。

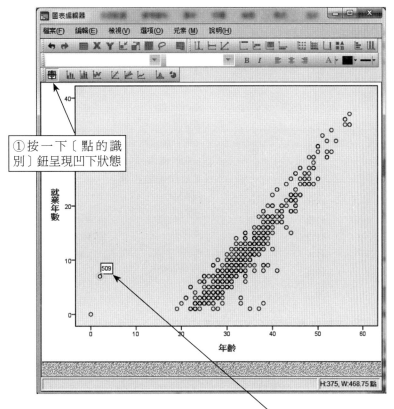

①按一下〔點的識別〕鈕呈現凹下狀態

②按一下想確認觀察值號碼的點時，在資料編輯中 SPSS 會自動出現所分配的觀察值號碼。

504	4116	6	無	基礎部門	事務系達公...	29
505	4117	25	課長級	基礎部門	事務系達公...	47
506	4118	14	課長級	直線部門	事務系達公...	38
507	4119	15	課長級	直線部門	事務系達公...	36
508	4120	10	主任級	直線部門	事務系達公...	32
509	4121	7	主任級	基礎部門	28	2
510	4122	9	無	基礎部門	事務系達公...	31
511	4123	5	其他	基礎部門	事務系達公...	29
512	4124	8	無	基礎部門	事務系達公...	31

觀察 SPSS 的觀察值號碼 509 時，年齡〔a5〕是 2 歲。

Point 2   是線性關係呢？或是非線性關係呢？

觀察散佈圖時，可以確認是右上的線性關係。此數據的情形，當判斷 年齡
與 就業年數 2 變數的關係強度時，Pearson 相關係數可以說是妥當的手法吧。

⊃ 步驟 2：輸入 Pearson 相關係數

步驟1   從〔分析〕的清單中選擇〔相關〕的〔雙變數〕。

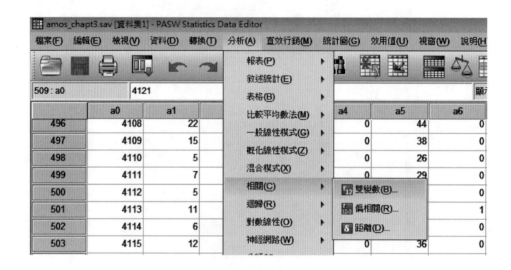

步驟2   出現「雙變數相關分析」的對話框。

步驟 3　在變數的方格中輸入 年齡 與 就業年數。

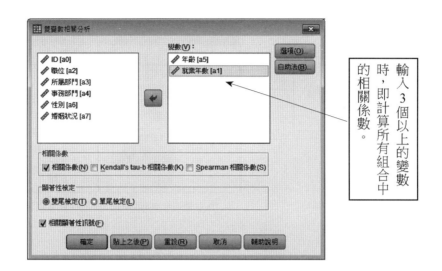

輸入 3 個以上的變數時，即計算所有組合中的相關係數。

步驟 4　按一下 確定 鈕即執行分析。

相關

		年齡	就業年數
年齡	Pearson 相關	1	.933**
	顯著性 (雙尾)		.000
	個數	636	636
就業年數	Pearson 相關	.933**	1
	顯著性 (雙尾)	.000	
	個數	636	637

**. 在顯著水準為0.01時 (雙尾)，相關顯著。

　　自動出現的「相關係數」表，在一個方格中表示出「Pearson 相關」、「顯著性 (雙尾)」、「個數」3 個統計量。編輯作業簡單，各統計量可整裡在一個方格中。

步驟 5 請將「相關」表按兩下。

按兩下時表即以斜線圍起，形成可編輯狀態。

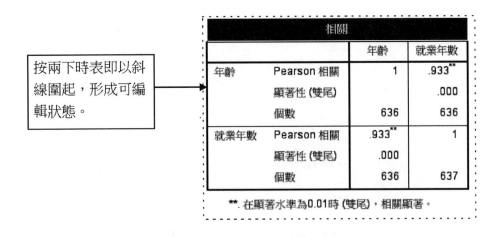

相關		年齡	就業年數
年齡	Pearson 相關	1	.933**
	顯著性 (雙尾)		.000
	個數	636	636
就業年數	Pearson 相關	.933**	1
	顯著性 (雙尾)	.000	
	個數	636	637

**. 在顯著水準為0.01時 (雙尾)，相關顯著。

另外按兩下的同時，會出現 pivot tray。

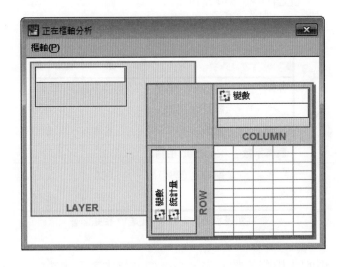

☞ 未出現 pivot tray 時，請在輸出的「pivot」清單之中的「pivot tray」 按一下。

使用 pivot tray 的 記號，可將設定在表的行與列的項目按照所喜歡的方式重新排列或更換。各記號所表示的項目如以下與表的排列順序一致。

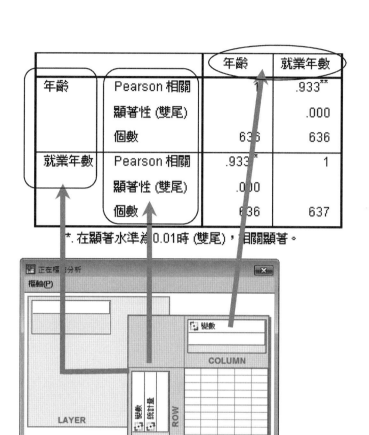

		年齡	就業年數
年齡	Pearson 相關	1	.933**
	顯著性 (雙尾)		.000
	個數	636	636
就業年數	Pearson 相關	.933**	1
	顯著性 (雙尾)	.000	
	個數	636	637

*. 在顯著水準為0.01時 (雙尾)，相關顯著。

步驟 6 將列的項目「變數」與「統計量」更換看看。

變數　　　統計量

		年齡	就業年數
年齡	Pearson 相關	1	.933**
	顯著性 (雙尾)		.000
	個數	636	636
就業年數	Pearson 相關	.933**	1
	顯著性 (雙尾)	.000	
	個數	636	637

**. 在顯著水準為0.01時 (雙尾)，相關顯著。

以按住及拖移的方式更換 pivot tray 的 [icon] 記號。

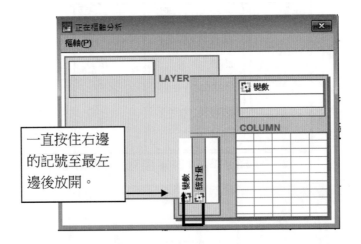

連帶地相關係數表的排列順序也發生變化。

統計量　　　變數

		年齡	就業年數
Pearson 相關	年齡	1	.933**
	就業年數	.933**	1
顯著性 (雙尾)	年齡		.000
	就業年數	.000	
個數	年齡	636	636
	就業年數	636	637

**. 在顯著水準為0.01時 (雙尾)，相關顯著。

　　方格是按統計量加以整理。當使用許多的變數輸出相關係數時，進行此種編輯，即可簡單容易查看。

　　解除編輯狀態時，請在表周圍的斜線外側按一下。編輯作業確定之同時也回到輸出檢視視窗。

---━◎ 一點靈 ━

　　使用 SPSS 計算分割係數、Phi 係數、Cramer 關連係數、Kendall 的 τ_b，Kendall 的 τ_c 時，點選〔分析〕清單然後選擇〔敘述統計〕之中的〔交叉累計表〕。在〔交叉累計表〕的對話框中按一下〔統計〕時，即可選擇這些係數。

3-4　輸出結果的判讀方法

● 重點 1：觀察〔個數〕

個數中出現有計算所使用的觀察值的數目。

		年齡	就業年數
Pearson 相關	年齡	1	.933**
	就業年數	.933**	1
顯著性 (雙尾)	年齡		.000
	就業年數	.000	
個數	年齡	636	636
	就業年數	636	637

**. 在顯著水準為0.01時 (雙尾)，相關顯著。

　　在資料檔案內輸入有 638 個觀察值（cases）的數據，當計算〔就業年數〕與〔就業年數〕的相關係數時，所使用的觀察值數目是 637 個，有 1 個遺漏的情形。如〔就業年數〕或〔年齡〕的回答有遺漏時，會將它除外。另外，計算〔就業年數〕與〔年齡〕的相關時，所使用的觀察值數目亦為 636 個。〔就業年數〕或〔年齡〕的數據有 2 個遺漏的情形。

　　雖然資料檔案中的觀察值數目有很多，而用於分析之變數的數據有甚多遺漏的情形時，分析使用的觀察值數目就會減少。並且，當分析對象的觀察值數目大幅減少時需要注意。發生遺漏有某種的傾向時，從分析結果所判讀的內容與現實就會發生差距（如果是隨機發生遺漏時就不會有太大的問題）。

　　譬如，以女性職員為對象進行調查時，從中所解讀的結果，可當作所有女性職員的特徵與傾向。使用該數據分析的結果，認為年齡與就業年數有強烈相關

時，一般是將它當作所有女性職員的傾向來解釋。可是，40 歲以上的女性對年齡的問項有不回答的傾向，許多 40 歲以上的年齡數據可視爲遺漏。此時以 30 世代爲止的數據來計算相關係數，因之〔年齡〕與〔就業年數〕有線性關係之結果，必須當作 30 世代爲止的女性傾向來解釋。不管使用哪種優越的分析手法，數據中的群體（樣本）與欲估計之群體（母群體）如有偏離時，就無法進行優良的推測。

> **Q** 女性不會回答年齡是眞的嗎？

A 不能說一定，但認爲有此傾向的人有不少。不限於年齡，年收也是拒絕回答的諸多項目之一，1 歲或 2 歲的差異從調查的目的來想是否重要呢？要經常回到「是爲了什麼進行調查呢？」的基本面來想想看。如果沒有特別的需要時，與其讓人記入年齡的方法，不如將年齡以一定間隔區分，先使之分類再讓人選擇的方法比較好吧！以尺度來說過於局限於層次高的尺度變數而造成不能蒐集數據或有偏差，而無法達成本來的目的時，調查就喪失了它的意義了。

⊃ 重點 2：觀察〔Pearson 的相關係數〕

從散佈圖可以得知〔年齡〕與〔就業年數〕的關係是否線型。而且，使用國內企業 265 名的數據所計算出來的 **Pearson 相關係數**，以掌握**關係的強度**。

		年齡	就業年數
Pearson 相關	年齡	1	.933**
	就業年數	.933**	1
顯著性 (雙尾)	年齡		.000
	就業年數	.000	
個數	年齡	636	636
	就業年數	636	637

**.在顯著水準爲0.01時 (雙尾)，相關顯著。

　　〔年齡〕與〔就業年數〕的 Pearson 相關係數是 0.933，因為略微接近 | 1 |，因此可知略微有強的相關。又，因為符號是 +，故知是**正的相關**，即〔年齡〕增加〔就業年數〕也增加。

　　Pearson 相關係數是使用保存在資料檔案中的數據所輸出的。以本例來說，不過是表示曾協助意見調查的 636 名職員的〔年齡〕與〔就業年數〕的關係，不能說是表示母體〔國內企業的所有職員〕的傾向。

　　觀察 Pearson 的相關係數，為數值的大小感到一喜一憂之前，有需要驗證可否用於估計母體。因 SPSS 預設的輸出是將〔顯著機率〕一併表示。此說明如後述，在〔Pearson 的相關係數〕0.933 帶有 1 個星號。另外，在相關係數表之下有註釋，帶有 **2 個星號**時，知是 **1% 顯著**。如果 **5% 顯著**時，則只帶 **1 個星號**。

⊃ 重點 3：觀察〔顯著機率〕

　　不只是 Pearson 的相關係數也要確認顯著機率。

　　不管是在哪一種檢定手法中都存在虛無假設與對立假設，虛無假設是成立「＝」的關係，對立假設是成立「≠」的關係。

　　在此檢定中的假設是

　　虛無假設（H_0）：母體的相關係數 = 0
　　對立假設（H_1）：母體的相關係數 ≠ 0

　　「相關係數為 0」是指完全沒有線性的關係。亦即，所謂**虛無假設的「母體的相關係數 = 0」**是意謂 **2 個變數在想估計的母體中完全沒有線性的關係。**

　　計算檢定中的機率是以虛無假設為前提來進行的。

　　亦即，假定母體（國內企業所有職員）中的〔年齡〕、〔就業年數〕的相關係數是 0。此事以「虛無假設為真」來表現。可是，從樣本（調查中回答的國內企業職員 636 名）計算出 0.933 的相關係數。有人認為「真的想成母體的相關是 0 可以嗎？」，另外，其他的人也許認為「不，因偶然所計算的統計量是有變動的，因之沒有必要加上母體是 0 的前提條件，不是嗎？」

　　母體中的相關係數是要設 0 或不設 0……這是有無線性關係的最大差異，不能主觀地判斷，因此，可使用機率客觀地進行判斷。

　　當母體中的相關是 0 時，在樣本中此相關係數計算因偶然所產生的機率即為顯著機率。可是，在觀察中顯著機率之前存在有必須事先決定之值。它即為顯著

水準。

所謂顯著水準是捨棄作為前提的虛無假設的水準。因之使用 5% 水準的很多，本書中以 5% 作為顯著水準。**顯著機率在 0.05 以上時接受虛無假設，如未滿 0.05 則接受對立假設。**

		年齡	就業年數
Pearson 相關	年齡	1	.933[**]
	就業年數	.933[**]	1
顯著性 (雙尾)	年齡		.000
	就業年數	.000	
個數	年齡	636	636
	就業年數	636	637

因未滿 0.05，故捨棄虛無假設，接受對立假設。

**. 在顯著水準為 0.01時 (雙尾)，相關顯著。

一點靈

儘管在 5% 或 1% 下是顯著，但相關係數之值不一定要在 | 0.8 | 或 | 0.9 | 以上。此顯著機率是驗證相關係數是否為 0，並非驗證相關的強度（相關係數值的大小），即使接受相關係數不為 0 的對立假設，而相關的強度未滿 | 0.2 |，有可能成為「幾乎沒有相關」的結果。

SPSS 的預設是表示雙邊檢定中的機率。將雙邊檢定中之顯著機率之值變成一半，即為單邊檢定中的顯著機率之值。

又，在〔雙變數的相關分析〕之對話框中，也可以切換表示單邊檢定的機率。

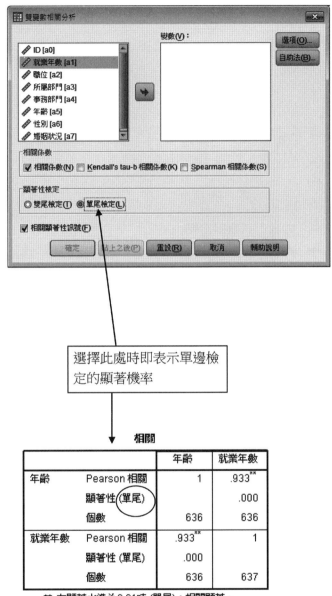

選擇此處時即表示單邊檢定的顯著機率

相關

		年齡	就業年數
年齡	Pearson 相關	1	.933**
	顯著性 (單尾)		.000
	個數	636	636
就業年數	Pearson 相關	.933**	1
	顯著性 (單尾)	.000	
	個數	636	637

**. 在顯著水準為0.01時 (單尾)，相關顯著。

3-5　利用 Amos 的相關分析

與 Section 4 一樣，使用 Amos 分析 年齡 與 就業年數。按如下的步驟進行：
①指定資料檔，②製作路徑圖，③輸出的表示。

◯ 步驟 1：指定資料檔

步驟 1　啓動 Amos Graphics

　　指定最初用於分析的資料檔。請在工具列視窗中點選 ▦〔選擇資料檔〕圖像。

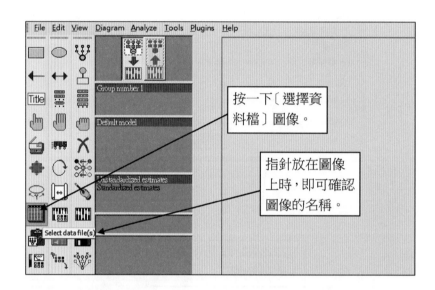

步驟 2　出現〔資料檔〕對話框。使用此對話框指定資料檔。

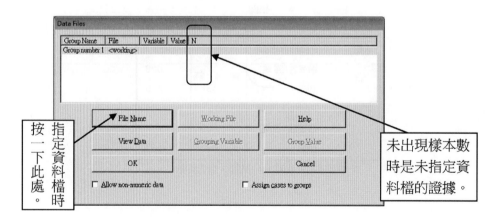

步驟 3 按一下〔檔名〕出現〔開啟〕的對話框。

指定讀入的檔案種類。

選擇資料檔的種類後，指定相符的檔案。Amos 除了 SPSS 的資料檔以外，可直接讀入 Excel 或 Forpro file、Text file 等來執行分析。

步驟 4 確認〔樣本數〕行所表示的觀察值個數正確之後，按一下 OK 。

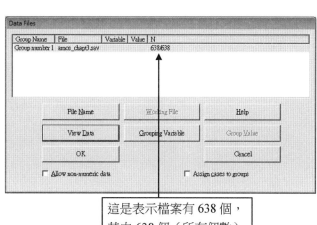

這是表示檔案有 638 個，其中 638 個（所有個數）成為分析的對象。

⇒ 步驟 2：製作路徑圖

以路徑圖表示設定年齡與就業年數的相關模式，因 年齡 與 就業年數 是觀測變數，故以四方形表示。相關是以雙向箭頭連結兩變數後模式即完成。

藉由製作如下的路徑圖，在 年齡 與 就業年數 之間假定相關的模式即可形成。

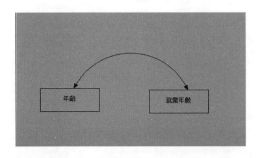

步驟 1　爲了製作觀測變數，按一下▭〔描繪觀測變數〕，圖像即形成凹下狀態，然後移動指針。按住及拖移即可畫出表示觀測變數的長方形。

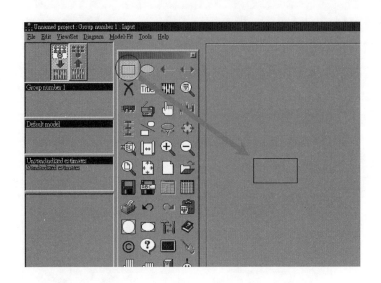

步驟 2　爲了確定此長方形是表示哪種變數，要指定變數名稱。

由於「觀測變數 = 資料檔內的變數」，因之請記住「長方形的變數 = 指定

資料檔內的變數」。如設定與資料檔內的變數名不一致，是無法執行分析的。因之，有需要注意變數名稱的指定。

為了確認資料檔中的變數，按一下工具列視窗的 ▦〔一覽資料組內的變數〕圖像。

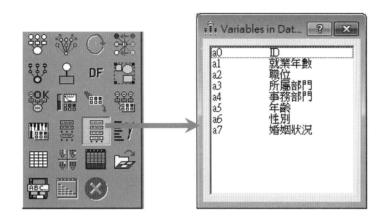

步驟3 出現有〔資料組所含的變數（Variables in Dataset）〕視窗。此視窗會列出表示所指定的資料檔內的變數名稱與變數標籤。此視窗不僅確認變數名稱，也可以用拖住及拖移指定觀測變數的變數名稱。

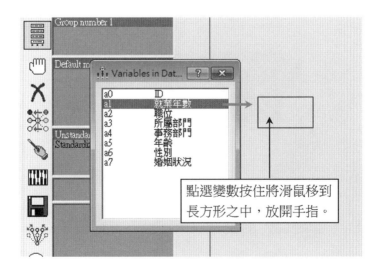

點選變數按住將滑鼠移到長方形之中，放開手指。

步驟4 就業年數是在繪出長方形的圖形後再指定變數，但使用〔資料組所含的

變數〕視窗，也可同時進行長方形的製作與變數的指定。

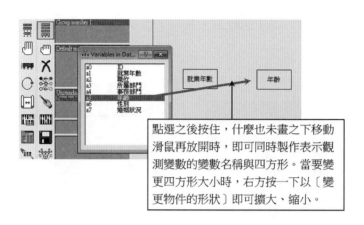

點選之後按住，什麼也未畫之下移動
滑鼠再放開時，即可同時製作表示觀
測變數的變數名稱與四方形。當要變
更四方形大小時，右方按一下以〔變
更物件的形狀〕即可擴大、縮小。

步驟5 在〔年齡〕與〔就業年數〕間設定相關，是意指〔年齡〕變動時〔就
業年數〕也變動的共變動。將相關設定成模式時，使用 ↔ 〔畫共變異
數〕圖像，在 2 變數間設定雙向箭頭。

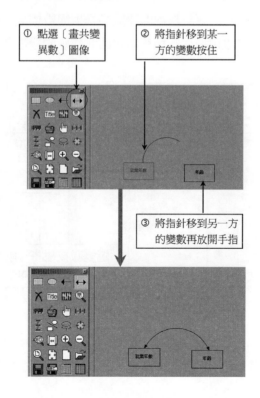

① 點選〔畫共變
異數〕圖像

② 將指針移到某一
方的變數按住

③ 將指針移到另一方
的變數再放開手指

一點靈

　　由左邊的變數向右邊的變數設定雙向箭頭時，曲線向上，相反的，由右邊向左邊畫雙向箭頭時，曲線向下。曲線的方向是順時針。

步驟6　以路徑圖畫好模式時，使用〔分析的性質〕對話框設定要輸出的統計量。

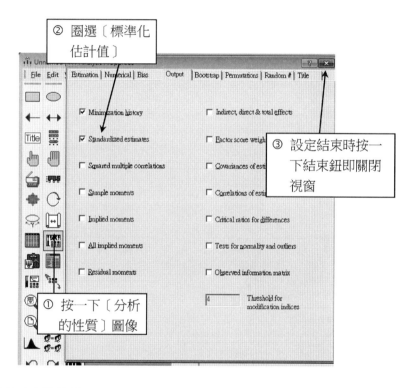

② 圈選〔標準化估計值〕

③ 設定結束時按一下結束鈕即關閉視窗

① 按一下〔分析的性質〕圖像

　　當輸出**相關係數**時，在輸出欄標（Tab）中勾選〔**標準化估計值**〕，未進行此作業時（Default），只表示 2 個變數的**共變異數**，所以要注意。

步驟7　在模式的製作與輸出的結束之後，即執行計算。請按一下 ▦ 〔計算估計值〕圖像。

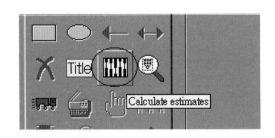

步驟8　在執行計算前，Amos 想將該模式當作檔案儲存。因此，畫出路徑圖之後才執行計算時，會開啟指定儲存檔案名稱的對話框。

② 按一下〔存檔〕時才執行計算

① 加上任意的檔名

一點靈

　　一度加上檔名執行計算之後，如再將該模式加以變更後再次執行時，立即執行計算不會詢問儲存的檔名。這是因為進行覆寫儲存的緣故。想將最初的模式與重作的模式兩者當作檔案儲存時，於執行計算之前，請加上新的名稱後再儲存。

步驟9　計算執行前與計算執行後，顯示不同的地方是〔模式〕視窗與〔計算摘要〕。如點選 ▦ 〔計算估計值〕圖像時，要確認〔計算摘要〕視窗是否計算結束，在〔模式〕視窗判斷估計值是否計算出來。

計算前　　　　　　　　計算後

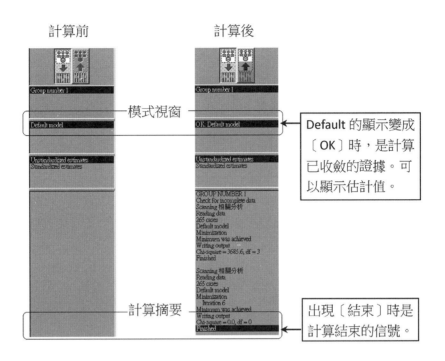

模式視窗

Default 的顯示變成〔OK〕時，是計算已收斂的證據。可以顯示估計值。

計算摘要

出現〔結束〕時是計算結束的信號。

Q 如出現〔模式的適合發生失誤〕……路徑圖正確畫出但計算卻停止。

A 是否出現有〔為了分析遺漏的觀測變數，必須估計平均值與截距〕的顯示呢？儘管有遺漏數據仍然照樣分析時，就會出現此信息，分析就會停止。將遺漏數據除外進行分析，或者打開〔分析性質〕對話框中的〔估計〕Tab，在〔估計平均值與截距〕處勾選後再執行。但是，指示〔估計平均值與截距〕進行分析時，由於有幾個未計算出來的適合度指標，所以要注意，另外，除去遺漏數據後進行分析時，建議要對發生遺漏的類型進行充分的檢查。

⊃ 步驟 3：輸出的表示

　　Amos Graphics 視窗不僅製作路徑圖，也可在路徑圖上表示所估計之值。可是，執行計算之後，〔模式的顯示〕視窗並未切換成〔OK〕時，即無法顯示估計值，因之要注意。

步驟 1　顯示估計值的切換是使用〔估計值顯示〕視窗。

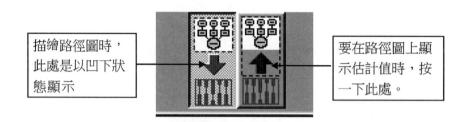

描繪路徑圖時，此處是以凹下狀態顯示

要在路徑圖上顯示估計值時，按一下此處。

步驟 2　可以在路徑圖上表示未標準化估計值與標準化估計值。如表示〔未標準化估計值〕時，會顯示出〔年齡〕的變異數、〔就業年數〕的變異數、〔年齡〕與〔就業年數〕的共變異數。

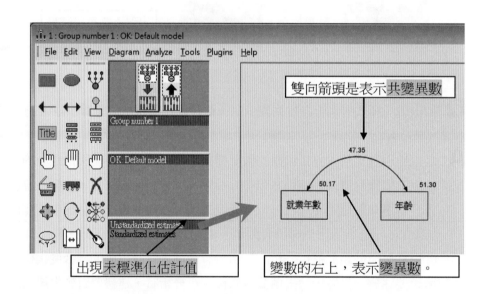

雙向箭頭是表示共變異數

出現未標準化估計值

變數的右上，表示變異數。

步驟 3　如切換成〔標準化估計值〕時，即可表示出〔年齡〕與〔就業年數〕的相關。

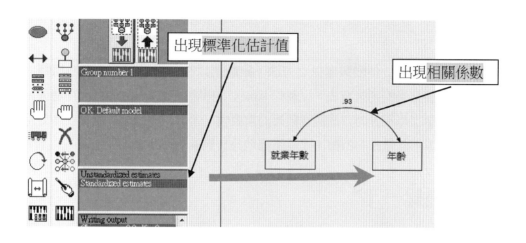

出現標準化估計值

出現相關係數

一點靈

在〔分析性質〕的輸出 Tab 的〔標準化估計值〕處未勾選之下即執行計算，即使將顯示切換成標準化估計值仍然毫無表示。

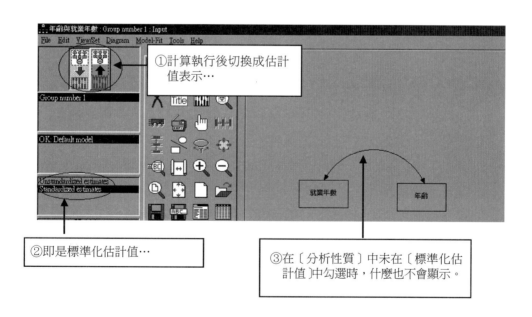

①計算執行後切換成估計值表示…

②即是標準化估計值…

③在〔分析性質〕中未在〔標準化估計值〕中勾選時，什麼也不會顯示。

總結

　　本章以觀察 2 個變數關係之方法，確認了以 SPSS 輸出 Pearson 的相關係數的方法與其結果的判讀方法，以及以 Amos 的相關設定方法。並且，在進入分析之前，也舉出以視覺的方法觀察數據的重要性。當取得數據時，雖想立即分析，但好好的掌握該數據的特徵，才能正確地分析與解釋。

 輕鬆一下

○ 計算結果是否一致

　　SPSS 不光是使用〔相關分析〕對話框，也可使用〔因子分析〕對話框輸出相關矩陣（選擇〔分析〕→〔資料分解〕→〔因子分析〕，在〔敘述統計〕的子對話框中勾選〔係數〕）。有時候 SPSS 的使用者會問道：「使用〔相關分析〕對話框所計算出來的結果，與使用〔因子分析〕對話框所計算的結果並不一致！何者較爲正確？」。任一者均無錯誤。結果不一致的理由是在於**遺漏值的應付方法**有所不同而已。使用〔相關分析〕對話框時，遺漏值的處理方法有〔成對方式排除〕與〔完全排除遺漏值〕，預設值是形成〔成對方式排除〕（見下圖①）。因之，使用由變數 A 到變數 D 執行相關分析時，計算變數 A 與變數 B 的相關時，即使變數 C 與變數 D 的數據是遺漏值，其情況也當作分析對象。

　　可是，如確認〔因子分析〕對話框的〔選項〕子對話框時，可知〔完全排除遺漏值〕成爲預設值（見下圖②）。因之從變數 A 到變數 D 所有的數據齊全的情況才是分析的對象，像這樣，遺漏值處理方法的預設值有所不同，因之計算結果即不一致，並非軟體的問題。如果是些微不同並不會有問題，但有相當的不同時，最好如第 3 章所列舉的那樣，要對樣本的偏差實施檢查。

①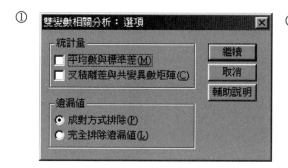
②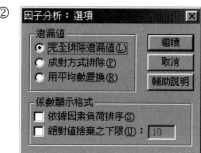

補充

⊃ 偏相關

所謂偏相關是指機率變數有 3 個時，在 x，y，z 中，去除 z 之影響後，2 個變數 x，y 之相關。變數間的相關分別設為 r_{xy}，r_{yz}，r_{xz} 時，偏相關係數 $r_{xy,z}$ 可用下述例題求之。

那麼，試以實際的數據考慮偏相關之意義。使用圖 3.1 的「體力數據」。

	A	B	C	D	E	F
1	rowtype_	varname_	結婚年數	50m賽跑	年齡	
2	n		50	50	50	
3	corr	結婚年數	1			
4	corr	50m賽跑	0.875	1		
5	corr	年齡	0.901	0.923	1	
6	stddev		1.534	0.750	2.794	
7						

圖 3.1　參資料檔「co3 strength.xls」

數據概要　以 20 世代到 40 世代的男性 50 人為對象，就生活狀況與體力所調查的虛構數據

變數「結婚年數」：（x）

「50 米賽跑」：50 米賽跑的時間（y）

「年齡」：（z）

由圖 3.1 知，「結婚年數」與「50 米賽跑」有甚高的相關，高達 0.875。這可以解釋為結婚的年數愈長，運動的機會即減少，50m 賽跑的時間即增加（變慢）嗎？此處，試就第三變數即「年齡」看看。「結婚年數」與「50 米賽跑」均與「年齡」分別有高的相關。因之，年齡改變，隨之結婚年數與 50 米賽跑的時間即改變，結果，「結婚年數」與「50 米賽跑」之間即可看出高的相關，如此解釋不是很自然嗎？那麼，以下列之例題計算偏相關看看。

> **例題**
>
> 　　以圖 3.1 的相關矩陣為依據，去除「年齡」的影響，試求「結婚年數」與「50 米賽跑」之相關。

偏相關係數由 $r_{xy} = 0.875$，$r_{yz} = 0.932$，$r_{xz} = 0.901$，得

$$r_{xy,\,z} = \frac{0.875 - 0.901 \times 0.923}{\sqrt{\left\{1 - (0.901)^2\right\}\left\{1 - (0.923)^2\right\}}} = 0.260$$

偏相關係數 0.26，去除「年齡」的影響，「結婚年數」與「50 米賽跑」的相關為 0.615，也降低了（＝ 0.875 - 0.26）。所謂去除「年齡」的影響，是指「年齡」相同的人之間的比較。亦即，意指在「年齡」相同的條件下的「結婚年數」與「50 米賽跑」的相關。如本例題，儘管「結婚年數」與「50 米賽跑」的兩變數間無相關，反映「年齡」的影響在外表上的相關即高，稱為假相關。

其次，以 Amos 確認以手計算求此例題的結果看看。Amos 是畫出如圖 3.2 的路徑圖，執行多變量的迴歸分析及可求出偏相關。所謂多變量迴歸分析是指基準變數有 2 個以上的迴歸分析。

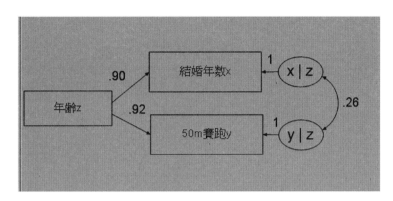

圖 3.2 偏相關的圖示（「標準化估計值」）

在圖 3.2 中，去除「年齡」影響後的「結婚年數」以 x｜z 表示，去除「年齡」影響後的「50m 賽跑」以 y｜z 表示。因此，「結婚年數」與「50 米賽跑」之偏相關即為 x｜z 與 y｜z 之相關。之後，與上例同樣的步驟分析看看。分析的結果 x｜z 與 y｜z 之相關的估計值是 0.260。手計算也好，Amos 也好，偏相關均為 0.260，但 Amos 可以簡單求出。

上述例題中已計算出變數 3 個時的偏相關，但對於變數在 3 個以上時也可從同樣的公式求出。可是，去除影響之變數的個數愈增加，計算也就愈麻煩。因此，以 Amos 進行多變量迴歸分析時，可以輕鬆地求出變數甚多時的偏相關。實際執行去除影響的變數甚多時的多變量迴歸分析。

分析使用「學習時間的數據」，如圖 3.3 所示，在 ▦ 的〔輸出〕Tab 中勾選〔標準化的估計值〕、〔樣本的機率〕後執行分析。

數據概要　以高中生為對象，針對期末考 1 週前的學習時間所調查的虛構數據。4 變數，280 個觀測對象。

變數　「睡眠時間」：1 日的平均睡眠時間

「學習時間」：1 日的平均學習時間

「考試」：期末考的成績

「智能」：智力測驗的成績

由〔正文輸出〕→〔樣本的積率〕的〔樣本共相關〕（圖 3.4）知，「考試」

與「睡眠時間」之間並無相關（0.020）。可是，「智能」與「學習時間」分別固定時「考試」與「睡眠時間」的偏相關是 0.69，顯示出有相關（圖 3.3）。此處並非解釋成考試與睡眠時間之間無相關，如智能與學習時間均相同時，有足夠的睡眠，考試的成績會比較好，如此解釋是適切的。像這樣，只是外表的相關會導致錯誤的解釋，因之求偏相關是非常重要的。

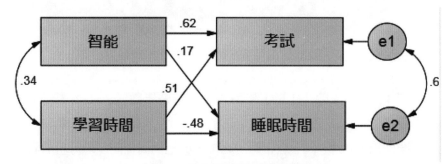

圖 3.3　路徑圖與標準化估計值

Sample Correlations (group1)

	學習時間	智能	睡眠時間	考試
學習時間	1.000			
智能	.341	1.000		
睡眠時間	-.423	.004	1.000	
考試	.722	.791	.020	1.000

圖 3.4　樣本的共相關

第4章 複迴歸分析與路徑分析

使用意見調查數據進行分析時，「求出統計量」並非調查的最終目標，「解釋並考察該統計量（解決問題）」是非常重要的。

本章盡可能避免將複迴歸分析以難於理解的矩陣與數式的展開來說明，而是列舉 SPSS 的操作方法與輸出的判讀方法。其次，使用 Amos 製作複迴歸的模式，再向路徑分析去發展。

4-1　何謂因果關係

假定「商品的好感度提高，購買意願即增強」。此情形是表示因商品好感度的提高，而強烈喚起想購買該商品慾望的一種關係，〔對商品的好感度〕是原因，〔購買意願〕成為結果。

像「車體重量愈重，燃料費用就愈吃重」之假說也是一樣。列舉〔車體重量〕與〔燃料費〕2 個變數，承認此 2 個變數間有原因與結果之關係。此種關係稱為因果關係。

像〔車體重量〕等成為原因之變數稱為**獨立變數**（或**說明變數，自變數**），像〔燃料費〕等成為結果的變數稱為**從屬變數**（或**基準變數，依變數**）。從屬變數依獨立變數而變動，將此關係以模式表示時，如指定獨立變數〔車體重量〕時，即可計算從屬變數〔燃料費〕。

Q 線性迴歸可以使用 2 值數據嗎？

A 即使**獨立變數**像是**性別**等的類別數據，如設成 **0、1 的虛擬變數**時，即可在線性迴歸使用。但對**從屬變數**引進「購買 = 1，未購買 = 0」的虛擬變數進行線性迴歸會發生問題，因此宜避免之。此時並非是線性迴歸，切換成 **2 項 Logistic 迴歸分析**是比較好的。

4-2 複迴歸分析

　　獨立變數與從屬變數均是量尺變數，當這些是線性關係時使用線性迴歸分析。線性迴歸分析有**單迴歸分析**與**複迴歸分析**。單迴歸分析與複迴歸分析的從屬變數只有一個，當獨立變數一個時，使用單迴歸分析，獨立變數為 2 個以上時，使用複迴歸分析。

目的 1：建立使用〔車體重量〕預測〔燃料費〕的模式

目的 2：建立使用〔車體重量〕、〔加速時間〕、〔年份〕預測〔燃料費〕的模式

目的 3：建立使用幾個有效的變數預測〔燃料費〕的模式

　　假如有如上述的 3 個目的。不管在哪一個目的中，從屬變數均為〔燃料費〕，在使用線性迴歸建立預測它的模式，其目的是一致的。可是，目的 1 是預測〔燃料費〕此一結果，只使用〔車體重量〕1 個獨立變數建立模式，因之進行**單迴歸分析**。接著，目的 2 是使用〔車體重量〕、〔加速時間〕、〔年份〕數個獨立變數建立模式，因之使用**複迴歸分析**。因為一定要將 3 個獨立變數放入模式，亦即強制地將獨立變數放入模式之中，因此是使用**強迫進入法（或稱輸入法）**進行分析。相對的，目的 3 是從一開始未指定獨立變數也不建立模式，將可用於預測的各種變數以數據蒐集之後，於建立模式時經統計上判斷對預測有效的變數，再列入預測模式中。像這樣，分析者事先未指定要列入模式中的獨立變數，經統計的方法判斷後再建立模式時，可以使用**逐步（迴歸）法**或**變數增加法、變數減少法（或稱向後法）**等來進行迴歸分析。

4-3 利用 SPSS 的線性迴歸分析─強迫進入法

　　此處使用車子的數據以 SPSS 製作預測〔燃料費〕的模式。

目的2: 製作使用〔車體重量〕、〔加速時間〕、〔年份〕預測〔燃料費〕的模式。

（⇨ 製作　燃料費 = a× 車體重量 + b× 加速時間 + c× 年份 + d　的模式）

步驟 1 啓動 SPSS 之後從〔**分析**〕清單中點選〔**迴歸**〕次清單之中的〔**線性**〕。

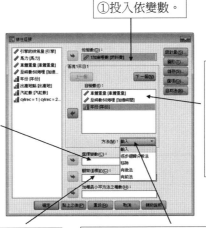

步驟 2 在〔**依變數**〕中投入〔燃料費〕，在〔**自變數**〕中投入〔車體重量〕、〔加速時間〕、〔年份〕。

①投入依變數。

④並非將檔案所儲存的所有數據用在模式的製作上，只使用一部分的數據製作迴歸式，對剩下的數據適配該模式後，儲存預測結果時使用。分割成學習用數據與驗證用數據，想掌握模式的精度時，使用此方框。

②投入自（獨立）變數。只投入 1 個執行時即為單迴歸分析，投入數個執行時即為複迴歸分析。此方框可分割成數個區塊。

⑤對散布圖上的點貼上標記時所使用。譬如，將〔性別〕投入到觀察值的標記方框，使用〔統計圖〕的子對話框製作散佈圖時，即可以該圖上的點的標記表示性別。

③將投入到〔自變數〕方框中的變數要如何列入模式中，可依照每一區塊來選擇。

輸入
逐步迴歸分析法
移除
向後法
向前法

預設是形成〔輸入〕，將區塊內的變數在 1 個步驟中即可 1 次投入。利用〔逐步迴歸分析法〕投入與除去變數，是在投入與除去的各步驟中調查區塊內的變數。此即為向前法的逐步手續。1 次除去區塊內的變數時，選擇〔移除法〕。〔向後法〕是 1 次投入區塊內的所有變數，基於除去基準再一個一個地除去。〔向前法〕是基於投入基準將區塊內的變數一個一個地投入。

步驟 3 在〔**方法**〕方面由於是將所有的獨立變數列入模式，因之先維持〔**輸入法**〕。按 確定 鈕後執行計算。

步驟 4 以輸出檢視視窗確認結果。在〔已選入的變數或已刪除的變數〕表中，表示有選入模式中的自變數，以及從模式除去的自變數。此處執行強迫進入法強制地將自變數區塊內所列入的所有變數選入模式中，因之並無已刪除的變數。

選入/刪除的變數^b

模式	選入的變數	刪除的變數	方法
1	年份, 至時數60海哩, 車體重量^a	.	選入

a. 所有要求的變數已輸入。

b. 依變數: 1加侖哩數

　　〔模式摘要〕表是使用 R 平方或調整後的 R 平方即可觀察式子適配（fit）的好壞。數據與迴歸式的適配如果不好時，適配迴歸式所預測之值（預測值）與實際之值（實測值）就會有偏差，無法達成使用模式進行正確預測的目的。R 平方稱爲**決定係數**或**貢獻率**，此值取 0 到 1 的範圍，**愈接近 1，式子的適配可以認爲愈好**。

模式摘要

模式	R	R平方	調過後的 R 平方	估計的標準誤
1	.898^a	.807	.806	3.431

a. 預測變數:(常數),年份,至時數60海哩,車體重量

　　此處 R 平方之值是 0.807。使用 3 個自變數〔車體重量〕、〔加速時間〕、〔年份〕，可以說明依變數〔燃料費〕的變動大約 80%。

　　R 平方有一個弱點，用於模式的自變數個數愈多，隨之 R 平方值也會變大。相對的，調整後的 R 平方是調整 R 平方之值不會因自變數的個數增多而變大。因之調整後的 R 平方之值不會比 R 平方之值還大。使用數個自變數製作迴歸式時，建議確認**調整後的 R 平方**之值。

Q 在迴歸分析的結果所輸出的 R 平方在多少以上才好呢？

A 無絕對的基準。依目的或主題之不同，所求出的分析精度有不同的情形也不少。有 0.5 以上即採納該迴歸式的人，也有不是 0.8 以上即不採納的人。在進行分析之前，與事先決定顯著水準一樣，需要事先決定好分析的精度要設定多少。

建立迴歸式時不只是觀察 R 平方（決定係數）的大小，也要進行檢定，判斷迴歸式能否適用於其他的數據。此檢定中的虛無假設與對立假設如下。

$$H_0：偏迴歸係數 = 0$$
$$H_1：偏迴歸係數 \neq 0$$

所謂偏迴歸係數是指迴歸式

$$燃料費 = a \times 車體重量 + b \times 加速時間 + c \times 年份 + d$$

中相當於 a、b、c 的部分。

偏迴歸係數 a 為 0 時，〔車體重量〕不管是 1t 或是 100t，乘上 0 時只能成為 0。換言之，不管〔車體重量〕如何地變化，〔燃料費〕均不變，〔車體重量〕無法用來當作預測〔燃料費〕的變數。因之，**虛無假設的「偏迴歸係數 = 0」是說此迴歸式無法用於預測。**

Anova[b]

模式		平方和	df	平均平方和	F	顯著性
1	迴歸	19053.103	3	6351.034	539.396	.000[a]
	殘差	4556.672	387	11.774		
	總數	23609.775	390			

a. 預測變數:(常數), 年份, 至時數60海哩, 車體重量

b. 依變數:1加侖哩數

如將顯著水準當作 5% 時，請確認〔變異數分析表〕的〔顯著機率〕值是否未滿 0.05。如**未滿 0.05 時，即判斷此迴歸式可以用於預測**。

步驟5 進行迴歸分析是指建立如下的迴歸式：

燃料費＝a× 車體重量＋b× 加速時間＋c× 年份＋d

並估計從 a 到 d 之值。迴歸式的配適好壞與否，以〔模式摘要〕表與〔變異數分析〕表來評價，如判斷模式是顯著時，使用〔係數〕表確認估計值。

係數[a]

模式		未標準化係數		標準化係數		
		B 之估計值	標準誤差	Beta 分配	t	顯著性
1	(常數)	-14.968	4.061		-3.686	.000
	車體重量	-.007	.000	-.714	-28.308	.000
	至時數60海哩	.063	.071	.022	.888	.375
	年份	.750	.051	.354	14.832	.000

a. 依變數: 1加侖哩數

〔係數〕表的第一列並非自變數而是〔(常數)〕，第 2 列以後每一列表示一個自變數。

在〔**未標準化係數**〕行中的〔B〕是表示**偏迴歸係數**。亦即

燃料費＝a× 車體重量＋b× 加速時間＋c× 年份＋d

燃料費＝–0.007× 車體重量＋0.063× 加速時間＋0.750× 年份＋(–14.968)。

步驟6 解釋偏迴歸係數時，要注意下列 2 點。

①其他的**自變數為一定**時的附帶前提條件

②**自變數增加 1 單位時，依變數的變化量**

（＝受到變數單位的影響）

譬如，解釋〔年份〕的〔偏迴歸係數〕0.750 時，要附上「除〔年份〕以外的**自變數如〔車體重量〕與〔加速時間〕均為一定**」的條件。〔年份〕的單位是 1 年，〔燃料費〕的單位是相當於 1 加侖的里程數，因之可解釋為「當 A 車與 B 車的車體重量相等，而且加速時間也相等時，B 車的年份比 A 車增加 1 年時（年份 1 年新），每 1 加侖的里程數增加 0.750 海哩」。用於迴歸式的變數由於可以

使用單位，因之能非常具體地解釋。可是，〔車體重量〕、〔加速時間〕、〔年份〕之中哪一自變數最會影響依變數〔燃料費〕呢？無法從〔偏迴歸係數〕判斷。因為這些自變數的單位是不同的。

　　相對的，不計單位的影響之係數即為**標準化係數**。利用此值，可相對性地比較迴歸式中所使用的自變數，可以判斷哪一個自變數是最有影響的變數。自變數直交時，標準化係數的絕對值是在 0 與 1 之間，愈接近 1，可以判斷與依變數之關係即愈強。在此〔係數〕表中，〔年份〕的〔偏迴歸係數〕（絕對值）是最大的，因之可以知道〔燃料費〕與〔年份〕的關係最強。

步驟 7　使用〔係數〕表右端所出現的〔t〕值與〔顯著機率〕驗證列入模式中的自變數。換言之，可以確認〔**各個自變數是否有助於預測**〕。譬如，〔車體重量〕的〔t〕值是 –28.308，〔顯著機率〕是 0.000，此檢定中的假設如下。

$$H_0：（車體重量的）偏迴歸係數 = 0$$
$$H_1：（車體重量的）偏迴歸係數 \neq 0$$

　　如前述，偏迴歸係數是 0，意謂不管〔車體重量〕如何發生變化，〔燃料費〕也未發生變化，如接受虛無假設時可判斷「〔車體重量〕對〔燃料費〕的預測沒有幫助」，如接受對立假設時，即判斷「〔車體重量〕對〔燃料費〕有幫助」。

Q 進行迴歸分析時，要觀察偏迴歸係數與標準化係數的何者好呢？

A **偏迴歸係數**是表示自變數與依變數的「**關係大小**」，**標準化係數**是表示自變數與依變數之「**關係強度**」。是想看關係的大小，或是想看它的強度，請按目的去活用。但，使用 5 件法等的 Likert 尺度所測量出來的數據，該數據本身當然是不存在絕對性的單位。單位的解釋並不需要，以及單位不明確時，使用標準化係數為宜。

【註】迴歸參數不能多於樣本數的 1/5。

4-4　利用 SPSS 的線性迴歸分析—逐步迴歸法

　　未事先具有「將〔車體重量〕、〔加速時間〕、〔年份〕作為自變數」的假設，而是「從目前現有的數據之中使用有效的變數製作預測〔燃料費〕的迴歸式」，此種一面探索自變數一面製作迴歸式所使用的方法之一即為**逐步迴歸法**。

目的 3：使用幾個有效變數，製作預測〔燃料費〕的模式

　　此處以逐步迴歸法來執行。

步驟 1　從〔分析〕清單的〔迴歸方法〕次清單中選擇〔線性〕。

步驟 2　在〔依變數〕方框中輸入想預測的變數〔燃料費〕，在〔自變數〕方框中全部輸入成為自變數的備選變數〔排氣量〕、〔馬力〕、〔車體重量〕、〔加速時間〕、〔年份〕。

步驟 3　從〔**方法**〕的下拉選單中選擇〔**逐步迴歸分析法**〕。

步驟 4　變數設定結束後，按一下 確定 扭即執行計算。

Q 雖然總是有想要列入迴歸式的變數……
　　如採取逐步法時它卻不被列入考慮，可是使用該變數之後，迴歸分析卻
　　行不通而感到苦惱。

A SPSS 可以用區塊單位設定變數的投入方法。譬如，製作預測〔燃料
　　費〕的迴歸模式時，一定要將〔馬力〕投入模式，其他的變數想以逐步
　　法投入時，請進行以下的步驟。

步驟 1 將〔馬力〕投入〔**自變數**〕方框中，方法採取強迫進入變數法。

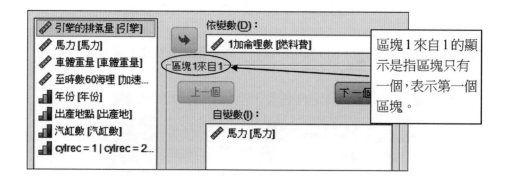

步驟 2 按一下〔**下一個**〕出現區塊 2，於〔**自變數**〕方框中放入想以逐步
　　　　法投入的變數，將〔方法〕切換成〔逐步法〕。

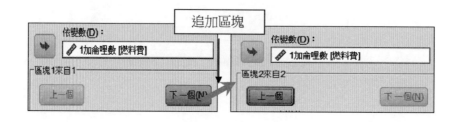

　　附帶地，想將已強迫進入法的〔馬力〕從迴歸式中刪除後的結果一併確認
時，使之出現區塊 3，將〔馬力〕投入〔自變數〕區塊之後，將〔方法〕切換成
〔刪除法〕，即由迴歸式除去該變數。

只採取**輸入法**執行時模式只有一個，但此處知表中出現有 2 個模式。

選入/刪除的變數[a]

模式	選入的變數	刪除的變數	方法
1	車體重量	.	逐步迴歸分析法 (準則:F-選入的機率 <= .050，F-刪除的機率 >= .100)。
2	年份	.	逐步迴歸分析法 (準則:F-選入的機率 <= .050，F-刪除的機率 >= .100)。

a. 依變數:1加侖哩數

　　逐步法是只將統計上顯著（預設是 F 值的顯著機率未滿 0.05）的變數當作自變數一個一個地投入到迴歸式中。換言之，當製作〔模式 1〕時，

①燃料費＝a× 排氣量＋b

②燃料費＝a× 馬力＋b

③燃料費＝a× 車體重量＋b

④燃料費＝a× 加速時間＋b

⑤燃料費＝a× 年份＋b

製作這些迴歸式，計算這些式子中的 F 值，挑出顯著機率未滿 0.05 的模式。**顯著機率未滿 0.05 的模式有數個時，選取機率之值最小的模式當作〔模式 1〕。**觀察〔已選入的變數或已刪除的變數〕表時，知〔**模式 1**〕是選取將〔**車體重量**〕列入迴歸式的模式中。

　　〔**模式 2**〕是驗證將剩餘的變數再追加一個到〔模式 1〕時的 F 值，與〔模式 1〕同樣的基準決定模式。又，逐步法即使是已包含在迴歸式的自變數，**如果 F 值的顯著機率變大時，也要刪除。當統計上已無要選入或刪除的變數時，此方法即結束。**至〔模式 2〕為止〔已選入的變數或已刪除的變數〕表因為完結，因之〔模式 2〕即為最終利用逐步法所導出的迴歸式，知迴歸式為

燃料費＝a× 車體重量＋b× 年份＋c

在〔模式摘要〕表、〔變異數分析〕表、〔係數〕表中，分別按各模式表示統計量與估計值。

模式摘要

模式	R	R 平方	調過後的 R 平方	估計的標準誤
1	.831[a]	.690	.689	4.338
2	.898[b]	.807	.806	3.430

a. 預測變數:(常數), 車體重量

b. 預測變數:(常數), 車體重量, 年份

Anova[c]

模式		平方和	df	平均平方和	F	顯著性
1	迴歸	16289.615	1	16289.615	865.645	.000[a]
	殘差	7320.160	389	18.818		
	總數	23609.775	390			
2	迴歸	19043.823	2	9521.912	809.142	.000[b]
	殘差	4565.952	388	11.768		
	總數	23609.775	390			

a. 預測變數:(常數), 車體重量

b. 預測變數:(常數), 車體重量, 年份

c. 依變數: 1加侖哩數

係數[a]

模式		未標準化係數		標準化係數	t	顯著性
		B 之估計值	標準誤差	Beta 分配		
1	(常數)	46.200	.803		57.557	.000
	車體重量	-.008	.000	-.831	-29.422	.000
2	(常數)	-14.425	4.013		-3.594	.000
	車體重量	-.007	.000	-.722	-30.815	.000
	年份	.759	.050	.358	15.298	.000

a. 依變數: 1加侖哩數

進行**逐步迴歸法**可以製作出已〔排除的變數〕表。

排除的變數^c

模式		Beta 進	t	顯著性	偏相關	共線性統計量
						允差
1	引擎的排氣量	-.228^a	-2.912	.004	-.146	.128 ①
	馬力	-.233^a	-4.255	.000	-.211	.255
	至時數60海哩	.095^a	3.067	.002	.154	.819
	年份	.358^a	15.298	.000	.613	.908
2	引擎的排氣量	.009^b	.132	.895	.007	.120
	馬力	-.026^b	-.549	.584	-.028	.231
	至時數60海哩	.022^b	.888	.375	.045	.788

a. 模式中的預測變數:(常數), 車體重量

b. 模式中的預測變數:(常數), 車體重量, 年份

c. 依變數: 1加侖哩數

　　在右端行中的〔允差〕是用來當作判斷多重共線性的指標，**允差值愈小，表示模式中所使用的獨立變數與已排除的變數間有強烈的相關**。譬如，〔模式 1〕是〔車體重量〕當作獨立變數投入到迴歸式中，因之上表①所示〔排氣量〕的〔允差〕值小是表示〔車體重量〕與〔排氣量〕的相關強。相對的，**〔年份〕**的〔允差〕值大，因之〔年份〕與〔車體重量〕即可知不會發生多重共線性的問題。

【註】

1. 使用逐步迴歸法時，如諸變數之偏 F 值大於 4 的有 2 個以上，則從其中選**最大者進入**，如諸變數之偏 F 值小於 3.99 的有 2 個以上，則從其中選**最小者刪除**。

2. F 值： $F_j = \dfrac{MSR(x_j)}{MSE(x_j)}$ ，偏 F 值 $F_{j|i} = \dfrac{MSR(x_j|x_i)}{MSE(x_j, x_i)}$ ，以下類推。F 值、偏 F 值即為 t 值之平方。

3. 當 x_i 與 $x_1, x_2, \cdots, x_{i-1}, x_{i+1}\cdots x_p$ 之複相關係數為 R_i 時，則 x_i 允差（tolerance）即為 $1 - R_i^2$。因之 x_i **允差之值小**是說明 x_i 與 $x_1, x_2, \cdots, x_{i-1}, x_{i+1}\cdots x_p$ 之間**會發生多重共線性**，x_i **刪除**為宜。VIF = 1/ 允差。

～～～🔍一點靈～～～

　　當要變更變數的投入或刪除之基準即 F 值的顯著水準時，使用〔線性迴歸〕對話框中的〔選項〕。

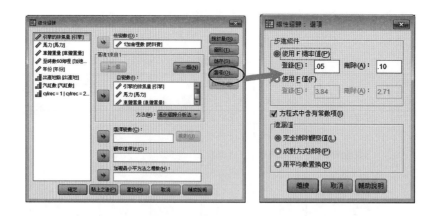

4-5 利用 Amos 的複迴歸分析

與 Section 3 一樣，使用〔車體重量〕、〔加速時間〕、〔年份〕、〔燃料費〕，此處利用 Amos 執行複迴歸模式。設定成**自變數**的〔**車體重量**〕、〔**加速時間**〕、〔**年份**〕均為**觀測變數**，並且**依變數**的〔**燃料費**〕也是**觀測變數**。亦即，**複迴歸分析**的模式即為使用**觀測變數**預測**觀測變數**的模式。

步驟 1 啟動 Amos 之後，指定用於分析的資料檔。其次，在 Amos Graphics 視窗中全部列出觀測變數。

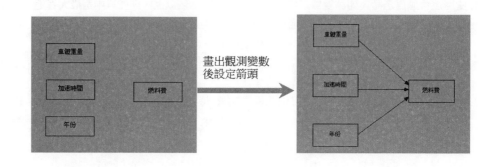

──一點靈──

數據如為 SPSS 檔案形式時，觀測變數具有變數名（variable name）與變數標記（variable label)2 個當作變數的名稱。在 Amos Graphics 中設定觀測變數時，

會出現變數標記的一方。想出現變數名而非變數標記時，請消去變數標記。

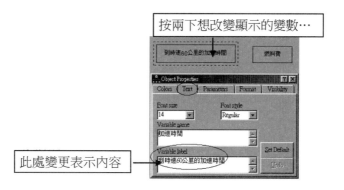

步驟 2 只設定觀測變數與箭頭是無法執行計算。

RULE 在**接受單向箭頭的變數**（**依變數**）上設定**誤差變數**。

以 Amos 製作路徑圖時，在依變數上一定要設定誤差變數，此誤差變數也必須要加上變數名稱。

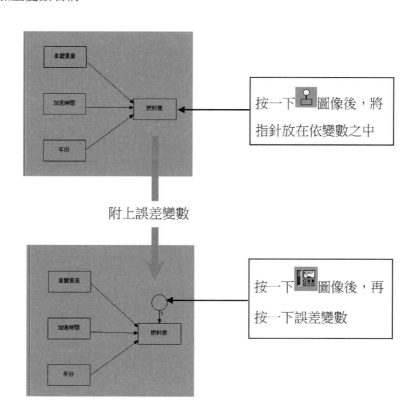

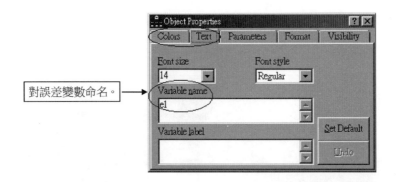

對誤差變數命名。

|步驟3| SPSS 的線性迴歸分析所使用的模式
與此模式是不同的。平常的（**定型
的**）線性迴歸分析是開放（**要估計**）
自變數間的相關，但此模式是將自變
數之間的相關固定為 0。

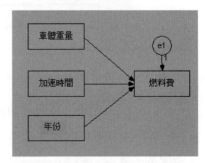

|RULE| 在路徑圖上**畫箭線** ⇒ 承認其關係**估計參數**（開放）。

|RULE| 在路徑圖上**不畫箭線** ⇒ 將其關係**固定為 0**。

以 Amos 描繪路徑圖時，也許會在意要在何處畫箭頭。可是，未設定單向或
雙向箭頭，即是將它的關係固定為 0。何處不設定箭線是非常重要的問題，所以
要注意。

此處，爲了製作**定型的線性複迴歸模式，在所有的自變數間設定相關**。

使用 ←→ 圖像，在
所有的自變數之
間設定相關。

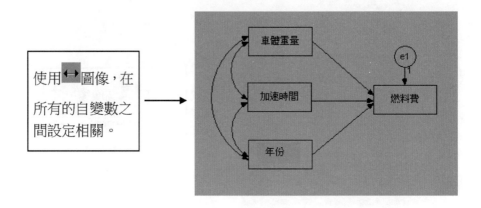

步驟 4 與 SPSS 輸出一樣，為了輸出標準化係數與 R 平方，乃使用〔分析性質（Analysis Properties）〕對話框。

按一下 圖像時，出現〔分析性質〕的對話框。

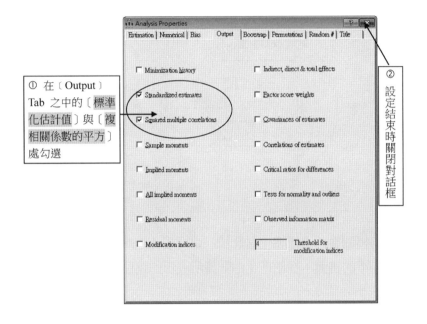

① 在〔Output〕Tab 之中的〔標準化估計值〕與〔複相關係數的平方〕處勾選

② 設定結束時關閉對話框

步驟 5 按一下 圖像時，即執行計算。

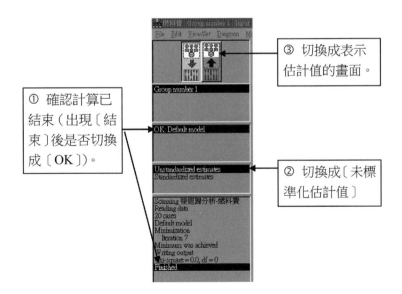

③ 切換成表示估計值的畫面。

① 確認計算已結束（出現〔結束〕後是否切換成〔OK〕）。

② 切換成〔未標準化估計值〕

在未標準化估計值所表示的路徑圖上所標記之值其內容如下。

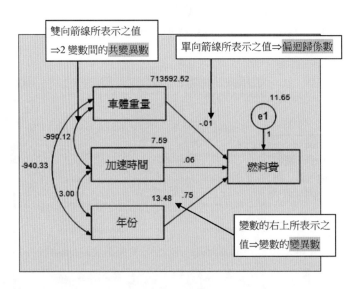

步驟6 將路徑圖從〔未標準化估計值〕切換成〔標準化估計值〕的表示時,出現如下的畫面。在標準化估計值所表示的路徑圖上所標記的值其內容如下。

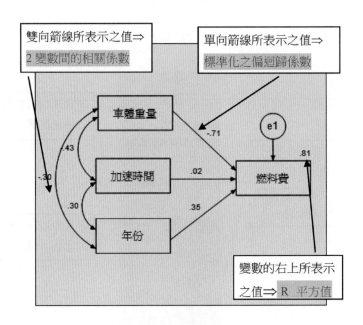

〔未標準化估計值〕中所表示的變異數在〔標準化估計值〕中並未表示，將值標準化是將變異數標準化成為1，因之不管在哪一個變數上變異數必定成為1。

步驟 7 當在表輸出或正文輸出中觀察這些估計值時，請按一下 🖼 〔正文輸出的表示〕圖像。

> **Q** 以 SPSS 在迴歸分析中所輸出的〔常數〕在 Amos 是表示在何處？

A 在預設的狀態下執行分析時，並未表示常數。表示常數時按一下〔分析性質〕中的〔估計〕，勾選〔估計平均值與截距〕。SPSS 是表示成〔常數〕，而 Amos 是使用〔截距〕來表現。表現方法雖然不同，但內容是相同的。

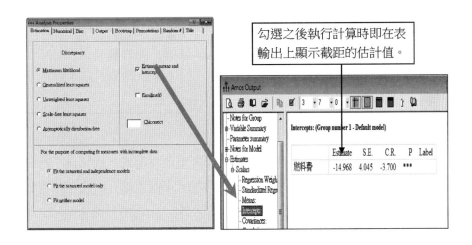

勾選之後執行計算時即在表輸出上顯示截距的估計值。

另外，將 Amos Graphics 的路徑圖切換成未標準化係數所表示的路徑圖時，依變數〔燃料費〕的右上即表示出所估計的截距（Intercepts）。

4-6　利用 Amos 的路徑分析

在以前所探討的複迴歸模式中，假定依變數只有 1 個，自變數相互之間假定有相關。進行意見調查時所設定的假設不一定與此條件一致的也不少。

> **假定 1.**：〔**燃料費**〕是以〔**年份**〕、〔**排氣量**〕、〔**車體重量**〕來決定，而且，〔**排氣量**〕增加時〔**車體重量**〕也隨之增加。

　　如上假定時，**依變數**即為〔**燃料費**〕、〔**車體重量**〕2 個。此時以往所處理的複迴歸模式是無法驗證此假設。另外，

> **假定 2.**〔年份〕與〔車體重量〕，〔年份〕與〔排氣量〕未假定相關。

　　如上假定時，即成為如下的模式。

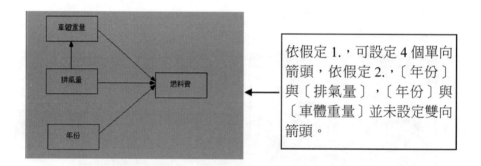

依假定 1.，可設定 4 個單向箭頭，依假定 2.，〔年份〕與〔排氣量〕，〔年份〕與〔車體重量〕並未設定雙向箭頭。

　　像這樣，組合數個複迴歸模式者稱為「**多重迴歸模式**」或稱為「**路徑分析模式**」。執行計算時，如下圖在依變數（燃料費，車體重量）中設定誤差變數後再執行。

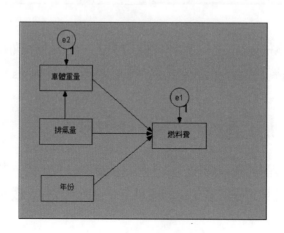

　　與執行複迴歸模式的情形一樣，在〔分析性質〕中勾選〔標準化估計值〕與〔複相關係數的平方〕後執行，如在路徑圖上表示〔標準化估計值〕時，即可出現如下的結果。

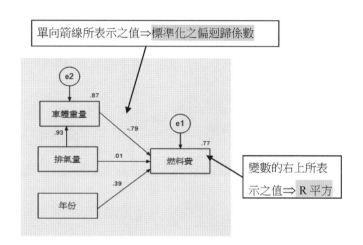

　　〔車體重量〕的標準化係數是 –0.79，可知〔燃料費〕依〔車體重量〕有相當大的變動。又，因為是負的關係，因之可得知〔車體重量〕變重時，〔燃料費（每加侖哩數）〕就變得不利。相對的，〔排氣量〕的標準化係數是 0.01 近似 0，可知〔燃料費〕因〔排氣量〕而幾乎未有變化。又在〔年份〕方面，可知稍有正的關係（0.39）。

　　像這樣，表示自變數對依變數直接影響之程度的指標，即偏迴歸係數或標準化係數，稱為**直接效果**。

　　在此路徑分析模式中，另設定有一個迴歸模式即「〔車體重量〕依〔排氣量〕而改變」，從〔排氣量〕到〔車體重量〕的標準化係數是 0.93，可知有強烈的關係。

　　從〔排氣量〕到〔燃料費〕的直接效果是 0.01，依此結果無法導出〔排氣量〕與〔燃料費〕之間完全沒有關係之結論。因為可以想成〔車體重量〕依〔排氣量〕而變化，因之燃料費也會發生改變之緣故。介入〔車體重量〕之其他要因對〔燃料費〕造成的影響稱為**間接效果**。

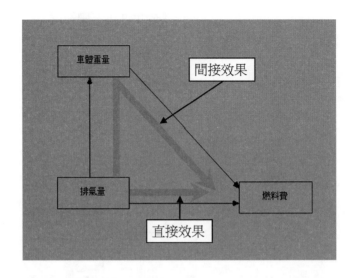

由〔排氣量〕到〔燃料費〕的間接效果之標準化估計值即為

$$0.934 \times (-0.795) = -0.742$$

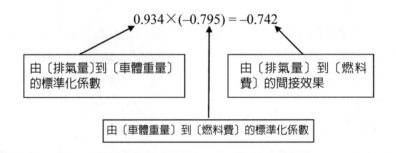

換言之,〔排氣量〕雖然增加而但〔車體重量〕未改變時,〔燃料費〕仍略有改變,但〔排氣量〕的增加,隨著〔車體重量〕的增加,因之〔燃料費〕即變得不利。

將直接效果與間接效果的合計稱為**綜合效果**。〔排氣量〕的標準化後的綜合效果是

$$-0.733 \ (= 0.009 + (-0.742))$$

綜合效果與相關係數有時是會相等的,但也有不相等的情形。

Standardized Regression Weights: (Group number 1 - Default model)

			Estimate
車體重量	<---	排氣量	.934
燃料費	<---	車體重量	-.795
燃料費	<---	排氣量	.009
燃料費	<---	年份	.391

Standardized Total Effects (Group number 1 - Default model)

	年份	排氣量	車體重量
車體重量	.000	.934	.000
燃料費	.391	-.733	-.795

Standardized Direct Effects (Group number 1 - Default model)

	年份	排氣量	車體重量
車體重量	.000	.934	.000
燃料費	.391	.009	-.795

Standardized Indirect Effects (Group number 1 - Default model)

	年份	排氣量	車體重量
車體重量	.000	.000	.000
燃料費	.000	-.742	.000

──────🔆一點靈──────

　　將直接效果、間接效果、綜合效果在表輸出或正文輸出中表示時，在〔分析性質〕的 Output Tab 中勾選〔直接、間接或綜合效果〕，再執行計算。如需要各觀測變數間的相關係數時，可勾選〔樣本積率（sample moments）〕。如包括潛在變數間的相關係數時，可勾選〔 all implied moments 〕。

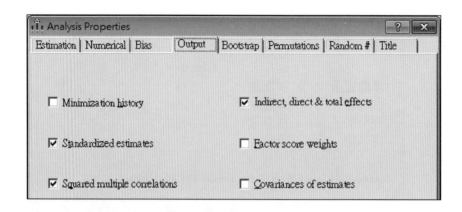

若需改變小數點的位數時，可再輸出的畫面中將〔decimal〕的位數從 3 改成 2 即可。

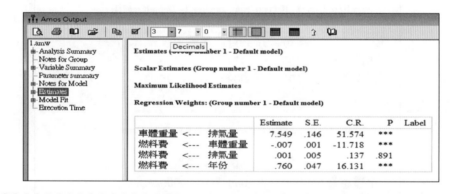

總結

本章列舉出複迴歸模式與路徑分析模式。SPSS 適用在**定型的模式**中進行分析，但使用 Amos 可以自由地製作模式進行分析。將自己的假設好好地當作模式（路徑圖）來設定是重點所在。又，確認直接效果、間接效果與綜合效果，也使得模式解釋變得更為有趣。車子的例子不易了解時，將 Section 6 所列舉模式的〔排氣量〕換成〔利用 CM 的商品認知〕，〔車體重量〕換成〔商品方便性的認識〕，〔燃料費〕換成〔商品比較貴的感覺〕後試解釋看看。可知〔利用 CM 的商品認知〕的間接效果比直接效果大。換言之，得知並非利用 CM 使之認知就

行，利用 CM 使之認識方便性是爲了減低商品比較貴的感覺是重點所在。進行
路徑分析，可以擬訂應製作何種 CM 的策略。

輕鬆一下

⊃ 變數多時捲軸（scroll）甚爲費事！

意見調查時「想知道那個，也想打聽這個」，結果問項超過 100 項的情形也
有。另外，在 1 次的調查中雖然問項數並不太多，但透過重複追蹤調查，結果變
數的個數變得甚多的情形也有。變數的個數增加時，對話框的變數一覽表中所表
示的數變個數也會因而增加。只以捲軸尋找也是很費事的，於分析時也不一定要
使用全部的變數。首先觀察問項的內容，試著歸納變數看看。應該可以像顧客屬
性項目群、CM 印象評估項目群、產品評價項目群、服務關連評價項目群等來進
行分組化。

於是 SPSS 也可以事先將項目分組化。

1. 開啓〔定義變數集〕的對話框（〔效用值〕→〔定義變數集〕），輸入組名後，
   選擇分組化的項目，追加組的定義，像「今日打算只用新產品相關詢問與服
   務相關的評價項目來分析」時。
2. 使用〔使用變數集〕的對話框（〔效用值〕→〔使用變數集〕）。預設因爲是
   形成能表示所有變數與新變數，因之所有的變數與新定義的變數即可表示在
   變數一覽表中。

去除〔所有變數 (ALLVARIABLES)〕的勾選，如指定用於分析之組「新產品相關」與「服務相關」時，只有以這些組所設定的變數可以表示在對話框的變數一覽表中，可以節省無謂地捲軸檢視大量的變數一覽表的時間。

第5章　多重指標模式

第 4 章是將變數間的因果關係模式化作為目的，進行了複迴歸分析。

第 5 章也是在基於將因果關係模式化之相同目的下，使用 Amos 製作多重指標模式。但與第 4 章不同之處在於，本章是在路徑圖中使用潛在變數。

5-1　探討潛在變數的因果關係

當建立以身高預測體重的模式時，用於模式的變數是使用〔身高〕（獨立變數）與〔體重〕（從屬變數）2 個變數。此 **2 個變數因為可以實際當作數值來測量**，因之即為觀測變數，如〔身高〕與〔體重〕的關係是線型時，使用的模式即為單迴歸模式，此於第 4 章中已有過說明。

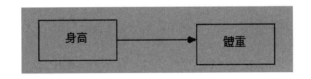

可是，在意見調查中，分析的對象變數不一定是觀測變數的情形也有不少。譬如，假定〔廣告的印象如果好時購買意願就會提高〕。

此時，〔廣告的印象〕相當於獨立變數，〔購買意願〕相當於從屬變數，如果是假定線型關係時，即成為如下的關係：

廣告的印象→購買意願

可是，與〔身高〕及〔體重〕的模式不同的地方是〔**廣告的印象**〕**或**〔**購買意願**〕**無法直接觀測**。〔身高〕與〔體重〕的模式是表示觀測變數的因果關係模式，而〔廣告的印象〕與〔購買意願〕的因果模式，可以說是**潛在變數**（構成概

念）的因果模式。

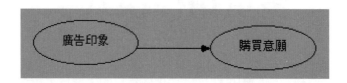

　　像這樣，表示**潛在變數之因果關係的模式**，其中之一有所謂的**多重指標模式**。

5-2　多重指標模式

　　即使說無法直接觀測，但以某種形式測量潛在變數是需要的。

　　譬如，為了測量〔廣告印象〕的構成概念，假定製作以下 3 個問項並以 5 件法測量：

---

* 看見廣告會感覺到親切嗎
* 廣告有趣嗎
* 看見廣告時興趣油然而生嗎

　　這 3 個**項目**是使用問卷直接向受調者詢問，因之即為**觀測變數**。

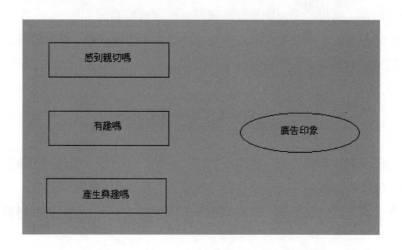

　　受調者看見廣告時，對廣告會存有某種的印象。此即為構成概念（潛在變數）。接著，對「看見廣告會感覺到親切嗎」的問項，以「1：完全不覺得親切～5：非常親切」的**5件法**進形回答。換言之，對廣告具有某種印象之結果，在意見調查表中就會考慮在 2 或 4 等處圈選引起如此的行為，這些問項可以想成是由〔廣告的印象〕此潛在變數所導出的結果。將此以模式表示時，即如下。

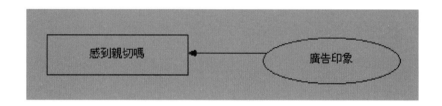

　　同樣地，其他的 2 項目如果是由〔廣告的印象〕此構成概念所導出的回答時，即可在以下的路徑圖中模式化。

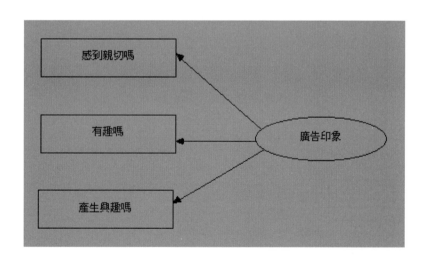

　　製作此路徑圖，即可萃取出無法觀測的潛在變數，將〔廣告的印象〕當作獨立變數，列入模式之中的準備即告完成。

　　受到來自潛在變數影響的觀測變數有很多，因之稱為**多重指標模式**。

　　與利用數個觀測變數表示〔廣告的印象〕此潛在變數一樣，成為〔購買意願〕此結果的潛在變數也是在問卷之中先設定好數個問項，且可列入在模式中。假定是以「想嘗試使用此商品嗎」、「想購買此商品嗎」的 2 個項目來測量〔購

買意願〕時，則可作出如下的路徑。

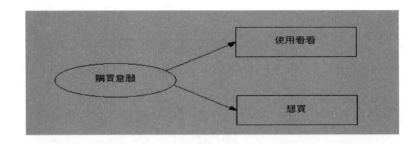

因為分別抽出了這些潛在變數，因之與最初的目的，即〔廣告的印象〕與〔購買意願〕的因果模式合在一起作成路徑圖，即可確認潛在變數的因果關係。

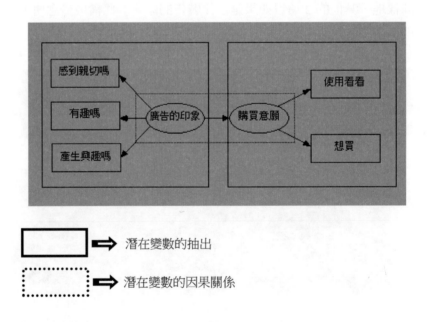

此路徑圖是為了簡要說明模式的架構，省略了誤差變數。**實際上為了執行分析必須設定誤差變數。**

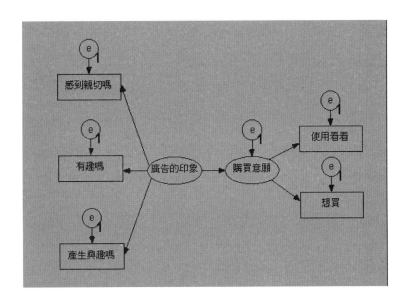

　　在**接受單方向箭頭的觀測變數上設定誤差變數**。又，〔購買意願〕雖是潛在變數，但因為是接受單方向的箭頭，因之設定了誤差變數。

　　觀測變數的情形，由於想成是測量的誤差，因之以誤差變數表現，而〔購買意願〕是潛在變數並非是被測量的變數，因此無法想成是測量的誤差。此情形，可解釋為除〔廣告的印象〕以外將影響的〔購買意願〕的要素所產生的影響彙總後予以表示，基於此不同之處，也有稱為擾亂變數。

　　此處依從 Amos 的表記，**擾亂變數也表記成誤差變數**。

5-3　識別性的問題

　　為了解釋模式，確認了路徑圖的架構，甚至連誤差變數也進行了設定。可是，**複迴歸模式**與**路徑圖模式**不同，照這樣無法執行分析。因為仍存在有**識別性的問題**。

　　譬如，列舉〔身高〕、〔體重〕、〔腰圍〕3 個觀測變數來看吧。如果〔體重〕取決於〔身高〕來決定，並且〔腰圍〕也有所決定時，即可利用如下的路徑圖表示（省略誤差變數的表記）。

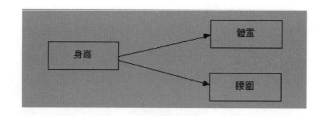

使用此路徑圖能計算未標準化係數與標準化係數，譬如，假定求出了如下的未標準化係數。

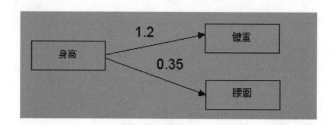

如第 4 章所確認過的，**未標準化係數受到單位的影響，意謂獨立變數變化 1 單位時從屬變數變化多少**。

〔身高〕以（cm）、〔體重〕以（kg）、〔腰圍〕以（cm）測量時，從〔身高〕到〔體重〕的未標準化係數是指〔身高每長 1cm 時體重即增加 1.2kg〕。此處，當蒐集獨立變數〔身高〕的數據時，因為是使用 cm 為單位，因之可以求出〔身高〕每變化 1cm 時，〔體重〕或〔腰圍〕的變化量。如果，〔身高〕是以英吋來測量時，未標準化係數的估計值就會跟著改變。**單位是 cm 或是英吋呢？如果未決定時，Amos 即無法求出 1 個未標準化估計值**。因之，〔獨立變數的單位〕是計算估計值所不可欠缺的。

相對的，如果假定成「體重或腰圍的尺寸依飲食生活而改變」的模式時，〔飲食生活〕的潛在變數成為獨立變數可以考慮如下的模式。

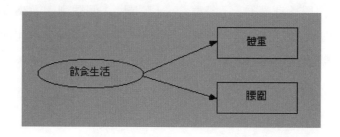

多重指標模式的情形，因為**獨立變數是潛在變數，所以不具單位。**因之，**解不穩定無法求出估計值，**稱此為**識別性的問題。**解決此問題的方法之一有如下的方法即：

RULE　從潛在變數出來的單向箭頭中，將其中的一個係數固定為 1。

假定在飲食生活的模式中，把向體重延伸的單向箭頭的係數固定為 1 時，即成為如下。

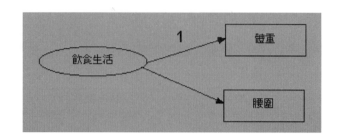

　　潛在變數〔飲食生活〕雖不具單位，但至〔體重〕的路徑圖係數固定為「1」，亦即有「以體重增加 1kg 時作為基準，估計所有的係數」之意。如果，到〔腰圍〕的路徑係數固定為 1 時，亦即以〔腰圍〕尺寸增加 1cm 時作為基準，估計所有的係數。

為解決識別性的問題，也有如下的方法。

RULE　將**外生的**（獨立變數的）**潛在變數的變異數固定為 1。**

但此方法只能用在外生的潛在變數，如果是內生的潛在變數時，只能使用將單向箭頭的其中一個係數固定為 1 的方法，因之要注意。

兩者的設定其標準化係數均相同，前者被固定的路徑並不會輸出顯著機率，後者潛在變數至各觀測變數均會輸出顯著機率，可視目的加以活用。

Q 要如何區分外生的潛在變數與內生的潛在變數呢？

A 列在模式之中的變數有外生變數與內生變數 2 種。

所謂外生變數（exogenous variable）是不會成為其他變數之結果的變數；所謂內生變數（Endogenous）是成為其他變數之結果的變數，換言之，是指受到模式之中所列入之其他變數的影響而變動的變數。因之對

潛在變數來說,也有外生的潛在變數與內生的潛在變數 2 種。當想在路徑圖中區分時,如想成

「單向箭頭 1 個也未接受的潛在變數＝**外生的潛在變數**」

「單向箭頭至少接受 1 個的潛在變數＝**內生的潛在變數**」

時,即可立即區分。

5-4 多重指標模式

第 4 節中列舉的假設、變數、意見調查項目如下。

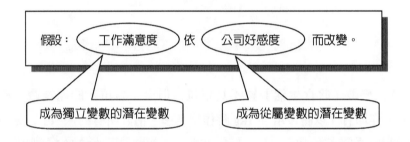

工作滿意度的意見調查項目

• 我覺得現在的工作非常有意義(變數名:〔q214〕)

• 我對工作感到喜悅　　　　　(變數名:〔q215〕)

公司好感度的意見調查項目

• 對此公司是中意的　　　　　　　　　(變數名:〔q101〕)

• 不選其他公司而選此公司認爲是對的(變數名:〔q103〕)

執行 Amos,指定資料檔(參第 3 章第 5 節)。

製作的多重指標模式的路徑圖如下。

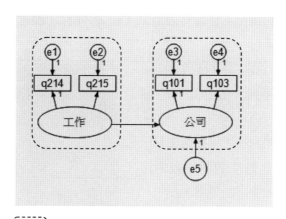

是指一組的潛在變數與觀測變數

步驟 1　首先描繪變數與路徑。意見調查數據因為是以 Likert 尺度測量構成概念的較多，因之大多將一組潛在變數與觀測變數列入模式之中。為了簡單地製作此一組，使用 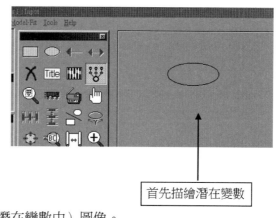（描繪潛在變數，或將指標變數追加到潛在變數中）圖像。

首先描繪潛在變數

點選 圖像後，在 Amos Graphics 視窗上按住及拖移，即可描繪潛在變數。

步驟 2　 圖像形成凹下狀態時，將指針放在所作成的潛在變數之中（潛在變數的框色變成紅色），按一下，即可製作指標。

請注意所作成之指標的路徑。從潛在變數往觀

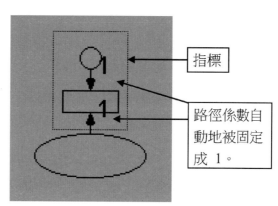

指標

路徑係數自動地被固定成 1。

測變數的路徑其係數被固定為「1」。並且，誤差變數的路徑係數也被固定為「1」。

步驟 3 將指針仍放在潛在變數之中，再按一下時，製作出另一個指標。

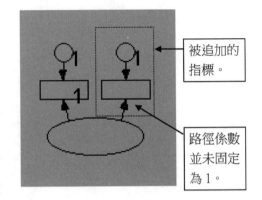

從被追加的第 2 個指標來看，由潛在變數往觀測變數的路徑之係數並未固定為 1。

對於誤差變數來說，被固定為 1。從潛在變數往觀測變數的路徑要將哪一個係數固定為 1 呢？解決識別性的問題，在 Section 3 有過說明。像這樣，使用 圖像時，因為只有最初的指標會自動地被固定為「1」，因之可以省去使用者指定的時間。

步驟 4 準備好了變數〔工作〕用的多重指標。另外，將此整組使用 〔複製物件〕圖像，再另外製作 1 個。按一下 圖像，將潛在變數按住及拖移，只複製潛在變數，指標則未複製。

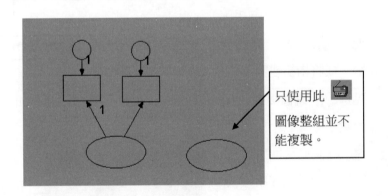

要將潛在變數與指標整組複製時，再按一下〔保存對稱性〕 圖像。兩方的圖像在凹下的狀態下，按一下想複製的整組的潛在變數，拖移至想複製的位置後，再放開滑鼠。

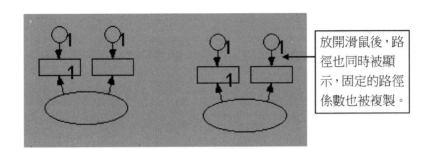

放開滑鼠後，路徑也同時被顯示，固定的路徑係數也被複製。

步驟 5 整組的潛在變數與指標因為是假定因果關係，因之要設定表示因果關係的路徑，並在接受單向箭頭的潛在變數上設定誤差變數。

路徑係數的設定使用 ← 圖像，誤差變數的設定則使用 圖像。

想變更所設定的誤差變數之位置時，在 圖像呈現凹下狀態下，在含有誤差變數的變數（本例是潛在變數）中按幾下時，表示的位置即依順時針移動。

步驟 6 畫好路徑圖時，即對各變數加上變數名稱。

按一下 〔一覽資料組內的變數〕圖像，即出現〔資料組所含的變數〕視窗。視窗中因為表示有觀測變數，將模式中適合的變數以按住及拖移投入到觀測變數的四方形之中。

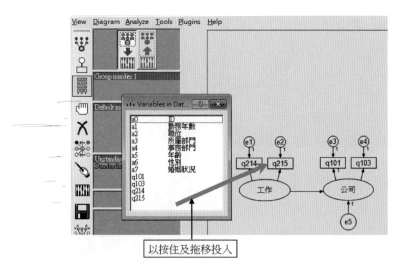

以按住及拖移投入

☞〔資料組所含的變數（Variables in Dataset）〕即使打開視窗也未出現
　變數名時，意謂資料檔案並未被指定。在打開此視窗之前一定要先
　指定好用於分析的資料檔。

步驟7　潛在變數由於是未存在於資料檔的變數，因之無法使用〔資料組所含的
　　　　變數〕視窗來指定。

　　　　使用 🔲〔物件的性質〕圖像。按一下此圖像後，接著按一下想設定變
　　　　數名稱的潛在變數。

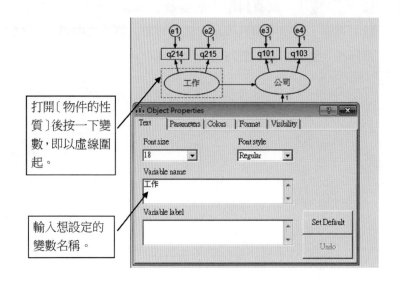

打開〔物件的性
質〕後按一下變
數，即以虛線圍
起。

輸入想設定的
變數名稱。

─🔍一點靈

　　因為潛在變數是未被觀測的變數，因之無法設定資料檔內的變數名稱。設定
變數名稱時，不要與〔資料組所含變數〕內的變數名稱重複。將作為觀測變數而
存在的變數名稱設定成潛在變數或誤差變數後執行分析時，會出現錯誤訊息，分
析是無法執行的。

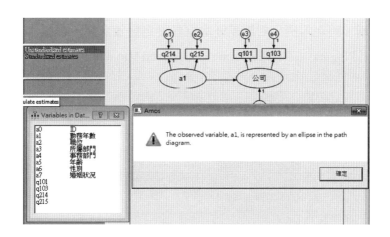

步驟 8　再設定另一個潛在變數的變數名稱。〔Text（正文）〕Tab 也可以變更路
　　　　徑上所表示的變數名稱或變數標籤的字型大小或字型樣式。

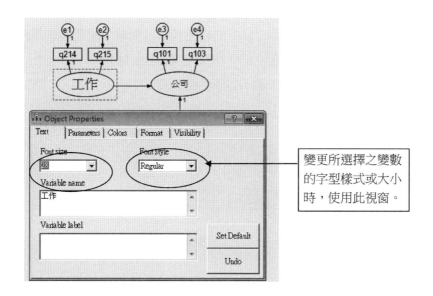

變更所選擇之變數
的字型樣式或大小
時，使用此視窗。

一點靈

為了對數個變數設定名稱，重複此作業時，不需要各變數均關閉〔物件性質〕。第一個變數設定完成後，再按一下想設定的變數時，顯示即可自動切換。

步驟 9 不光是潛在變數，對誤差變數也必須加上名稱。**Amos 有自動對潛在變數與誤差變數加上名稱的 Macro**。潛在變數已在 Step 7-8 加上名稱，因之本例只對誤差變數自動設定變數名稱。選擇〔工具〕清單的〔Plugins〕之中的〔Name Unobserved Variables〕。

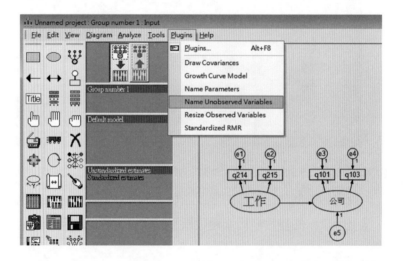

按一下時從〔e1〕到〔e5〕的變數名即自動地分配到誤差變數。以字首來說，誤差變數使用〔e〕，潛在變數使用〔f〕。

所有的設定完成後，顯示如下的路徑圖。

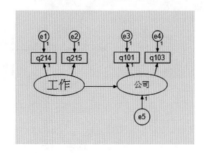

> **Q** 要將哪一個路徑係數當成 1 呢？想對潛在變數加上 3 個指標。在識別性的問題中，得知必須將其中的一個路徑係數固定爲 1 但……。

A 統計上將其中任一個路徑係數固定爲「1」也毫無問題，考慮以下重點再決定，會使解釋變得容易。

Point 1 如果**觀測變數有單位時，想以此單位作爲解釋之基準時，將此變數的路徑係數固定爲「1」**。

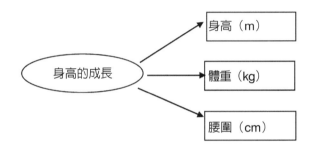

假定有此模式時，以身高（m）增加 1 單位時作爲基準而想掌握其他的變化量時，將向身高方向的路徑係數固定爲 1，未標準化係數即顯得容易解釋。如以體重 1kg 作爲基準時，將體重的路徑係數固定爲 1，而非身高的路徑係數。

Point 2 **將與潛在變數之正負相一致的觀測變數的路徑係數固定爲「1」**。潛在變數當作「PC 軟體使用時的滿意度」，指標中想使用的問項是使用以下 3 個「變數 1：操作容易」、「變數 2：手冊容易了解」、「變數 3：與其他軟體的互換性差」，測量使用「5：非常認同」～「1：完全不認同」的 5 件法。此時，項目 1 與項目 2 之值愈大，滿意度愈高，項目 3 之值愈大，滿意度愈低，形成顛倒項目。將項目 3 的路徑係數固定爲「1」時，因爲項目 3 是增加 1 點時作爲基準，因之潛在變數並非滿意度，而是表示不滿意度。如將潛在變數命名爲滿意度時，項目 1 或項目 2 的其中一者的路徑係數固定爲「1」，路徑圖的解釋變得較爲容易。

步驟 10 最後在〔分析的性質〕中設定標準化估計值的輸出後，即執行計算。

按一下 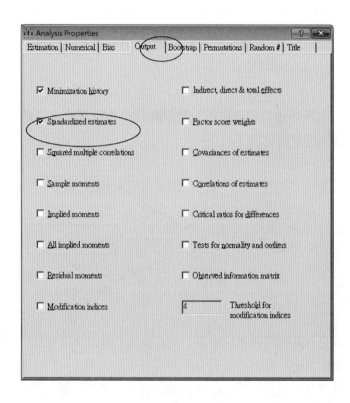〔分析的性質〕圖像，出現對話框再點選〔Output（輸出）〕Tab 的〔標準化估計值〕。

設定後，關閉〔分析性質〕對話框，按一下 〔計算估計值〕圖像。當檔案儲存後，Amos Graphics 的左側〔Model〕視窗的顯示從〔**XX：Default Model**〕切換成〔**OK：Default Model**〕時，即可判斷估計值可以順利的求出。

Q 點選〔計算估計值〕圖像後，出現奇怪的信息，無法執行分析……

A 開始使用 Amos 時無法執行分析的理由，意外地有很多小地方出問題。有出現如此的信息嗎？

有一個變數未加上變數名，在此狀態下執行計算時，一定會出現此錯誤信息。解決方法是設定變數名之後再執行，但也有陷阱，像「全部的變數設定變數名後卻出現此信息？」。

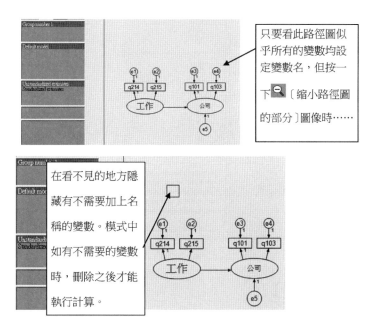

只要看此路徑圖似乎所有的變數均設定變數名，但按一下〔縮小路徑圖的部分〕圖像時……

在看不見的地方隱藏有不需要加上名稱的變數。模式中如有不需要的變數時，刪除之後才能執行計算。

製作較大的路徑圖時，存在有此種的「困擾」，在原因不名之下，時間一分一秒地浪費掉的情形也似乎不少。

5-5　觀察表輸出

本節是使用表輸出確認統計量。點選 〔Text 輸出的表示〕圖像，出現表輸出視窗。

表輸入視窗是按各欄表示註釋、估計值及適合度。當切換這些表時，使用左上的〔結果〕視窗點選任意的項目。連帶地表輸出視窗之右側的顯示即改變。在下方的表輸出中選擇〔變數的摘要（Variable Summary）〕。

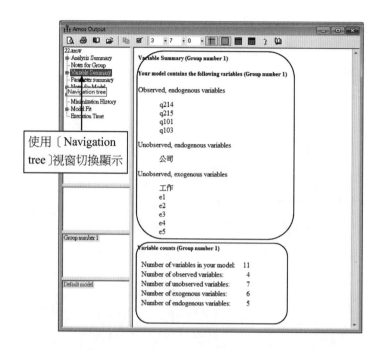

使用〔Navigation tree〕視窗切換顯示

⊃〔變數的摘要〕

〔變數的摘要〕是表示目前的模式中所設定的變數種類與其個數。觀測變數是以〔被觀測（observed）〕表示，潛在變數或誤差變數是以〔不能直接觀測（unobserved）〕表示。又各變數是內生變數（endogenous）或外生變數（exogenous）也一併表示，下方是計數出各變數的個數。

⊃〔參數的摘要〕

將位置切換到〔參數的摘要（Parameters Summary）〕。

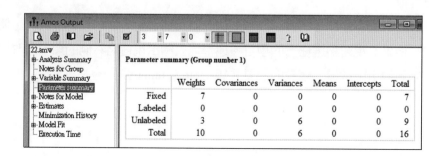

此處可以確認列入模式中的路徑（單向箭頭）、共變異數（雙向曲線箭頭），以及估計的變異數、平均值、截距的個數。

所謂〔被固定者（Fixed）〕是表示分析者將各行所表示之值加以固定者（譬如，將路徑係數固定為 1），計數它的個數後加以表示。可知此模式是全部固定 7 個路徑係數。

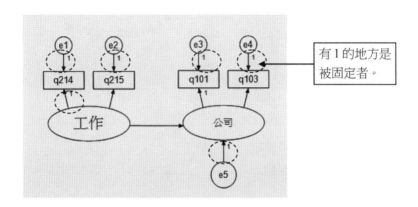

與〔被固定者〕相反的是指值被開放（未被固定），利用分析所要估計的參數是〔已有標籤者（Labeled）〕或〔無標籤者（Unlabeled）〕。Amos 在進行分析之前雖將各個參數加上標籤（名稱），但本章並未加上標籤，因之〔已有標籤者〕的個數均為 0（參數加上標籤在第 6 章說明）。參數雖未加上標籤，但經由計算要估計的〔係數〕有 3 個，要估計的〔變異數〕有 6 個，此從觀察〔無標籤者〕即可得知。

Parameter summary (Group number 1)

	Weights	Covariances	Variances	Means	Intercepts	Total
Fixed	7	0	0	0	0	7
Labeled	0	0	0	0	0	0
Unlabeled	3	0	6	0	0	9
Total	10	0	6	0	0	16

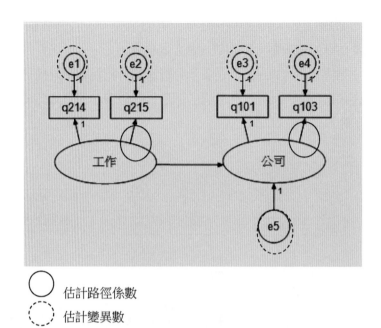

○ 估計路徑係數

◌ 估計變異數

➲〔組的註釋〕

將位置切換到〔組的註釋（Notes for Group）〕。

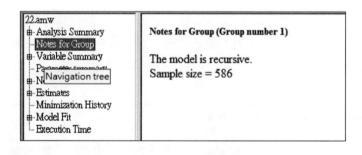

此處出現有樣本數（Sample size）。可以確認是否與資料檔的樣本數一致。

➲〔模式的註釋〕

將位置切換到〔模式的註釋（Notes for Model）〕。

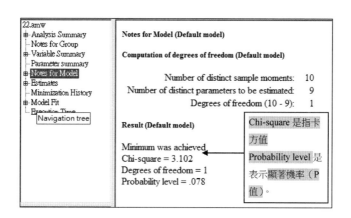

出現有〔Minimun was achieved〕，可知達到最小值。（達到最小值以前的履歷可以用〔最小化履歷〕確認。）

達到最小值時的 Chi-square 值是 3.102，自由度是 1，顯著機率（P 值）是 0.078。這些值也可以用〔適合度指標 1〕或〔適合度指標 2〕來確認。

➲〔參數估計值〕

將位置切換到〔參數估計值（Estimates）〕。

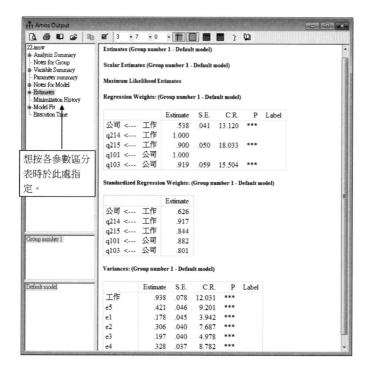

此表一併表示各參數的估計值（Estimates）、標準誤（S.E.）、檢定統計量（C.R.）（wald 檢定）與其機率（P）。像係數、標準化係數、變異數等想按各參數分割成一張表來表示時，點選〔參數估計值〕之下的各項目，即可切換顯示。

參數估計值的〔係數（Regression Weight）〕是指未標準化係數（偏迴歸係數）。

Regression Weights: (Group number 1 - Default model)

	Estimate	S.E.	C.R.	P	Label
公司 <--- 工作	.538	.041	13.120	***	
q214 <--- 工作	1.000				
q215 <--- 工作	.900	.050	18.033	***	
q101 <--- 公司	1.000				
q103 <--- 公司	.919	.059	15.504	***	

〔估計值〕的行是表示**未標準化係數**，從健康意識到生活品質（QAL）的未標準化係數是 0.538。〔標準誤〕是表示所估計的參數的標準誤，〔健康行動←健康意識〕的欄是**空欄**。這是進行分析時**將未標準化係數固定為 1**，所以用不著估計這些參數的緣故。基於同樣的理由，〔檢定統計量〕與〔機率〕之行也是空欄。

〔**檢定統計量**〕的行中所表示之值是 **wald 統計量**，使用此可以觀察母數是否為 0。此檢定中的虛無假設與對立假設如下。

$$H_0：母體的係數 = 0$$
$$H_1：母體的係數 \neq 0$$

顯著水準當作 0.05 時，**如機率在 0.05 以上即接受虛無假設，0.05 未滿時接受對立假設。接受對立假設**，承認係數並非為 0 時，要確認並解釋該係數的大小。可是，**接受虛無假設時，因為結論是係數為 0，因之將模式中所設定的該路徑移去**，此種模式的改善方法可作為備選來考慮（未設定單向箭頭，是指因為在模式上將該路徑係數固定為 0 的緣故）。

〔標準化係數〕的輸出是顯示將未標準化的係數變成標準化之值。

Standardized Regression Weights: (Group number 1 - Default model)

			Estimate
公司	<---	工作	.626
q214	<---	工作	.917
q215	<---	工作	.844
q101	<---	公司	.882
q103	<---	公司	.801

　　結果的判讀方法與第 4 章的說明相同。此輸出由於在執行分析之前於〔分析性質〕中如未勾選〔標準化估計值〕時，即未顯示，所以要注意。

一點靈

　　可以將〔參數估計值〕欄位中所表示的數值按大小順序重排。按估計值的大小順序重排時，首先以按住及拖移選擇重排對象的數值。

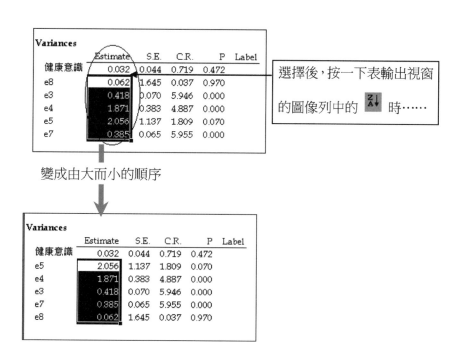

按一下 圖像時，即形成由小而大的順序。

在 Amos 的輸出視窗中有〔選項〕圖像 ☑，點選此圖像時，即顯示〔選項〕對話框。在此對話框中可以變更顯示於輸出的名稱與大小寫。在〔case〕的大小寫方面，即使輸入資料時是以大寫字母輸入變數名稱，但 Amos 顯示時也可以改變成小寫字母。又在〔Name or Label〕方面，因為預設是名稱（Name），在〔物件性質〕中被輸入在〔Variable name〕對話框中的字母會顯示於 Amos 輸出中。如在選項中選擇（Label）時，在〔物件性質〕中被輸入在〔Label〕對話框中的字母會顯示於 Amos 輸出。如在選項中選擇〔Name(Label)〕時，變數名之後會以（）顯示標籤，若在選項中選擇〔Label(Name)〕時，在標籤之後會以（）顯示變數名稱。考慮到輸出的容易閱讀及內容的容易理解，善於加活用就會很方便。

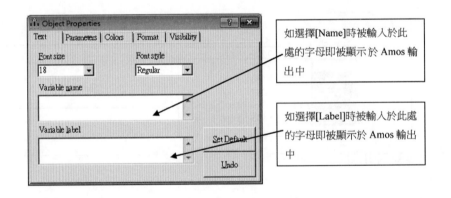

〔**模式適合度**〕

切換到〔模式適合度（Model Fit）〕的位置。表中出現有各種適合度指標。全部有 10 個表〔CMIN〕、〔RMR, GFI〕、〔Baseline Comparisons〕等，由左依序排列著〔適合度指標（Fit Measure）〕、〔**預設模式（Default model）**〕、〔**飽和模式（Saturated）**〕、〔**獨立模式（Independence）**〕、〔Macro〕，形成 1 列 1 指標的顯示結構。

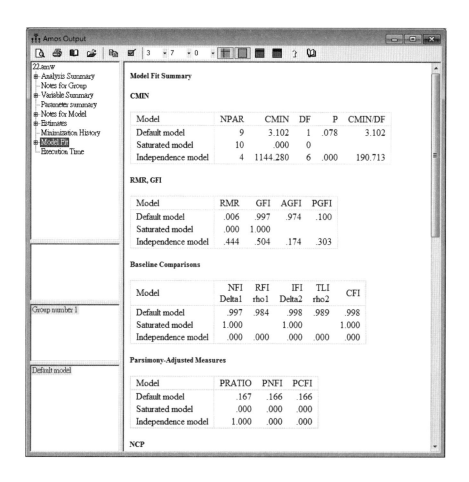

此輸出中的〔**Default model**〕**是表示分析者所製作的模式（未限制參數）**，意指 Amos Graphics 中所表示的路徑圖。變更模式的名稱或製作數個模式均能分析，而它的操作請參照第 6 章。相對的，〔**飽和模式**〕與〔獨立模式〕**並非分析者在路徑圖上所製作的模式，而是 Amos 設定的固定性模式**。此 2 個模式，不管作成哪一個模式進行分析，一定會出現在〔適合度指標〕中。

所謂〔**飽和模式**〕**因為是針對能估計的最大限的參數**，可配合用於分析之數據來進行估計之模式，所以可以想成是最適合數據的模式。

相對的，〔**獨立模式**〕**是假定觀測變數間無相關的模式**。因為只解放最少限度的參數的模式，限制相當嚴格，可以想成對數據的適配並不佳的模式。

此處由上方的列依序列舉適合度指標。演算式是登錄在 Amos 的使用手冊中，因之此處省略。於使用手冊中想調查演算式時，可在 Amos 清單〔Help〕的

〔內容〕中從〔搜尋〕去確認。

CMIN

Model	NPAR	CMIN	DF	P	CMIN/DF
Default model	9	3.102	1	.078	3.102
Saturated model	10	.000	0		
Independence model	4	1144.280	6	.000	190.713

此表示有關卡方（**Chi-square**）檢定的資訊整理在〔CMIN〕表中。基於卡方檢定的結果，判斷模式之適配性的好壞時可以使用。

〔NPAR〕

表示要估計參數之個數。將〔**NPAR**〕與〔**自由度**〕相加之值即為樣本動差之值，因之在〔Default model〕、〔飽和模式〕、〔獨立模式〕的任一者中，值都一致（本例均為 10）。

〔CMIN〕

表示 **Chi-square（卡方）之值。可以確認模式是否適合於數據，完全適合於數據時，值為 0**。相對的不適合於數據時，CMIN 之值即變成無限大。〔飽和模式〕是完全適合於數據的模式，因之〔CMIN〕必定是 0。相對的，與數據的適配並不好的〔獨立模式〕卻是 1144.280，可知此模式中的 CMIN 之值在 0 ～ 1144.280 之間。評估分析者所製作的模式與數據的一致性時，要看〔Default Model〕之行中的〔CMIN〕。

〔自由度（Degrees of Freedom：DF）〕

表示模式的自由度。

〔機率〕

這是使用〔CMIN〕之值與〔自由度〕之值所求出之顯著機率值。顯著水準當作 0.05 時，**顯著機率如在 0.05 以上時，即判斷該模式與數據一致，未滿 0.05 時，即判斷模式與數據不一致。可是，Chi-square 檢定容易受到觀察值個數的影響，觀察值個數增多時顯著機率之值即有接近 0 之傾向**。因之，使用大量的數據進行分析時需要注意。本章所列舉的模式因為顯著機率在 0.05 以上（P =

0.078），所以可以判斷模式適合數據。

〔CMIN/DF〕

這是表示以自由度除 CMIN（**Chi-square 值**）所得之值。愈接近 0，表示模式與數據的適配愈好。

RMR, GFI

Model	RMR	GFI	AGFI	PGFI
Default model	.006	.997	.974	.100
Saturated model	.000	1.000		
Independence model	.444	.504	.174	.303

〔RMR,GFI〕表是依據所蒐集的數據之動差與模式之動差其間之差，即殘差動差，整理出顯示模式適合度之指標。

〔RMR〕

指殘差平方平均之平方根。如字面所示，將數據與模示之差（殘差）取平方和（平方平均）再取平方根所求出者，表示觀測數據的變異共變異矩陣與由模式所求出的變異共變異矩陣之差。觀測數據與模式一致時，殘差即為 0，此值愈近似 0，愈可判斷數據與模式的適配佳。

〔Goodness of Fit Index: GFI〕

此值在 0 ～ 1 的範圍之間，**值愈大（> 0.9），意謂該模式愈適合數據**。與迴歸分析中的 R 平方可以同樣解釋。**模式完全適合數據時，其值為 1，適配不佳時即接近 0**。如增加估計參數的個數時，在結果上〔GFI〕之值即增大（估計的參數個數為最多的飽和模式，它的〔GFI〕即為 1）。

另外，模式中所使用之觀測變數的個數也有影響的傾向，許多的觀測變數被列入模式時，〔GFI〕之值並未特別變大。

〔已修正 GFI（Adjustment Goodness of Fit Index：AGFI）〕

修正估計之參數個數之影響後所求出之值。可以與迴歸分析中的已調整 R 平方同樣解釋。與〔GFI〕一樣，〔AGFI〕之值也是在 0 ～ 1 的範圍間，**值愈大（> 0.9），意謂該模式愈適合數據**。〔AGFI〕之值並不會超過〔GFI〕之值。

〔簡效性已修正 GFI（PGFI）〕

修正估計之參數個數之影響後所求出之值。

〔NFI Delta 1〕

也稱為標準化適合度指標，其值是在 0 到 1 之範圍間，值愈大可以判斷模式的適配愈好。此指標是〔Default model〕的〔CMIN〕（本例是 3.102）除以〔獨立模式〕的〔CMIN〕（本例是 1144.28）再由 1 減去其值求出。因之〔Default model〕愈適配數據時，其分子即為 0，〔NFI Delta1〕即為 1。〔Default model〕與〔獨立模式〕一樣適配不佳時，〔CMIN〕之值即變大，因之 $\dfrac{\text{Default Model的CMIN}}{\text{獨立模式的CMIN}}$ 之值即變大，〔NFI Delta1〕之值即變小而接近 0。但觀察值個數少時，即使模式適合卻有值不近似 1 的缺點。

〔RFI rho 1〕

也稱為相對適合度指標，其值在 0 與 1 之間，當數據完全適合模式時，值即為 1。〔NFI Delta 1〕是使用〔Default model〕與〔獨立模式〕的〔CMIN〕之值來計算，但〔RFI rho 1〕是使用各模式的〔CMIN/DF〕之值來計算。

〔IFI Delta 2〕

也稱為增分適合度指標，值是在 0 與 1 之間，模式完全適合於數據時，其值即為 1。與〔NFI Delta 1〕或〔RFI rho1〕一樣，是以〔獨立模式〕作為基準進行比較之指標。

〔TLI rho 2〕

也稱為 Tucker-Lewis 指標，其值在 0 與 1 之間，作為 the Bentler-Bonett mon-mormed fit index（NNFI）來說也是有名的指標，模式適合數據時，〔TLI rho 2〕接近 1。

〔CFI〕

稱為〔比較適合度指標〕，其值是取 0 到 1 的範圍，完全適合數據的模式，值即為 1。這是修正受到觀察值個數之影響的〔NFI Delta 1〕之缺點，以及有脫離 0 到 1 範圍之〔TLI rho 2〕之缺點的一種指標。

Parsimony-Adjusted Measures

Model	PRATIO	PNFI	PCFI
Default model	.167	.166	.166
Saturated model	.000	.000	.000
Independence model	1.000	.000	.000

　　以〔獨立模式〕爲基準，判斷製作的〔預設模式（Default model)〕已改善到何種程度，作爲目的的適合度指標，整理在〔簡效性已修正測度〕表中。另一方面，考慮模式對數據的普遍性時，最好是以對數據的適配佳且自由度大的模式爲宜，因之，把考慮參數的個數後檢討配適的好壞時所用的指標也加以整理。

〔PRATIO〕

　　這是 Parsimony ratio 的簡稱，也稱爲簡效比。爲〔Default model〕的自由度除以〔獨立模式〕之自由度所得之值。此值於計算〔PNFI〕（簡效性已修正基準化適合度指標）或〔PCFI〕（簡效性已修正比較適合度指標）時可使用。〔自由度小〕之值小時，意謂估計的參數個數多（估計參數個數最大限的飽和模式的自由度是 0）。此時，配適在用於分析的數據上雖然變佳，但考慮對其他數據的普遍性時，不一定能說適配佳。而且，〔自由度〕之值較大者較爲理想，評估〔Default model〕的〔自由度〕大小之指標即爲〔PRATIO〕。〔PRATIO〕之值愈小，表示估計的參數個數即愈多。

〔PNFI〕

　　稱爲簡效性已修正基準化適合度指標。爲〔PRATIO〕乘上〔NFI Delta 1〕所求出之值。

〔PCFI〕

　　稱爲簡效性已修正比較適合度指標。爲〔PRATIO〕乘上〔CFI〕所求出之值。

NCP

Model	NCP	LO 90	HI 90
Default model	2.102	.000	11.601
Saturated model	.000	.000	.000
Independence model	1138.280	1030.794	1253.144

分析者所製作的預設模式（Default Model）是眞的模式時，CMIN 是漸進地服從卡方分配。因之，爲了觀察它的非心度接近 0 而使用的 NCP 與 90% 的信賴區間的上限與下限，所整理成的表。

〔NCP〕

稱爲非心參數估計值，是以〔CMIN- 自由度〕所求得者。

〔LO 90〕

這是〔NCP〕的 90% 信賴區間的下限之值。此值比 0 大時，0 即不存在於 90% 信賴區間之間，可以認爲模式之適配性佳。

〔HI 90〕

這是〔NCP〕的 90% 信賴區間的上限之值。

FMIN

Model	FMIN	F0	LO 90	HI 90
Default model	.005	.004	.000	.020
Saturated model	.000	.000	.000	.000
Independence model	1.956	1.946	1.762	2.142

〔NCP〕的 90% 上限之值。以基於非心度的指標來說，除〔NCP〕之外也有〔FMIN〕。將此指標作成一覽表者即爲〔FMIN〕表。

〔FMIN〕

表示數據與模式之偏離。

爲〔（觀察值個數）－（組數）〕除以〔CMIN〕所得之值。

〔FO〕

表示母體與模式之乖離。因爲未依估計的參數個數而施與處罰，因之具有受其影響之缺點。爲〔NCP〕之值除以觀察值個數減去組數所得之值。

〔LO 90〕

〔母 CMIN 值〕的 90% 信賴區間的下限值。

〔HI 90〕

〔母 CMIN 值〕的 90% 信賴區間的上限值。

RMSEA

Model	RMSEA	LO 90	HI 90	PCLOSE
Default model	.060	.000	.141	.292
Independence model	.569	.542	.598	.000

　　基於非心度的指標來說，除前述的〔NCP〕、〔FMIN〕外，也有〔RMSEA〕。將此表整理成一覽表者即爲〔RMSEA〕表。

〔RMSEA〕

　　稱爲均方誤差平方根，以模式的〔自由度〕除〔F0〕，來修正 F0 受到估計參數個數之影響此種缺點之一種指標。〔RMSEA〕之值未滿 0.05 時，可以判斷模式的適配佳，值在 0.1 以上之模式適配差而不接受。0.05 到 0.1 的範圍被視灰色區域。

〔LO 90〕

　　〔RMSEA〕的 90% 信賴區間的下限值。

〔HI 90〕

　　〔RMSEA〕的 90% 信賴區間的上限值。

〔PCLOSE〕

　　檢定〔RMSEA〕是否在 0.05 以下，表示它的機率。此檢定中的顯著水準當作 0.05 時，如〔PCLOSE〕在 0.05 以上時，可以接受「〔RMSEA〕在 0.05 以下」的虛無假設。

AIC

Model	AIC	BCC	BIC	CAIC
Default model	21.102	21.257	60.461	69.461
Saturated model	20.000	20.172	63.733	73.733
Independence model	1152.280	1152.349	1169.773	1173.773

依據資訊量基準觀察模式適配性好壞之指標整理在〔AIC〕表中。雖然並無判斷配適性好壞的絕對性的指標，但值愈小可以判斷愈適合。因之，同時驗證數個模式及比較時可以使用。

〔AIC〕

稱為赤池資訊量基準（Akaike's Information Criterion），將所估計的〔參數個數〕放大 2 倍，加上〔CMIN〕後之值即為〔AIC〕。雖然考慮了真正的模式與符合模式之差，但真正的模式實際上是不明的，因之並無絕對的意義。**設定數個模式，比較、選出最佳的模式時使用。〔AIC〕之值愈小的模式可以判斷較優**（數個模式之比較請參閱第 7 章）。

〔BCC〕

與〔AIC〕一樣比較數個模式時使用。

〔BCC〕比〔AIC〕對模式的複雜性施予嚴格的處罰，同時也是特別指定在動差結構分析中所開發的基準。**主要在進行多母體的同時分析時使用。**

〔BIC〕

比較〔AIC〕、〔BCC〕、〔CAIC〕等時，〔BIC〕（Bayes 資訊量基準）對複雜的模式施予較大的處罰有此特徵。因之容易有選擇已簡效化模式（估計參數個數最少的模式）之傾向。於分析平均或截距的參數不明確之單一母體時，使用〔BIC〕。

〔CAIC〕

雖然不像〔BIC〕，但對於複雜的模式則比〔AIC〕或〔BIC〕施予較大的處罰。與〔BIC〕一樣可用於比較以單一母體作為分析對象之模式。

ECVI

Model	ECVI	LO 90	HI 90	MECVI
Default model	.036	.032	.052	.036
Saturated model	.034	.034	.034	.034
Independence model	1.970	1.786	2.166	1.970

調整〔AIC〕與〔BCC〕之值的指標的〔ECVI〕與〔MECVI〕整理在〔ECVI〕

表中。〔ECVI〕表中也顯示〔LO 90〕與〔HI 90〕，適合於考慮區間估計再進行模式之比較。

〔ECVI〕

將〔AIC〕除以〔（觀察值個數）－（組數）〕所得之值。

〔LO 90〕

這是〔ECVI〕的 90% 信賴區間的下限值。

〔HI 90〕

這是〔ECVI〕的 90% 信賴區間的上限值。

〔MECVI〕

將〔BCC〕除以〔（觀察值個數）－（組數）〕所得之值。

HOELTER

Model	HOELTER .05	HOELTER .01
Default model	725	1252
Independence model	7	9

　　判讀卡方檢定之結果，考慮分析所使用之觀察值個數時所使用。有需要注意卡方檢定之結果容易受觀察值個數之影響。觀察值個數少時不易否定虛無假設，觀察值個數多時容易否定虛無假設。

〔Hoelter 0.05〕

表示〔模式正確〕的假設在 5% 水準未被捨棄的最大觀察值個數。

〔Hoelter 0.01〕

表示〔模式正確〕的假設在 1% 水準未被捨棄的最大觀察值個數。

〔Critical N：CN〕

這是 Hoelter 所提出的臨界數（critical N），能替研究者之樣本提出一個合

理的解釋，使研究者知道所使用的樣本是否足夠用來估計模式的參數，以及模式的適配，所以通過 CN 值的模式表示樣本數足以檢定模式。**Hoelter 建議 CN > 200** 是決定模式是否能夠接受的一個門檻。此可從 **Hoelter 0.05 or 0.01 指標** 得出。

5-6　讓適合度出現在路徑圖上

　　第 5 節使用表輸出，在別的視窗上確認了適合度，但也可以在路徑圖上表示任意的適合度。

步驟 1　Amos Graphic 視窗上切換畫面使出現路徑圖。點選 「Title」〔圖的標題〕圖像後，按一下描繪路徑圖的地方。

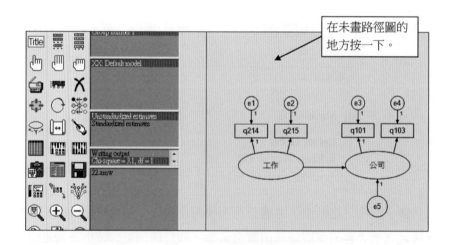

在未畫路徑圖的地方按一下。

　　　一點靈

　　如果是讓結果顯示畫面時，與製作路徑圖有關的圖像會反轉形成不能使用的狀態。此時，切換成製作路徑圖的畫面後再執行。

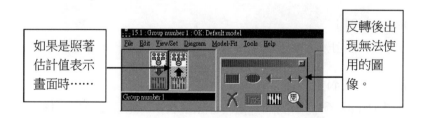

如果是照著估計值表示畫面時……

反轉後出現無法使用的圖像。

　　如使用〔圖的標題（Figure Caption）〕對話框時，即可指定路徑圖上要表示的文字或估計值。要在路徑圖上表示的文字，直接輸入到〔Caption〕正文框（textbox）。要表示估計值時，輸入半角的 \ 之後，再輸入要表示之估計值的 Macro。

　　譬如，想在路徑圖上表示下列的數字時

> Chi-square = 3.102
>
> P-value = 0.078
>
> GFI = 0.997

　　因為「Chi-square = 」、「P-value =」、「GFI =」是想要表示的「文字」，所以照這樣輸入。因為「3.102」是所計算的 Chi 平方值，所以輸入 \ 後再輸入 Chi 平方值的 Macro 即「cmin」。P 值的 Macro 是「p」，GFI 的 Macro 是「gfi」，因之如下輸入即可。

> Chi-square = \ cmin
>
> P-value = \ p
>
> GFI = \ gfi

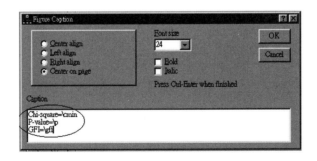

步驟 2　輸入後，按一下 OK 鈕時，即可指定反映在路徑圖上。為了讓估計值顯示，在進行此操作後，有需要再度執行計算。

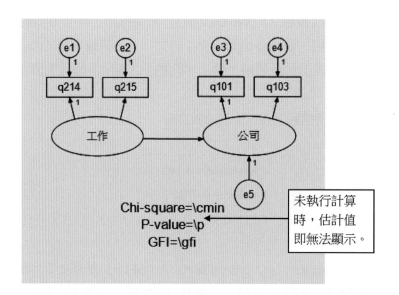

步驟3 按一下 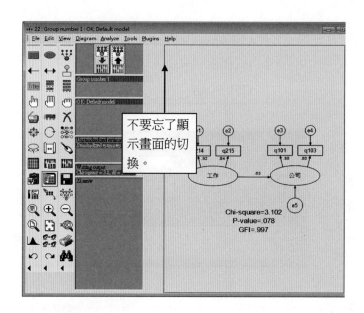 〔計算估計值〕圖像後執行計算,切換成〔估計值表示〕的畫面。

總結

　　本章舉出多重指標模式，以模式確認了潛在變數間的因果關係。因爲是列舉潛在變數與指標、識別性的問題、適合度指標的看法等作爲中心，因之使用 Amos 將假設以路徑圖表示，執行計算後進行模式的評估才變得可行不是嗎？在本章中潛在變數的因果關係之模式，是只處理〔健康意識〕一個獨立變數，但也能設定數個，並且也可以設定 2 個以上附在潛在變數的指標。製作各種模式後，請試著不斷地嘗試錯誤（Trial and error）看看。

　　操作法已很明確的現在，最重要的是「設定哪一個問項作爲指標，要如何對潛在變數命名？」，此爲分析者是否有本事的地方。

第6章　多群組分析

第 5 章是針對一個群組，適配一個模式進行分析。

第 6 章是針對數個群組，適配一個或數個模式進行分析。

6-1　何謂多群組

購買商品時，可以想成有許多的要素（構成概念）影響它的購買意願。

假定：

洗髮精的購買意願是依 CM 的印象、商品特性、價值感而改變。

此時，可以考慮以下的模式。將應用此模式的群組當作「洗髮精的消費者」時，群組就只有一個。

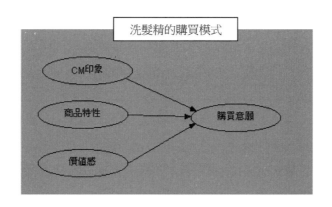

可是，不認為所有的洗髮精皆因相同的要素而使購買意願提高時，就會湧起「各洗髮精是因哪種要素才購買的呢？」

譬如，洗髮精 A 的購買意願因 CM 的印象而發生變化，洗髮精 B 的購買意願因商品特性與價值感而發生變化時，可以考慮如下的模式。

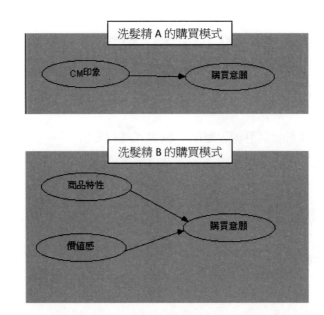

觀察各模式時，雖然影響購買意願的要素不同，但不僅如此，也請注意對象群組依模式而有不同。亦即，洗髮精 A 的購買模式是以「洗髮精 A 的消費者群組」，洗髮精 B 的購買模式是以「洗髮精 B 的消費者群組」為對象。

換言之，**分析中存在著數個群組，此稱為多群組**。其他，依區域（海外企業員工群組、國內企業員工群組）區分的情形，或地域間的比較（北、中、南）等，可以想到種種的多群組。

乍見之下，洗髮精 A 的購買模式與洗髮精 B 的購買模式不同，使用相同的路徑圖同時分析，看起來似乎不可能，但不管哪一模式均可使用洗髮精購買模式的路徑圖來表示。

洗髮精的〔購買意願〕在結構上是受〔CM 印象〕、〔商品特性〕、〔價值感〕所影響，關於洗髮精 A 只有〔CM 印象〕影響，此意指〔商品特性〕、〔價值感〕的影響力是 0。因之，在路徑圖上將沒有影響力之要素的路徑係數固定為 0，變成只有〔CM 印象〕影響購買意願的模式。

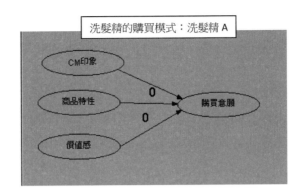

同樣，將洗髮精 B 的購買模式，使用路徑圖表示時，即如下所示：

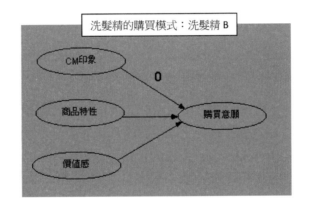

一點靈

　　以路徑圖製作模式時，容易只注意「要在何處畫路徑」。可是，「何處不要畫路徑」也是非常重要的。「不畫路徑」是指將它的路徑係數固定為「0」。

　　換言之，將模式中所設定的路徑係數固定為 0，即可表示「它的影響是沒有的」。並非只描繪路徑圖就是將假設模式化，參數的固定也是將假設模式化的重要方法。

　　在各個洗髮精中，哪一個要素與購買意願有關，如未知時，製作洗髮精購買意願的基本模式，進行**多群組分析**，觀察路徑係數依各洗髮精（群組）有何種的差異，即可解釋。

Q 可以對各群組畫出完全不同的路徑圖嗎？

A 變更 Amos 的設定即有可能。

從〔檢視（View）〕清單選擇〔介面性質
（Interface Property）〕，在〔Misc（其他）〕
Tab 之中勾選〔對不同組設定不同路徑圖
（Allow different path diagrams for different
groups）〕。

6-2 等值限制

參數相等的限制稱為**等值限制**，進行此限制稱為**施予等值限制**。

譬如，在洗髮精 C 與洗髮精 D 中，〔商品特性〕與〔價值感〕影響〔購買
意願〕的大小是不同的，但〔CM 印象〕的**影響認為相等時**，由〔CM 印象〕到〔購
買意願〕的**路徑係數施予等值限制**，即可將該假設模式化。

在 Amos 的路徑圖上施予等值限制時，在路徑係數上貼上相同的標籤。

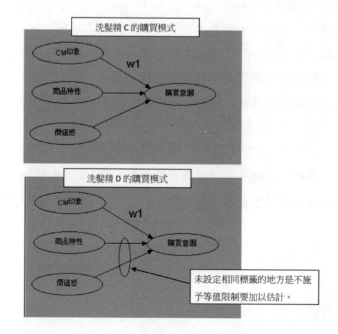

在前述的例子中，雖然對洗髮精 C 中由〔CM 印象〕到〔購買意願〕的路徑係數與洗髮精 D 中由〔CM 印象〕到〔購買意願〕的路徑係數施予等值限制，固定成相同的參數，但洗髮精 C 與洗髮精 D 中設定的〔CM 印象〕與相同潛在變數（構成概念）的〔購買意願〕**在兩群間如非相同的潛在變數則無意義。**

因為在各群組中設定的潛在變數假定是相同的，因之在指標的路徑係數上可施予等值限制。

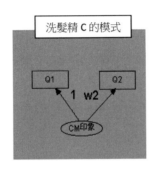
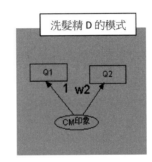

一點靈

為了施予等值限制，當在參數貼上標籤時，一定要將文字（羅馬字母、漢字等）設定成第一個字母。以數值設定時，參數即會以該值加以固定。又，設定不同的標籤時（W1 與 W2 等），這些是個別加以估計不施予等值限制。

6-3　多群組分析

本節列舉「國內企業員工」與「海外企業員工」2 組，假設如下設定。

〔對上司的好感度〕是否依〔尊重部下提案的上司〕以及〔尊重部下自尊的上司〕而改變。

步驟 1　啟動 Amos Graphics，點選 ▦〔選擇資料檔（Data File）〕圖像，指定資料檔。

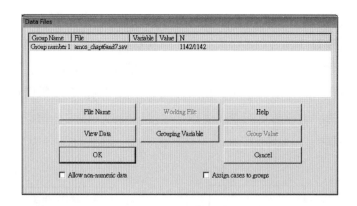

〔國內企業員工與海外企業員工〕的檔案是國內企業員工的調查數據與海外企業員工的調查數據混合被輸入。

在此檔案中，以識別群組的變數來說，對國內企業員工輸入「0」，海外企業員工輸入「1」。

將群分成國內企業員工與海外企業員工，首先，將「Group Number1」當作國內企業員工，使用〔組化變數（Grouping Variable）〕按鈕與〔組值（Group Value）〕按鈕。

步驟 2　點選〔資料檔〕對話框中的〔組化變數〕，開啓〔選擇組化變數〕對話框，指定識別群組的變數。

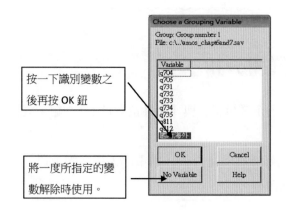

按一下識別變數之後再按 OK 鈕

將一度所指定的變數解除時使用。

步驟 3　點選〔資料檔〕對話框的〔組值〕，在〔選擇組識別值〕的對話框中選擇值。

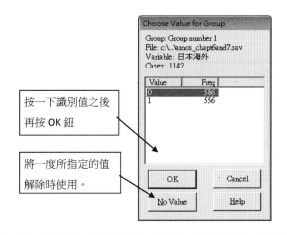

按一下識別值之後
再按 OK 鈕

將一度所指定的值
解除時使用。

Q 數個群組的數據如不在同一個檔案時即無法分析嗎？

A 即使各群組的檔案是在不同的狀態下也能分析。並且，即使檔案的形式
不同也無問題。但同一群組的數據被分割成數個檔案時，因為無法分
析，所以結合檔案後再進行操作。

步驟 4 〔資料檔〕對話框中分別表示有已指定的檔案名、識別變數、識別值，
同時在樣本數的行中表示有檔案內所有觀察值個數之中符合該群組的觀
察值個數

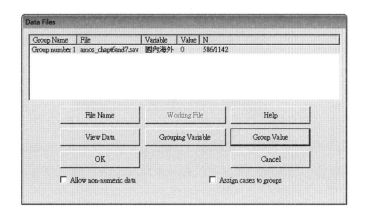

步驟5 按一下 （OK） 鈕，結束資料檔案的指定後，再描繪路徑圖。

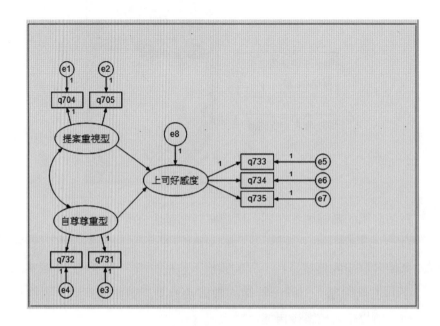

步驟6 按兩下 Amos Graphics 視窗左側的〔Group Number 1〕時，即打開〔組管理（Manage Groups）〕對話框。使用此對話框可設定數個群組或變更組名（group name）。

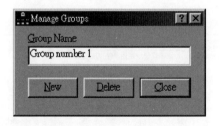

〔資料檔〕是將國內企業員工群組分配到〔Group Number 1〕。照此方式組名不易理解，因之將〔Group Number 1〕變更為〔國內〕。

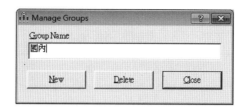

步驟 7　變更組名後，為了新追加海外企業員工群組，乃按一下〔開啟新檔〕，將組名以預設所顯示的〔Group Number 2〕變更為〔海外〕。

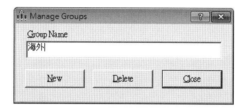

步驟 8　回到 Amos Graphics 視窗，請確認左側的組名。變更所顯示的組名，並選擇〔海外〕（反黑）。此即意謂 Amos Graphics 視窗中所表示的路徑圖是〔海外企業員工〕組的路徑圖。

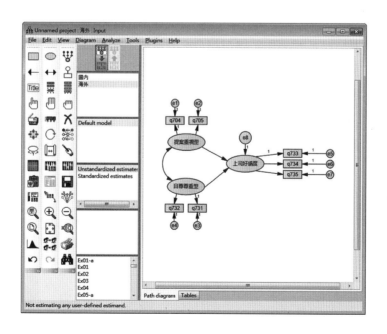

　　想在 Amos Graphics 視窗上顯示〔國內〕的路徑圖時，按一下〔國內〕。此分析階段雖然路徑圖並無不同，但瞬間路徑圖消失顯示，知已切換。

　　　　　　　　　一點靈

　　進行多群組分析時，請在描繪路徑圖後再追加群組。如以此步驟操作時，最初之路徑圖所固定的參數值也會包含在內被複製到所追加的群組中。如設定群組後再描繪路徑圖時，各群組由於需要固定參數值，因之操作變得麻煩。

步驟 9　為了指定新追加的〔海外〕組的資料檔，按一下 ▦〔選擇資料檔〕。

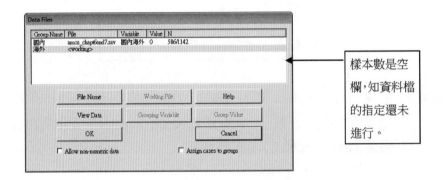

樣本數是空欄，知資料檔的指定還未進行。

步驟 10　按一下〔檔名〕，選擇符合的資料檔。此處因為國內企業員工資料與海外企業員工資料在同一檔案內，使用〔組化變數〕按鈕設定識別變數後，在〔組值〕中選擇識別值（國內企業員工資料的指定操作同步驟 6 ～ 7 進行）。

■各群組的資料儲存在不同的檔案時，只選擇檔名指定的作業即結束。

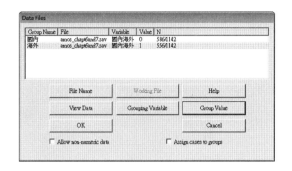

──────────一點靈──────────

　　指定檔名時「此檔案行嗎？想確認」時，請按一下〔資料的檢視（View Data）〕。啟動符合的應用軟體即可讓資料出現。

──────────────────────────

步驟 11　因為假定各潛在變數在〔國內〕組與〔海外〕組均相同，因之可在指標的路徑係數上施予等值限制。雖然使用〔物件性質〕也能個別設定，但因為對施予等值限制的參數重複操作，當指標過多時，並不推薦此做法。此處**使用 Plugins 一併在路徑係數上貼上標籤**。

　　將 Amos Graphics 視窗所表示的組切換成〔國內〕，點選〔Tool〕清單的〔Plugins〕，選擇〔Name Parameters〕。

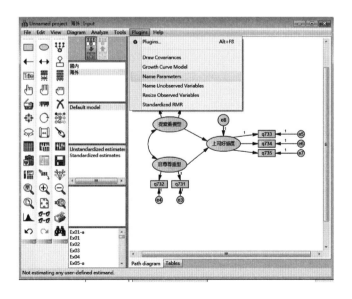

步驟 12　為了在路徑上貼上標籤，勾選〔Regression Weight〕係數。

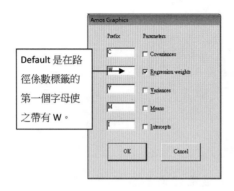

按一下　OK　鈕時，路徑圖上出現未被固定為 1 的所有路徑係數均貼上標籤。

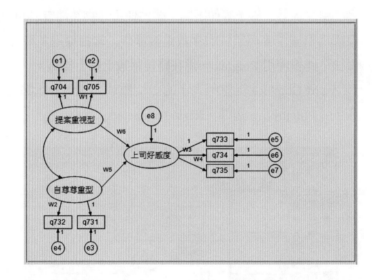

步驟 13　將路徑圖切換成〔海外〕時，顯示路徑係數上未貼上標籤。各組重複此作業（Step11 ～ 12），相同指標即被設定相同的標籤，即可施予等值限制。

國 內　　　　　　　　　海 外

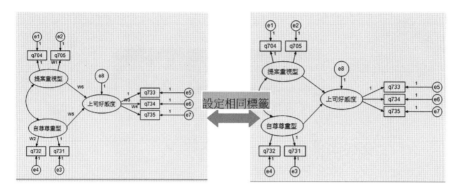

設定相同標籤

步驟 14　此處從〔提案重視型〕與〔自尊尊重型〕到〔上司好感度〕的路徑係
數按各組估計，**比較其差異為目的，因之對這些路徑係數施予等值限
制並不適確**。因之將〔海外企業員工〕組的路徑係數「W1」變更為
〔WO1〕，「W2」變更為〔WO2〕。確認所表示的路徑圖是〔海外
企業員工〕之後，點選〔物件的性質〕圖像，按一下由〔提案重視型〕
到〔上司好感度〕的路徑。

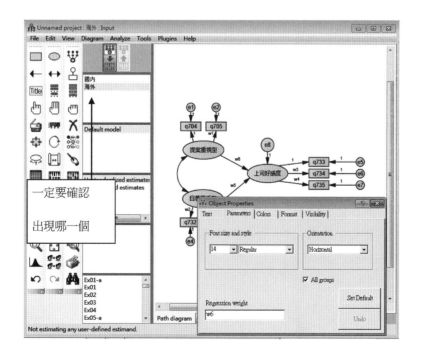

步驟 15　選擇〔物件的性質〕對話框的〔Parameters(參數)〕Tab，將〔Regression Weight〕係數從「W6」變更為〔WO6〕。

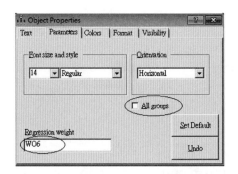

步驟 16　以同樣的步驟將〔海外〕組的「W5」切換成〔WO5〕時，〔國內〕組與〔海外〕組的潛在變數間的路徑係數變成不同的標籤，變成不施予等值限制的模式。

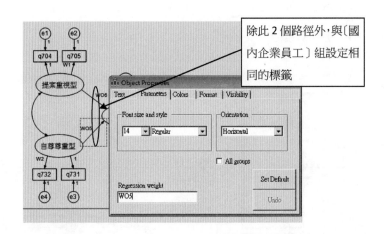

除此 2 個路徑外，與〔國內企業員工〕組設定相同的標籤

步驟 17　最後，在〔分析性質〕對話框的〔輸出(Output)〕Tab 中，勾選〔標準化估計值〕、〔對差的檢定統計量〕，再關閉對話框。

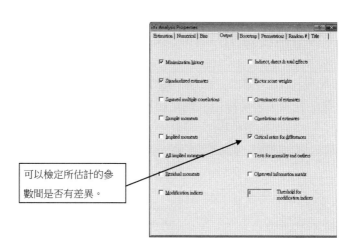

可以檢定所估計的參
數間是否有差異。

步驟 18　按一下 ▦〔計算估計值〕圖像執行分析。確認分析結束後，將路徑圖
切換成表示估計值的畫面。本例可以顯示「國內企業員工組的未標準
化估計值」、「國內企業員工組的標準化估計值」及「海外企業員工
組的未標準化估計值」、「海外企業員工組的標準化估計值」等 4 個
輸出視察。

國內企業員工組的未標準化估計值

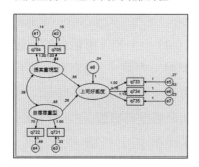

國內企業員工組的標準化估計值

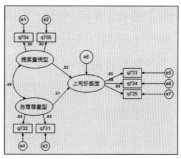

海外企業員工組的未標準化估計值

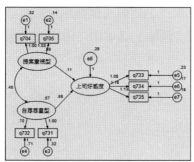

海外企業員工組的標準化估計值

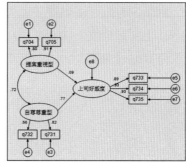

6-4　多群組分析的正文輸出

步驟 1　點選 〔正文輸出〕圖像，觀察輸出結果。正文輸出視窗中所表示的參數估計值，也可按組別輸出結果。在〔組〕視窗中選擇組。

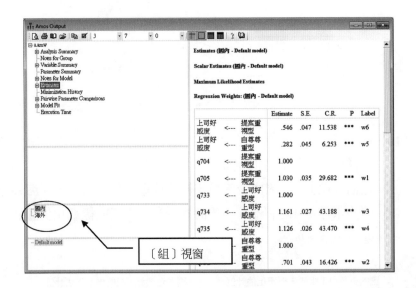

〔組〕視窗

步驟 2　讓它顯示〔參數估計值（Estimates）〕的〔Regression Weight〕係數表，觀察〔機率〕的行時，**如 P 比 0.05 小**，知〔**所估計的路徑係數為 0**〕**之虛無假設被否定**。在國內企業員工方面，〔提案重視型〕之評價對上司好感度有**影響**（P = ***）（機率未滿 0.001 時即顯示「***」），並且〔自尊尊重型〕之評價也對上司好感度有**影響**（P = ***）。

另外，此處因為估計的路徑係數加上標籤，因之出現有〔標籤（Label）〕行中所設定的路徑係數標籤。

步驟 3　相對的，〔海外企業員工〕組的〔係數〕之估計結果略有不同，〔自尊尊重型〕的評價**影響**〔上司好感度〕，但〔提案重視型〕之評價**不影響**〔上司好感度〕（0.287），從〔機率〕之值即可得知（此處顯著水準當作 0.05 來解釋）。

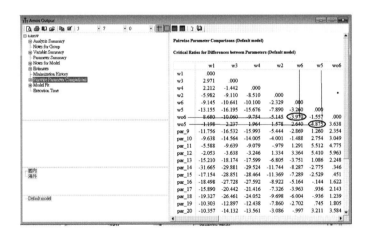

步驟4 〔國內企業員工〕組與〔海外企業員工〕組個別所估計之參數是否有差異（對〔上司好感度〕的影響力是否有不同），為了觀察檢定的結果，讓它顯示〔對參數間之差的檢定統計量（**Critical Ratios for Difference between Parameters**）〕。

如觀察〔國內企業員工〕組的〔提案重視型〕路徑係數「W6」與〔海外企業員工〕組的〔**提案重視型**〕路徑係數「WO6」交差格時，顯示出 -3.970 的檢定統計量，在〔**自尊尊重型**〕路徑係數「W5」與「WO5」方面是 4.875。

顯著水準當作 **0.05** 來檢定時，如這些之值的絕對值超過 **1.96** 時，可解釋爲「**在 5% 水準下有顯著差**」。本例中〔自尊尊重型〕與〔提案重視型〕的絕對值超過 1.96，因之可以解釋爲「各自的路徑係數不相等」。

步驟 5 此模式除 2 個路徑係數以外，〔提案重視型〕與〔自尊尊重型〕的共變異數（**雙向箭頭**）在組間並未進行等值限制。因之，同樣使用〔對參數間之差的檢定統計量〕，可以確認**組間共變異數是否相等**。

可是，當製作出路徑圖時，分析者並未在這些參數上貼上標籤，因之 Amos 自動地設定標籤。爲了確認自動地貼上的標籤，正文輸出中有〔參數估計值（Estimates）〕的**位置**，確認〔國內企業員工〕組與〔海外企業員工〕組各個共變異數的〔標籤〕。〔國內（Japan）企業員工〕組成爲〔par-9〕。〔海外（oversea）企業員工〕組成爲〔par-10〕。

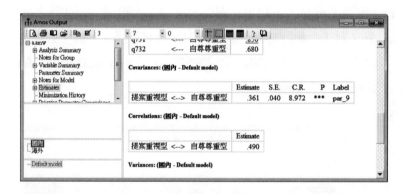

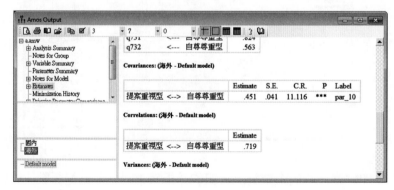

與路徑係數相同，如確認〔對參數間之差的檢定統計量〕時，即1.631（< 1.96），可知**組間共變異數**在「5% 水準下並無顯著差」。

	w1	w3	w4	w2	w6	w5	wo6	wo5	par_9
w1	.000								
w3	2.971	.000							
w4	2.212	-1.442	.000						
w2	-5.982	-9.110	-8.510	.000					
w6	-9.145	-10.641	-10.100	-2.329	.000				
w5	-13.155	-16.195	-15.676	-7.890	-3.260	.000			
wo6	-8.680	-10.060	-9.754	-5.145	-3.970	-1.557	.000		
wo5	-1.198	-2.237	-1.964	1.578	2.640	4.875	3.638	.000	
par_9	-11.756	-16.532	-15.993	-5.444	-2.869	1.260	2.354	-4.129	.000
par_10	-9.638	-14.564	-14.005	-4.001	-1.488	2.754	3.049	-3.424	1.631
par_11	-5.588	-9.639	-9.079	-.979	1.291	5.512	4.775	-1.911	6.535

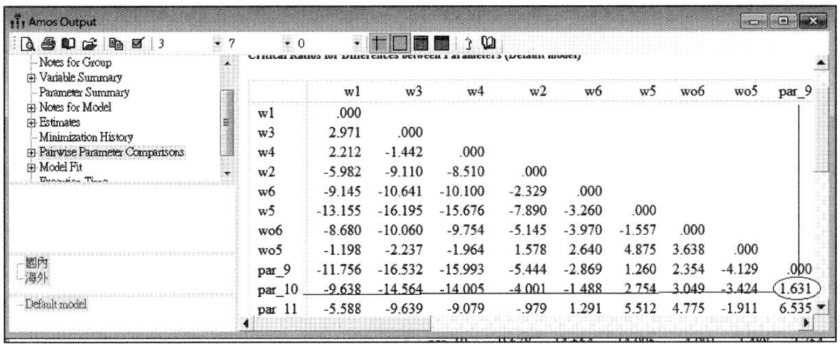

從目前的結果來看，

◆國內企業員工組的〔提案重視型〕路徑係數是否眞的是 0 呢？

◆國內企業員工組與海外企業員工組的提〔提案重視型〕與〔自尊重視型〕的共變異數並無顯著差，是否施予等値限制比較好呢？

發現了 2 個與分析所用的模式不同的地方。

從這些結果來看，將國內企業員工組的〔提案重視型〕路徑係數固定爲 0，以及共變異數也施予等値限制的模式也並不一定能說是最好的。〔提案重視型〕路徑係數是 0 的檢定結果，即爲對共變異數未施予等値限制之模式中的檢定結果，同樣，共變異數之値無差異的檢定結果，也是開放國內企業員工組的〔提案重視型〕路徑係數之模式中的檢定結果。未進行滿足雙方條件時的檢定，此處是有問題的。因之，製作數個模式再比較驗證。

6-5 製作數個模式

此處製作 4 個模式進行比較。

模式 1：現狀的模式（除指標的路徑係數以外不固定參數之模式）
模式 2：對共變異數（Covariance）施予等値限制的模式。
模式 3：將海外企業員工組的〔提案重視型〕路徑係數固定爲 0 的模式。
模式 4：對共變異數施予等値限制，並且將海外企業員工組的〔提案重視型〕係數固定爲 0 的模式。

　　模式 1 是 4 個模式之中限制最少的模式，因之，在 4 個模式之中可以說是最容易符合數據的模式。相對的，模式 2 與模式 3 的限制比模式 1 多 1 個，模式 4 則比模式 1 多 2 個。

　　在前面的例子中，當施予等值限制時，各組對參數均貼上相同的標籤。可是，在此後的模式的驗證中，模式 2 與模式 4 雖對共變異數施予等值限制，但模式 1 與模式 3 並未對共變異數施予等值限制。

　　因之，對國內企業員工組的共變異數設定標籤「C1」，對海外企業員工組的共變異數則設定不同的標籤「CO1」。因為參數的標籤不同，因之基本上是個別估計。可是，在進行等值限制的模式中，設定成「C1 = CO1」，即可將該條件列入模式中。

　　以式子表示模式 1 到模式 4 時，即為如下。

　　模式 1：（無限制）

　　模式 2：C1 = CO1

　　模式 3：W1 = 0

　　模式 4：C1 = CO1

　　　　　　W1 = 0

　　以操作步驟來說，首先是在參數貼上標籤，然後再製作各模式。

步驟 1　為了對〔國內企業員工〕組的共變異數貼上「C1」的標籤，開啓 Amos Graphics 視窗後，切換至路徑圖製作的視窗，再顯示國內企業員工組的路徑圖。

　　　　點選 ▦〔物件的性質〕圖像之後，按一下雙向箭頭。打開〔物件性質〕對話框的〔參數〕Tab，在〔共變異數〕正文框（Textbox）的地方輸入「C1」。

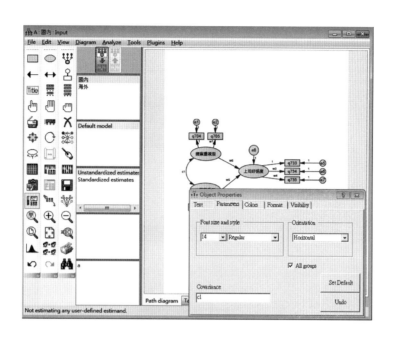

步驟2　在出現〔物件性質〕對話框之狀態下，將路徑圖的顯示切換成〔海外企業員工〕時，〔物件性質〕對話框也連帶地切換成〔海外企業員工〕組的共變異數，接著可以進行輸入「CO1」的操作。

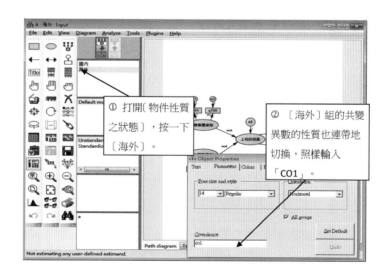

① 打開〔物件性質之狀態〕，按一下〔海外〕。

② 〔海外〕組的共變異數的性質也連帶地切換，照樣輸入「CO1」。

〔國內企業員工〕組與〔海外企業員工〕組的〔共變異數〕分別貼上標籤後，關閉〔物件性質〕。

步驟3 為了設定數個模式，按兩下〔模式〕視窗中所出現的〔Default model〕。

步驟4 出現〔管理模式〕對話框，可以進行模式名稱的變更、模式的追加與消除、參數的限制。

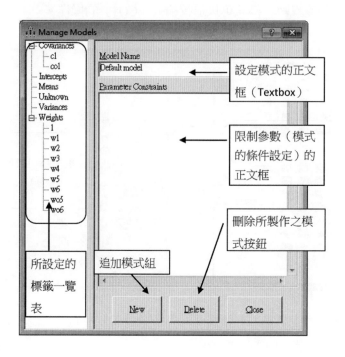

此處將〔模式名〕從〔Default Model〕變更為〔Model 1〕。模式 1 因
為是沒有限制的模式，因之〔參數限制〕正文框（Textbox）保留空欄。

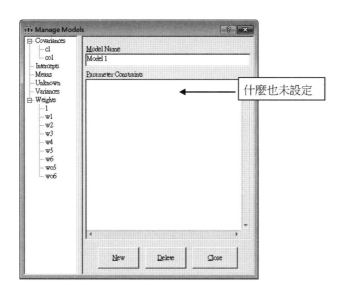

步驟 5　按一下〔開新檔案〕，追加模式。將〔模式名〕中出現的〔model
number 2〕變更為〔Model 2〕。按兩下左側參數欄顯示中的〔C1〕。

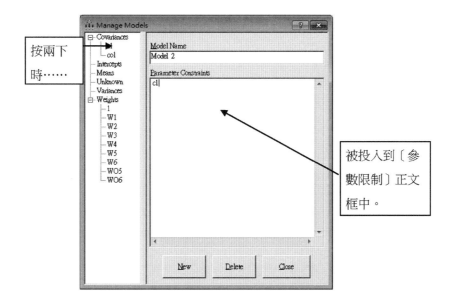

投入〔C1〕之後,照樣在〔CO1〕處按兩下時,自動地以〔=〕連結出現〔C1 = CO1〕。

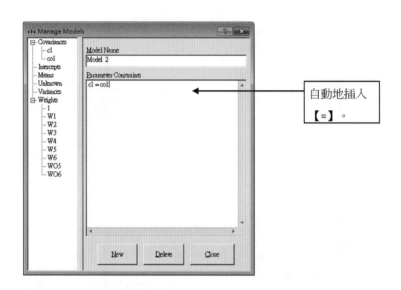

自動地插入【=】。

步驟 6 重複 Step5,製作所需要的模式。按一下〔開啓新檔〕,〔模式名〕變更為〔Model 3〕,〔參數限制〕當作〔W1〕。〔W1〕出現在左側參數標籤的欄位中,按兩下即投入,但〔= 0〕則使用鍵盤輸入。

以鍵盤輸入參數標籤也是可能的,但 Amos 由於會識別 1 位元、2 位元、大寫字母、小寫字母,因之為了避免錯誤輸入,參數標籤建議從左側標籤欄位選取為宜。

步驟 7 按一下〔開新檔案〕,〔Model 4〕是分別投入〔C1=CO1〕與〔W06=0〕。所有的模式製作結束後,按一下 colse 。

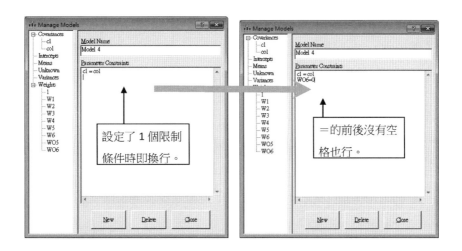

步驟 8 按一下 ▦〔計算估計值〕圖像即執行分析。計算執行前出現〔××〕的模式視窗,要確認是否切換成〔OK〕的模式。設定數個模式時,請確認所有模式中的估計是否結束。

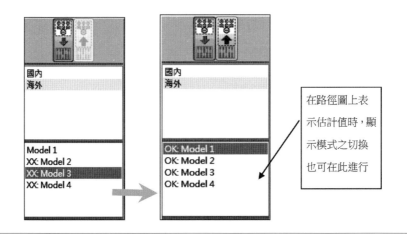

Q 想簡單地輸入參數限制條件但……

Model 2 設有 3 個限制條件,Model 3 也設有另外的 3 個限制條件,Model 4 再設其他 3 個限制條件。將這些 9 個限制條件全部設置的模式想當作Model 8來設定,因為已輸入 1 次,卻又要再輸入9個條件甚為麻煩。

A 仔細地施予限制條件後再慢慢地去增加它的條時，〔參數限制（Parameter Constrains）〕正文框中不只是條件式，也可以用模式名指定條件。如果是已經指定的模式時，對於模式 8 的〔參數限制〕只要輸入既有的模式名，各個模式中所限制的條件全部均可設定。

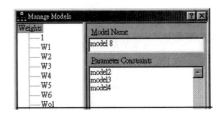

6-6　分析數個模式時的 Text 輸出

步驟1　按一下 ▦ 〔Text 輸出〕圖像，出現〔適合度指標〕的位置。因為設定了數個模式，所以出現從〔Model 1〕到〔Model 4〕4 個模式的各個〔適合度指標〕。

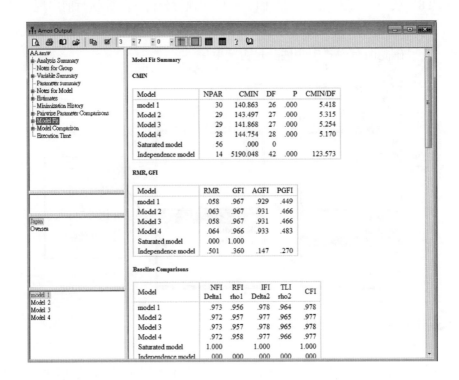

設定數個模式時，要確認評價各個模式的〔適合度指標〕像是〔GFI〕
〔已修正 GFI（AGFI）〕、〔比較適合度指標（CFI）〕等，排除適配差
的模式。本例中〔CMIN〕未達 0.05，處理的觀察值個數較多可以認為
是原因。**〔GFI〕、〔已修正 GFI〕、〔比較適合度指標（CFI）〕之值
任一模式均在 0.9 以上，表示數據與模式的適配佳。**

步驟2　**適合數據的模式可以認為有數個**時，為了從這些模式之中選擇最佳
的模式，使用〔赤池資訊量基準（AIC）〕或〔Browne-Cudock 基準
（BCC）〕。

Model	AIC	BCC	BIC	CAIC
model 1	200.863	201.718		
Model 2	201.497	202.323		
Model 3	199.868	200.695		
Model 4	200.754	201.552		
Saturated model	112.000	113.596		
Independence model	5218.048	5218.447		

在適合數據的模式之中，**採用指標最小的模式**。本例不管在哪一個指標
中，**知〔Model 3〕的值最小**。並且，在此輸出中未出現〔**BIC**（Bayes
資訊量基準）〕或〔**AIC**〕的數據。這些指標在**單一群組的分析中是有
效的，進行多群組分析並未輸出**。

步驟3　設定數個模式分析時，Text輸出中〔**模式的比較**（model comparisons）〕
此表會自動地被製作出來。使用此表即可檢定模式間之差異。

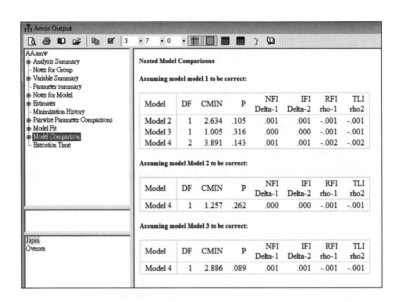

此處使用 **Chi-square 檢定進行模式比較。決定一個作為基準的模式後，與參數的固定數比此模式還多的模式相比較。**

在〔Model 1 正確的假定下〕左邊出現 3 個檢定結果。

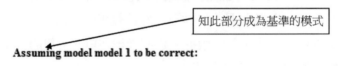

譬如，在〔Model 2〕的列中的檢定即為

　　　虛無假設：Model 2 = Model 1

　　　對立假設：Model 2 ≠ Model 1

接受虛無假設時，即「2 個模式之間無差異」，接受對立假設時即為「2 個模式之間有差異」。

本例中的〔Model 1〕是 4 個模式之中開放參數最多的模式，換言之，最容易符合數據的模式。開放參數之模式與固定該參數並嚴格限制之模式之間並無差異，因為即使固定參數也仍符合數據，因之可以接受限制條件嚴格的模式。**限制的參數個數**比〔Model 1〕多 1 個一事是**可以利用觀察〔自由度〕之值來確認。本例從〔Model 2〕到〔Model 4〕在所有的模式中機率均在 0.05 以上，可知虛無假設被接受。**

Assuming model Model 2 to be correct:

Model	DF	CMIN	P	NFI Delta-1	IFI Delta-2	RFI rho-1	TLI rho2
Model 4	1	1.257	.262	.000	.000	-.001	-.001

以〔Model 2〕作為基準模式時，固定參數的個數比此模式還多的模式只有〔Model 4〕，因之比較〔Model 2〕與〔Model 4〕。

Assuming model Model 3 to be correct:

Model	DF	CMIN	P	NFI Delta-1	IFI Delta-2	RFI rho-1	TLI rho2
Model 4	1	2.886	.089	.001	.001	-.001	-.001

以〔Model 3〕作為基準模式，與〔Model 4〕比較的結果，可知 5% 水準下是不顯著的（〔機率〕＝0.089）。

從 Chi-square 檢定的結果可知，〔Model 4〕與其他參數限制少的模式並無顯著差，與〔AIC〕或〔BCC〕之結果（接受 Model 3）不同。即使將估計的參數個數列入考慮，〔Model 3〕與數據的適配最好，與〔Model 4〕並無顯著差。

從所有的指標所得到的結果不一定一致，如本例導出不同結果的情形也有。選擇最好的模式時，掌控各指標的特徵之後，便成了複合性的判斷。觀察值個數多時，事先隨機地將數據分成學習用數據與驗證用數據，以學習用數據製作模式

後，以驗證用數據驗證也是一種方法。

步驟 4 〔適合度指標〕是所有模式均表示在 1 個表上，像〔參數估計值〕或〔對 參數間之差地檢定統計量〕等，可按各組或各模式區分表。

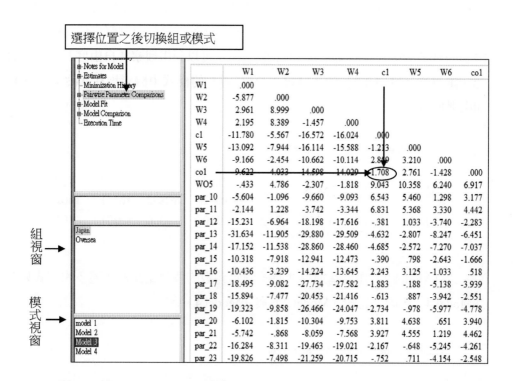

在〔Model 3〕中檢定共變異數之參數的結果，統計量的絕對值（1.708）未 達 1.96，故在 5% 水準下是不顯著的。

☞ 共變異數之值為正，是表示兩變數有正方向的共變關係，為負是表示兩變數 有反方向的共變關係，為零是表示兩變數無共變關係。

總結

本章進行了多群組分析，設想數個群組再製作模式時此方法是有效的。想進 行「美國所開發的 5 件法之問卷在國內也能使用嗎？」此時想來也是有效的方 法。

並且，製作數個模式來驗證，可以仔細地檢討假設。此時，參數的固定是重

點所在，透過此即可將各種假設模式化。

　　本章假定「構成概念（潛在變數）在國內企業員工組與海外企業員工組是相同的」進行分析，能否假定同一構成概念可以萃取呢？也可以使用多群組分析來驗證吧。

第 7 章　平均結構模式

前面幾章是將非觀測變數（潛在變數或誤差變數）的平均固定為 0，以及截距也同樣固定為 0，再進行分析。

本章將平均結構引進模式中，探討估計截距與平均值的方法。

7-1　將平均結構引進模式中

譬如，「如體認到評價公平感的重要時，對上司好感度會提升」時，可以建立如下的模式：

〔評價公平感〕影響〔上司好感度〕

使用第 5 章所探討的多重指標模式之方法分析此路徑圖時，可以估計〔評價公平感〕影響〔上司好感度〕的程度。

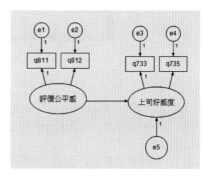

換言之，只提出一個組求潛在變數間之因果強度是第 5 章的主題。

相對的，將第 6 章所提出的「多母群體同時分析」對此模式進行時，並非是單一組，設定數個組（日本組與海外組）也是可行的，可以驗證組間在因果的強度上有無差異。

〔評價公平感〕或〔上司好感度〕之潛在變數在數個組中假定是同一變數而進行的分析，或者是否可以假定同一變數而進行的驗證，在進行模式的比較時也都是可行的。

使用第 5 章或第 6 章所提出的方法時，主要著眼於關係的強度進行分析，但〔評價公平感〕在日本組與海外組之間是否有差異，以及在〔上司好感度〕方面

是否也有差異，卻無法驗證。可是，如能估計日本組中的〔評價公平感〕的平均值，與海外組中的〔評價公平感〕的平均值時，比較平均值以及進行相對評價是有可能的。

　　本章將平均結構引進模式中進行分析，比較組間的潛在變數。首先先確認要驗證之模式的意義，其次提出操作方法，最後解釋所接受的模式。

 一點靈

　　想在路徑圖上顯示組名或模式名時，與顯示適合度時一樣，使用〔圖的標題（Figure Caption）〕對話框。想顯示組名時，輸入「\group」，想顯示模式名時，輸入「\model」。

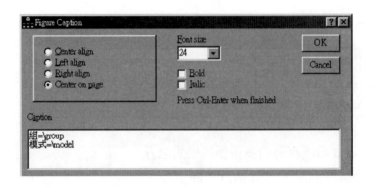

7-2　驗證模式

　　國內組與海外組雖然使用相同的路徑圖，但各組的參數限制與標籤如下進行。

國內組

- 在被開放（未固定為「1」）的所有路徑係數上貼上標籤（第一個字母 W）。
- 外生的非觀測變數的平均固定為 0。
- 內生的非觀測變數的截距固定為 0。

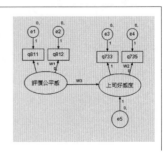

- 開放內生的觀測變數的截距（要估計），貼上標籤（第一個字母 I）。

海外組

- 在被開放的所有路徑係數上貼上標籤（第一個字母 Ww）。
- 外生的非觀測變數之中，開放〔評價公平感〕的平均（不固定成0），貼上「海外平均」之標籤。
- 開放內生的非觀測變數即〔上司好感度〕的截距，貼上〔海外截距〕之標籤。
- 開放內生的觀測變數的截距（要估計），貼上標籤（第一個字母 I）。

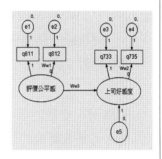

　　在執行平均結構模式方面，應注意的地方是〔評價公平感〕的平均，與〔上司好感度〕的截距。

　　利用估計平均，即可估計日本組與海外組的平均差異，但潛在變數並未具有數據而是由觀測變數抽出的變數，因之平均的位置不定。譬如，當估計出海外組的平均比日本組的平均超出 5 點時，日本組的平均假定是 10 時，則海外組的平均即為15，海外組的平均如為 10 時，日本組的平均即為5。即使可以求出差異，但若不固定任一組的平均使位置明確，則估計值就不會固定。

　　本例想以日本組作為基準，所以固定日本組的平均。並且將固定的值設為0，海外組比日本組的〔評價公平感〕之平均分數大時，海外組的平均值即為正，海外組比日本組的〔評價公平感〕之平均分數小時，估計的平均值即為負，因之顯得容易解釋。

　　此處製作 9 個模式執行分析。各模式的設定與意義如下。

模式 1　無限制

　　9 個模式之中限制最少，最容易適合數據之模式。

☞ 雖然與數據的適配良好，但接受此模式時，在日本組設定的潛在變數〔評價公平感〕與海外組設定的潛在變數〔評價公平感〕即為不同性質。比較不同性質之潛在變數產生之影響力也是沒意義的，兩組間無法驗證〔評價公平

感〕對〔上司好感度〕產生之影響力的大小。

模式 2　W1 = Ww1

　　　　 W2 = Ww2

　　對指標的路徑係數施予等值限制之模式。假定日本組與海外組抽出的
潛在變數〔評價公平感〕與「上司好感度」是同質的。

☞ 因為潛在變數的同質性有所保證，因之在組間比較影響力與平均值是可能
的。可是，其他的估計參數未施予等值限制，因之意謂「評價公平感對上司
好感度產生影響力的大小」、「評價公平感」及「排除評價公平感之影響後的
上司好感度」在組間均是不同的。

模式 3　模式 2

　　　　 W3 = Ww3

　　加上模式 2 的條件，並假定在日本組與海外組之間，〔評價公平感〕對
〔上司好感度〕產生之影響大小是相等的。

☞ 意謂在保證潛在變數的同質性之後，「評價公平感」與「排除評價公平感之影
響後的上司好感度」雖然在組間有差異，但「評價公平感對上司好感度產生
之影響力的大小」在組間並無不同。

模式 4　模式 2

　　　　 海外平均 = 0

　　加上模式 2 的條件，並假定日本組的〔評價公平感〕與海外組的〔評
價公平感〕相等。

☞ 意謂在保證潛在變數的同質性之後，「評價公平感對上司好感度產生之影響力
大小」與「排除評價公平感之影響後的上司好感度」雖然在組間是不同的，
但「評價公平感」在組間並無不同。

> **模式 5** 模式 2
>
> 　　　海外截距 = 0
>
> 　　加上模式 2 的條件，並假定排除〔評價公平感〕的影響後，日本組的〔上司好感度〕與海外組的〔上司好感度〕相等。

☞ 意謂潛在變數的同質性有所保證之後，「評價公平感」與「評價公平感對上司好感度造成之影響力大小」在組間雖然不同，但「排除評價公平感之影響後的上司好感度」在組間並無不同。

> **模式 6** 模式 3
>
> 　　　海外平均 = 0
>
> 　　加上模式 3 的條件，並假定日本組的〔評價公平感〕與海外組的〔評價公平感〕是相等的。

☞ 意謂潛在變數的同質性有所保證之後，「排除評價公平感的影響後之上司好感度」在組間雖然不同，但「評價公平感對上司好感度產生之影響力大小」或「評價公平感」在組間並無不同。

> **模式 7** 模式 3
>
> 　　　海外截距 = 0
>
> 　　加上模式 3 的條件，並假定排除〔評價公平感〕之影響後，日本組的〔上司好感度〕與海外組的〔上司好感度〕是相等的。

☞ 意謂潛在變數的同質性有所保證之後，〔評價公平感〕在組間雖然不同，但「評價公平感對上司好感度造成之影響力大小」及「排除評價公平感的影響後的上司好感度」在組間並無不同。

> **模式 8**　模式 2
>
> 　　海外平均 = 0
>
> 　　海外截距 = 0
>
> 　　加上模式 2 的條件，並假定日本組的〔評價公平感〕與海外組的〔評價公平感〕相等，並且排除〔評價公平感〕的影響後，日本組的〔上司好感度〕與海外組的〔上司好感度〕是相等的。

☞ 意謂潛在變數的同質性有所保證之後，「評價公平感對上司好感度造成之影響力大小」在組間雖然不同，但「評價公平感」與「排除評價公平感之影響後的上司好感度」在組間並無不同。

> **模式 9**　模式 3
>
> 　　海外平均 = 0
>
> 　　海外截距 = 0
>
> 　　加上模式 3 的條件，並假定日本組的〔評價公平感〕與海外組的〔評價公平感〕相等，以及排除〔評價公平感〕的影響後，日本組的〔上司好感度〕與海外組的〔上司好感度〕相等。

☞ 意謂對所有的參數施予等值限制，因之日本組與海外組之間並無模式之不同。

Q Amos 所分析的數據只能使用原始數據嗎？

A 手中無原始數據，即使只有相關矩陣或變異矩陣作為數據時也能分析。數據的輸入方法如下。

▼變異數共變異數矩陣的輸入例

	rowtype_	varname_	變數1	變數2	變數3	變數4	var
1	n		100.00	100.00	100.00	100.00	
2	cov	變數1	.72	.	.	.	
3	cov	變數2	.55	.88	.	.	
4	cov	變數3	.45	.46	1.08	.	
5	cov	變數4	.44	.49	.83	1.13	
6	mean		3.90	3.57	3.47	3.37	
7							
8							

左 2 行的變數名（〔rowtype〕與〔varname〕）由於是定型可以如圖輸入，〔rowtype〕行所輸入的文字也全部如圖那樣輸入。觀察值個數輸入到「n」列中，下三角矩陣輸入到〔cov〕列中，平均值輸入到〔mean〕列中，矩陣則是輸入對角與下三角矩陣。使用相關矩陣時，將〔cov〕改寫成〔corr〕再輸入相關矩陣的對角與下三角矩陣。於「mean」的下一列輸入「stddev」後，儲存標準差之值。

7-3　平均結構的設定方式

步驟 1　首先，將分析的模式以路徑圖描繪在 Amos 上。

與第 6 章所進行的「多母群體同時分析」一樣。

1. 啟動 Amos。

2. 指定作為基準之組（本例是日本）的數據。

3. 描繪路徑圖之後。

4. 再追加組（本例是海外組）。

進行到目前為止的步驟，數個組即形成設定相同路徑的狀態。

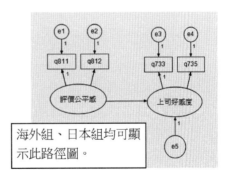

海外組、日本組均可顯示此路徑圖。

步驟2 將平均結構列入模式時，勾選〔分析性質〕對話框的〔估計〕Tab 中的〔估計平均值與截距〕。Amos Graphics 視窗所顯示的組不管是哪一組，只進行 1 次此操作即可應用在所有組的路徑圖上。

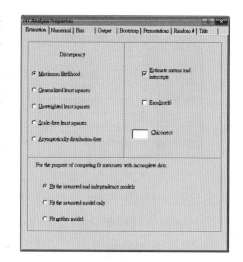

按一下 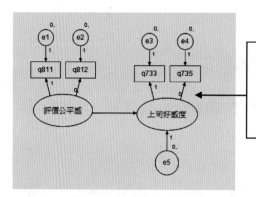 〔分析的性質〕圖像後，勾選〔估計平均值與截距〕後，關閉〔分析性質〕的對話框，路徑圖上有數個地方出現 0。

在所有的組中，外生的非觀測變數的平均被固定為 0，內生的非觀測變數的截距被固定為 0。

步驟3 為了從 Section 2 所記述的模式 2 到模式 9 進行參數限制，乃對限制對象的參數（路徑係數、平均、截距）貼上標籤。

讓作為基準的組（本例〔日本〕組）顯示在 Amos Graphics 視窗上，點選〔工具〕清單的〔Amos〕中的〔Name Parameters〕。

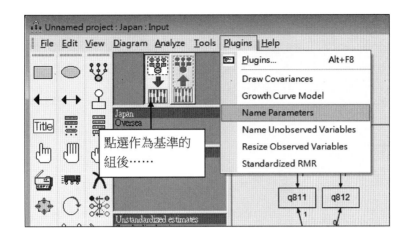

步驟 4 為了在路徑係數與截距上貼上標籤，勾選〔Regression Weights〕與〔Intercepts〕。

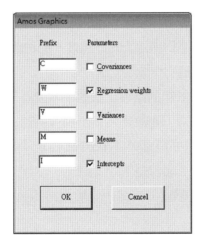

按一下 OK 鈕時，即在未固定為「1」與「0」的路徑係數與截距上貼上標籤。

步驟 5 以同樣的步驟也在其他組（本例是「海外」組）的路徑係數與截距上貼上標籤，為了驗證路徑係數在組間是否相等，必須貼上與〔日本〕組不同的標籤。

因之將第一個字母變更成「Ww」。

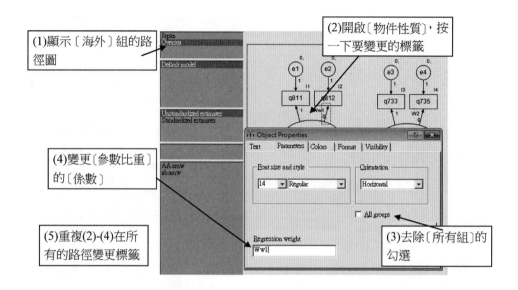

(1)顯示〔海外〕組的路徑圖

(2)開啟〔物件性質〕，按一下要變更的標籤

(4)變更〔參數比重〕的〔係數〕

(3)去除〔所有組〕的勾選

(5)重複(2)-(4)在所有的路徑變更標籤

步驟6 使用〔Macro〕在參數上貼上標籤時，只有在被開放的參數上貼上標籤。在〔分析的性質〕中勾選〔估計平均值與截距〕時，〔海外〕組中的〔評價公平感〕的平均與〔上司好感度〕的截距因爲被固定爲 0，因之要個別地進行貼標籤的作業。

在顯示〔海外〕組的路徑之狀態下，按兩下〔評價公平感〕（即使未使用圖像，如按兩下變數時，〔物件的性質〕對話框就會打開）。

〔參數〕Tab 中的〔平均〕Textbox 出現「0」，變更爲〔海外平均〕，除去〔所有組〕之勾選。

同樣〔上司好感度〕的截距也變更爲〔海外截距〕，除去〔所有組〕之勾選。

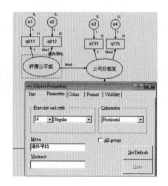

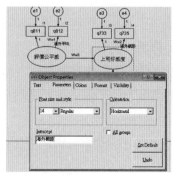

第 7 章　平均結構模式 07

步驟 7　參數的貼標籤作業結束之後，製作前述的 9 個模式。

　　與第 6 章所進行的操作方法相同，按兩下〔模式〕視窗所顯示的〔Default Model〕，打開〔管理模式〕對話框，再設定所有的模式。模式 1 ～ 3 的情形是……

未進行參數的限制

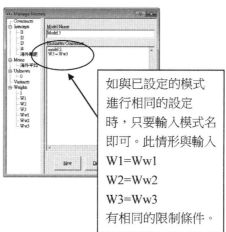

如與已設定的模式進行相同的設定時，只要輸入模式名即可。此情形與輸入
W1=Ww1
W2=Ww2
W3=Ww3
有相同的限制條件。

　　〔參數限制（Parameter Constraints）〕中輸入模式名稱時，因為會識別空格的有無、1 位元 2 位元等，因之要注意一定要輸入與〔模式名（Model Name）〕正文框中所指定的相同字母行。進行設定至模式 9 為止後，即執行計算。

179

7-4 觀察表輸出

在所設定的 9 個模式中，抽出適合數據的模式，從中選出最好的模式。

步驟 1 點選 📰〔正文輸入〕圖像，使之顯示〔模式適合度〕的位置。本例是使用〔RMSEA〕（均方誤差平方根）、〔AIC〕（赤池資訊量基準）、〔BCC〕（Browne-Cudeck）來評價模式。

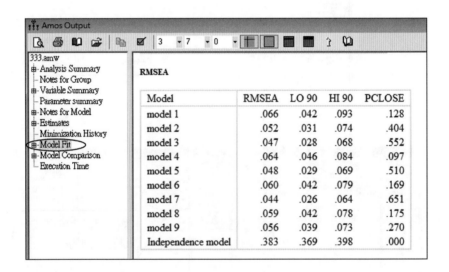

使用〔RMSEA〕的指標判斷各模式是否適合於數據。一般〔RMSEA〕未達 0.05 的模式判斷適合於數據，0.1 以上的模式未適合數據，因之以模式而言無法採用（認為「如未達 0.08 時判斷適合數據」的學者也有）。本例未達 0.05 的模式是〔Model 3〕、〔Model 5〕與〔Model 7〕，為了從這些模式之中選出最好的模式，使用〔AIC〕、〔BCC〕的指標。不管哪一個指標，〔Model 7〕的值是最小的，只要觀察這些輸出，可以認為〔Model 7〕是最佳的模式。

步驟 2 接著，顯示〔模式的比較〕的位置，確認 Chi-square 檢定的結果。

```
333.amw
⊞ Analysis Summary
   Notes for Group
⊞ Variable Summary
   Parameter summary
⊞ Notes for Model
⊞ Estimates
   Minimization History
⊞ Model Fit
⊞ Model Comparison
   Execution Time
```

Nested Model Comparisons

Assuming model model 1 to be correct:

Model	DF	CMIN	P	NFI Delta-1	IFI Delta-2	RFI rho-1	TLI rho2
model 2	2	.505	.777	.000	.000	-.011	-.011
model 3	3	.905	.824	.000	.000	-.014	-.014
model 4	3	16.216	.001	.008	.008	-.001	-.001
model 5	3	1.908	.592	.001	.001	-.014	-.014
model 6	4	16.679	.002	.008	.008	-.005	-.005
model 7	4	2.155	.707	.001	.001	-.016	-.016
model 8	4	16.401	.003	.008	.008	-.006	-.006
model 9	5	16.873	.005	.008	.008	-.009	-.009

比較估計參數個數最少且最容易適合數據的〔Model 1〕與其他各模式之後，〔Model 2〕、〔Model 3〕、〔Model 5〕、〔Model 7〕的〔機率〕均在 0.05 以上，可知與〔Model 1〕並無顯著差。

這些模式，儘管加上參數的限制加嚴條件，仍可認為是適合數據的模式。

以〔Model 2〕、〔Model 3〕、〔Model 5〕作為基準時的檢定結果如下。

由於會自動地出現所有組合中的檢定結果，但只要確認需要的輸出。

Assuming model model 2 to be correct:

Model	DF	CMIN	P	NFI Delta-1	IFI Delta-2	RFI rho-1	TLI rho2
model 3	1	.400	.527	.000	.000	-.003	-.003
model 4	1	15.711	.000	.008	.008	.010	.010
model 5	1	1.403	.236	.001	.001	-.002	-.002
model 6	2	16.174	.000	.008	.008	.006	.006
model 7	2	1.651	.438	.001	.001	-.005	-.005
model 8	2	15.897	.000	.008	.008	.006	.006
model 9	3	16.368	.001	.008	.008	.003	.003

Assuming model model 3 to be correct:

Model	DF	CMIN	P	NFI Delta-1	IFI Delta-2	RFI rho-1	TLI rho2
model 6	1	15.775	.000	.008	.008	.009	.009
model 7	1	1.251	.263	.001	.001	-.002	-.002
model 9	2	15.968	.000	.008	.008	.006	.006

Assuming model model 5 to be correct:							
Model	DF	CMIN	P	NFI Delta-1	IFI Delta-2	RFI rho-1	TLI rho2
model 7	1	.247	.619	.000	.000	-.003	-.003
model 8	1	14.493	.000	.007	.007	.008	.008
model 9	2	14.965	.001	.007	.007	.005	.005

在〔Model 2〕為真的前提下，〔Model 3〕、〔Model 5〕、〔Model 7〕的機率均在 0.05 以上，可知彼此之間並無顯著差異。另外，〔Model 3〕或〔Model 5〕或〔Model 7〕為真的檢定，其看法亦同。

依據〔AIC〕、〔BCC〕的指標，所接受的〔Model 7〕儘管加嚴限制條件，但在 Chi-square 檢定方面，可知與數據適配佳的模式並無顯著的差異。

由這些結果，判斷〔Model 7〕是妥適的。

此處，先在 Amos Graphics 視窗中顯示〔Model 7〕的〔未標準化估計值〕，然後再解釋估計值。

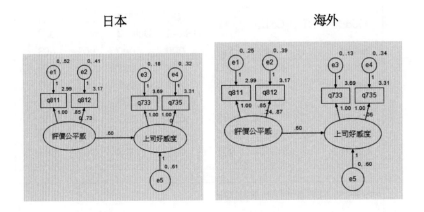

因為〔Model 7〕被接受，因之可以認為

•〔評價公平感〕與〔上司好感度〕，日本與海外是同等的。

（抽出相同的因子）

〔評價公平感〕→〔Q812〕：0.86，〔上司好感度〕→〔Q735〕：1.00

● 〔評價公平感〕對〔上司好感度〕的影響大小兩組間是相等的。

〔評價公平感〕→〔上司好感度〕：0.60

● 排除〔評價公平感〕影響後的〔上司好感度〕，日本與海外是相等的。

〔上司好感度〕的截距：0

因之，這些估計值在兩組間均爲相同之值。

可是，〔評價公平感〕日本與海外是不相同的。將日本的〔評價公平感〕當作 0 時，海外的〔評價公平感〕爲 0.23，可知海外的〔評價公平感〕較強。

此模式是〔評價公平感〕影響〔上司好感度〕的模式，顯示以下的關係式成立。

$$上司好感度＝評價公平感 \times 係數＋截距$$

解釋〔上司好感度〕的截距時，雖表現成

「排除評價公平感之影響後的上司好感度」

但排除〔評價公平感〕的影響，是將上述關係式的〔評價公平感〕當作 0 時的〔上司好感度〕之值，此時成爲「上司好感度＝截距」。

可是，實際上〔評價公平感〕影響〔上司好感度〕，因之包含〔評價公平感〕之影響在內的〔上司好感度〕的平均值是

日本：$0 \times 0.60 + 0 = 0$

海外：$0.23 \times 0.60 + 0 = 0.138$

可知〔上司好感度〕的平均，海外是稍爲高些。

而且，〔上司好感度〕的變異數可以使用如下式子來估計。

$$上司好感度的變異數＝評價公平感的變異數 \times (係數)^2 ＋誤差變異數$$

總結

本章使用平均結構模式不僅是潛在變數的關係強度，也可以比較檢討組間潛

在變數的平均分數。

　　本章所列舉的例子雖未對變異數施予等值限制，如將等值限制放在〔評價公平感〕的變異數上時，對於組間〔評價公平感〕分數的變異（〔日本〕= 0.73，〔海外〕= 0.87）能否說有差異，〔上司好感〕度的誤差變異數（〔日本〕= 0.62，〔海外〕= 0.61）是否有差異等等，也都能進行驗證。

【註 1】一般對多群組**潛在變數**的 Mean and Intercepts 設定常用的是
　　　　(1) 在某一群的 **Means 設定為 0**，其他的 **means 設定為自由參數**
　　　　(2) 每一個測量變數的**截距項**（Intercepts）各群設定相同
　　　　(3) 每一個測量變數的測量**路徑係數**也設定相同
【註 2】檢定多群組**平均數相等**的問題，可在**測量系統不變**下進行，分成
　　　　(1) 各群的**截距項、路徑係數**設定相同
　　　　(2) 另增加各群的**潛在變數的變異數**設定相同
　　　　(3) 另增加各群的**誤差項的變異數**設定相同
　　　　(4) 另增加各群的**潛在變數的變異數**、各群的**誤差項的變異數**設定相同

第8章　多群組因素分析

前面的章節主要是使用「模式視窗」製作出數個模式。本章是使用「數組分析」的圖像，對多群組中的因素不變性進行驗證。

8-1　何謂測量不變性

如前述的章節所探討的那樣，將無法直接觀測的構成概念視為潛在變數引進模式中，為查明其因果關係而進行分析是結構方程模式分析的特徵之一。

譬如，想要知道「在購買洗髮精時是重視甚麼，想萃取其重視的構成概念」，製做出幾個詢問項目以 5 級尺度予以測量。為了使用這些觀測變數萃取構成概念，以 SPSS 進行探索式因素分析時，觀察「樣式矩陣」所顯示的因素負荷量後，再進行因素的解釋也是一種方法。

---一點靈---

以 SPSS 進行因素分析時，如勾選〔選項〕對話框中的〔依據因素負荷排序〕時，矩陣的排列方式即改變成按因素負荷量之遞減順序排列，結果變得容易閱讀。

樣式矩陣

	因素			
	1	2	3	4
出現光澤	.956	.051	−.065	−.109
頭髮好整理	.583	.019	.149	.005
有保濕效果	.582	−.178	.144	.142
頭髮的觸感好	.354	.088	−.155	.226
洗頭髮時有香味	−.033	.865	.081	.020
吹乾頭髮時有香味	.056	.844	−.070	.017
包裝的設計佳	−.108	.329	.298	−.021
對肌膚好	.013	−.041	.863	.014
防止癢	.057	.091	.542	−.047
價格與效能均衡	.093	.016	.186	.060
有護髮效果	−.022	−.046	−.010	.959
染髮或燙髮時可防止髮質傷害	.070	.200	.027	.379

萃取方法：最大概似法。

旋轉方法：含 Kaiser 常態化的 Promax 法。

a. 轉軸收斂於 6 個疊代。

　　進行探索式因素分析的結果，抽出了 4 個因素。觀察因素負荷量大者再解釋因素。第 1 因素是因爲在「頭髮出現光澤」、「頭髮好整理」、「有保濕效果」、「頭髮的觸感佳」4 個項目中有較大的因素負荷量，基於這些共同點，可以命名爲「髮質重視因素」。相對的，第 2 因素是在「洗頭髮時有香味」、「頭髮吹乾後會有香味」及「包裝的設計」3 個項目中有較大的因素負荷量，因之命名爲「重視周邊價值的因素」，同樣的，第 3 因素命名爲「重視頭皮因素」，第 4 因素命名爲「重視護髮因素」。

　　抽出這些因素之後，並非問題即結束。使用所抽出的因素進行各種群組的比較，並且，也進行下年度的調查，掌握歷年來的意識變化等等，將因素當作構成概念從事各種的用途，可以說是有很多的。

　　因之，在不同的群組中假定相同的構成概念（因素）時，它的構成概念要以相同的觀測變數來測量，且它的因素負荷量要爲一定就變得很重要。稱此爲測量不變性（Invariant）。

　　測量不變性被認同時，即可在數個組中進行因素的比較。譬如：

⊃ 分析 5 年前與今年的調查數據之後，〔髮質重視因素〕的測量不變性被認同

☞ 因為是從它的觀測變數抽出相同的構成概念，因之透過因素分數的比較，與 5 年前相比，髮質重視因素是如何改變，即可以掌握變化的有無。

⊃ 分析 5 年前與今年的調查數據之後，〔髮質重視因素〕的測量不變性不被認同

☞ 因為無法從它的觀測變數抽出相同的構成概念，利用因素分數比較 5 年前的組與今年的組並無意義。斟酌各種的可能性，如構成概念是否因時間而發生變動呢？是市場變化引起的嗎？是消費者的意識變化引起的嗎？此外，也要檢討問卷的項目設計。

【註】在探索式因素分析中無法確認測量不變性。使用確認式因素分析，施予等值限制即可進行驗證。

───💡一點靈───

Amos 的 Multiple-Group Analysis 可以討論各種型態的不變性（Invariant），包括：(a) 測量路徑、(b) 測量截距、(c) 結構路徑、(d) 結構截距、(e) 結構平均數、(f) 結構共變異數、(g) 結構誤差、(h) 測量誤差等 8 種。模式可以是這 8 種型態中的 1 種不變性，也可以是結合多種型態的不變性。

Amos 內設有 8 種巢形的模式，依序為：

(1) 測量路徑係數相同（Measurement weights）

(2) 測量路徑、測量截距相同（Measurement intercepts）

(3) 測量路徑、測量截距、結構路徑係數相同（Structural weights）

(4) 測量路徑、測量截距、結構路徑、結構截距相同（Structural intercepts）

(5) 測量路徑、測量截距、結構路徑、結構截距、結構平均數相同（Structural means）

(6) 測量路徑、測量截距、結構路徑、結構截距、結構平均數、結構共變異數矩陣相同（Structural covariances）

(7) 測量路徑、測量截距、結構路徑、結構截距、結構平均數、結構共變異數、結構誤差相同（Structural residuals）

(8) 測量路徑、測量截距、結構路徑、結構截距、結構平均數、結構共變異數、結構誤差、測量誤差相同（Structural residuals）

8-2 測量不變性的分析操作

本節使用 3 個觀測變數

〔Q4-3：洗髮精重視點_有保濕滋潤效果〕

〔Q4-4：洗髮精重視點_頭髮出現光澤〕

〔Q4-5：洗髮精重視點_頭髮好整理〕

抽出了在購買洗髮精時假定有影響的〔髮質重視因素〕的構成概念。並且，將此在 20 歲世代（組 1）與 30 歲世代（組 2）的 2 個世代組中驗證是否可認同測量不變性。

步驟 1 啓動 Amos 製作模式。因爲是使用 3 個觀測變數抽出 1 個構成概念，因之使用〔繪製潛在變數或將指標變數追加在潛在變數〕圖像。

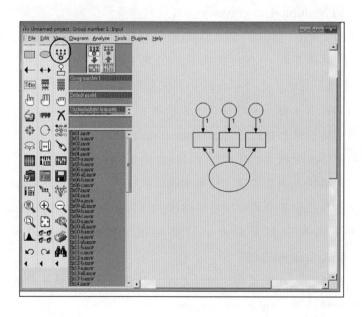

步驟 2 指定 20 歲世代女性（組 1）的數據。使用〔選擇資料檔〕圖像，開啓資料檔視窗，指定〔檔名〕、〔組化變數〕、〔組值〕。

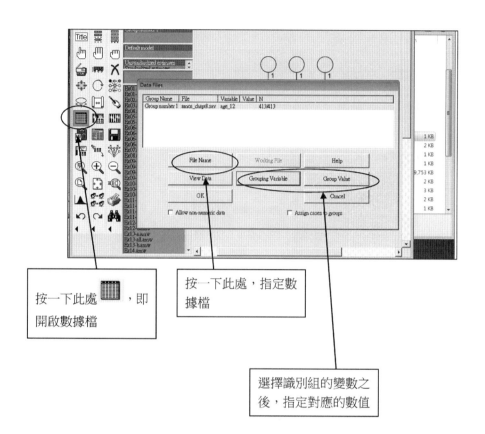

按一下此處 ，即
開啟數據檔

按一下此處，指定數
據檔

選擇識別組的變數之
後，指定對應的數值

步驟 3　指定變數名。

按一下〔資料組內的變數一覽〕圖像 ，從〔資料組所含的變數〕
框中點選及拖移 3 個觀測變數，放入觀測變數的方框之中。

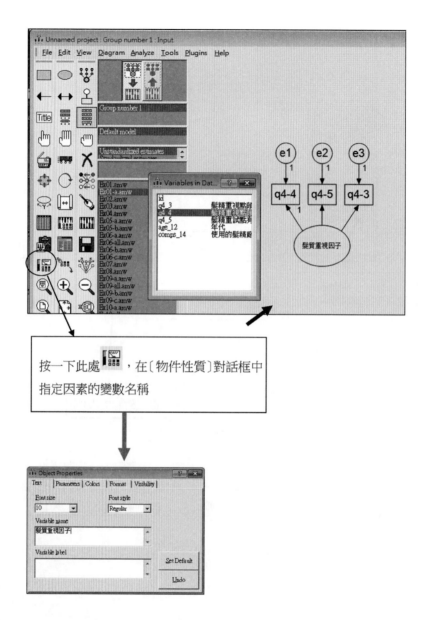

按一下此處 ，在〔物件性質〕對話框中
指定因素的變數名稱

步驟 4　對誤差變數命名。要自動命名時，使用〔plugins〕清單中的〔Name Unobserved Variables〕。

步驟 5　追加 30 歲世代女性（組 2）。

　　連按 2 下〔組〕視窗中的〔Group number 1〕後開啟〔組管理〕視窗。

　　於組名中輸入〔20 歲世代女性〕後，再按一下〔New〕按鈕。

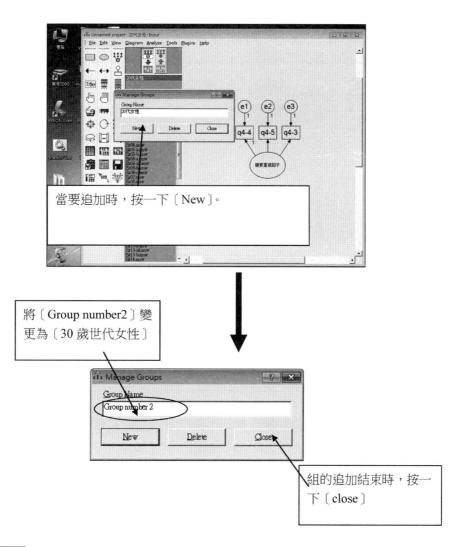

當要追加時，按一下〔New〕。

將〔Group number2〕變更為〔30歲世代女性〕

組的追加結束時，按一下〔close〕

步驟 6　指定所追加組的數據。

步驟與步驟 2 一樣，按一下〔選擇資料檔〕圖像，使用資料檔視窗。

步驟 7　製作無限制模式與設定等值限制的測定不變模式。

按一下〔數組分析〕的圖像 。

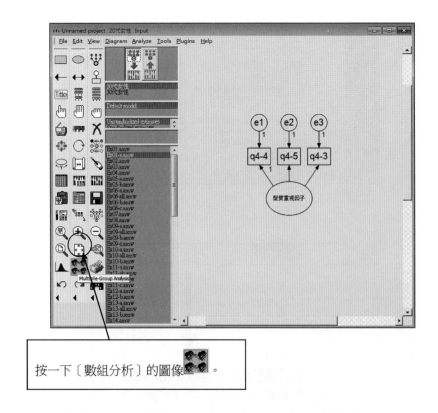

按一下〔數組分析〕的圖像 ▦▦。

Amos 視窗開啓後，出現警告模式視窗中追加的模式會被刪除，參數限制會被變更。此警告是未追加模式時也會自動顯示。此處按一下 確定。

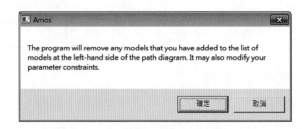

其次，〔數組分析〕視窗即被開啓。列（row）方是排列著所估計的參數，在已製作的模式中，要被估計的參數呈現反黑而右方的勾選盒呈現空白。在此模式中被估計的是〔測量模式的比重〕、〔結構模式的共變異數〕與〔測量模式的殘差〕。

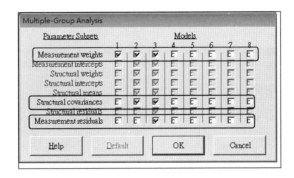

模式 1 的等值限制條件

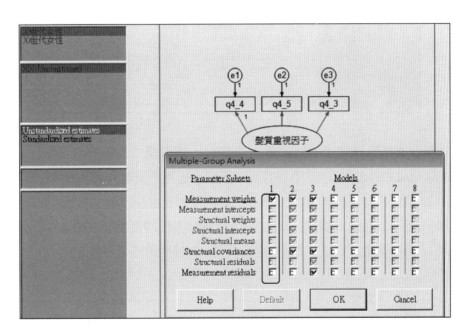

　　模式 1 只勾選〔測量模式的比重〕。按一下〔Measurement Weights〕，路徑圖的紅色箭頭部分即顯示〔測量模式的比重〕，顯示 20 歲世代女性組與 30 歲世代女性組均為設定等值限制的模式。

　　此表示在 20 年代女性組與 30 歲世代女性組中，它的構成概念是以相同的觀測變數加以測量，它的因素負荷量是固定的，相當於測量不變模式。此模式被捨棄，接受無等值限制的模式時，20 歲世代女性與 30 歲世代女性其同質的構成概念即無法測量。

模式 2 的等值限制條件

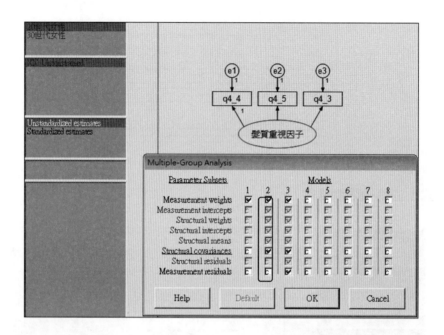

　　模式 2 是除模式 1 的條件外，再勾選〔結構模式的共變異數〕。按一下〔Structural Covariance〕，在路徑圖中呈現出紅色所圍著的潛在變數的變異數，表示 20 歲世代女性組與 30 歲世代女性組的〔髮質重視因素〕的變異數設定等值限制。此模式即為 20 歲世代女性與 30 歲世代女性同質的構成概念（〔髮質重視因素〕）可被測量，並且，〔髮質重視因素〕的個體差也是相等的。

一點靈

　　〔數組分析〕對話框中如對準列一方所呈現之被估計的參數標示後按一下滑鼠時，路徑圖的相對部位即反紅，表示哪一部位可以立即明白。

模式 3 的等值限制條件

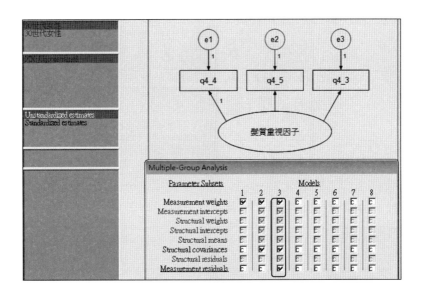

　　模式 3 是在模式 1、2 的條件外再勾選〔測量模式的殘差〕。按一下〔Measurement Residuals〕，在路徑圖中顯示紅色所圍著的誤差變數的變異數，表示 20 歲世代女性組與 30 歲世代女性組間的誤差變數的變異數設定等值限制。這表示 20 歲世代女性與 30 歲世代女性其同質的構成概念（〔髮質重視因素〕）可被測量，並且，組間群組的變異數共變異數矩陣是相等的。

　　想追加已變更等值限制條件之模式時，可在〔數組分析〕盒中，像是在〔4〕等之中任意地予以勾選。

　　此處為了依預設選項執行，按一下〔確定〕。

　　按一下〔確定〕鈕後，如要確認 Amos Graphics 視窗中的〔模式〕視窗，出現 4 個模式。

　　模式視窗中，除了數組分析視窗所顯示的 3 個模式之外，追加了〔無限制〕模式。

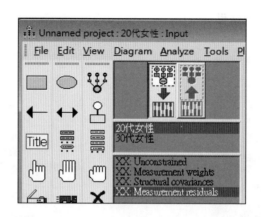

並且，20 歲世代女性組與 30 歲世代女性組中要被估計的參數自動命名，可以在路徑圖中確認。

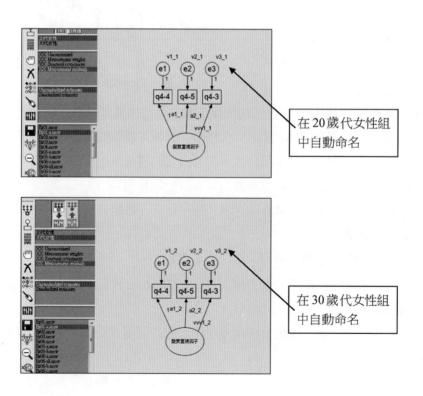

在 20 歲代女性組中自動命名

在 30 歲代女性組中自動命名

步驟 8 執行計算，開啟正文輸出。

8-3　分析結果的判讀

步驟1　開啓〔模式適合度〕的位置，確認評價各個模式的〔GFI〕、〔AGFI〕、〔CFI〕。在此模式中幾乎適合度指標都在 0.9 以上，〔測量模式的比重〕中的〔AGFI〕值是 0.898 低於 0.9，且與〔GFI〕相比時其差是 0.085 遠低於〔GFI〕，如修正要估計之參數個數之影響時，可知是適合度不佳的模式。

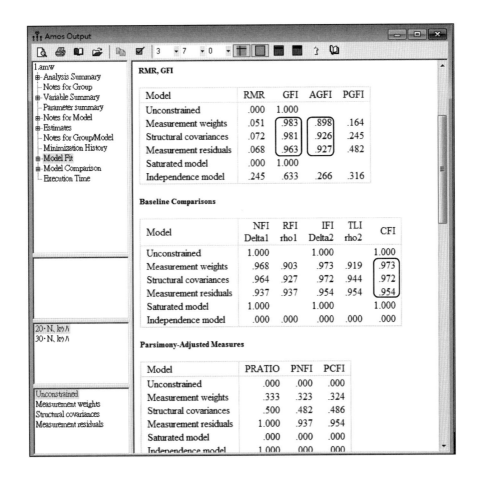

步驟2　為了要選擇最適模式，觀察〔AIC〕與〔BCC〕時，〔無限制〕模式之值比〔測量模式之比重〕、〔結構模式之共變異數〕及〔測量模式之殘差〕都小。

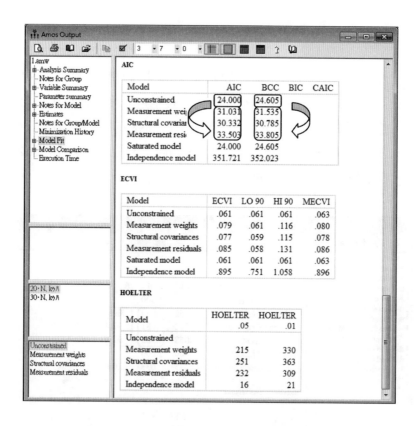

從此等結果來看，對 20 年代女性與 30 年代女性使用相同的調查項目抽出〔髮質重視因素〕並不適切，分析因素分數差異並無意義。

基於此結果，20 年代對髮質之意識與 30 年代對髮質之意識有無差異，或生活型態及其年代髮型是否有差異等，要考慮各種的要素，檢討構成概念可以想成是今後的課題。

8-4 廠商別測量不變性的分析結果

第 2 節與第 3 節中已查明了取決於年代的構成概念並不同質。本節是對 P 公司的洗髮精用戶與 S 公司的洗髮精用戶使用相同的項目進行調查，進行測量不變性的分析，再判讀其結果。

使用與第 2 節相同的模式，只有數據檔變更成〔P 公司用戶組〕與〔S 公司用戶組〕之後再進行分析。

P 公司用戶組的路徑圖

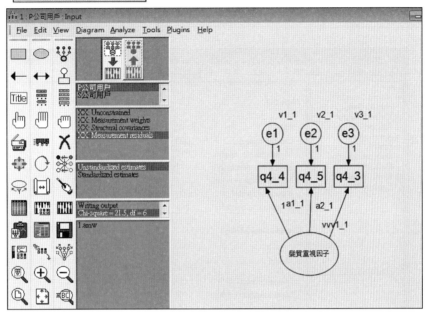

S 公司用戶組的路徑圖

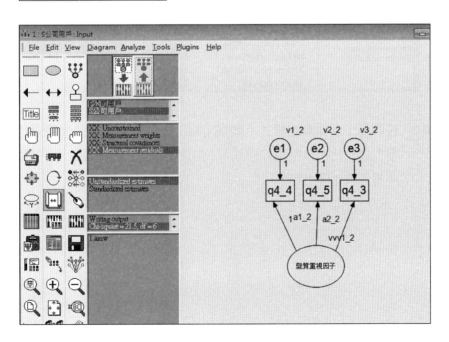

步驟 1　開啓〔模式適合度〕的位置，確認〔GFI〕、〔AGFI〕、〔CFI〕。

　　　　在此模式中 3 個適合度指標均在 0.9 以上，顯示各個模式的適配良好。

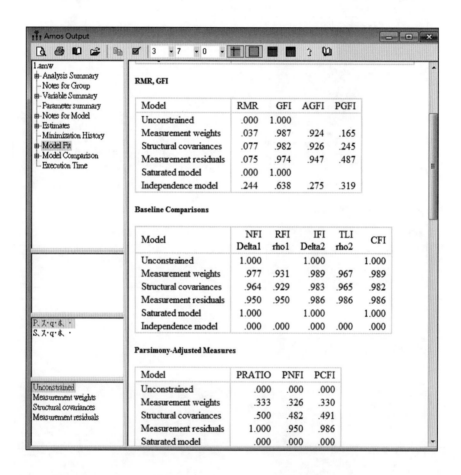

步驟 2　接著爲了選擇最適模式，觀察〔AIC〕與〔BCC〕時，〔測量模式的殘差〕之值比〔無限制〕模式、〔測量模式的比重〕模式、〔結構模式的共變異數〕模式都小。

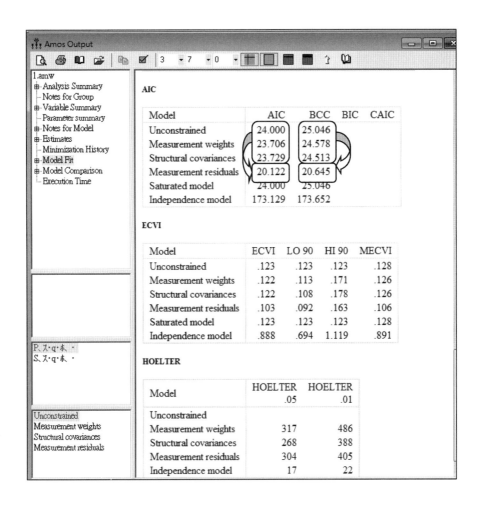

　　從這些結果來看，從〔Q4-3：洗髮精重視點有保濕滋潤效果〕、〔Q4-4：洗髮精重視點頭髮出現光澤〕及〔Q4-5：洗髮精重視點頭髮好整理〕3 個觀測變數所抽出的構成概念在 P 公司的用戶組與 S 公司的用戶組之間可以判斷是具測量不變性的。此外，因為採納了〔測量模式的殘差〕模式，P 公司用戶的群組與 S 公司用戶的群組的變異共變異數矩陣是同質的。

8-5　平均的等質性的分析方法與結果

　　第 4 節中已確認了變異共變異數矩陣是相等的，但未檢討因素平均的等質性，認同平均的等質性時，將兩組合併分析是可行的。

本節是說明平均的等質性的分析方法與其結果的判讀。

步驟1 開啟第 4 節所使用的檔案。為了確認因素平均，按一下〔分析性質〕圖像 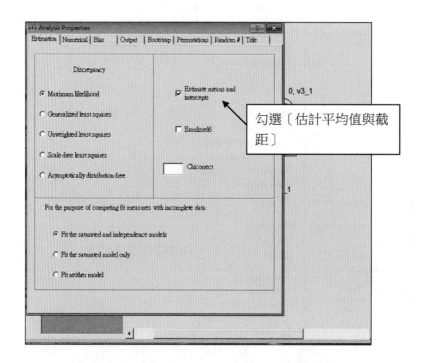，〔分析性質〕即被開啟，在〔估計〕tab 中勾選〔估計平均值與截距〕。設定結束後按一下右上的關閉鈕。

步驟2 為了驗證平均的等質性，將其中一組的因素平均固定為 0，另一組的因素平均則予以開放。此處將 P 公司的因素平均固定為 0，S 公司的因素平均則開放。

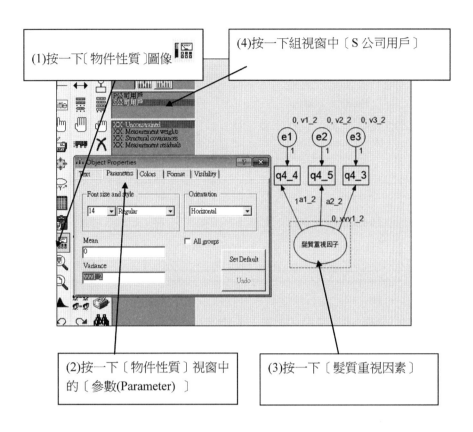

(1)按一下〔物件性質〕圖像

(4)按一下組視窗中〔S 公司用戶〕

(2)按一下〔物件性質〕視窗中的〔參數(Parameter)〕

(3)按一下〔髮質重視因素〕

步驟 3 按一下〔數組分析〕圖像，在 Amos 視窗的警告中按一下 確定 。

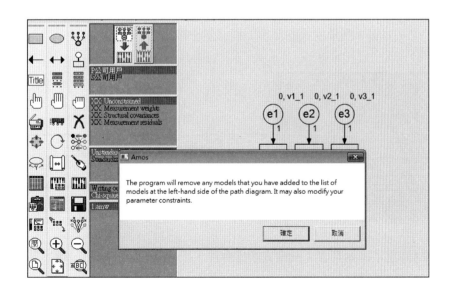

步驟 4 確認所顯示的〔數組分析〕對話框後，可知自動地做出 5 個模式。

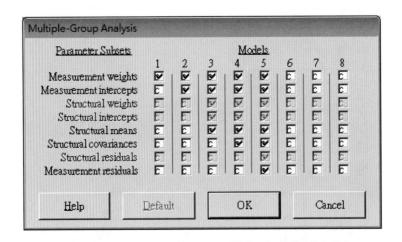

模式 1：只有〔測量模式比重〕設定等值限制。

模式 2：除模式 1 的條件外對〔測量模式的截距〕設定等值限制。

模式 3：除模式 2 的條件外對〔測量模式的平均值〕設定等值限制。

模式 4：除模式 3 的條件外對〔結構模式的共變異數〕設定等值限制。

模式 5：除模式 4 的條件外對〔測量模式的殘差〕設定等值限制。

步驟 5 按一下〔計算估計值〕圖像 。

為了估計 S 公司的平均與截距，開放了因素平均，因之〔無限制〕模
式與〔測量模式的比重〕模式無法被識別。

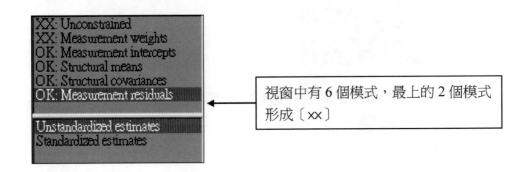

視窗中有 6 個模式，最上的 2 個模式形成〔××〕

步驟 6 為了確認其他 4 個模式的適合性，按一下〔正文輸出〕後，即顯示〔模
式適合度〕一覽表。

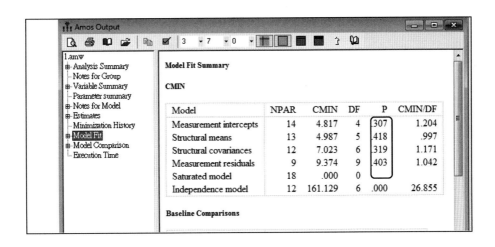

　　觀察〔CMIN〕表中的〔機率〕時,所有模式都在 0.05 以上,針對飽和模式進行檢定,可知無法捨棄。

　　接著,使用〔RMSEA〕判斷模式的適合度,所有的模式均未達 0.05,顯示適合度佳。

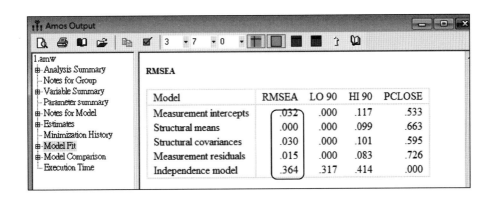

　　最後使用〔AIC〕之值,判斷要採用的模式。

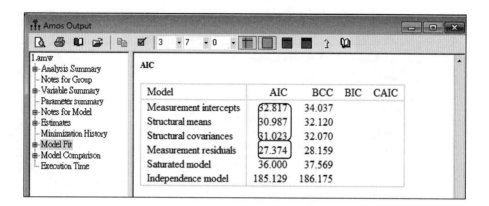

〔AIC〕之值最小的模式是〔測量模式的殘差〕。

亦即在 P 公司與 S 公司的用戶中，

- 可以抽出相同因素
- 變異共變異數矩陣相等
- 因素平均相等

基於此，今後的分析可以將群組合併再分析。

第9章 案例 1——探討產生影響的要因

就年輕已婚夫妻的生活滿意度來說，有哪些原因會造成影響呢？本章練習包括製作新的尺度，以及利用它的分數預測其他的連續變數，就此說明進行複迴歸分析的一連串步驟。其中關於 SPSS 的操作可參照《醫護統計與 SPSS——分析方法與應用》一書。

本章亦涉及要採用幾個因素的問題，製作新的尺度進行因素分析時，經常會考量幾個因素個數的備選方案。像此種情形，考慮幾個因素個數與因素的解釋可能性，以探討的方式決定因素個數的步驟等，也進行練習。

本分析試著比較男、女二組的複迴歸分析之結果，亦試著練習利用 Amos 進行路徑分析，本案例可以說是 SPSS 與 Amos 的綜合分析。

本章要解說的內容有下列幾項。

- 計算平均值與標準差（項目分析）
- 因素分析─考慮單純結構與因素的解釋可能性
- 利用 α 係數檢討內部整合性
- 下位尺度分數的計算與 t 檢定相關
- 複迴歸分析─組別的複迴歸分析
- 利用 Amos 的路徑分析─多群組分析

9-1 分析的背景

影響年輕已婚夫妻生活滿意度的要因

⊃ 研究目的

　　近年來，離婚率的上升或晚婚等現象及夫妻生活的困難度倍受矚目，為了過個滿意的夫妻生活，實際上需要營造何種的生活模式呢？本研究想查明目前的夫妻生活是如何對夫妻生活的滿意度產生影響呢？

　　像生育或養育子女等，除了妻子與丈夫以外的要素，可以預料對夫妻生活會有甚大的影響。因此，本研究關注還未生小孩的年輕已婚者的夫妻生活，以探索的方式檢討何種的要因會影響夫妻生活的滿意度。

⊃ 問卷的對象、問卷的內容

1. 問卷對象

　　對沒有小孩的年輕已婚者 148 名（男性 68 名，女性 80 名）進行問卷。平均年齡男性是 25.07（SD 1.85）歲，女性是 27.21（SD 2.41）歲。

2. 問卷內容

(1) 夫妻生活問卷

　　為了掌握夫妻生活的現狀，重新製作了夫妻生活被認為需要的 38 個項目所構成的問卷。

　　內容像是「詢問有關您的夫妻生活。以下的 38 個問題，分別對目前的夫妻生活適合到何種程度呢？」。

　　以如下的 6 級回答。

完全不合適	（1 分）
不合適	（2 分）
略為不合適	（3 分）
略為合適	（4 分）
合適	（5 分）
非常合適	（6 分）

A01　夫（妻）經常在一起

A02　經常了解對方的想法與心情

A03　如果是對方的事情凡事均可原諒

A04　為了對方什麼事情都願意做

A05　像是戀人一般的夫妻

A06　即使結婚對方也只有我而已

A07　自己使對方幸福

A08　給對方精神上的舒適

A09　打從心理尊敬對方

A10　打從心裡愛對方

A11　對方煩惱時能與對方一起想

A12　相互說優雅的話

A13　相互表達意見

A14　有煩惱或迷惑時與對方商量

A15　週末時夫妻一起度過

A16　自己提供話題給對方

A17　高興的事情會告知對方

A18　不管多忙多累仍會聽對方說話

A19　即使小事也會將該日發生的事情告知對方

A20　與夫（妻）一起旅行或購物

A21　經常考慮對方的心情再行動

A22　兩人對未來一起訂定計畫與實行

A23　記住並重視結婚紀念日與生日

A24　夫妻同等做家事

A25　兩人決定結婚生活的重要事項

A26　認同對方的才能與能力，並幫助對方發揮

A27　夫婦兩人為將來存款

A28　理解對方的工作、活動並支持

A29　妻子外出工作

A30	丈夫走入家庭	
A31	夫妻一起工作	
A32	結婚後妻子不冠夫姓仍用原姓	
A33	妻子生過小孩也仍繼續工作	
A34	兩人得到足夠的收入	
A35	每月能有某種程度的存款	
A36	有足夠的錢養育小孩	
A37	喜歡的東西均能隨意購買	
A38	能過一般家庭以上的生活	

(2) 夫妻生活的滿意度

針對「您目前的夫妻生活滿意到何種程度」的詢問，從「完全不滿意（1分）」到「非常滿意（5分）」，以 5 級得出回答。

⊃ 分析的摘要

1. 項目分析

求出夫妻生活問卷 38 項目的平均值與標準差（SD），確認是否可以看出天井效果或地板效果。

2. 因素分析

(1) 針對看不出天井效果或地板效果的項目進行因素分析。

(2) 因為無法事先設定因素個數，所以進行探索式的因素分析。

3. 內部整合性的檢討與尺度分數的求出

此處也要檢討男女差異。

4. 相關關係之檢討

(1) 檢討夫妻生活問卷的各下位尺度與夫妻生活的滿意度是如何有關連。

(2) 因為可以想到男女的關連有可能不同，此點也要檢討。

5. 因果關係的檢討

檢討夫妻生活的現況是如何影響夫妻生活的滿意度。

9-2　資料的確認與項目分析

● 資料的內容

1. 資料的內容如下

號碼、性別（1：女性，2：男性）、年齡、A01 ～ A38（夫妻生活問項）、夫妻生活滿意度。

2. 對性別貼上數值註解

(1) 顯示「變數檢視」。

(2) 按一下性別的數值。

〔數值〕輸入 1，〔數值註解〕輸入女性，按 新增(A)。

〔數值〕輸入 2，〔數值註解〕輸入男性，按 新增(B)。

以下的資料參閱數據檔。

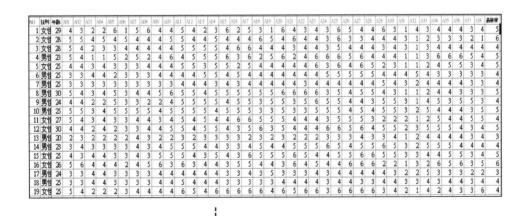

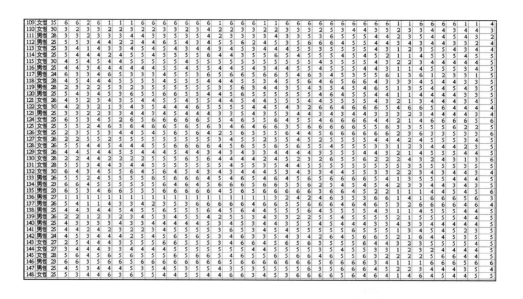

➲ 項目分析（計算平均值、標準差）

計算夫妻生活問卷中的 38 項的平均值與標準差。

1. 分析的指定

選擇〔分析〕→〔描述性統計〕→〔描述性統計〕

➢〔變數〕欄中指定 A01 到 A38，按 確定 。

2. 輸出結果的看法

(1) 輸出有敘述統計。

敘述統計	個數	最小值	最大值	M	SD	M+SD	M-SD
A01與夫（妻）經常在一起	148	1	6	3.95	1.30	5.25	2.65
A02經常了解對方的想法與心情	148	1	6	4.03	1.20	5.23	2.83
A03如果是對方的事情凡事皆可原諒	148	1	6	3.00	1.17	4.17	1.83
A04為了對方什麼事情皆願意做	148	1	6	3.63	1.22	4.85	2.41
A05像是戀人一般的夫妻	148	1	6	3.55	1.52	5.07	2.04
A06即使結婚對方也只喜我而已	148	1	6	3.19	1.29	4.48	1.90
A07自己使對方幸福	148	1	6	3.89	1.26	5.14	2.63
A08給對方精神上的舒適	148	1	6	4.01	1.22	5.23	2.80
A09可安心地想要對方	148	1	6	4.11	1.21	5.32	2.91
A10可以心理夢對方	148	1	6	4.57	1.26	5.82	3.31
A11對方煩惱時能與對方一起想	148	1	6	4.84	1.03	5.87	3.82
A12相互說貼褙的話	148	1	6	4.49	1.07	5.57	3.42
A13相互表達意見	148	1	6	4.67	1.03	5.70	3.64
A14有煩惱或迷惑時與對方商量	148	1	6	4.60	1.12	5.72	3.48
A15週末時夫妻一起渡過	148	1	6	4.09	1.26	5.35	2.83
A16自己提供話題給對方	148	1	6	4.29	1.21	5.50	3.08
A17高興的事情告知對方	148	1	6	5.01	1.14	6.16	3.87
A18不管忙多久仍會聽對方說話	148	1	6	4.14	1.29	5.42	2.85
A19即使小事也會將該日發生的事情告訴對方	148	1	6	4.07	1.30	5.37	2.77
A20與夫（妻）一起旅行或購物	148	1	6	4.79	1.17	5.96	3.62
A21經常考慮對方的心情再行動	148	1	6	4.11	1.20	5.30	2.91
A22兩人對未來一起訂定計畫去執行	148	1	6	4.39	1.20	5.59	3.19
A23記住並慶祝結婚紀念日與生日	148	1	6	4.76	1.23	5.99	3.54
A24夫妻同作家事	148	1	6	3.93	1.28	5.21	2.64
A25兩人決定結婚生活的重要事項	148	3	6	5.10	0.82	5.92	4.28
A26認同對方的才能與能力並幫助對方發揮	148	2	6	4.68	0.96	5.64	3.71
A27夫妻兩人為將來存款	148	2	6	5.02	0.87	5.89	4.15
A28理解對方的工作與活動並支持	148	2	6	4.85	0.94	5.79	3.92
A29妻子出外工作	148	1	6	4.20	1.28	5.48	2.91
A30丈夫走入家庭	148	1	6	3.90	1.39	5.29	2.51
A31夫妻一同工作	148	1	6	2.28	1.27	3.55	1.02
A32結婚後妻子不冠夫姓仍用原姓	148	1	6	2.45	1.43	3.88	1.02
A33妻子生過小孩也仍持續工作	148	1	6	3.72	1.47	5.19	2.26
A34兩人得到足夠的收入	148	1	6	4.40	1.14	5.53	3.26
A35每月能某種程度的存款	148	1	6	4.47	1.05	5.52	3.41
A36有足夠的離養育小孩	148	1	6	4.40	1.13	5.53	3.27
A37喜歡的東西能隨意購買	148	1	6	3.61	1.07	4.69	2.54
A38能過一般家庭以上的生活	148	1	6	3.82	1.12	4.94	2.71

(2) 複製到 EXCEL，計算平均值＋ SD 與平均值 –SD。

> A17（告知對方高興之事）的平均值＋ SD 是 6.16，呈現天井效果。

> 其他看不出天井效果與地板效果。

> 因此，只除去此項目，再進行因素分析。

9-3　因素分析的執行

➲ 第一次因素分析（因素個數的檢討）

首先，設定夫妻生活問卷要形成多少因素結構之指標。

1. 分析的指定

〔分析〕→〔資料縮減〕→〔因子分析〕。

(1) 於〔PROMAX(P)〕欄中，移除看得出天井效果的 A17 以外，指定 37 個項目。

(2) 萃取（E）→〔方法〕是主軸因素法

　　　勾選〔顯示〕的〔陡坡圖〕，按 繼續 。

(3)　按 確定 。

2. 輸出結果的看法

(1) 觀察解說總變異量的初始特徵值。

解說總變異量

因子	初始特徵值			平方和負荷量萃取		
	總和	變異數的%	累積%	總和	變異數的%	累積%
1	12.173	32.899	32.899	11.795	31.877	31.877
2	3.602	9.736	42.635	3.242	8.761	40.638
3	2.531	6.840	49.476	2.157	5.831	46.469
4	1.933	5.225	54.701	1.494	4.037	50.507
5	1.606	4.340	59.040	1.223	3.305	53.812
6	1.210	3.270	62.311	.823	2.224	56.036
7	1.173	3.171	65.482	.665	1.797	57.833
8	12.173	2.752	68.233	.632	1.709	59.542
9	.957	2.587	70.820			
10	.836	2.258	73.079			
11	.816	2.205	75.284			
12	.728	1.967	77.251			
13	.701	1.895	79.146			
14	.636	1.719	80.865			
15	.603	1.630	82.495			
16	.537	1.451	83.946			
17	.514	1.388	85.334			

➤ 如觀察特徵值的變化時，至第 3 因素為止的累積是 49.48%，幾乎是 50%。

➤ 第 3 因素與第 4 因素之差是 0.598，第 4 因素與第 5 因素之差是 0.327，第 5 因素與第 6 因素之差是 0.396，第 6 因素與第 7 因素之差是 0.037，第 5 因素與第 6 因素之間之差略為變大。

(2) 觀察陡坡圖

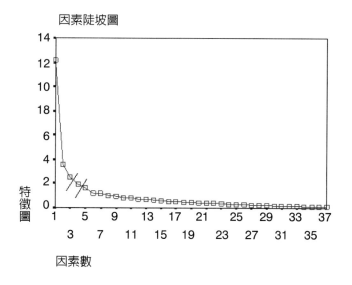

- ➢ 與第 3 因素與第 4 因素之間的斜率相比，第 4 因素與第 5 因素之間的斜率略為小些。
- ➢ 第 5 因素與第 6 因素之間的斜率，比前後略為大些。
- ➢ 從以上來看，可以想成是 3 因素結構或 5 因素結構。
  - ◆ 而且，此次的情形也有可能是 2 因素結構，分別嘗試看看。
- ➢ 今後的因素分析中重要的事情是……
  - ◆ 顯示**單純結構**。亦即因素負荷量的高、低明確，形成高低明顯的負荷量矩陣。
  - ◆ 考慮**因素的解釋可能性**。亦即考慮到的因素是否能好好解釋。

➲ 第二次的因素分析（Promax 轉軸與項目的取捨選擇）

依據前述的結果，試比較 3 因素結構與 5 因素結構的因素分析。

1. 分析的指定

(1) 首先假定 3 因素進行因素分析。

選擇〔分析〕→〔資料縮減〕→〔因子分析〕。

- ➢〔萃取〕視窗的指定是…
  - ◆〔方法〕與先前一樣是主軸因素法。

　　　　◆〔萃取〕的〔因子數〕，於方框中輸入 3⇒ 繼續 。

　　　➤〔轉軸〕視窗指定〔promax〕⇒ 繼續 。

　　　➤〔**選項**〕⇒ 在〔係數顯示格式〕中，勾選

　　　　〔依據因子複合排序〕⇒ 繼續 。

　　　➤ 按 確定 。

(2) 其次，假定 5 因素進行因素分析。

　　選擇〔分析〕→〔資料縮減→〕→〔因子分併〕。

　　➤ 分析的指定方法相同。

　　➤〔萃取〕的〔因子數〕當作 5。

2. 輸出結果的看法

(1) 從指定 3 因素的因素分析結果觀察**樣式矩陣**。

　　➤ 以 EXCEL 整理**樣式矩陣**與**因素相關矩陣**，即為下頁的表。

　　➤ 因素負荷量在 0.35 以上的數值以粗字表示，對任一因素而言未呈現

　　　0.35 以上的負荷量之項目以灰色表示。

　　　◆A25 與 A31 對任一因素來說均未呈現高的負荷量。

　　　◆數個因素中均看不見呈現高負荷量的項目。

	I	II	III
A21經常考慮對方的心情再行動	**0.800**	-0.164	0.043
A10打從心裡愛對方	**0.789**	-0.022	0.046
A11對方煩惱時能與對方一起想	**0.774**	-0.014	-0.014
A09打從心裡尊敬對方	**0.762**	-0.024	0.128
A12相互說優雅的話	**0.749**	-0.042	0.055
A14有煩惱或迷惑時與對方商量	**0.714**	0.080	-0.013
A18不管多忙多累仍會聽對方說話	**0.712**	-0.084	0.201
A04為了對方什麼事情皆願意做	**0.711**	-0.145	0.018
A08給對方精神上的舒適	**0.687**	0.090	-0.042
A01與夫（妻）經常在一起	**0.684**	-0.077	-0.183
A20與夫(妻)一起旅行或購物	**0.670**	0.085	-0.043
A22兩人對未來一起訂定計畫去執行	**0.664**	0.127	-0.065
A07自己使對方幸福	**0.660**	0.134	-0.100
A16自己提供話題給對方	**0.653**	-0.050	0.061
A19即使小事也會將該日發生的事情告訴對方	**0.647**	-0.016	-0.119
A06即使結婚對方也只看我而已	**0.635**	-0.119	-0.143
A23記住並重視結婚紀念日與生日	**0.628**	0.074	-0.038
A02經常了解對方的想法與心情	**0.619**	0.089	-0.114
A05像是戀人一般的夫妻	**0.610**	-0.030	-0.139
A26認同對方的才能與能力並幫助對方發揮	**0.603**	0.115	0.134
A13相互表達意見	**0.552**	0.047	0.183
A15週末時夫妻一起渡過	**0.541**	0.007	-0.117
A03如果是對方的事情凡事皆可原諒	**0.482**	-0.114	-0.006
A28理解對方的工作與活動並支持	**0.455**	0.310	0.114
A25兩人決定結婚生活的重要事項	0.293	0.226	0.080
A34兩人得到足夠的收入	-0.130	**0.853**	0.155
A36有足夠的錢養育小孩	-0.025	**0.825**	-0.076
A35每月能某種程度的存款	0.016	**0.804**	0.073
A38能過一般家庭以上的生活	-0.095	**0.632**	-0.208
A37喜歡的束西均能隨意購買	-0.085	**0.590**	-0.211
A27夫妻兩人為將來存款	0.143	**0.527**	0.031
A30丈夫走入家庭	-0.046	0.001	**0.851**
A33妻子生過小孩也仍持續工作	0.001	-0.119	**0.786**
A29妻子出外工作	-0.080	0.008	**0.762**
A24夫妻同等作家事	0.146	0.192	**0.401**
A32結婚後妻子不冠夫姓仍用原姓	-0.136	-0.149	**0.396**
A31夫妻一同工作	0.014	-0.199	0.227
因子	I	II	III
I	─	0.44144	0.035676
II		─	0.264161
III			─

(2) 從指定 5 因素的因素分析結果來觀察**樣式矩陣**。

➤ 以 EXCEL 整理**樣式矩陣**與**因素間相關矩陣**即為下頁的表。

➤ 因素負荷量在 0.35 以上的數值以粗字表示，任一因素未達 0.35 以上的負荷量的項目以灰色表示。

➤ 從此因素分析結果查明如下的問題點。

◆對任一因素而言均未呈現高負荷量的項目有 2 個。

◆數個因素呈現高負荷量的項目有 6 個。

◆第 5 因素呈現高負荷量的項目只有 2 個。

	因子				
	I	II	III	IV	V
A15週末時夫妻一起渡過	**0.857**	-0.186	0.064	0.050	-0.119
A20與夫(妻)一起旅行或購物	**0.734**	0.224	0.023	0.080	-0.232
A05像是戀人一般的夫妻	**0.723**	-0.200	0.096	0.023	0.156
A23記住並重視結婚紀念日與生日	**0.665**	0.085	0.083	0.064	-0.045
A01與夫（妻）經常在一起	**0.657**	0.055	-0.042	-0.092	0.018
A19即使小事也會將該日發生的事情告訴對方	**0.644**	0.119	-0.014	-0.043	-0.070
A16自己提供話題給對方	**0.556**	0.257	-0.082	0.094	-0.109
A06即使結婚對方也只看我而已	**0.531**	-0.112	0.022	-0.029	0.303
A07自己使對方幸福	**0.357**	0.237	0.160	-0.057	0.229
A26認同對方的才能與能力並幫助對方發揮	0.013	**0.765**	-0.041	0.006	-0.005
A28理解對方的工作與活動並支持	-0.230	**0.735**	0.191	-0.019	0.194
A11對方煩惱時能與對方一起想	0.178	**0.709**	-0.136	-0.120	0.036
A09打從心裡尊敬對方	0.068	**0.636**	-0.074	0.036	0.253
A27夫妻兩人為將來存款	-0.159	**0.614**	0.329	-0.071	-0.140
A13相互表達意見	0.176	**0.561**	-0.067	0.107	-0.075
A21經常考慮對方的心情再行動	0.123	**0.509**	-0.157	-0.027	0.332
A18不管多忙仍會聽對方說話	0.135	**0.478**	-0.085	0.143	0.262
A12相說優雅的話	0.388	**0.476**	-0.108	0.025	-0.009
A25兩人決定結婚生活的重要事項	0.115	**0.454**	0.079	-0.026	-0.189
A14有煩惱或迷惑時與對方商量	0.410	**0.442**	-0.039	-0.029	-0.029
A22兩人對未來一起訂定計畫去執行	0.396	**0.418**	0.054	-0.069	-0.028
A10打從心裡愛對方	0.383	**0.408**	-0.038	0.042	0.140
A08給對方精神上的舒適	0.209	**0.369**	0.103	-0.049	0.297
A02經常了解對方的想法與心情	0.293	0.313	0.077	-0.107	0.149
A37喜歡的東西均能隨意購買	0.254	-0.414	**0.749**	-0.047	0.186
A34兩人得到足夠的收入	-0.163	0.268	**0.723**	0.163	0.005
A38能過一般家庭以上的生活	0.147	-0.199	**0.678**	-0.090	0.087
A35每月能某種程度的存款	-0.012	-0.384	**0.671**	0.097	-0.025
A36有足夠的錢養育小孩	-0.071	0.356	**0.647**	-0.079	-0.094
A30丈夫走入家庭	-0.018	0.047	0.017	**0.849**	-0.032
A33妻子生過小孩也仍持續工作	-0.048	-0.018	-0.048	**0.789**	0.105
A29妻子出外工作	0.030	0.049	-0.009	**0.764**	-0.149
A32結婚後妻子不冠夫姓仍用原姓	-0.144	-0.266	-0.004	**0.444**	0.288
A24夫妻同等作家事	0.222	0.098	0.164	**0.439**	-0.104
A31夫妻一同工作	0.130	-0.288	-0.071	0.301	0.142
A03如果是對方的事情凡事皆可原諒	-0.082	-0.008	0.084	0.024	**0.789**
A04為了對方什麼事情皆願意做	0.050	0.190	0.002	0.027	**0.705**
因子間相關	I	II	III	IV	V
I	—	0.603	0.173	-0.125	0.541
II		—	0.322	0.111	0.384
III			—	0.157	0.007
IV				—	-0.099
V					—

⊃ 比較 3 因素與 5 因素的結果

要採用 3 因素或 5 因素的哪一個因素分析才好呢？

1. 從單純結構的觀點

(1) 盡可能避免在數個因素中存在有呈現高負荷量的項目。

(2) 5 因素結構的第 1 因素與第 2 因素，在 3 因素結構中構成一個因素。

> ➤ 5 因素結構的第一個因素與第 2 因素的類似性，表示出 r = 0.6 之高度因素間相關。

(3) 5 因素結構的第 5 因素顯示高負荷量的 A03 與 A04，在 3 因素結構中包含在第 1 因素中。

> ➤ 5 因素結構的第 1 因素與第 5 因素之因素間相關，呈現 r = 0.54 之高值。

(4) 避免以 2 項目構成下位尺度，希望一個下位尺度變包含 3 項目以上。

2. 從因素的解釋可能性的觀點

(1) 3 因素結構的結果，第 1 因素是有關於對方的信賴或溝通、愛情的內容，第 2 因素是有關收入的內容，第 3 因素是有關夫妻平等意識的內容，各因素似乎明顯地表現出不同的內容。

(2) 另一方面，5 因素結構的結果，像有關對方的信賴或溝通、愛情之內容各分散在第 1、第 2、第 5 因素中，也許有些難以解釋。由以上來看，此次的分析是採用 3 因素結構。

(3) 但並非一定非採 3 因素結構不可。

(4) 以此次所使用的項目從此次的調查對象群所得到的數據來想，畢竟 3 因素結構是最理想的，不是嗎？

(5) 調查對象群不同或包含有此次的調查項目以外的項目時，理所當然因素結構也會改變。

(6) 即使是此次的數據，除了因素以外，也可能存在有不同的因素分析結果，因之各自試誤地進行分析。

⊃ 第 3 次的因素分析

　　因素個數當作 3，以先前的因素分析對任一因素均未顯示高負荷量的 A25 與 A31 從分析移除後再次進行因素分析。

1. 分析的指定

選〔分析〕→〔資料縮減〕→〔因子分析〕。

➤〔變數〕中，指定移除看得出天井效果的 A17，以及此次刪除的 A25，A31 之後的 35 項目。

➤〔萃取〕視窗的指定……

◆〔方法〕與先前一樣式主軸因素法。

◆按一下〔萃取〕的〔因子數〕，於方框中輸入 3，按 繼續 。

➤〔轉軸〕視窗，是指定〔相關〕→ 繼續 。

➤〔選項〕⇒ 在〔係數顯示格式〕中勾選〔依據因子負荷量排序〕⇒ 繼續 。

➤按 確定 。

2. 輸出結果的看法

(1) 整理樣式矩陣與因素相關矩陣時即為下表。

➤於此處所表示的所有項目，在某個因素中呈現 0.35 以上的負荷量，在除此之外的因素中並未呈現高的負荷量。因素負荷量因為接近單純結構的形式，因之此次採用此結果。

	Ⅰ	Ⅱ	Ⅲ
A21經常考慮對方的心情再行動	**0.802**	-0.168	0.046
A10打從心裡愛對方	**0.790**	-0.080	0.046
A11對方煩惱時能與對方一起想	**0.786**	-0.044	0.003
A09打從心裡尊敬對方	**0.770**	-0.043	0.141
A12相互說優雅的話	**0.752**	-0.055	0.056
A14有煩惱或迷惑時與對方商量	**0.717**	0.022	-0.013
A18不管多忙多累仍會聽對方說話	**0.713**	-0.088	0.208
A04為了對方什麼事情皆願意做	**0.700**	-0.123	-0.002
A08給對方精神上的舒適	**0.686**	0.103	-0.053
A01與夫（妻）經常在一起	**0.677**	-0.058	-0.202
A22兩人對未來一起訂定計畫去執行	**0.675**	0.105	-0.046
A20與夫(妻)一起旅行或購物	**0.673**	0.077	-0.040
A07自己使對方幸福	**0.659**	0.145	-0.107
A16自己提供話題給對方	**0.652**	-0.047	0.058
A19即使小事也會將該日發生的事情告訴對方	**0.645**	-0.001	-0.128
A23記住並重視結婚紀念日與生日	**0.628**	0.080	-0.041
A06即使結婚對方也只看我而已	**0.623**	-0.090	-0.167
A02經常了解對方的想法與心情	**0.621**	0.088	-0.116
A26認同對方的才能與能力並幫助對方發揮	**0.619**	0.074	0.160
A05像是戀人一般的夫妻	**0.599**	0.001	-0.162
A13相互表達意見	**0.559**	0.022	0.194
A15週末時夫妻一起渡過	**0.529**	0.036	-0.147
A28理解對方的工作與活動並支持	**0.473**	0.272	0.144
A03如果是對方的事情凡事皆可原諒	**0.469**	-0.082	-0.029
A34兩人得到足夠的收入	-0.113	**0.843**	0.185
A35每月能某種程度的存款	0.034	**0.787**	0.104
A36有足夠的錢養育小孩	0.004	**0.786**	-0.031
A38能過一般家庭以上的生活	-0.098	**0.669**	-0.216
A37喜歡的東西均能隨意購買	-0.094	**0.641**	-0.229
A27夫妻兩人為將來存款	0.169	**0.476**	0.070
A30丈夫走入家庭	-0.051	-0.011	**0.852**
A29妻子出外工作	-0.082	-0.013	**0.768**
A33妻子生過小孩也仍持續工作	-0.012	-0.110	**0.766**
A24夫妻同等作家事	0.141	0.195	**0.388**
A32結婚後妻子不冠夫姓仍用原姓	-0.157	-0.114	**0.357**

因子間相關		Ⅰ	Ⅱ	Ⅲ
	Ⅰ	_	0.428	0.050
	Ⅱ		_	0.257
	Ⅲ			_

(2) 再次觀察解說總變異量的初始特徵值的累積百分比。

解說總變異量

因子	初始特徵值			平方和負荷量萃取			轉軸平方
	總和	變異數的%	累積%	總和	變異數的%	累積%	總和
1	11.984	34.240	34.240	11.474	32.782	32.782	11.298
2	3.576	10.217	44.457	3.145	8.987	41.769	5.342
3	2.462	7.034	51.491	1.981	5.661	47.430	2.821
4	1.786	5.103	56.594				
5	1.592	4.549	61.142				
6	1.194	3.411	64.553				
7	1.007	2.878	67.431				
8	.970	2.771	70.202				
9	.895	2.556	72.758				
10	.789	2.254	75.012				
11	.761	2.175	77.187				
12	.671	1.918	79.106				
13	.614	1.755	80.861				

➤ 知轉軸前（初期）的 3 因素，說明 35 項目的總變異量的 51.49%。

● 分析結果的記述 1（夫妻生活問卷的分析）

夫妻生活問卷的分析

首先，求出夫妻生活問卷中 38 項的平均值、標準差。然後將看得出天井效果的 1 個項目從以下的分析中移除。

其次，對剩下的 37 項目利用主軸因素法進行因素分析。考慮特徵值的變化（12、17、3.60、2.53、1.93、1.61、1.21、…）與因素的解釋可能性時，3 因素結構可以認為是妥適的。因此，再次假定 3 因素利用主軸因素法・PROMAX 轉軸進行因素分析。結果，將未呈現足夠因素負荷量的 2 項目從分析移除，針對剩下的 35 項目再利用主軸因素法・PROMAX 轉軸再進行因素分析。PROMAX 轉軸後最終的樣式矩陣與因素間相關表示在 TABLE 1 中。而且，以轉軸前的 3 因素說明 35 項目的總變異量之比率是 51.49%。

第 1 因素是由 24 項目所構成，表示考慮對方心情、對對方的感受、對對方的尊敬等內容項目呈現高的負荷量，因此，命名為「愛情」因素。

第 2 因素是由 6 項目所構成，表示家庭收入或存款的內容項目呈現高的負荷量。因此，命名為「收入」因素。

第 3 因素是由 5 項目所構成，像「夫妻同樣工作」等與夫妻平等意識有關之內容項目呈現高的負荷量。因此，命名為「夫妻平等」之因素。

夫妻生活問卷的因素分析結果（PROMAX 轉軸後的因素樣式）

	I	II	III
A21經常考慮對方的心情再行動	**0.802**	-0.168	0.046
A10打從心裡愛對方	**0.790**	-0.030	0.046
A11對方煩惱時能與對方一起想	**0.786**	-0.044	0.003
A09打從心裡尊敬對方	**0.770**	-0.043	0.141
A12相互說優雅的話	**0.752**	-0.055	0.056
A14有煩惱或迷惑時與對方商量	**0.717**	0.022	-0.013
A18不管多忙多累仍會聽對方說話	**0.713**	-0.088	0.203
A04為了對方什麼事情皆願意做	**0.700**	-0.123	-0.002
A08給對方精神上的舒適	**0.686**	0.103	-0.053
A01與夫（妻）經常在一起	**0.677**	-0.058	-0.202
A22兩人對未來一起訂定計畫去執行	**0.675**	0.105	-0.046
A20與夫(妻)一起旅行或購物	**0.673**	0.077	-0.040
A07自己使對方幸福	**0.659**	0.145	-0.107
A16自己提供話題給對方	**0.652**	-0.047	0.058
A19即使小事也會將該日發生的事情告訴對方	**0.645**	-0.001	-0.128
A23記住並重視結婚紀念日與生日	**0.628**	0.080	-0.041
A06即使結婚對方也只看我而已	**0.623**	-0.090	-0.167
A02經常了解對方的想法與心情	**0.621**	0.088	-0.116
A26認同對方的才能與能力並幫助對方發揮	**0.619**	0.074	0.160
A05像是戀人一般的夫妻	**0.599**	0.001	-0.162
A13相互表達意見	**0.559**	0.022	0.194
A15週末時夫妻一起渡過	**0.529**	0.036	-0.147
A28理解對方的工作與活動並支持	**0.473**	0.272	0.144
A03如果是對方的事情凡事皆可原諒	**0.469**	-0.082	-0.029
A34兩人得到足夠的收入	-0.113	**0.843**	0.185
A35每月能某種程度的存款	0.034	**0.787**	0.104
A36有足夠的錢養育小孩	0.004	**0.786**	-0.031
A38能過一般家庭以上的生活	-0.098	**0.669**	-0.216
A37喜歡的東西均能隨意購買	-0.094	**0.641**	-0.229
A27夫妻兩人為將來存款	0.169	**0.476**	0.070
A30丈夫走入家庭	-0.051	-0.011	**0.852**
A29妻子出外工作	-0.082	-0.013	**0.768**
A33妻子生過小孩也仍持續工作	-0.012	-0.110	**0.766**
A24夫妻同等作家事	0.141	0.195	**0.388**
A32結婚後妻子不冠夫姓仍用原姓	-0.157	-0.114	**0.357**
因子間相關	I	II	III
I	—	0.428	0.050
II		—	0.257
III			—

9-4　檢討內部整合性

依據 3 因素結構的因素分析結果，檢討夫妻生活問卷的內部整合性。

⊃ 夫妻生活問卷的內部整合性

愛情下位尺度……A01、A02、A03、A04、A05、A06、A07、A08、A09、A10、A11、A12、A13、A14、A15、A16、A18、A19、A20、A21、A22、A23、A26、A28 共 24 項目。

收入下位尺度……A27、A34、A35、A36、A37、A38 共 6 項目。

夫妻平等下位尺度……A24、A29、A30、A32、A33 共 5 項目。

1. 分析的指定

(1) 選擇〔分析〕→〔尺度〕→〔信度分析〕。

➤〔項目〕指定相當於名目下位尺度的變數,〔模式〕是 alpha。

➤按一下〔**統計**〕。

◆勾選 alpha 的〔量尺法〕、〔刪除項目後的量尺摘要〕以及〔各分量內項目之間〕的〔相關〕,按 繼續 。

➤按一下 確定 。

(2) 對各自下位尺度重複此分析。

2. 輸出結果的看法

(1) 觀察愛情下位尺度的信度統計量。

Reliability Coefficients	24 items
Alpha = .9482	Standardized item alpha = .9491

➤α 係數是 0.948,呈現十分高的值。

(2) 觀察收入下位尺度的信度統計量。

Reliability Coefficients	6 items
Alpha = .8395	Standardized item alpha = .8372

➤ α 係數是 0.840，可以說是足夠的值。

➤ 另外，觀察項目合計統計量時，移除 A27 後 α 係數有略爲地上升。可是這是在容許的範圍內。

Item-total Statistics

	Scale Mean if Item Deleted	Scale Variance if Item Deleted	Corrected Item-Total Correlation	Squared Multiple Correlation	Alpha if Item Deleted
A27	20.7027	18.5505	.4562	.2741	.8410
A34	21.3243	14.9009	.7449	.6499	.7856
A35	21.2568	15.4574	.7436	.6322	.7877
A36	21.3243	15.2410	.7034	.5565	.7949
A37	22.1081	17.0086	.5155	.4150	.8330
A38	21.8986	16.5407	.5426	.4191	.8286

(3) 觀察夫妻平等下位尺度的信度統計量。

Reliability Coefficients	5 items
Alpha =　.7759	Standardized item alpha =　.7763

➤ α 係數是 0.776，可以說是尚可的水準。

➤ 觀察項目間的相關矩陣（Correlation Matrix）時，A32 與其他的項目之間的相關略低。

Correlation Matrix

	A24	A29	A30	A32	A33
A24	1.0000				
A29	.2778	1.0000			
A30	.4003	.7377	1.0000		
A32	.1407	.2594	.3452	1.0000	
A33	.3760	.6342	.6213	.3037	1.0000

➤ 觀察項目合計統計量（Item-total Statistics）時，除去 A32 後的 α 係數

是 0.81。

Item-total Statistics

	Scale Mean if Item Deleted	Scale Variance if Item Deleted	Corrected Item- Total Correlation	Squared Multiple Correlation	Alpha if Item Deleted
A24	14.2703	18.8924	.3828	.1942	.7855
A29	14.0000	16.2993	.6641	.5987	.6978
A30	14.2973	14.9314	.7409	.6224	.6652
A32	15.7432	18.6547	.3328	.1337	.8069
A33	14.4730	15.0673	.6678	.4839	.6906

◆是否移除此項目呢？或許是微妙之處吧。

◆以下位尺度的內容來說，若認為應包含時則可留下。

◆認為即使移除 A32，下位尺度的內容的廣泛性可以維持，且重視 α 係數的上升時，則判斷移除此項目。

◆此次姑且包含此項目且照樣繼續分析。

9-5　下位尺度的計算與 t 檢定

在計算相互相關之前，先計算夫妻關係問卷的下位尺度分數。因為包含於下位尺度的項目數有甚大的差異，因之將項目平均值（項目合計分數除以項目數）當作下位尺度分數來計算。

⊃ 下位尺度分數的計算

1. 計算的方法

(1) 選擇〔以組別為準〕→〔計算〕。

➢〔目標變數〕輸入下位尺度名稱。

➢〔數式〕輸入計算下位尺度分數（項目平均重）的計算式。

➢ 按 確定，確認變數已新增。

(2) 對愛情、收入、夫妻平等分別計算。

a36	a37	a38	滿意度	愛情	收入	夫妻平等
4	3	4	5	3.70833	3.83333	3.80000
3	2	1	6	4.45833	2.50000	2.80000
4	4	4	4	4.08333	4.00000	2.80000
6	5	4	4	4.04167	5.50000	3.60000
5	5	4	5	4.00000	4.50000	2.20000
3	3	3	4	3.91667	3.33333	4.40000
4	3	3	4	3.45833	3.66667	3.80000
3	3	3	5	4.79167	3.66667	2.60000
5	5	3	4	3.91667	4.16667	4.00000
4	5	5	5	4.37500	4.16667	4.40000
4	5	5	4	4.16667	4.66667	2.00000

● t 檢定

如算出下位尺度分數時，試以 t 檢定檢討男女差異。此處也對夫妻生活的滿意度分數檢討男女差異。

1. 分數的指定

選擇〔分析〕→〔比較平均值法〕→〔獨立樣本 t 檢定〕。

➢〔檢定變數〕中指定愛情、收入、夫妻平等、滿意度 4 個變數。

➢〔分組變數〕指定性別。

◆按一下〔定義組別〕。

◆〔組 1〕輸入 1，〔組 2〕輸入 2 → 繼續 。

➢按 確定 。

2. 輸出結果的看法

(1) 如觀察組統計量時，看不出男女有太大差異。

組別統計量

	性別	個數	平均數	標準差	平均數的標準誤
滿意度	女性	80	4.65	.96	.11
	男性	68	4.37	1.21	.15
愛情	女性	80	4.2562500	.6975980	7.799E-02
	男性	68	4.1250000	.9266194	.1123691
收入	女性	80	4.2979167	.7842928	8.769E-02
	男性	68	4.2745098	.8117936	9.844E-02
夫妻平等	女性	80	3.6825000	1.0275663	.1148854
	男性	68	3.5882353	.9631307	.1167968

(2) 如觀察獨立樣本檢定的顯著機率（雙邊）時，對任一分數均看不出顯著的男女差異。

獨立樣本檢定

		變異數相等的 Levene 檢定		平均數相等的 t 檢定						
		F 檢定	顯著性	t	自由度	顯著性（雙尾）	平均差異	標準誤差異	差異的 95% 信賴區間 下界	上界
滿意度	假設變異數相等	4.192	.042	1.586	146	.115	.28	.18	-6.94E-02	.63
	不假設變異數相等			1.557	126.822	.122	.28	.18	-7.65E-02	.64
愛情	假設變異數相等	5.267	.023	.981	146	.328	.1312500	.1337299	-.1330465	.3955465
	不假設變異數相等			.960	122.912	.339	.1312500	.1367840	-.1395074	.4020074
收入	假設變異數相等	.000	.999	.178	146	.859	2.341E-02	.1314639	-.2364113	.2832250
	不假設變異數相等			.178	140.488	.859	2.341E-02	.1318342	-.2372285	.2840422
夫妻平等	假設變異數相等	1.590	.209	.572	146	.568	9.426E-02	.1646968	-.2312330	.4197625
	不假設變異數相等			.575	144.582	.566	9.426E-02	.1638296	-.2295457	.4180751

➤ 又，記述結果時，由於滿意度與愛情的等變異性的檢定是顯著的，因之關於此 2 分數參照**未假定等變異性**的部分。

⊃ 男女合計的相關

其次，檢討夫妻關係問卷的 3 下位尺度分數與滿意度分數包含男女在內的平均值、標準差、相互相關。

1. 分析的指定
選擇〔分析〕→〔相關〕→〔雙變數〕。

➤〔變數〕指定愛情、收入、夫妻平等、滿意度 4 個變數。

➤ 確定已勾選〔相關係數〕的〔Pearson〕。

➤ 確認〔相關顯著性訊號〕。

➤ 按一下〔**選項**〕

　　◆勾選〔統計量〕的〔平均值與標準差〕⇒ 繼續 。

➤ 按一下 確定 。

2. 輸出結果的看法

已輸出平均值、標準差以及相互相關。

描述性統計量

	平均數	標準差	個數
滿意度	4.52	1.08	148
愛情	4.1959459	.8106677	148
收入	4.2871622	.7944015	148
夫妻平等	3.6391892	.9962266	148

相關

		滿意度	愛情	收入	夫妻平等
滿意度	Pearson 相關	1.000	.559**	.349**	-.155
	顯著性 (雙尾)	.	.000	.000	.060
	個數	148	148	148	148
愛情	Pearson 相關	.559**	1.000	.367**	-.020
	顯著性 (雙尾)	.000	.	.000	.807
	個數	148	148	148	148
收入	Pearson 相關	.349**	.367**	1.000	.153
	顯著性 (雙尾)	.000	.000	.	.064
	個數	148	148	148	148
夫妻平等	Pearson 相關	-.155	-.020	.153	1.000
	顯著性 (雙尾)	.060	.807	.064	.
	個數	148	148	148	148

**. 在顯著水準為0.01時 (雙尾)，相關顯著。

➤ 觀察夫妻生活問卷的 3 個下位尺度如何關連著夫妻生活的滿意度。

⮕ 男女別的相關

試檢討男女別的相關。

使用性別的指標分割檔案。

1. 分析的指定

(1) 選擇〔資料〕→〔分割檔案〕。

　➤ 選擇〔依組別組織輸出〕，將性別輸入到〔分組變數〕。

➢ 選擇〔依分組變數排序檔案〕

➢ 按 確定 。

- 在檔案以分割的狀態下，與先前一樣計算的相關係數。

  ➢ 按一下〔**選項**〕。

  ◆將〔統計量〕的〔平均值與標準差〕的勾選除去也行。

2. 輸出結果的看法

試比較男女別的相關係數。

➢ 如比較夫妻生活的滿意度與夫妻生活問卷的 3 個下位尺度的相關係數
時……。

◆女性方面滿意度與夫妻平等之間幾乎無相關，相對的，男性方面形成
顯著的負相關。

性別 = 女性

相關^a

		滿意度	愛情	收入	夫妻平等
滿意度	Pearson 相關	1.000	.509**	.304**	-.009
	顯著性 (雙尾)	.	.000	.006	.938
	個數	80	80	80	80
愛情	Pearson 相關	.509**	1.000	.395**	.032
	顯著性 (雙尾)	.000	.	.000	.776
	個數	80	80	80	80
收入	Pearson 相關	.304**	.395**	1.000	.281*
	顯著性 (雙尾)	.006	.000	.	.012
	個數	80	80	80	80
夫妻平等	Pearson 相關	-.009	.032	.281*	1.000
	顯著性 (雙尾)	.938	.776	.012	.
	個數	80	80	80	80

**. 在顯著水準為0.01時 (雙尾)，相關顯著。
*. 在顯著水準為0.05 時 (雙尾)，相關顯著。
a. 性別 = 女性

性別 = 男性

相關^a

		滿意度	愛情	收入	夫妻平等
滿意度	Pearson 相關	1.000	.588**	.395**	-.319**
	顯著性 (雙尾)	.	.000	.001	.008
	個數	68	68	68	68
愛情	Pearson 相關	.588**	1.000	.349**	-.078
	顯著性 (雙尾)	.000	.	.004	.525
	個數	68	68	68	68
收入	Pearson 相關	.395**	.349**	1.000	-.003
	顯著性 (雙尾)	.001	.004	.	.978
	個數	68	68	68	68
夫妻平等	Pearson 相關	-.319**	-.078	-.003	1.000
	顯著性 (雙尾)	.008	.525	.978	.
	個數	68	68	68	68

**. 在顯著水準為 0.01時 (雙尾)，相關顯著。
a. 性別 = 男性

● 分析結果的記述 2（相關係數）

1. 相關關係

在先前的夫妻生活問卷的因素分析中，求出各因素呈現高負荷量的項目平均值，愛情分數是（平均 4.20，SD 0.81），收入分數是（平均 4.29，SD 0.29），夫妻平等分數是（平均 3.64，SD 1.00）。為了檢討內部整合性求出 α 係數之後，愛情得出 α = 0.95，收入得出 α = 0.84，夫妻平等得出 α = 0.78，均有足夠之值。檢討男女之差異後，對任一分數也都看不出顯著差。

夫妻生活問卷與滿意度男女合計的相互關係顯示在 Table 2 中，男女別的相互關係顯示在 Table 3 中。在男女合計時，可以看出愛情與收入之間有正的顯著相關，愛情與滿意度，收入與滿意度之間有正的顯著相關。可是，觀察男女別的相關時，男女別相關的顯著略有不同，在男性方面，夫妻平等與收入之間幾乎無相關，相對地，在女性方面，可以看出正的顯著相關，在女性方面，夫妻平等與滿意度之間幾乎無相關，相對地，在男性方面，可以看出負的顯著相關。

Table2 夫妻生活問卷與滿意度的相互相關				(男女合計)	
	愛情	收入		夫妻平等	滿意度
愛情	_	0.37 ***		-0.12	0.56 ***
收入		_		0.15	0.36 ***
夫妻平等				_	-0.18
滿意度					
***p＜.001					

Table3 夫妻生活問卷與滿意度的相互相關(男女別)					
	愛情	收入		夫妻平等	滿意度
愛情	_	0.4 ***		0.03	0.51 ***
收入	0.35 **	_		0.28 *	0.3 **
夫妻平等	-0.08	0		_	-0.01
滿意度	0.59 ***	0.4 ***		-0.32 **	_
***p＜.001	右上:女性，左下:男性				

9-6　複迴歸分析

⊃ 男女合計的複迴歸分析

進行男女合計的分析之前，先解除檔案的分割。

〔資料〕→〔分割檔案〕。

➢ 當〔依組別組織輸出〕被選擇時，先選擇〔分析所有觀察值與建立組別〕。

➢ 按 確定。

1. 分析的指定

選擇〔分析〕→〔迴歸〕→〔線性〕。

➢〔依變數〕指定滿意度。

➢〔自變數〕指定愛情、收入、夫妻平等。

➢〔方法〕指定強制投入法

➢ 按一下 確定。

2. 輸出結果的看法

(1) 觀察**模式摘要**與**變異數分析**之表。

模式摘要

模式	R	R平方	調過後的 R平方	估計的標準誤
1	.605ª	.367	.353	.872

a. 預測變數：(常數), 夫妻平等, 愛情, 收入

➢ R^2 是 0.37，可知在 0.1% 水準是顯著的。

變異數分析ᵇ

模式		平方和	自由度	平均平方和	F檢定	顯著性
1	迴歸	63.392	3	21.131	27.776	.000ª
	殘差	109.548	144	.761		
	總和	172.939	147			

a. 預測變數：(常數), 夫妻平等, 愛情, 收入

b. 依變數：滿意度

(2) 觀察**係數**的**標準化係數**。

係數ª

模式		未標準化係數		標準化係數	t	顯著性
		B之估計值	標準誤	Beta分配		
1	(常數)	1.343	.518		2.591	.011
	愛情	.646	.096	.483	6.747	.000
	收入	.271	.099	.199	2.745	.007
	夫妻平等	-.191	.073	-.176	-2.607	.010

a. 依變數\：滿意度

> 對夫妻生活的滿意度來說，所有 3 個下位尺度均有顯著的影響。
> 愛情與收入呈現正的影響，夫妻平等呈現負的影響。

⊃ 男女別的複迴歸分析

在前述所進行的相關關係的分析中，因可看出男女間關連上的差異，所以男女別進行複迴歸分析。

1. 分析的指定

(1) 選擇〔資料〕→〔分割檔案〕。

選擇〔依組別組織輸出〕，將性別輸入到〔以組別為準〕中。

> 按一下 確定。

(2) 複迴歸分析的步驟與前述相同。

2. 輸出結果的看法

(1) 首先，檢視女性的分析結果。

模式摘要ᵇ

模式	R	R平方	調過後的 R平方	估計的標準誤
1	.525ª	.276	.247	.829

a. 預測變數：(常數), 夫妻平等, 愛情, 收入
b. 性別＝女性

> 從**模式摘要**與**變異數分析**表，可知 R^2 是 0.276，在 0.1% 水準下是顯著的。

變異數分析 b.c

模式		平方和	自由度	平均平方和	F檢定	顯著性
1	迴歸	19.912	3	6.637	9.647	.000ª
	殘差	52.288	76	.688		
	總和	72.200	79			

a. 預測變數：(常數), 夫妻平等, 愛情, 收入
b. 依變數\：滿意度
c. 性別＝女性

> 由**係數**表可知，只有愛情對夫妻生活的滿意度有顯著的影響。
   ◆收入與夫妻平等並未顯示顯著相關。

係數 a.b

模式		未標準化係數		標準化係數		
		B之估計值	標準誤	Beta分配	t	顯著性
1	(常數)	1.467	.697		2.105	.039
	愛情	.624	.146	.455	4.270	.000
	收入	.173	.135	.142	1.278	.205
	夫妻平等	-5.907E-02	.095	-.063	-.622	.536

a. 依變數\：滿意度
b. 性別＝女性

(2) 其次，檢視男性的分析結果。

模式摘要 b

模式	R	R平方	調過後的R平方	估計的標準誤
1	.682ª	.465	.440	.905

a. 預測變數：(常數), 夫妻平等, 收入, 愛情
b. 性別＝男性

> 從**模式摘要**與**變異數分析**表，可知 R^2 是 0.465，在 0.1% 水準下是顯著的。

> 檢視**係數**表可知，對夫妻生活的滿意度來說，所有 3 個下位尺度均有顯著的影響。

變異數分析 b.c

模式		平方和	自由度	平均平方和	F檢定	顯著性
1	迴歸	45.447	3	15.149	18.516	.000ª
	殘差	52.362	64	.818		
	總和	97.809	67			

a. 預測變數：(常數), 夫妻平等, 收入, 愛情
b. 依變數\：滿意度
c. 性別＝男性

   ◆愛情與收入顯示有正的影響，夫妻平等有負的影響。

係數 a.b

模式		未標準化係數		標準化係數	t	顯著性
		B之估計值	標準誤	Beta 分配		
1	(常數)	1.582	.800		1.978	.052
	愛情	.636	.128	.487	4.978	.000
	收入	.334	.145	.224	2.296	.025
	夫妻平等	-.352	.115	-.280	-3.056	.003

a. 依變數\：滿意度
b. 性別 = 男性

【註】假相關、抑制變數、多重貢獻性
- 當顯示複迴歸分析的結果時，相關係數之資訊也一併顯示為宜。
- 比較相關係數與標準偏迴歸係數之值時，可以得出以下的資訊。
  - 儘管相關係數是顯著，而標準偏迴歸係數接近 0 並非顯著時……出現假相關的可能性。
    - 雖有相關，但看得出對依變數並無直接的影響。
  - 儘管相關係數接近 0 並非顯著，但標準偏迴歸係數是顯著時……出現抑制變數的可能性。
    - 看得出只有相關關係而因果關係並不得而知。
  - 相關係數與標準偏迴歸係數不同符號分別顯著，判定係數之值雖大但 t 值低 β 不顯著時……出現多重共線性之可能性。
    - 發生多重共線性時，迴歸係數完全無法估計，或結果雖可求出但可靠性卻很低。
- 特別是自變數之相關非常高時，有可能發生多重共線性。
  - 在 SPSS 複迴歸分析中，如勾選〔統計〕⇒〔共線性的診斷〕時，可以求出 VIF（Variance Inflution Factor）的指標。
  - 一般 VIF > 0 時，被視為發生多重共線性。即使未超過 10，但此數值甚高時，需要注意。
- 此次的數據，希望能比較相關係數與標準差迴歸係數。假相關或抑制變數是否存在？
另外，試以複迴歸分析求出 VIF，到底它的值是多少？

9-7　此種分析也能利用 Amos 分析

即使只是目前的結果也可以說是足夠的……
此外，利用 Amos 以變異數結構分析檢討男女的影響力之差異。

➲ 繪製路徑圖

(1) 選擇〔分析〕→〔IBM SPSS Amos〕。

➢點選〔畫觀測變數〕圖像（ ▭ ），在繪圖區的左側縱向地畫 3 個觀測變數，右側畫一個觀測變數。

➢從 3 個觀測變數向右側的變數畫路徑（單向箭線）。

➢在左側 3 個觀測變數之間畫共變異數（雙向箭線）。

➢利用〔在既有的變數追加固有的變數〕的圖像（ ♟ ），在右側的觀測變數加上誤差變數。

◆點兩下誤差變數，在〔文字〕Tab 的〔變數名〕輸入 e（誤差）。

➢選擇〔檔案〕→〔資料檔〕，指定 sav 檔案（SPSS 的資料檔型式）。

➢按一下〔一覽資料組內的變數〕圖像（ ▤ ），在圖形之中指定變數。

◆左邊 3 個觀測變數指定為愛情、收入、夫妻平等，右側的觀測變數指定為滿意度。

(2) 完成前述操作步驟後，即成為下圖。

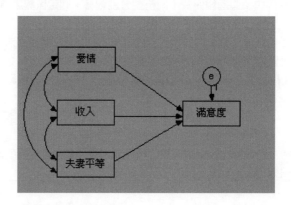

◯ 男女合計的分析

首先進行男女合計的分析。

1. 分析的指定

(1) 首先從分析的性質的設定開始。

➢點選〔分析性質〕圖像（ ▦ ）。

◆按一下〔輸出〕Tab，勾選〔標準化估計值〕、〔複相關係數平方〕

　　　　　　→關閉視窗

(2) 點選〔計算估計值〕圖像（），即進行分析。

　　➤ 在視窗中央部分的

〔達到最小值（Minimum Was Achieved）〕

〔輸出的寫入（Writing Output）〕時，分析成功。

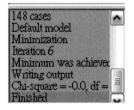

2. 輸出結果的看法

(1) 點選〔輸出路徑圖的顯示〕圖像（　　）時，路徑係數即顯示於圖上。

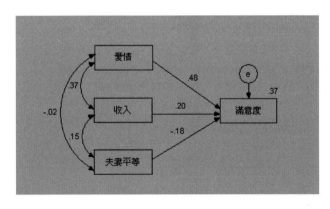

　　➤ 按一下視窗中央的〔標準化估計值〕，即可讓標準化路徑係數顯示出
　　　來。

　　➤ 從愛情、收入、夫妻平等到滿意度的路徑係數，可知與前述以 SPSS 進
　　　行複迴歸分析之結果幾乎相同。

(2) 點選〔正文輸出的顯示〕圖像（　　）時，路徑係數即顯示於圖上。

　　➤ 從左側的清單選擇〔參數估計值〕。

　　➤ 從愛情、收入、夫妻平等到滿意度的路徑係數，均為顯著值。

　　➤ 又，愛情與收入之間的共變異數（相關）亦是顯著的。

Regression Weights: (Group number 1 - Default model)

	Estimate	S.E.	C.R.	P	Label
滿意度 <--- 愛情	.646	.095	6.817	***	
滿意度 <--- 收入	.271	.098	2.773	.006	
滿意度 <--- 夫妻平等	-.191	.073	-2.634	.008	

Standardized Regression Weights: (Group number 1 - Default model)

	Estimate
滿意度 <--- 愛情	.483
滿意度 <--- 收入	.199
滿意度 <--- 夫妻平等	-.176

Covariances: (Group number 1 - Default model)

	Estimate	S.E.	C.R.	P	Label
愛情 <--> 收入	.235	.056	4.179	***	
收入 <--> 夫妻平等	.120	.066	1.830	.067	
愛情 <--> 夫妻平等	-.016	.066	-.245	.806	

Correlations: (Group number 1 - Default model)

	Estimate
愛情 <--> 收入	.367
收入 <--> 夫妻平等	.153
愛情 <--> 夫妻平等	-.020

Variances: (Group number 1 - Default model)

➲ 多群組的同時分析

以多群組的同時分析檢討男女差異。

1. 分析的指定

(1) 組的指定

- 選擇〔模式適合度〕→〔組管理〕。

  ◆將〔組管理〕改寫成男性。

  ➢按一下〔**新增**〕。

  ◆〔組管理〕改寫成女性。

➤按一下 結束 。

➤從中上方算起的第 2 段框內，顯示男性、女性的文字。

(2) 路徑的命名

在路徑上加上名稱。

- 從中上的第 2 段框內，使男性作為被選擇的狀態。

  ➤按兩下從愛情到滿意度的路徑。

  ◆在〔參數〕Tab 的〔係數〕欄中輸入 mp1（男性路徑 1）。

  ◆同樣，從收入、到滿意度的路徑輸入 mp2，從夫妻平等到滿意度的路徑分析輸入 mp3 的名稱。

  ➤在雙向的路徑上也加上名稱。

  ◆愛情與收入之間的雙向路徑上輸入 mc1，收入與夫妻平等之間的路徑輸入 mc2，愛情與夫妻之間的路徑則輸入 mc3。

- 其次，在中上的第 2 數框內選擇女性時，得知路徑的名稱即消失。

  ➤在與男性相同的地方，輸入 fp1，fp2，fp3，fc1，fc2，fc3。

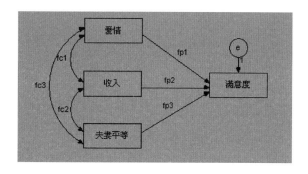

(3) 資料的指定

指定分析的資料。

- 按一下〔選擇資料檔〕圖像（▦）。

  ➤在〔組名〕選擇男性的狀態下，按一下〔分組變數〕。

  ◆因顯示有變數一覽，按一下〔性別〕，再按 確定 。

  ➤按一下〔**組值**〕。

◆因為是 male（男性）所以選擇「2」後，按 確定 。

➤對於 female（女性）也同樣進行。

➤顯示下圖時，按 確定 。

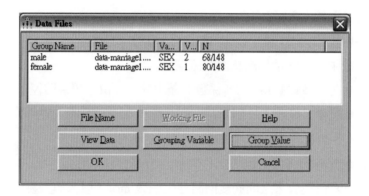

(4) 分析的執行

計算估計值。

◆ 在進行分析之前，以不同於先前的名稱先儲存起來。

◆ 在〔分析性質〕中點選〔輸出〕Tab，勾選〔標準化估計值〕、〔複相關係數之平方〕及〔計對差的檢定統計量〕。

◆ 執行分析。

2. 輸出結果的看法

觀察〔正文輸出〕的〔參數估計值〕。

(1) 在〔正文輸出〕視窗的左下方部分，如點擊男性與女性的文字時，可以觀察各組的參數估計值。

Regression Weights: (male - Default model)

			Estimate	S.E.	C.R.	P	Label
滿意度	<---	愛情	.636	.125	5.097	***	mp1
滿意度	<---	收入	.334	.142	2.351	.019	mp2
滿意度	<---	夫妻平等	-.352	.112	-3.128	.002	mp3

Standardized Regression Weights: (male - Default model)

			Estimate
滿意度	<---	愛情	.487
滿意度	<---	收入	.224
滿意度	<---	夫妻平等	-.280

Covariances: (male - Default model)

			Estimate	S.E.	C.R.	P	Label
愛情	<-->	收入	.259	.096	2.698	.007	mc1
收入	<-->	夫妻平等	-.003	.094	-.028	.977	mc2
愛情	<-->	夫妻平等	-.069	.108	-.641	.522	mc3

Correlations: (male - Default model)

			Estimate
愛情	<-->	收入	.349
收入	<-->	夫妻平等	-.003
愛情	<-->	夫妻平等	-.078

Regression Weights: (female - Default model)

			Estimate	S.E.	C.R.	P	Label
滿意度	<---	愛情	.624	.143	4.351	***	fp1
滿意度	<---	收入	.173	.133	1.303	.193	fp2
滿意度	<---	夫妻平等	-.059	.093	-.634	.526	fp3

Standardized Regression Weights: (female - Default model)

			Estimate
滿意度	<---	愛情	.455
滿意度	<---	收入	.142
滿意度	<---	夫妻平等	-.063

Covariances: (female - Default model)

			Estimate	S.E.	C.R.	P	Label
愛情	<-->	收入	.213	.065	3.263	.001	fc1
收入	<-->	夫妻平等	.223	.093	2.400	.016	fc2
愛情	<-->	夫妻平等	.023	.080	.288	.774	fc3

Correlations: (female - Default model)

			Estimate
愛情	<-->	收入	.395
收入	<-->	夫妻平等	.281
愛情	<-->	夫妻平等	.032

> 從收入到滿意度的路徑，男性是顯著，而女性不顯著。

> 從夫妻平等到滿意度的路徑，男性是顯著，而女性不顯著。

> 收入到夫妻平等的共變異數，女性是顯著，而男性不顯著。

(2) 按一下〔正文輸出〕的〔成對的參數比較〕。

> 注意男女之間相同部分的路徑（圖中圍著的部分）。

◆此數值其絕對值在 1.96 以上時，路徑係數之差異在 5% 水準下是顯著的。

◆mp3 與 fp3 之路徑係數的差異在 5% 水準下之是顯著的。

◆從夫妻平等到滿意度的路徑係數，可以看出男女間有顯著差異。

Critical Ratios for Differences between Parameters (Default model)

	mp1	mp2	mp3	mc1	mc2	mc3	fp1	fp2	fp3	fc1	fc2	fc3
mp1	.000											
mp2	-1.377	.000										
mp3	-6.137	-3.739	.000									
mc1	-2.397	-.438	4.131	.000								
mc2	-4.086	-1.975	2.381	-1.876	.000							
mc3	-4.276	-2.260	1.816	-2.240	-.573	.000						
fp1	-.060	1.440	5.354	2.119	3.654	3.864	.000					
fp2	-2.538	-.826	3.015	-.522	1.080	1.415	-1.949	.000				
fp3	-4.462	-2.313	2.004	-2.376	-.426	.070	-4.166	-1.267	.000			
fc1	-2.999	-.770	4.344	-.390	1.885	2.241	-2.606	.272	2.392	.000		
fc2	-2.650	-.650	3.940	-.264	1.708	2.054	-2.344	.310	2.144	.094	.000	
fc3	-4.139	-1.909	2.718	-1.890	.207	.686	-3.663	-.969	.668	-2.158	-2.084	.000

【註】路徑係數之差的檢定

如在〔分析性質〕勾選〔對差的檢定統計量〕時，正文輸出中會追加〔成對的參數比較〕之輸出（形成表的形式）。此處所輸出的數值，是將 2 個路徑係數之差異，變換成標準常態分配時之值。

在此輸出中，想比較的 2 個路徑其相交部分之數值，絕對值在 1.96 以上時，路徑係數之差在 5% 水準下是顯著的，絕對值在 2.33 以上時，在 1% 水準下是顯著的，絕對值在 2.58 以上時，在 0.1% 水準下被判斷是顯著的。

⮑ 利用等值限制之比較

至目前為止說明了在所有的觀測變數之間畫出路徑之模式。此處，要說明的是在路徑上設置等值限制之比較。

而且此處要說明的是未假定潛在變數的分析。

【註】利用等值限制比較路徑係數之步驟

1. 各母體利用相同路徑圖之模式，確認各母體的適合度均佳。
2. 配置不變模式之確認：利用相同路徑圖之模式進行多母體解析，確認適合度是佳的。
3. 利用等值限制進行路徑係數之比較。

此處，在 1 與 2 已確認之前提下，進行路徑係數之比較。

1. 分析的指定

- 分析之前，在前述的結果中對男女任一方來說均看不出顯著的路徑。先刪除愛情與夫妻平等之雙向路徑（點選 ╳ ）
- 其次，此處當作一個例子，設定如下的模式。
  - ➤ **模式 1** 所有的路徑係數男女間均為不同之模式。
  - ➤ **模式 2** 加入 fp1 = mp1（由愛情到滿意度的路徑男女均等值），fc1 = mc1（收入與愛情的共變異數男女均等值）之等值限制。
  - ➤ **模式 3** 假定所有的路徑係數在男女間均等值之模式。

(1) 模式的管理

- 選擇〔模式適合度〕→〔管理模式〕→顯示出〔管理模式〕之視窗。
  - ➤〔模式名〕輸入模式 1。
    - ◆模式 1 未列入限制，因之照原樣按一下〔**新增**〕。
  - ➤〔模式名〕輸入模式 2。

◆〔參數限制〕的欄內，加入〔fp1=mp1〕，〔fc1=mc1〕之等值限制。

◆按兩下左側的係數與共變異數的一覽時，即可於左側輸入。

　各數式之間使用換行。

◆按一下〔**新增**〕。

➢〔模式名〕輸入模式 3。

◆在〔參數限制〕的欄內，加入〔fp1 = mp1〕，〔fp2 = mp2〕，〔fp3 = mp3〕，〔fc1 = mc1〕，〔fc2 = mc2〕的等值限制。

◆按一下 結束 。

(2) 分析的執行

計算估計值。

• 在進行分析之前，最好利用與先前不同的名稱先儲存起來。

• 在〔分析性質〕中按一下〔輸出〕Tab，勾選〔標準化估計值〕、〔複相關係數的平方〕及〔對差的檢定統計量〕。

• 執行分析

➢出現愛情與夫妻平等的之間未指定共變異數之警告，但照樣按一下再進行分析。

2. 輸出結果的看法

(1) 觀察〔正文輸出〕的〔模式適合〕。

> 模式 1：GFI=0.998 AGFI=0.983 RMSEA=.000 AIC=36.497

> 模式 2：GFI=0.998 AGFI=0.988 RMSEA=.000 AIC=32.705

> 模式 3：GFI=0.974 AGFI=0.927 RMSEA=.027 AIC=33.732

> 模式 2 的 AGFI 最高，AIC 最低，所以在此三個模式中，可以發現模式 2 是最適合數據。

RMR, GFI

Model	RMR	GFI	AGFI	PGFI
model1	.023	.998	.983	.100
Model 2	.031	.998	.988	.200
Model 3	.090	.974	.927	.341
Saturated model	.000	1.000		
Independence model	.227	.754	.589	.452

RMSEA

Model	RMSEA	LO 90	HI 90	PCLOSE
model1	.000	.000	.107	.841
Model 2	.000	.000	.000	.974
Model 3	.027	.000	.108	.589
Independence model	.220	.181	.262	.000

AIC

Model	AIC	BCC	BIC	CAIC
model1	36.497	39.169		
Model 2	32.705	35.080		
Model 3	33.732	35.661		
Saturated model	40.000	42.968		
Independence model	113.020	114.207		

(2) 那麼，請看模式 2 的路徑係數之輸出。

> 按一下〔輸出路徑圖的顯示〕圖像（ ）

> 一面按下視窗中央的〔未標準化估計值〕與〔標準化估計值〕，〔男性〕，〔女性〕，一面比較路徑係數看看。

> 在未標準化估計值方面，加入等值限制之部分，可知均為相同之值。

〈男性：未標準化估計值〉

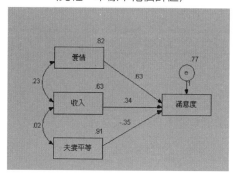

〈女性：未標準化估計值〉

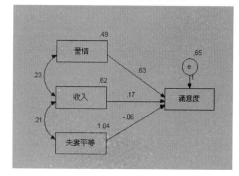

〈男性：標準化估計值〉

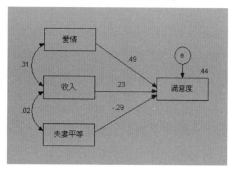

〈女性：標準化估計值〉

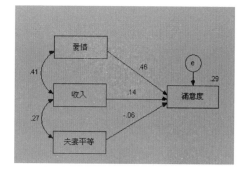

- 並且……
  ➢ 要如何得出最佳的適合度呢？
  ➢ 各自加入等值的限制，嘗試各種的模式看看。

○ 分析結果的記述

此處，基於複迴歸分析來記述其結果。

1. 因果關係之檢討

為了檢討夫妻生活問卷的三個下位尺度分數對夫妻生活滿意度之影響，依男女別進行複迴歸分析。結果如下表所示。

Table 4 男女別的複迴歸分析結果	女性		男性	
	β		β	
愛情	0.46	***	0.49	***
收入	0.14		0.22	*
夫妻平等	-0.06		-0.28	**
	0.28	***	0.47	***
*p<.05		**p<.01		***p<.001

　　另外，將基於複迴歸分析的路徑圖顯示如下圖中。而且，在圖中也表示有前述所求出之夫妻生活問卷的下位尺度間相關。

　　在女性方面，從愛情到滿意度的標準偏迴歸係數是顯著的，從收入與夫妻平等到滿意度之標準偏迴歸係數不顯著。在男性方面，從愛情與收入到滿意度是正的標準偏迴歸係數，從夫妻平等到滿意度是負的標準偏迴歸係數，均為顯著。

　　從結果來看，首先，男女均對對方感受愛情會讓夫妻生活滿意度提高。其次，男性收入愈多，以及夫妻平等意識愈低，夫妻生活有覺得滿意的傾向，但對女性來說，顯然收入與平等意識對夫妻生活滿意度並未有直接的影響。

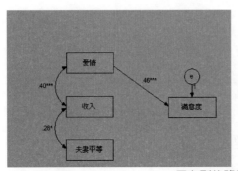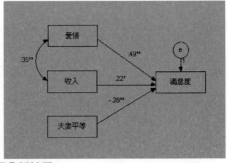

男女別的路徑分析結果

【註】只畫顯著的路徑

$*p < .05 **p < .01 ***p < .001$

9-8 論文、報告的記述

1. 夫妻生活問卷的分析

首先，求出夫妻生活問卷中 38 項的平均值、標準差。然後，將看得出天井效果的 1 個項目從以下的分析中移除。

其次，對剩下的 37 項目利用主軸因素法進行因素分析。考慮特徵值的變化（12、17、3.60、2.53、1.93、1.61、1.21、…）與因素的解釋可能性時，3 因素結構可認為是妥適的。因此，再次假定 3 因素利用主軸因素法・PROMAX 轉軸進行因素分析。結果，將未呈現足夠因素負荷量的 2 項目從分析中移除，針對剩下的 35 項目再利用主軸因素法・PROMAX 轉軸再進行因素分析。PROMAX 轉軸後的最終樣式矩陣與因素間相關表示於下表中。而且，以轉軸前的 3 因素說明 35 項目的總變異量之比率為 51.49%。

第 1 因素是由 24 項目所構成，表示考慮對方心情、對對方的感受、對對方的尊敬等內容項目呈現高的負荷量，因此，命名為「愛情」因素。

第 2 因素是由 6 項目所構成，表示家庭收入或存款的內容項目呈現高的負荷量。因此，命名為「收入」因素。

第三因素是由 5 項目所構成，像「夫妻同樣工作」等與夫妻平等意識有關之內容項目呈現高的負荷量。因此，命名為「夫妻平等」之因素。

夫妻生活問卷的因素分析結果（PROMAX 轉軸後的因素樣式）

	I	II	III
A21經常考慮對方的心情再行動	**0.802**	-0.168	0.046
A10打從心裡愛對方	**0.790**	-0.030	0.046
A11對方煩惱時能與對方一起想	**0.786**	-0.044	0.003
A09打從心裡尊敬對方	**0.770**	-0.043	0.141
A12相互說優雅的話	**0.752**	-0.055	0.056
A14有煩惱或迷惑時與對方商量	**0.717**	0.022	-0.013
A18不管多忙累仍會聽對方說話	**0.713**	-0.088	0.203
A04為了對方什麼事情皆願意做	**0.700**	-0.123	-0.002
A08給對方精神上的舒適	**0.686**	0.103	-0.053
A01與夫（妻）經常在一起	**0.677**	-0.058	-0.202
A22兩人對未來一起訂定計畫去執行	**0.675**	0.105	-0.046
A20與夫(妻)一起旅行或購物	**0.673**	0.077	-0.040
A07自己使對方幸福	**0.659**	0.145	-0.107
A16自己提供話題給對方	**0.652**	-0.047	0.058
A19即使小事也會將該日發生的事情告訴對方	**0.645**	-0.001	-0.128
A23記住並重視結婚紀念日與生日	**0.628**	0.080	-0.041
A06即使結婚對方也只看我而已	**0.623**	-0.090	-0.167
A02經常了解對方的想法與心情	**0.621**	0.088	-0.116
A26認同對方的才能與能力並幫助對方發揮	**0.619**	0.074	0.160
A05像是戀人一般的夫妻	**0.599**	0.001	-0.162
A13相互表達意見	**0.559**	0.022	0.194
A15週末時夫妻一起渡過	**0.529**	0.036	-0.147
A28理解對方的工作與活動並支持	**0.473**	0.272	0.144
A03如果是對方的事情凡事皆可原諒	**0.469**	-0.082	-0.029
A34兩人得到足夠的收入	-0.113	**0.843**	0.185
A35每月能某種程度的存款	0.034	**0.787**	0.104
A36有足夠的錢養育小孩	0.004	**0.786**	-0.081
A38能過一般家庭以上的生活	-0.098	**0.669**	-0.216
A37喜歡的東西均能隨意購買	-0.094	**0.641**	-0.229
A27夫妻兩人為將來存款	0.169	**0.476**	0.070
A30丈夫走入家庭	-0.051	-0.011	**0.852**
A29妻子出外工作	-0.082	-0.013	**0.768**
A33妻子生過小孩也仍持續工作	-0.012	-0.110	**0.766**
A24夫妻同等作家事	0.141	0.195	**0.388**
A32結婚後妻子不冠夫姓仍用原姓	-0.157	-0.114	**0.357**
因子間相關	I	II	III
I	–	0.428	0.050
II		–	0.257
III			–

2. 相關關係

在前述的夫妻生活問卷的因素分析中，求出各因素呈現高負荷量的項目平均值，愛情分數是（平均 4.20，SD 0.81），收入分數是（平均 4.29，SD 0.29），夫妻平等分數是（平均 3.64，SD 1.00）。為了檢討內部整合性，求出 α 係數之後，愛情得出 α = 0.95，收入得出 α = 0.84，夫妻平等得出 α = 0.78，均有足夠之

值。檢討男女差異之後，對任一分數也都看不出顯著差。

　　夫妻生活問卷與滿意度，男女合計的相互關係顯示於下表 Table 2 中，男女別的相互關係表示在 Table 3 中。在男女合計時，可以看出愛情與收入之間有正的顯著相關，愛情與滿意度、收入與滿意度之間有正的顯著相關。可是，如觀察男女別的相關時，男女別相關的顯著略有不同，在男性方面，夫妻平等與收入之間幾乎無相關，相對地，在女性方面，可以看出正的顯著相關；在女性方面，夫妻平等與滿意度之間幾乎無相關，相對地，在男性方面，可以看出負的顯著相關。

Table2 夫妻生活問卷與滿意度的相互相關			(男女合計)	
	愛情	收入	夫妻平等	滿意度
愛情	—	0.37 ***	-0.12	0.56 ***
收入		—	0.15	0.36 ***
夫妻平等			—	-0.18
滿意度				
***p＜.001				

Table3 夫妻生活問卷與滿意度的相互相關(男女別)				
	愛情	收入	夫妻平等	滿意度
愛情	—	0.4 ***	0.03	0.51 ***
收入	0.35 **	—	0.28 *	0.3 **
夫妻平等	-0.08	0	—	-0.01
滿意度	0.59 ***	0.4 ***	-0.32 **	—
***p＜.001	右上:女性，左下:男性			

3. 因果關係之檢討

　　為了檢討夫妻生活問卷的三個下位尺度分數對夫妻生活滿意度之影響，依男女別進行複迴歸分析。結果如下表所示。

	Table 4 男女別的複迴歸分析結果			
	女性		男性	
	β		β	
愛情	0.46	***	0.49	***
收入	0.14		0.22	*
夫妻平等	-0.06		-0.28	**
	0.28	***	0.47	***
*p<.05	**p<.01		***p<.001	

　　另外，將基於複迴歸分析的路徑圖顯示如下圖所示。而且，在圖中也顯示有前述所求出之夫妻生活問卷的下位尺度間相關。

　　在女性方面，從愛情到滿意度的標準偏迴歸係數是顯著的，從收入與夫妻平等到滿意度之標準偏迴歸係數不顯著。在男性方面，從愛情與收入到滿意度是正的標準偏迴歸係數，從夫妻平等到滿意度是負的標準偏迴歸係數均為顯著。

　　從結果來看，首先，男女均對對方感受愛情會讓夫妻生活滿意度提高。其次，男性收入愈多，以及夫妻平等意識愈低，夫妻生活有覺得滿意的傾向，但對女性來說，顯然收入與平等意識對夫妻生活滿意度並未有直接的影響。

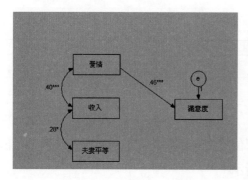 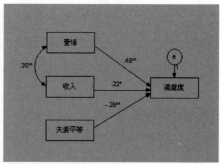

男女別的路徑分析結果（誤差變數省略）

【註】只畫顯著的路徑

$*p < .05$ $**p < .01$ $***p < .001$

第10章 案例 2——檢討潛在變數間之因果關係

第 9 章主要是探討探索式因素分析。本章除了探索式因素分析外，也練習確認式因素分析。

探索式因素分析是以 SPSS 進行，確認式因素分析則以 Amos 進行。關於 SPSS 的操作請參閱五南出版的《醫護統計與 SPSS——分析方法與應用》一書。

近年來，在使用調查手法的心理學研究中，不僅探索式因素分析，甚至進行確認式因素分析之機會也大為增加。

本章，一面注意兩者之不同，一面進行練習。並對於潛在變數間假定有因果關係的路徑解析也進行練習。

主要探討的重點如下：

- 探索式因素分析
- 確認式因素分析
- 路徑分析

10-1　分析的背景

⊃ 研究目的

關於人類性格的表現，近年來受到矚目的理論有 5 因素性格模式（Big Five Personality Model）之研究。儘管各種性格檢查或評定形式有差異，但以共同且已穩定的性格特性來說，可以找出 5 個因素。

神經症傾向（neuroticism）、外向性（extroversion）、開放性（openness to experience）、調和性（agreeableness）、勤勉性（conscientiousness）

本研究爲了自我愛的性格傾向如何利用 5 因素性格記述，檢討 5 因素性格對自我愛傾向的影響。

➲ 調查的方法、項目内容

1. 調查對象

針對大學生 250 名進行調查，平均年齡是 19.43（SD 1.19）歲。

2. 調查目的

(1)Big Five 項目

在所使用的 Big Five 項目之中，各使用 3 項目表現 5 個因素，並以如下 6 級進行測量。

完全不合適	（1 分）
不合適	（2 分）
略爲不合適	（3 分）
略爲合適	（4 分）
合適	（5 分）
相當合適	（6 分）

(2) 自我愛之人格目錄濃縮（NPI-S）

「優越感・有能感」、「注目・讚美欲求」與「自我主張性」3 個下位尺度各由 10 項目所構成。

從「完全不合適」到「非常合適」以 5 級法測量。

而且，此次分析所使用的數據，已求出下位尺度分數。下位尺度分數是以各下位尺度所含的 10 項目的平均值求出。

神經症傾向（N）
P01- 容易不安 P02- 容易煩惱 P03- 擔心性
外向性（E）
P04- 積極性 P05- 羞怯的 P06- 外向的
開放性（O）
P07- 吸收快 P08- 效率佳 P09- 反應快
調和性（A）
P10- 溫和的 P11- 人緣佳 P12- 溫柔的
勤勉性（C）
P13R- 馬馬虎虎 P14R- 怠惰的 P15R- 散漫的

【註】變數名加上「R」的項目是逆轉項目（Reverse Item），在此項的分析中所使用的數據，已進行過逆轉的處理。

⊃ 分析的摘要

1. 探索式因素分析

> 首先，Big Five 項目是否可以分成如事前所設想的 5 個因素呢？以探索的方式檢討看看。

2. 利用 Amos 的確認式因素分析

> 以確認式因素分析確認 Big Five 項目可分成 5 個因素。

3. 利用 Amos 的路徑分析

> 利用共變異數結構分析 5 個因素對自我愛傾向之影響。

10-2　資料的確認與項目分析

⊃ 資料的內容

資料的內容如下：

> 號碼，年齡，P01~P15（Big Five 項目），優越感，注目‧讚美，自我
> 主張。

以下為資料數據檔。

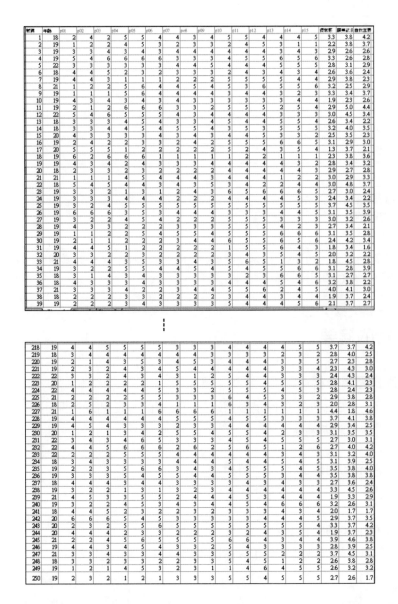

⤷ 探索式因素分析

首先，Big Five 項目是否形成如事前所設定的 5 因素結構呢？以探索式因素分析檢討看看。

1. 分析的指定

選擇〔分析〕→〔資料縮減〕→〔因素分析〕。

➤〔變數〕：欄中指定 P01~P15。

➤ 按一下〔**萃取**〕。

◆〔方法〕：指定最大概似法→ 繼續 。

➤ 按一下〔**轉軸**〕

➤〔方法〕之中指定〔Promax〕→ 繼續 。

➤〔選項〕→在〔係數顯示格式〕中勾選〔依據因素負荷排序〕→ 繼續 。

➤ 按一下 確定 。

2. 輸出結果的看法

(1) 觀察共同性

➤ 觀察因素萃取後之值時，全部都超過 0.5，可以說呈現足夠之值。

共同性

	初始	萃取
p01容易不安	.686	.857
p02容易煩惱	.575	.629
p03擔心性	.596	.649
p04積極性	.627	.754
p05羞怯	.540	.595
p06外向的	.637	.707
p07吸收快	.607	.701
p08效率佳	.595	.649
p09反應快	.600	.728
p10溫和的	.481	.522
p11人緣佳	.595	.793
p12溫柔	.519	.590
p13馬馬虎虎	.619	.716
p14怠惰的	.587	.744
p15散漫的	.509	.568

萃取法：最大概似。

(2) 觀察解說總變異量

➤ 初始的特徵值至第 5 因素為止均超過 1.00，以 5 因素結構來說，可以說是適切的。

解說總變異量

因子	初始特徵值			平方和負荷量萃取			轉軸平方
	總和	變異數的%	累積%	總和	變異數的%	累積%	總和
1	3.726	24.843	24.843	3.325	22.168	22.168	2.435
2	3.155	21.032	45.876	2.848	18.985	41.153	2.665
3	1.941	12.939	58.815	1.714	11.425	52.579	2.473
4	1.535	10.236	69.051	1.227	8.183	60.761	2.402
5	1.411	9.404	78.455	1.088	7.253	68.014	2.239
6	.506	3.373	81.828				
7	.440	2.936	84.764				
8	.385	2.566	87.331				
9	.372	2.480	89.811				
10	.341	2.273	92.083				
11	.309	2.063	94.147				
12	.251	1.676	95.822				
13	.243	1.619	97.441				
14	.201	1.342	98.783				
15	.182	1.217	100.000				

萃取法：最大概似。

a. 當因子產生相關時，無法加入平方和負荷量 以取得總變異數。

(3) 在因素萃取的方法中，如選擇最大概似法時，即會輸出適合度分析。

適合度檢定

卡方	自由度	顯著性
74.801	40	.001

➢ 卡方之值不顯著時，雖可判斷因素分析結果適合於數據，但數據量甚多時，容易造成顯著。

➢ 此處僅止於參考吧。

(4) 觀察樣式矩陣

樣式矩陣[a]

	因子				
	1	2	3	4	5
p01容易不安	.922	-.024	.017	.017	-.019
p03擔心性	.804	-.046	.057	.016	.039
p02容易煩惱	.780	.029	-.072	-.018	-.029
p09反應快	.022	.875	-.015	-.034	-.035
p07吸收快	-.060	.808	.021	-.005	.035
p08效率佳	-.011	.778	.020	.069	.001
p04積極性	.077	.019	.877	-.001	.027
p06外向的	.082	.130	.800	-.070	-.008
p05羞怯	-.174	-.121	.752	.085	-.044
p14怠惰的	-.045	-.035	.041	.891	-.052
p13馬馬虎虎	.067	.088	-.102	.801	.020
p15散漫的	.005	-.019	.061	.737	.050
p11人緣佳	-.031	-.006	.066	-.029	.899
p12溫柔	.047	-.043	-.013	.060	.747
p10溫和的	-.021	.043	-.076	-.017	.718

萃取方法：最大概似。
旋轉方法：含 Kaiser 常態化的 Promax 法。。

a. 轉軸收斂於 6 個疊代。

➢ 5 個因素所屬的項目分別呈現高的負荷量。

➢ 第 1 因素是神經症傾向。

　第 2 因素是開放性。

　第 3 因素是外向性。

　第 4 因素是勤勉性。

　第 5 因素是調和性。

(5) 輸出有因素間相關

因子相關矩陣

因子	1	2	3	4	5
1	1.000	-.218	-.249	.112	.012
2	-.218	1.000	.381	.218	.174
3	-.249	.381	1.000	-.018	.000
4	.112	.218	-.018	1.000	.367
5	.012	.174	.000	.367	1.000

萃取方法：最大概似。
旋轉方法：含 Kaiser 常態化的 Promax 法。。

➢ 開放性與外向性。

　勤勉性與調和性。

　之間看得出有弱的正相關。

⮕ 將因素分析表示成路徑圖

將目前為止的探索式因素分析以路徑圖表現時，即如下圖所示。

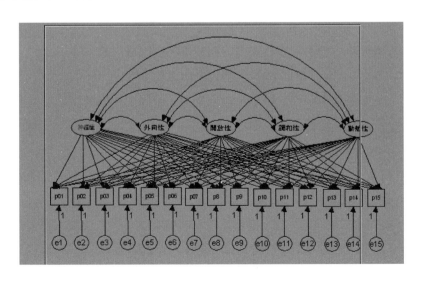

1. 只取出 P1，P2，P3 的部分來看

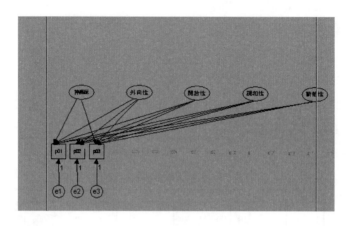

(1) 以 SPSS 進行因素分析，稱為探索式因素分析。

(2) 探索式因素分析是建立出利用所有的因素說明觀測變數（此情形是 P1，
P2，P3）之模式。

➤ 因此，以路徑圖表現時，即從所有的潛在變數（因素）畫出單向箭線。

➤ 所有的潛在變數對所有的觀測變數均有影響，因之潛在變數在因素分
析中稱為共同因素（一般，單稱為因素）。

(3) 探譬如，P1 是受到來自 5 個潛在變數（因素）之影響。

➤ 由 5 個潛在變數（因素）向 P1 畫出的 5 條箭線的影響大小，即為因素
分析輸出之中的共同性。

◆ 如觀察先前的結果時，P1 的因素萃取後的共同性是 0.857。

➤P1 也受到誤差 e1 的影響。

◆ 因素分析中不稱為誤差，而稱為獨自因素。

◆ 從 e1 到 p1 的箭線的影響大小稱為獨自性。

◆ 如果是標準化之值時，受到來自所有因素之影響大小（共同性），加
上誤差（獨自性）即為 1。

◆ 因此，P1 的獨自性是 1.000 − 0.857 = 0.143。

(4) 探從 5 個潛在變數（因素）向 P1 畫出箭線的每一條大小，即為因素負荷
量。

➤ 如觀察先前的因素分析結果時，P1 對第 1 因素呈現較大的因素負荷量。

➤ 因此，5 個因素之中受到來自第 1 因素的影響最強。

(5) 以因素分析所求出的「因素」，是無法直接加以觀測的潛在變數。

　　➤ 因素分析結果的解釋（因素的命名），觀察從潛在變數（因素）到觀測變數的箭線的影響大小，即可推測潛在變數的內容。

【註】「信度的檢討」、「效度的檢討」

- 心理學中以直接的方式所得到的數據，可以想成是「基於某種的心理要因予以表出者」。
- 譬如，試考慮「典雅」吧。「典雅」本身是無法直接看得見的。並非存於何處，是一種構成構念。
- 可是，人人都在使用「那個人的性格甚為典雅」。那麼，是根據甚麼判斷那人「典雅」呢？或許，觀察他人或自己的言行，認識了進行許多典雅的行為時，對該人就會冠上「典雅」的標記吧。而且，一旦被視為「典雅」的人，下次也會被期待將採取那種「典雅」的行為吧。
- 可是，該處必然會有「誤差」。採取典雅行為只是對特定的人，此情形也是有可能的。有時心情佳所以採取典雅行為的情形也是有的。以及由於是典雅的人，所以才會採取如此的行為，即使如此設想也不一定如所預料那樣。
- 假定製作出測量典雅的尺度。每一個項目都是利用反映典雅的行為與態度來表現。此處，這些詢問項目當作觀測變數，典雅當作潛在變數。然後畫出如上述之因素分析的路徑圖時，即反映出「看不見典雅的『潛在要因』與『誤差』影響著每一個行為、態度」之想法。
- 另外，所準備的詢問項目以整體來說能否測量典雅呢？此即為「信度（信賴性）的檢討」，典雅的潛在變數對項目是否有足夠的影響（誤差的影響小），也成為信度的一個指標。並且，檢討所準備的詢問項目是否真正測量典雅呢？即為「效度（妥當性）的檢討」。

2. 接著是，在潛在變數之間所畫出的雙向箭線。

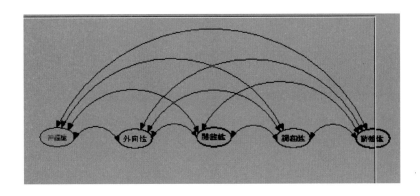

　　　　➤ 這是表現「因素的轉軸」。

　　　　➤ 先前的因素分析,是進行了斜交轉軸中的 promax 轉軸。

　　　　➤ 斜交轉軸是假定因素之間有相同關係。

　　　　➤ 因此,表現因素之潛在變數之間全部均畫出雙向箭線。

3. 以上是探索式因素分析的說明。

　　觀察路徑圖似乎也可明白,探索式因素分析中畫出非常多的箭線,且假定所有的因素對所有的觀測變數均有影響。

　　　　➤ 可是,此次的數據,是假定所測量的 15 項目明確地被分成 5 個因素,因此,依照事前的假設畫路徑,想檢討實際上是否為如此。具體言之即為下圖。這是假定各個項目只受到所屬的潛在變數(因素)的影響。

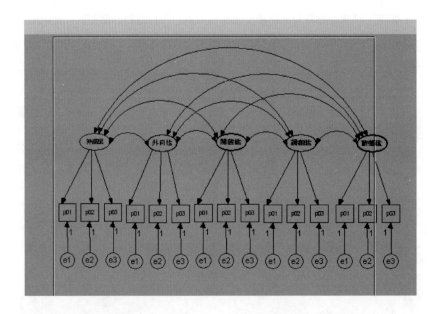

10-3　確認式因素分析

➩ 確認的因素分析(確認式的因素分析)

　　使用 Amos 進行 Big Five 項目的確認式因素分析。

1. 分析的指定

　　選擇〔分析〕→〔Amos 5〕

➢ 此次照著縱長的繪圖區進行分析。

➢ 縱方向排列 5 個潛在變數，左側配置觀測變數，又在它的左側配置誤差變數。

(1) 畫潛在變數與觀測變數

- 從工具列選擇〔畫潛在變數〕，或在潛在變數上追加指標變數圖像（🔱）。

➢ 一面按滑鼠的左鍵，在繪圖區的適當位置畫橢圓。

➢ 橢圓之中連按 3 次左鍵。

➢ 即可畫出潛在變數與觀測變數、誤差。

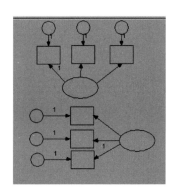

- 點選〔旋轉潛在變數的指標變數〕圖像（↻）。

➢ 在目前所畫的潛在變數中央重複按左鍵，觀測變數即顯示於左側。

- 複製目前所畫的圖形。

➢ 首先，選擇所有的圖形。

◆ 點選〔選擇所有物件〕圖像（✋），選擇全部所畫的圖形。

◆ 所有的圖形變成藍色的線。

➢ 在複製前，先將圖形移到適切的位置（上方）為宜。

◆ 點選〔移動物件〕圖像（🚚），一面按左鍵一面使圖形移動。

➢ 複製圖形。

◆ 點選〔複製物件〕圖像（📋）。

◆在圖形的上面按住左鍵，即可照原樣
向下方拖曳。

◆圖形複製完後，再次在所複製的圖形
上按住左鍵向下方拖曳。

◆一直重複，直到潛在變數成為 5 個。

➤複製結束後，點選〔解除所有物件的選
擇〕圖像（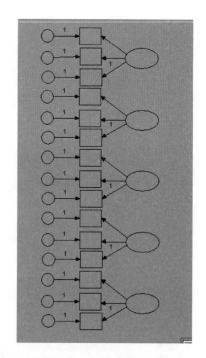），先解除選擇。

➤是否如右圖那樣配置呢？

(2) 變數名與資料的指定

- 指定潛在變數的名稱。

  ➤按兩下最上右側的潛在變數。

  ◆顯示〔物件性質〕的視窗。

  ◆選擇〔Text〕Tab。

  ◆〔變數名〕輸入神經症傾向。
  1 列輸入不完時，也可另行
  在輸入。

  ➤在顯示〔物件性質〕視窗的
  狀態下，按一下由上算起的
  第二個右側的潛在變數，於
  〔變數名〕中輸入外向性。

  ➤同樣，第 3 個潛在變數當作
  關連性，第 4 個潛在變數當
  作調和性，第 5 個潛在變數當作勤勉性。

  ➤在〔文字〕Tab 上變更〔字體大小〕，設法使文字能收納於所畫的圖形
  內。

- 指定誤差變數的名稱

  ➤按兩下最上方之誤差變數的潛在變數。

  ◆顯示〔物件性質〕視窗。

  ◆選擇〔文字〕Tab，將〔變數名〕當作 e01。

  ◆同樣，從上依序輸入至 e15。

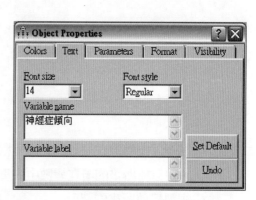

◆要注意不要使用相同的變數名。

◆文字在圖形中輸入不了時，可變更調整〔字體大小〕

• 指定觀測變數。

➤按一下〔資料組內的變數一覽〕圖像（  ），會使 SPSS 的資料組中的變數一覽顯示出來。

◆或者從清單選擇〔顯示〕→〔資料中所包含的變數〕。

➤最上方，受到神經症傾向影響的 3 個觀測變數分別指定 p01，p02，p03。

◆從變數一覽選擇 p01，按住左鍵拖曳至最上方的觀測變數中。

◆第 2 觀測變數指定 p02，第 3 觀測變數指定 p03。

➤同樣，指定受到外向性、開放性、調和性、勤勉性影響的觀測變數。

◆從上依序指定至 p15。

➤另外，也輸入有變數的註解，因之文字會從圖型露出，用以下的方法修正。

◆從清單選擇〔顯示〕→〔界面性質〕。

◆選擇〔MISC〕Tab。

◆去除〔Display Variable Labels（變數註解〕顯示的勾選，

◆按一下〔Apply（應用）〕，再關閉界面性質視窗。

➤將字體大小利用〔物件性質〕視窗的〔文字〕Tab，調整成容易看的大小。

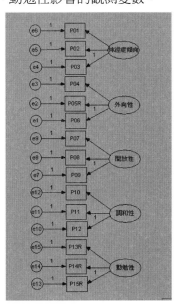

- 是否變成了右圖了呢？

(3) 畫出共變異數（相關）

- 在潛在變數間畫出雙向箭頭。

  ➤ 按一下〔畫出共變異數（雙向箭頭）〕圖像（ ↔ ）

  ➤ 在神經症傾向、外向性、開放性、調和性、勤勉性的 5 個所有潛在變數之間，畫出雙向箭線。

【註】變異數與係數的固定

- 進行如上述的指定時，從一個潛在變數向觀測變數畫出的箭線之中的一個係數當成「1」。

  ➤ 想觀察因素的變異數的不同時，像這樣指定，參照未標準化估計值再解釋。

  ➤ 但，對於箭線的係數固定成 1 的部分來說，該路徑的顯著性檢定卻未被輸出。

  ➤ 在標準化估計值方面，由於因素的變異數被當作 1，因之結果即與以下的方法相同。

- 消去箭線中所加上去的 1，將潛在變數的變異數固定為「1」的方法也是能分析的。

  ➤ 變異數固定為 1 時，未標準化估計值的結果會改變，但標準化估計值則不變。

  ➤ 由於從潛在變數到觀測變數的係數未固定為 1，因之可以求出路徑係數的大小與顯著機率。

- 這些方法最好取決於目的而加以活用。
- 此次是將任意的路徑係數當為 1 的方法，試照這樣分析看看。將變異數固定為 1 的方法，請自行做做看。

(4) 分析的執行

- 進行分析的設定。

  ➤ 點選〔分析性質〕圖像（ ▦ ），或從清單選擇〔顯示〕→〔分析性質〕。

    ◆ 在〔輸出〕Tab 中，勾選〔最小化履歷〕，〔標準化估計值〕，再關閉視窗。

- 進行分析。

  ➤ 點選〔計算估計值〕圖像（ ▦ ），或從清單選擇〔模式適合度〕→〔計算估計值〕。

  ➤ 未儲存時，出現對話框，因之按儲存。

  ➤ 中央的框內，若顯示「達到最小值」、「輸出的寫入」等，分析即結束。

2. 輸出結果的看法

(1) 點選〔輸出路徑圖的顯示〕圖像（▮），試觀察未標準化估計值與標準化估計值。

〈未標準化估計值〉　　　　　　　　　〈標準化估計值〉

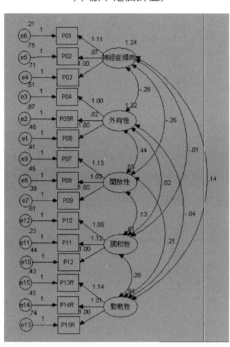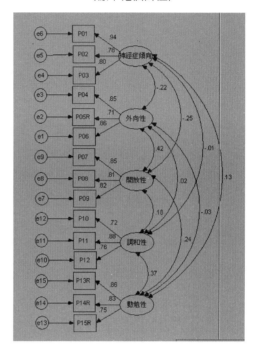

(2) 在正文輸出中確認結果。

- 點選〔正文輸出顯示〕圖像（▥），或從清單選擇〔顯示〕→〔正文輸出顯示〕。
- 觀察〔參數估計值〕的係數與標準化係數。
  ➢ 從潛在變數（因素）到觀測變數的影響力（網線圍著的部分）有足夠的大小。

Standardized Regression Weights: (Group numb

			Estimate
P06	<---	外向性	.846
P05R	<---	外向性	.715
P04	<---	外向性	.864
P03	<---	神經症傾向	.797
P02	<---	神經症傾向	.779
P01	<---	神經症傾向	.937
P09	<---	開放性	.833
P08	<---	開放性	.812
P07	<---	開放性	.844
P12	<---	調和性	.756
P11	<---	調和性	.884
P10	<---	調和性	.721
P15R	<---	勤勉性	.749
P14R	<---	勤勉性	.847
P13R	<---	勤勉性	.841

Regression Weights: (Group number 1 - Default model)

			Estimate	S.E.	C.R.	P	Label
P06	<---	外向性	1.000				
P05R	<---	外向性	.839	.072	11.717	***	
P04	<---	外向性	1.035	.079	13.143	***	
P03	<---	神經症傾向	1.000				
P02	<---	神經症傾向	.970	.073	13.363	***	
P01	<---	神經症傾向	1.110	.076	14.541	***	
P09	<---	開放性	1.000				
P08	<---	開放性	1.014	.075	13.589	***	
P07	<---	開放性	1.113	.080	13.919	***	
P12	<---	調和性	1.000				
P11	<---	調和性	1.139	.101	11.220	***	
P10	<---	調和性	1.054	.098	10.788	***	
P15R	<---	勤勉性	1.000				
P14R	<---	勤勉性	1.038	.085	12.244	***	
P13R	<---	勤勉性	1.114	.091	12.226	***	

- 觀察〔參數估計值〕的共變異數與相關係數。

  ➢ 外向性與調和性，外向性與勤勉性，神經症傾向與調和性之間的共
  變異數（相關）不顯著，神經症傾向與勤勉性的顯著機率也超過5%。

Covariances: (Group number 1 - Default model)

			Estimate	S.E.	C.R.	P	Label
外向性	<-->	神經症傾向	-.276	.095	-2.922	.003	par_11
外向性	<-->	開放性	.442	.085	5.184	***	par_12
開放性	<-->	調和性	.130	.054	2.402	.016	par_13
調和性	<-->	勤勉性	.279	.063	4.418	***	par_14
神經症傾向	<-->	開放性	-.258	.076	-3.389	***	par_15
外向性	<-->	調和性	.019	.066	.286	.775	par_16
開放性	<-->	勤勉性	.208	.068	3.077	.002	par_17
神經症傾向	<-->	調和性	-.011	.062	-.174	.862	par_18
外向性	<-->	勤勉性	-.037	.082	-.447	.655	par_19
神經症傾向	<-->	勤勉性	.140	.078	1.786	.074	par_20

Correlations: (Group number 1 - Default model)

			Estimate
外向性	<-->	神經症傾向	-.216
外向性	<-->	開放性	.421
開放性	<-->	調和性	.182
調和性	<-->	勤勉性	.368
神經症傾向	<-->	開放性	-.254
外向性	<-->	調和性	.021
開放性	<-->	勤勉性	.236
神經症傾向	<-->	調和性	-.012
外向性	<-->	勤勉性	-.033
神經症傾向	<-->	勤勉性	.130

- 觀察〔模式適合度〕

  ➢ χ^2 值（CMIN）是 148.593，自由度 80，0.1% 水準下顯著。

  ➢ GFI 是 0.927，AGFI 是 0.890，RMSEA 是 0.059，AIC 是 228.593。

  ➢ 適合度可以說還過得去。

CMIN

Model	NPAR	CMIN	DF	P	CMIN/DF
Default model	40	148.593	80	.000	1.857
Saturated model	120	.000	0		
Independence model	15	1965.505	105	.000	18.719

RMSEA

Model	RMSEA	LO 90	HI 90	PCLOSE
Default model	.059	.044	.073	.160
Independence model	.267	.257	.277	.000

RMR, GFI

Model	RMR	GFI	AGFI	PGFI
Default model	.075	.927	.890	.618
Saturated model	.000	1.000		
Independence model	.429	.453	.375	.397

AIC

Model	AIC	BCC	BIC	CAIC
Default model	228.593	234.086	369.451	409.451
Saturated model	240.000	256.481	662.575	782.575
Independence model	1995.505	1997.565	2048.327	2063.327

➲ 模式的改良

雖然有一點是探索的方式，但為了提高適合度試改良模式看看。

1. 分析的指定

(1) 在潛在變數之間的雙向箭頭之中，將無法得出顯著之值的外向性與調和性，外向性與勤勉性，神經症傾向與調和性之間 3 個表示共變異數的路徑消去，再度執行分析。

➤ 神經症傾向與勤勉性之間的共變異數暫且保留。

(2) 外生變數之間由於有未假定相關的部分，因之出現警告，但仍照樣執行分析。

2. 輸出結果的看法

(1) 觀察正文輸出的「模式適合度」。

➤ χ^2 值（CMIN）是 148.988，自由度 83，0.1% 水準下是顯著的。

➤ GFI 是 0.927，AGFI 是 0.894，RMSEA 是 0.057，AIC 是 222.998。

➤ AIC 之值比先前減少，可以說更適合數據。

Model	NPAR	CMIN	DF	P	CMIN/DF
Default model	37	148.998	83	0.000	1.795
Saturated model	120	0.000	0		
Independence model	15	1965.505	105	0.000	18.719

Model	RMSEA
Default model	0.057
Independence model	0.267

Model	RMR	GFI	AGFI	PGFI
Default model	0.075	0.927	0.894	0.641
Saturated model	0.000	1.000		
Independence model	0.429	0.453	0.375	0.397

Model	AIC
Default model	222.998
Saturated model	240.000
Independence model	1995.505

267

(2) 點選〔輸出路徑圖的提示〕圖像（），試觀察未標準化估計值與標準化估計值。

〈未標準化估計值〉　　　　　　　　　　〈準化估計值〉

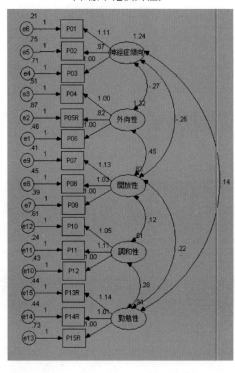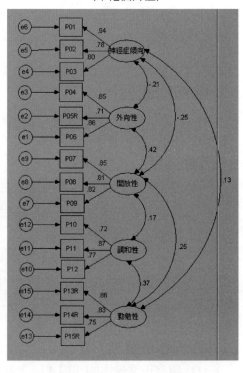

3. 如再消去〔神經症傾向與勤勉性〕時

CMIN

Model	NPAR	CMIN	DF	P	CMIN/DF
Default model	36	152.557	84	.000	1.816
Saturated model	120	.000	0		
Independence model	15	1965.505	105	.000	18.719

RMSEA

Model	RMSEA	LO 90	HI 90	PCLOSE
Default model	.057	.043	.072	.197
Independence model	.267	.257	.277	.000

RMR, GFI

Model	RMR	GFI	AGFI	PGFI
Default model	.086	.925	.893	.648
Saturated model	.000	1.000		
Independence model	.429	.453	.375	.397

AIC

Model	AIC	BCC	BIC	CAIC
Default model	224.557	229.501	351.329	387.329
Saturated model	240.000	256.481	662.575	782.575
Independence model	1995.505	1997.565	2048.327	2063.327

➢ χ^2 值（CMIN）是 152.557，自由度 84，0.1% 水準下是顯著的。

> GFI 是 0.925，AGFI 是 0.893，RMSEA 是 0.057，AIC 是 224.557。
> 適合度整體而言成為下降的結果。
> 不消去〔神經症傾向與勤勉性〕的路徑，剛才的模式似乎較適合數據。

○ 分析結果的記述 1（Big Five 項目的確認式因素分析）

使用共變異數結構分析的技術方法，並無決定性的格式。一面參考接近各自領域的論文一面撰寫為宜。由於格式並未決定，因之撰寫方式的自由性甚高。要盡可能細心地記述。

一般以路徑圖表現的甚多，像此次的確認是因素分析也有使用表（Table）。此處使用表撰寫看看。

1.Big Five 項目的確認式因素分析

為了確認 Big Five 的 15 項目即為事前所構想的 5 因素結構，進行了逆轉項目處理之後，使用 Amos 進行確認式因素分析。各個所屬的項目受到來自 5 因素之影響，所有因素之間假定共變動進行分析之後，適合度指標是 GFI=0.927，AGFI 是 0.890，RMSEA 是 0.059，AIC 是 228.593。並且，外向性與調和性，外向性與勤勉性，神經症傾向與調和之因素間的

Table1 Big Five 項目的確認式因子分析結果（標準化解）

	N	E	O	A	C
p01容易不安	0.94				
p03擔心性	0.78				
p02容易煩惱	0.80				
p09反應快		0.85			
p07吸收快		0.71			
p08效率佳		0.86			
p04積極性			0.85		
p06外向的			0.81		
p05羞怯			0.82		
p14怠惰的				0.72	
p13馬馬虎虎				0.87	
p15散漫的				0.77	
p11人緣佳					0.86
p12溫柔					0.83
p10溫和的					0.75
因子	N	E	O	A	C
N	—	-0.21	-0.25	.	0.13
E		—	0.42	.	.
O			—	0.17	0.25
A				—	0.37
C					—

相關低不顯著。因此，將此 3 個因素間相關當作 0，再次進行分析之後，適合度指標是 GFI = 0.927，AGFI = 0.894，RMSEA = 0.057，AIC = 222.998，得出比最初的模式更適合數據之結果。上表顯示此最終模式的分析結果。

10-4　影響的檢討

進行路徑分析之前，也先對自我愛的結構進行確認吧。

⊃ 確認自我愛的結構

1. 分析的指定

 (1) 儲存先前的確認式因素分析的結果，選擇〔檔案〕→〔開啟新檔〕。

 (2) 從工具列選擇〔畫潛在變數或將指標變數追加在潛在變數〕圖像（）。

  ➤ 畫出如右邊的圖。

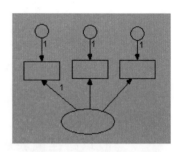

 (3) 潛在變數（因素）的名稱當作自我愛，誤差變數的名稱當作 e1、e2、e3。

 (4) 指定觀測變數。

  ➤ 點選〔資料組內的變數一覽〕圖像（　），使之顯示 SPSS 的資料組的變數一覽。

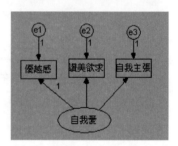

  ➤ 將優越感、讚美欲求、自我主張，指定為 3 個觀測變數。

 (5) 是否變成了右圖了呢？

2. 分析的執行

 (1) 進行分析的設定。

  ➤ 點選〔分析性質〕圖像（　），或從清單選擇〔顯示〕→〔分析性質〕。

   ◆ 在〔輸出〕中勾選〔最小化履歷〕、〔標準化估計值〕。

   ◆ 關閉視窗。

 (2) 進行分析。

  ➤ 點選〔計算估計值〕圖像（　），或從清單選擇〔模合適合度〕→〔估計值〕。

  ➤ 未儲存時會出現對話框，因之利用不同於以前的其他名稱儲存。

  ➤ 中央的框內如顯示有〔達到最小值〕、〔輸出寫入〕時，分析即結束。

3. 輸出結果的看法

(1) 點選〔輸出路徑圖的顯示〕圖像（），觀察未標準化估計值與標準化估計值看看。

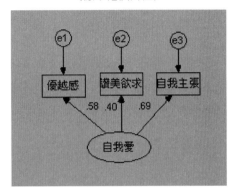

(2) 觀察正文輸出的參數估計值。

> 可以說任一數值均呈現足夠之值吧。

Regression Weights: (Group number 1 - Default model)

			Estimate	S.E.	C.R.	P	Label
優越感	<---	自我愛	1.000				
讚美欲求	<---	自我愛	.758	.185	4.107	***	
自我主張	<---	自我愛	1.277	.349	3.661	***	

Standardized Regression Weights: (Group number 1 - Default model)

			Estimate
優越感	<---	自我愛	.584
讚美欲求	<---	自我愛	.403
自我主張	<---	自我愛	.694

⊃ 影響的檢討

已確認了自我愛的結構，試檢討從 Big Five 到自我愛的影響。

重新畫路徑圖非常花時間，因之不妨利用先前進行 Big Five 之確認式因素分析後的路徑圖吧。

1. 分析的指定

- 利用〔檔案〕→〔開啓舊檔〕，開啓進行 Big Five 的確認因素分析後之檔案，或者在中央下部如顯示有檔案名稱時，按兩下即可開啓檔案。
  - ➤ 在確認是因素分析的右側畫有潛在變數：自我愛；3 個觀測變數：優越感、讚美欲求、自我主張；誤差變數：e16、e17、e18。
  - ➤ 潛在變數：自我愛受到來自 Big Five 的影響，因之加上誤差變數：D。

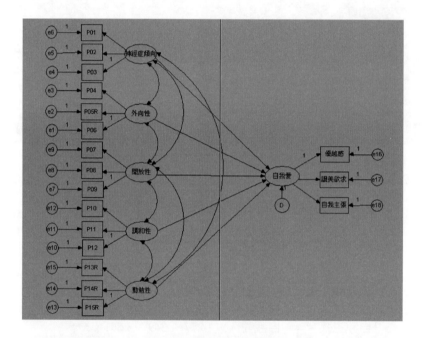

  - ➤ 一面利用工具，一面修正圖使之容易閱讀。
  - ➤ 完成後，另存新檔。

2. 分析的執行

(1) 進行分析的設定。

  - ➤ 點選〔分析性質〕圖像（ ），或從清單選擇〔顯示〕→〔分析性質〕。
    - ◆ 在〔輸出〕Tab 中勾選〔最小化履歷〕、〔標準化估計值〕，再關閉視窗。

(2) 執行分析。

> 點選〔計算估計值〕圖像（ ▦▦▦ ），或從清單選擇〔模合適合度〕→〔估計值〕。

> 因未假定外生變數間之相關，所以會出現警告，但仍照樣點選進行分析。

> 中央框內如顯示〔達到最小值〕、〔輸出寫入〕時，分析即結束。

3. 輸出結果的看法

(1) 標準化估計值表示於下方。

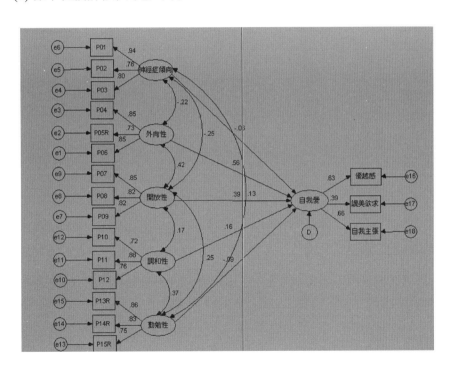

> 點選〔移動參數估計值〕圖像（ ▢ ），所輸出之值的位置，可使之移動到容易閱讀的地方。

(2) 觀察正文輸出的〔參數估計值〕。

> 外向性、開放性、調和性對自我愛有顯著的正的影響。

Regression Weights: (Group number 1 - Default model)

			Estimate	S.E.	C.R.	P	Label
自我愛	<---	神經症傾向	-.022	.025	-.870	.385	par_21
自我愛	<---	外向性	.193	.032	6.106	***	par_22
自我愛	<---	開放性	.170	.039	4.362	***	par_23
自我愛	<---	調和性	.080	.039	2.064	.039	par_24
自我愛	<---	勤勉性	-.036	.032	-1.127	.260	par_25

Standardized Regression Weights: (Group number 1 - Default model)

			Estimate
自我愛	<---	神經症傾向	-.062
自我愛	<---	外向性	.558
自我愛	<---	開放性	.394
自我愛	<---	調和性	.158
自我愛	<---	勤勉性	-.089

(3) 觀察正文輸出的〔模式適合度〕。

> χ^2 值（CMIN）是 267.350，自由度 123，0.1% 水準下是顯著的。

> GFI 是 0.895，AGFI 是 0.854，RMSEA 是 0.069，AIC 是 363.350。

Model Fit Summary

CMIN

Model	NPAR	CMIN	DF	P	CMIN/DF
Default model	48	267.350	123	.000	2.174
Saturated model	171	.000	0		
Independence model	18	2279.467	153	.000	14.898

RMR, GFI

Model	RMR	GFI	AGFI	PGFI
Default model	.077	.895	.854	.644
Saturated model	.000	1.000		
Independence model	.375	.427	.360	.382

RMSEA

Model	RMSEA	LO 90	HI 90	PCLOSE
Default model	.069	.057	.080	.004
Independence model	.236	.228	.245	.000

AIC

Model	AIC	BCC	BIC	CAIC
Default model	363.350	371.280	532.380	580.380
Saturated model	342.000	370.252	944.170	1115.170
Independence model	2315.467	2318.441	2378.854	2396.854

⊃ 模式的改良

接著，移除看不出有顯著影響的神經症傾向與勤勉性到自我愛的路徑，再次進行分析。

1. 分析的指定

(1) 點選〔消去物件〕圖像（ ✗ ），移除從神經症傾向到自我愛的路徑，以及勤勉性到自我愛的路徑。

(2) 執行分析。

2. 輸出結果的看法

(1) 標準化估計值顯示如下：

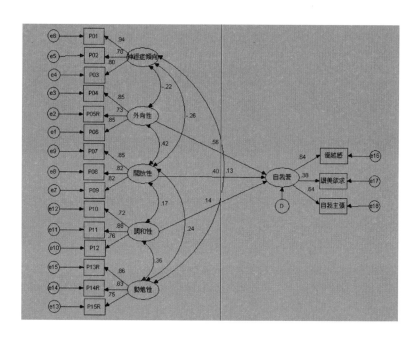

(2) 觀察正文輸出的〔參數估計值〕。

Regression Weights: (Group number 1 - Default model)

			Estimate	S.E.	C.R.	P	Label
自我愛	<---	外向性	.201	.032	6.286	***	par_20
自我愛	<---	開放性	.177	.038	4.683	***	par_21
自我愛	<---	調和性	.073	.037	1.987	.047	par_22

Standardized Regression Weights: (Group number 1

			Estimate
自我愛	<---	外向性	.565
自我愛	<---	開放性	.400
自我愛	<---	調和性	.141

➤ 對自我愛來說，從外向性、開放性、調和性均可得出顯著的路徑係數。

(3) 觀察正文輸出的〔模式適合度〕。

CMIN

Model	NPAR	CMIN	DF	P	CMIN/DF
Default model	46	269.837	125	.000	2.159
Saturated model	171	.000	0		
Independence model	18	2279.467	153	.000	14.898

RMR, GFI

Model	RMR	GFI	AGFI	PGFI
Default model	.078	.893	.854	.653
Saturated model	.000	1.000		
Independence model	.375	.427	.360	.382

RMSEA

Model	RMSEA
Default model	.068
Independence model	.236

AIC

Model	AIC
Default model	361.837
Saturated model	342.000
Independence model	2315.467

> AIC 從 363.350 變成 361.837 已略為下降。

> 此次決定採用此結果。

> 尋找更好的適合度指標之模式雖然也是很重要的,但考慮到〔適合於理論〕之模式更為重要是要謹記在心。

⊃ 分析結果的記述 2(Big Five 對自我愛傾向的影響)

如果是能畫的,最好所有的要素都要畫在路徑圖上。

可是,空間的關係或是繁雜的圖形時,在適度的範圍內省略也無妨。但省略時,要在圖的下方明記該事項。

1.Big Five 對自我愛傾向的影響

為了檢討 Big Five 的 5 個因素對自我愛傾向之影響,已利用共變異結構分析進行了檢討。首先,假定 5 個因素全部對自我愛傾向均有影響下進行分析。結果,從神經症傾向到自我愛,從勤勉性到自我愛傾向的路徑係數不顯著,適合度指標是 GFI = 0.895,AGFI = 0.854,RMSEA = 0.069,AIC = 363.350。因此,移除不顯著的路徑,再度進行分析之後,AIC 降低為 361.837。下圖顯示最終的模式。外向性與開放性對自我愛傾向顯示中程度的正的顯著路徑,調和性對自我愛傾向雖然是低值卻呈現顯著正的路徑。

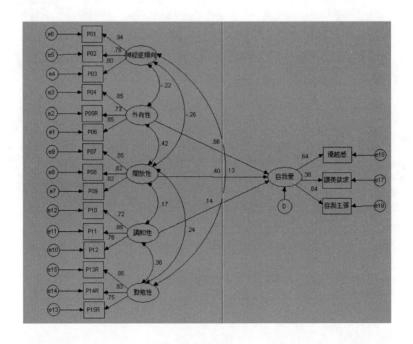

10-5 論文、報告的記述

1.Big Five 項目的確認式因素分

　　為了確認 Big Five 的 15 項目即為事前所構想的 5 因素結構，進行了逆轉項目處理之後，使用 Amos 進行確認式因素分析。各個所屬的項目受到來自 5 因素之影響，所有的因素之間假定共變動進行分析之後，適合度指標是GFI = 0.927，AGFI 是 .890，RMSEA 是 0.059，AIC 是 228.593。並且，外向性與調和性，外向性與勤勉性，神經症傾向與調和之因素間的相關低不顯著。因此，將此 3 個因素間相關視為 0 再次進行分析後，適合度指標是 GFI = 0.927，AGFI = 0.894，RMSEA = 0.057，AIC = 222.998，得出比最初的模式更適合數據之結果。下表顯示此最終模式的分析結果。

Table1 Big Five 項目的確認式因子分析結果（標準化解）

	N	E	O	A	C
p01容易不安	0.94				
p03擔心性	0.78				
p02容易煩惱	0.80				
p09反應快		0.85			
p07吸收快		0.71			
p08效率佳		0.86			
p04積極性			0.85		
p06外向的			0.81		
p05羞怯			0.82		
p14怠惰的				0.72	
p13馬馬虎虎				0.87	
p15散漫的				0.77	
p11人緣佳					0.86
p12溫柔					0.83
p10溫和的					0.75
因子	N	E	O	A	C
N	－	-0.21	-0.25	.	0.13
E		－	0.42	.	.
O			－	0.17	0.25
A				－	0.37
C					－

【註】N：神經症傾向，E：外向性，O：開放性
　　　A：調和性，C：勤勉性。
　　　數值是標準化估計值。N 與 A, E 及 A, E 與 C 之間的相關未估計。

2.Big Five 對自我愛傾向的影響

　　為了檢討 Big Five 的 5 個因素對自我愛傾向之影響，已利用共變異結構分析

進行了檢討。首先，假定 5 個因素全部對自我愛傾向均有影響下進行分析。結果，從神經症傾向到自我愛，從勤勉性到自我愛傾向的路徑係數不顯著，適合度指標是 GFI = 0.895，AGFI = 0.854，RMSEA = 0.069，AIC = 363.350。因此，消除不顯著的路徑，再度進行分析之後，AIC 降低為 361.837。下圖顯示最終的模式。外向性與開放性對自我愛傾向顯示中程度的正的顯著路徑，調和性對自我愛傾向雖然是低值卻呈現顯著的正的路徑。

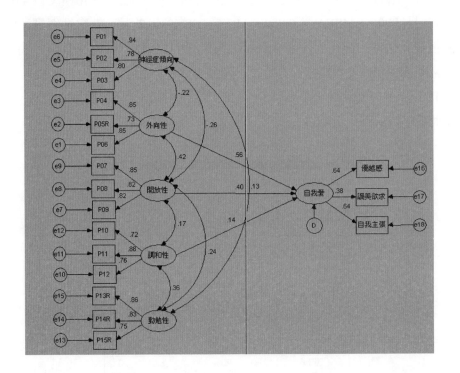

下 篇

第1章 結構方程模式之識別性

1-1 簡介

結構方程模式（Structural Equation Modeling, SEM）是一門基於統計分析技術的研究方法學（statistical methodology），用以處理複雜的多變量研究數據的探究與分析。一般而言，結構方程模式被歸類於高等統計學，隸屬於多變量統計（multivariate statistics）的一環，但是由於結構方程模式有效整合了統計學的兩大主流技術「因素分析」與「路徑分析」，同時應用範圍相當廣泛，因此，在瑞士籍的統計學者 Karl Jöreskog 於 1970 年代提出相關的概念，並首先發展分析工具 LISREL 軟體之後，有關結構方程模式的原理討論與技術發展便蔚為風潮，普遍成為社會與行為科學研究者必備的專門知識之一。

從發展歷史來看，結構方程模式的起源甚早，但其核心概念在 1970 年代初期才被相關學者專家提出，到了 1980 年代末期即有快速的發展。基本上，結構方程模式的概念與 1970 年代主要高等統計技術的發展（如因素分析）有著相當密切的關係，隨著電腦的普及與功能的不斷提升，一些學者（如 Jöreskog, 1973; Keesing, 1972; Wiley, 1973）將因素分析、路徑分析等統計概念整合，結合電腦的分析技術，提出了結構方程模式的初步概念，可以說是結構方程模式的先驅者。其後 Jöreskog 與其同事 Dag Sörbom 進一步發展矩陣模式的分析技術來處理共變異數結構的分析問題，提出測量模式與結構模式的概念，並納入其 LISREL 之中，積極地促成了結構方程模式的發展。到了今天，關於結構方程模式的專門著作如雨後春筍般的出現，分析軟體亦不斷開發更新，目前坊間已有數套專門應用於結構方程模式分析的套裝軟體，例如 LISREL（Jöreskog & Sörbom, 1989, 1996）、EQS（Bentler, 1985, 1995）、AMOS（Arbuckle, 1997）、MPLUS（Muthén & Muthén, 1998）、CALIS（Hartmann, 1992）、RAMONA（Browne, Mels, & Cowan, 1994）等，這些分析工具多已能搭配視窗軟體與文書作業系統，使得結構方程模式的分析效能大為提升，報表呈現與繪圖作業簡化且美觀，更能夠結合

網際網路的編輯規格（HTML 格式），快速的將結構方程模式的分析結果整理與傳播，其中尤以 Amos 爲研究者最爲喜愛。

結構方程模式早期稱爲線性結構方程模式（Linear Structural Relationships, LISREL）或稱爲共變異數結構分析（Covariance Structure Analysis）。主要目的在於檢驗潛在變數（Latent variables）與外顯變數（Manifest variable，又稱觀察變數）之關係，此種關係猶如古典測驗理論中眞實分數（true score）與實得分數（observed score）之關係。它結合了因素分析（factor analysis）與路徑分析（path analysis），包涵測量模式與結構模式。

1-2　模式特性

SEM 具有以下特性。

1.SEM 具有理論先驗性。SEM 被視爲具有驗證性而非探索性的統計方法。

2.SEM 可同時處理測量與分析問題。相對於傳統的統計方法，SEM 是一種可以將「測量」（measurement）與「分析」（analysis）整合爲一的計量研究技術，它可以同時估計模式中的測量指標、潛在變數，不僅可以估計測量過程中指標變數的測量誤差，也可以評估測量的信度與效度。

3.SEM 關注於共變異數的運用。SEM 分析的核心概念是變數間的「共變異數」（covariance）。在 SEM 分析中，共變異數有二種功能：其一是利用變數間的共變異數矩陣，觀察出多個連續變數間的關連情形，此爲 SEM 的描述性功能；其二是可以反應出理論模式所導出的共變異數與實際蒐集資料的共變異數之間的差異。

4.SEM 適用於大樣本的統計分析。取樣樣本數愈多，則 SEM 統計分析的穩定性與各種指標的適用性也較佳。學者 Wayne F. Velicer 與 Joseph L. Fava 於 1998 年發現在探索性因素分析中，因素負荷量的大小、變數的數目、樣本數的多寡等是決定一個良好因素模式的重要變因，此種結果可類推至 SEM 分析中。一般而言，大於 200 以上的樣本，才可稱得上是一個中型的樣本，若要追求穩定的 SEM 分析結果，樣本數最好在 200 以上。

5.SEM 包含了許多不同的統計技術。在 SEM 分析中，是以變數間的共變異數關係爲主要核心內容，故也稱此爲共變異數結構分析，但由於 SEM 模式往往

牽涉到大量變數的分析，因此常借用一般線性模式分析技術來整合模式中的變數，許多學者常將 SEM 也納入多變量分析之中。SEM 是一種呈現客觀狀態的數學模式，主要用來檢定有關觀察變數與潛在變數之間的假設關係，如前述它融合了因素分析與路徑分析兩種統計技術。

6.SEM 重視多重統計指標的運用。SEM 所處理的是整體模式適配度的程度，關注的是整體模式的比較，因而模式參考的指標是多元的，研究者必須參考多種不同指標，才能對模式的適配度作一整體的判別，對於個別估計參數顯著性與否並不是 SEM 分析的重點，在整體模式適配度的檢定上，就是要檢定母體的共變異數矩陣與根據樣本適配假設模式所導出的共變異矩陣兩者的差異程度即殘差矩陣的大小，當殘差矩陣元素均為 0，表示假設模式與觀測資料間達到完美契合，此種情形在行為及社會科學領域中達成的機率很低。

研究者要檢定樣本資料所得的共變異數矩陣 S 與由理論模式所推導出的共變異數矩 Σ 之間的契合程度，此即為模式適配度的檢定，測 Σ 如何接近 S 的函數稱為適配函數，不同的適配函數有不同的估計方法。最廣泛估計模式的方法為最大概似法（Maximum Likelihood, ML），其次是一般化最小平方法（Generalized Least Squares, GLS）。使用 ML 時必須滿足以下條件：樣本是多變量常態母體且是以簡單隨機抽樣所獲得的。觀測變數是連續變數，在常態分配且大樣本之下，ML 估計值、標準誤和卡方值檢定結果都是適當可信且正確的，但是違反常態分配的假設時，可使用一般加權最小平方法（Generally Weighted Least Squares, WLS）之替代估計法。

實測值　　　　　　　　　　　　　　理論值

$$S = \begin{bmatrix} S_x^2 & S_{xy} & S_{xu} & S_{xv} \\ S_{xy} & S_y^2 & S_{yu} & S_{yv} \\ S_{xu} & S_{yu} & S_u^2 & S_{uv} \\ S_{xv} & S_{yv} & S_{uv} & S_v^2 \end{bmatrix} \qquad \Sigma = \begin{bmatrix} \sigma_x^2 & \sigma_{xy} & \sigma_{xu} & \sigma_{xv} \\ \sigma_{xy} & \sigma_y^2 & \sigma_{yu} & \sigma_{yv} \\ \sigma_{xu} & \sigma_{yu} & \sigma_u^2 & \sigma_{uv} \\ \sigma_{xv} & \sigma{yv} & \sigma_{uv} & \sigma_v^2 \end{bmatrix}$$

H0：理論模式所推導出的共變異數矩陣 $\hat{\Sigma}$（Amos 稱為 Implied Covariance）= 樣本資料所得的共變異數矩陣 S（Sample Covariance）

Amos 內設的參數估計法為 ML 法，但 ML 法較不適用於小樣本的估計，

對於小樣本的 SEM 分析，Amos 提供了貝氏估計法（Bayesian estimate），採用貝氏估計法估計模式之前，會同時對平均數與截距先進行估計，再執行功能列〔Analyze〕→〔Bayesian Estimation〕進行小樣本的 SEM 模式估計。

Anne Boomsma 建議使用 ML 法估計結構方程模式時，最少的樣本數為 200，研究的樣本數若少於 100，會導致錯誤推論的結果。Peter M. Bentler 與 Chih-Ping Chou 建議使用小規模的資料組時，至多 20 個變數，其中潛在變數大約 5 ～ 6 個，而每個潛在變數的觀測變數大約 3 ～ 4 個。

Joseph F. Hair、Rolph E. Anderson、Ronald L. Tatham 與 William C. Black 等人對於 SEM 的分析程序，根據測量模式、結構模式的建構與模式產生的有效性，認為應有下列 7 個步驟：

1. 理論模式架構的建立
2. 建立因素變數間因果關係的路徑圖
3. 轉換因果路徑圖為結構方程式與測量方程式
4. 選擇分析模式（是以相關係數矩陣或是以共變異數矩陣為資料檔）
5. 評估模式的鑑定
6. 模式適配基準的評估
7. 模式的解釋與修正。

此外，Adamantions Diamantopoulos 與 Judy A. Siguaw 認為 SEM 的分析程序有 8 個步驟：

1. 模式的概念化（model conceptualization）。
2. 路徑圖的建構（path diagram construction）。
3. 模式的界定（model specification）。
4. 模式的識別（model identification）。
5. 參數的估計（parameter estimation）。
6. 模式適配度的評估（assessment of model fit）。
7. 模式的修正（model modification）：

模式的修正最好配合理論基礎，不能僅以資料為導向，如確認要修正，則回到步驟 1 模式的概念化。模式的改變意謂「模式界定」，模式界定就是增列或刪除某些參數，模式的改善指的是模式朝向更佳的適配或成為更簡約的模式，可以得到實質的合理解釋。針對初始理論模式進行局部的修改或調整的程序，以提高

假設模式的適配度，稱為模式的修正。由於模式修正的主要目的在於改善模式的適配度，因此一般建議先增加參數的估計，提高模式的適配度後，再進行參數的刪減，以簡化模式的複雜度。

8. 模式的複核效度（model cross-validation）：

當假設模式經過修正後達成較佳的模式之後，可以進一步以此較佳模式與初始模式進行比較，一個模式若是有用，此模式不僅適用於已知的樣本，同時也能適用於其他的樣本，此即所修改的模式是否也可適用於來自相同母體的不同樣本，進一步若是不同母體的樣本也可獲致理想的適配結果。

一般而言，一個複雜的模式，所含的變數就愈多，模式所需的樣本數也就愈多。小規模的資料組時，至多 20 個變數即可，其中潛在變數大約 5 ～ 6 個，而每個潛在變數的指標變數大約 3 ～ 4 個即可。Boomsma 建議使用 ML 估計 SEM 時，樣本數至少要 200，若少於 100 會導致錯誤的推論結果。如前述，ML 較不適用小樣本的估計，對於小樣本的 SEM 分析，Amos 另外提供了貝氏估計法（Bayesian estimation），採用貝氏估計法估計模式前，會同時對平均數與截距進行估計。

一個理論是否符合科學本質，主要關鍵在於此理論是否可接受驗證，如果無法驗證只有兩種可能，一為它是意識型態並非是理論，二為此理論根本不存在於這個現實世界情境中。對於 SEM 而言，一個模式是否可以接受否證，在統計的觀點上，從模式自由度的有無就可以判別，自由度為 0 就統計而言它的假設是無法檢定的，無法檢定的假設模式就不具有否證性（Principle of disconfirmable）。

一個廣義的 SEM，包括數個測量模式及一個結構模式，研究者依據理論文獻或經驗法則建立潛在變數與潛在變數間的迴歸關係，亦即建立潛在變數間的結構模式，此外，也要建構潛在變數與其他測量指標間的反應關係，即建立各潛在變數與其他指標間的測量模式。在 SEM 分析中，由於涉及數個測量模式及一個結構模式，變數間的關係較為複雜，因而 SEM 分析中即在探究一組複雜變數間的關係，變數間關係的建立要有堅強的理論為依據，模式界定時必須依循精簡原則（principle of parsimony）。在 SEM 分析中，同樣一組變數的組合有許多的可能，不同的關係模式可能代表了特定的理論意義，若是研究者可以用一個比較單純簡單的模式來解釋較多的實際觀測資料的變化，如此以這個模式來反應變數間的真實關係，比較不會得到錯誤的結論。

一個好的理論必須具備下列條件：

1. 對客觀現象解釋的情況要強而有力。

2. 理論必須是可以檢證的（testable）。可檢證性是理論能否具有科學特性的條件之一，能夠被檢證的理論才具有科學的特性。

3. 理論必須具備簡單性。在既有的解釋程度下，能夠以愈少的概念和關係來呈現現象的理論愈佳。

以下圖而言，此 SEM 包括二個測量模式及一個結構模式。在 SEM 中，研究者依據理論文獻或經驗法則建立潛在變數與潛在變數間的迴歸關係，亦即確立潛在變數間的結構模式；此外，也要建構潛在變數與其測量指標間的反應關係，亦即各潛在變數與其觀測指標間的測量模式。

下圖為 SEM 的概念圖。

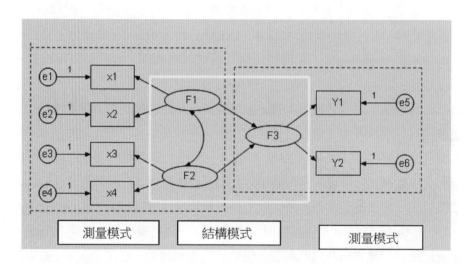

1-3　SEM 分析應用的 14 點原則

對於 SEM 的分析應用，Bruce Thompson 提出以下 14 點原則供使用者參考。

1. 在應用 SEM 分析時，應使用大樣本，不可使用小樣本。

2. 使用者所提出的 SEM 假設模式應以理論為基礎，或有一般的經驗法則來支持，而非根據使用者編製之量表或觀測資料來架構假設模式。

3. 在選擇相關連的矩陣作為分析資料時，要注意測量指標變數尺度的屬性。

4. 一個可以獲得的假設模式是適配好而又簡約的模式，但此結果應盡量減少人為操控。

5. 模式使用的估計方法需配合資料是否符合多變量常態性假定，不同的假定需使用不同的估計方法。

6. 使用多元判斷準則，不同適配指標反應不同模式的計量特徵，參考不同的指標值進行模式適配度的判斷。

7. 模式評估及界定搜尋程序時，除了考量統計量數外，更要兼顧理論建構與實務層面。

8. 進行整體模式評估之前，應進行個別測量模式與結構模式的檢定，查驗模式是否有違反模式識別規則。

9. 界定模式搜尋程序，最好採用較大的樣本，或以不同的受試群體進行比較分析，這樣模式的複核效度（cross-validation）才會可靠。

10. 一個配適良好的模式並不一定是有用的，因為許多不同的假設模式也許與觀測資料均能適配。

11. 假設模式必須有其基底的理論基礎，有理論基礎的假設模式才能經得起檢定。

12. SEM 分析的最終結果並非是一定要提出一個適配資料的假設模式，而是要探究依據理論建構的假設模式之合理性與適當性。

13. 一個有用的模式適配度策略包括：如果可能的話，應使用數個估計方法（如最小平方法、最大概似法）來進行參數估計，並比較這些估計值，像是估計值的符號與期望假設相符嗎？所有的變異數都是正數嗎？殘差矩陣差異很小嗎？假設模式矩陣與資料矩陣相似嗎？變數間影響的標準化效果是否達到顯著？將一個大樣本分割為二時，二個樣本群體是否皆可以與假設模式適配？模式的穩定性是否有加以比較？

14. 當一個 SEM 中兼含測量模式與結構模式時，研究者宜先進行測量模式的檢定，待測量模式具有相當的合理性之後，再進行結構模式的參數估計，使 SEM 評估程序具有測量的「漸進合理性」。

1-4　識別性條件的設定

在建構模式時常會面臨到識別性的問題，模式無法確保識別性的原因，在於所欲求的母數（自由母數）的個數比方程式的個數少。求解具有 2 個未知數的聯立方程式，如方程式的個數只有 1 個，即與可以自由設定解而無法確定的情形是相同的。此時，如能將某一個未知數之值固定時，即可求得另一個解。或者以某種方法可以得出另一個方程式也行。任一方法均是在模式中加入限制（將一部分的母數當作已知）的情形。

在不損及分析目的或數據的性質之範圍內加入限制，使之可以識別。一般經常使用的限制方法有：

1. 將獨立變數的潛在變數的變異數固定為 1。

2. 從從屬變數的潛在變數到觀測變數的路徑之中的一個固定為 1。

3. 誤差變數當作相互獨立，誤差變數之間的共變動固定為 0。

4. 來自誤差變數的路徑係數固定為 1。

5. 根據路徑係數相等或誤差變數的變異數相等之已知見解加以限制。

識別性問題的一般論目前還未確定，以上述的方法可以解決的情形甚多，但也有無法解決的時候。

此處假定有如下模式（MIMIC），試以此模式說明識別性的條件。

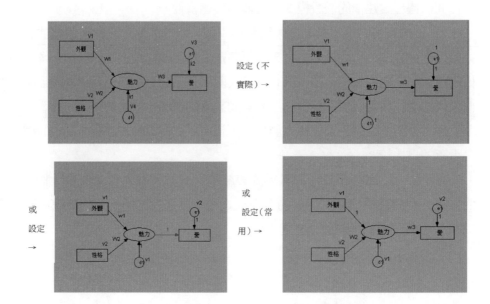

　　應估計的對象，有各誤差的變異數（2），觀測變數的變異數（2），從觀測變數到潛在變數的路徑（2），從潛在變數到觀測變數的路徑（1），誤差變數的路徑（2），總共是 2 + 2 + 2 + 1 + 2 = 9。

　　另一方面，已知的是觀測變數間的變異數與共變異數。如以下的共變異數矩陣所表示。譬如，

$$
\begin{array}{c}
 \quad 性格 \qquad 外表 \quad 愛 \\
\begin{array}{c} 性格 \\ 外表 \\ 愛 \end{array}
\begin{bmatrix}
2.21 & -0.26 & 1.05 \\
-0.26 & 0.96 & 0.10 \\
1.05 & 0.10 & 6.85
\end{bmatrix}
\end{array}
$$

移除重複者外已知的要素有 6 個。將此一般化時，變數的個數當作 p，$\dfrac{p(p+1)}{2}$ 即為已知的要素，參數個數為 k，則 t = $\dfrac{p(p+1)}{2}$ − k 稱為自由度。

　　此情形所求的參數個數是 9，已知的要素是 6，自由度是 −3，求不出解。實際上會出現無數的解，何者是妥當的呢？出現無法區別的狀況。恰如只有一個方程式 x + 2y = 12，2 個未知數 x, y 出現無數的組合解一樣，稱為識別不足（under-identified），自由度成為負。如在一個方程式 x + y = 20 再另加一個方程式 x − y = 6 一樣。此時 x 與 y 即唯一決定，稱為剛好識別（just-identified）。自由度成為 0 時，解即唯一。若再加上一個方程式 x + y = 4 時，解即無法求出，稱為過度識別（over-identified）。解要能求出，除自由度要不為負之外，所調查的觀察值個數要比未知數多是必要條件，但這並非是充要條件。亦即，兩者滿足也不一定經常可以求出解。因此，了解識別條件的實際方法是執行 Amos 觀察結果。當自由度是負時會顯示錯誤訊息，如限制條件不足時即顯示要加入限制的訊息。此時，將某限制條件加在模式中即可得出解。

【註】從 Plugins → name parameter 即可確認要估計之母數的個數。

　　以下再以一例題說明識別性設定的情形。

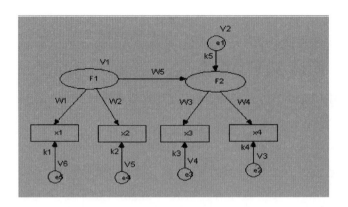

其中共有 k = 16 個參數（變異數、共變異數、係數）要估計。

v1 ～ v6，w1 ～ w5，k1 ～ k5

觀測變數有 p = 4 個，$\frac{1}{2}p(1+p) = \frac{1}{2}4(1+4) = 10 < 16$ ←識別不足

將 k1 ～ k5 的路徑係數設為 1，w3 或 w4 之中的一者設為 1，v1 設為 1（左圖）。或將 k1 ～ k5 的路徑係數設為 1，w3 或 w4 之中的一者設為 1，w1 或 w2 之中的一者設為 1，w5 設為 1（右圖）。

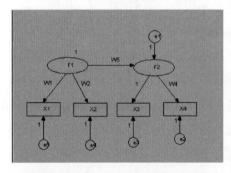
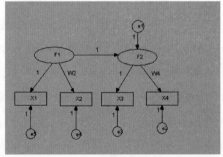

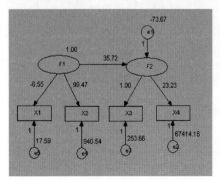
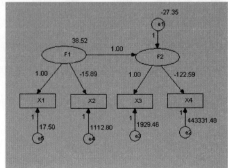

$$\frac{1}{2}\,p(1+p)=\text{k} \rightarrow \text{剛好識別}$$

$$\frac{1}{2}\,p(1+p)>\text{k} \rightarrow \text{過度識別}$$

$$\frac{1}{2}\,p(1+p)<\text{k} \rightarrow \text{識別不足}$$

1-5　模式識別性的要點

總之，在模式識別性的設定上應注意以下幾項要點。

1. 外生的數個構造變數 f_i 與 f_j，以及 V_i 與 V_j 之間，只要沒有違反事前資訊，所有的組合最好要設定共變異數，外生的構造變數 f_i 與 V_i 之間所有的組合最好也要設定共變異數。

2. 外生的構造變數 f_i 與 V_i 不必列入誤差變數 d_i 與 e_i。

3. 誤差變數間的共變異數，以及誤差變數與外生的構造變數之間的共變異數，只要沒有適切的事前資訊不要設定。

4. 內生的觀測變數 V_i，每一個都要引進誤差變數 e_i。

5. 內生的構造變數 f_i，每一個都要引進誤差變數 d_i。

6. 內生變數的變異數，由於是以外生變數的變異數與係數的函數表現（構造化），所以內生變數的變異數不設定。

7. 內生變數間，以及內生變數與外生變數的共變異數，由於是以外生變數的變異數與係數的函數表現，所以不設定。

8. 要估計的母數有 3 種，它是變異數、共變異數、係數。

9. 模式中要估計的母數的總數，不可超過觀測變數的變異數與共變異數個數之和，即 $n_x(n_x+1)/2$。

10. 對各 f_i 來說，由 f_i 離去的單方向的箭頭，可任意選出 1 者將其係數之值固定，不管選何者，因標準化之解可唯一決定，所以可以任意選取。如果 f_i 是外生變數時，取而代之固定 f_i 的變異數也行。固定值大多使用 1。

11. 對只有一個測量變數的潛在變數其測量誤差項的變異數、平均數可設爲 0。

12. 如果識別問題已處理而不合理估計仍存在時，可以下列方式進行：

(1) 當變異數估計值爲負值，可將此變異數固定爲很小的正數，如 0.005。

(2) 若相關係數超過或接近 1，可考慮刪除其中一個變數。

另外，檢查識別問題的方法有：

1. 電腦報表上出現 unidentified or inadmissible。

2. 參數的標準誤非常大。

3. 有不合理的參數估計，如變異數爲負數或標準化係數 > 1。

可能原因有：

1. 自由度爲負。

2. 非單向效應（nonrecurrence）。

3. 潛在變數忘記訂定其尺度（單位）。

4. 誤差項到內生變數的路徑係數未設定爲 1。

5. 測量系統未設定一個測量路徑爲 1（或設定潛在變數之變異數爲 1）。

6. 單一測量變數的誤差項變異數未設定爲固定參數。

解決識別問題的方法是設法使模式變成過度識別，對不足識別的補救方式爲

1. 以最少的路徑（即自由參數）建立理論上的 SEM。

2. 如果可能，對測量模式誤差項的變異數設爲固定參數。

3. 如果某路徑係數有其他訊息得到其數值，可以設定爲參數。

4. 刪除不必要的參數。

　　剛好識別時，整體模式的適合度統計量的卡方值 = 0，其他如 RMSEA、AGFI 值等無法估計，p 值無法計算。在 SEM 的分析就是在對一個過度識別進行模式的檢定，以檢定假設模式與實際資料是否適配，一個過度識別模式雖然是一個可識別的模式，但不一定是適合度佳的模式，經 Amos 分析的結果，模式有可能被接受或拒絕。當卡方值 $< \chi^2_{k, 0.05}$ 表示此模式是合適的（與飽和模式比較），表示模式可接受，但仍要評估可否再簡化。如果模式不合適，則要增加路徑，可利用修正指標去尋找。不足識別模式是表示參數太多，需重新設定。

1-6　識別性設定範例

　　爲了讓讀者了解識別問題的解決方法，以下提供較常見的識別性設定範例，供讀者參考，並從中體會識別性的設定方法。

1. 類型 1：兩階兩因素之因素分析（CFA）

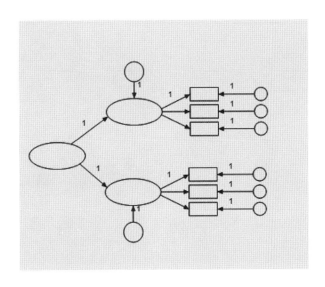

2. 類型 2：三因素之因素分析

標準化設定

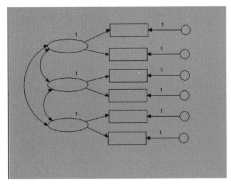

未標準化設定

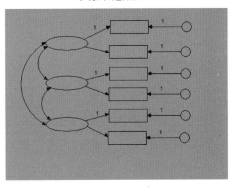

3. 類型 3

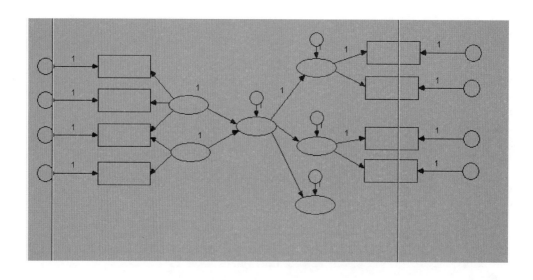

4. 類型 4

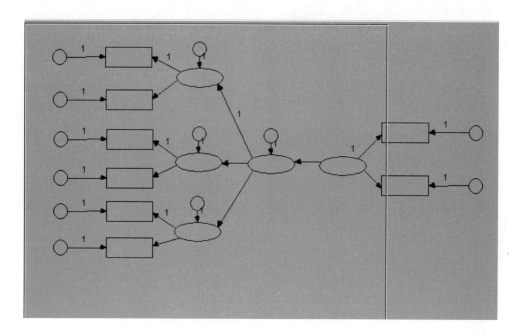

5. 類型 5

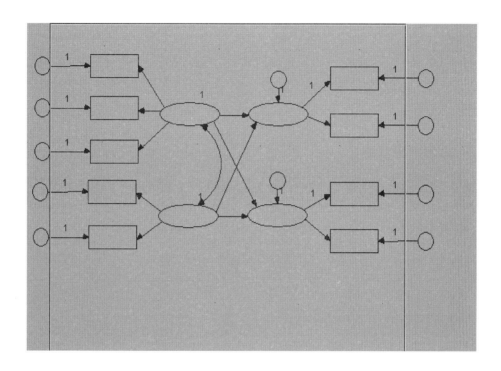

6. 類型 6

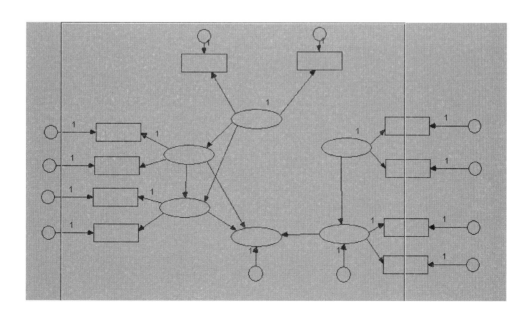

7. 類型 7

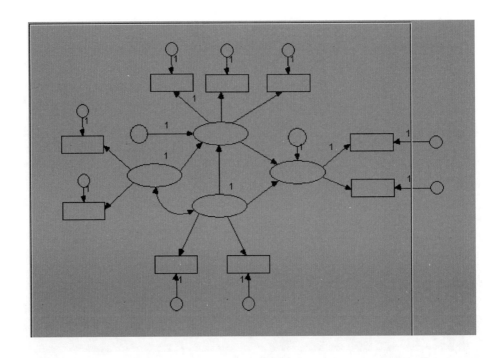

8. 類型 8

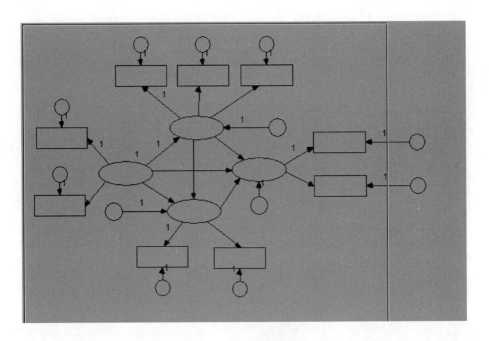

9. 類型 9

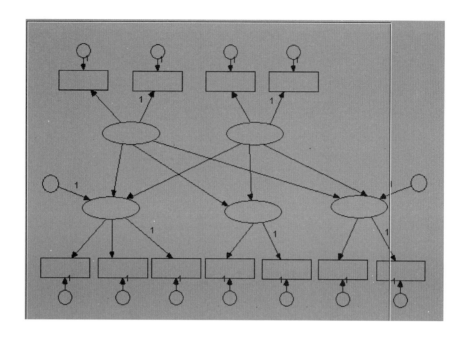

10. 類型 10

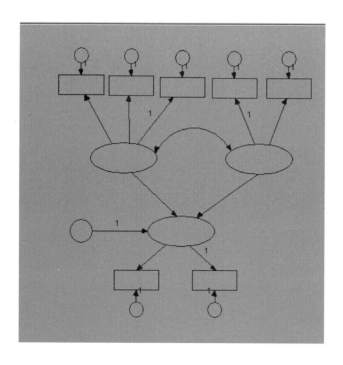

11. 類型 11

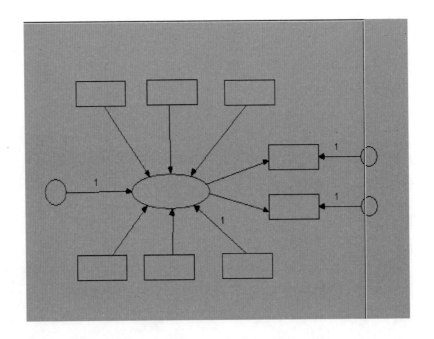

12. 類型 12

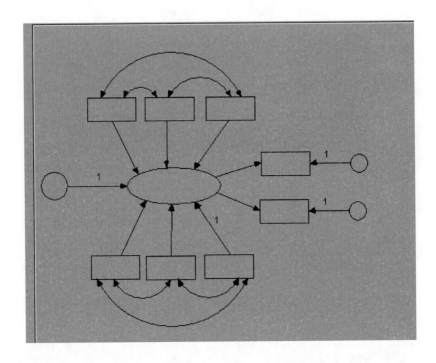

13. 類型 13

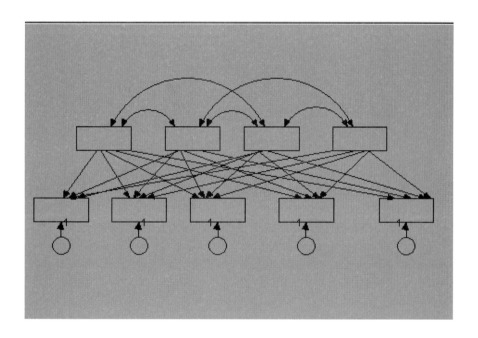

14. 類型 14

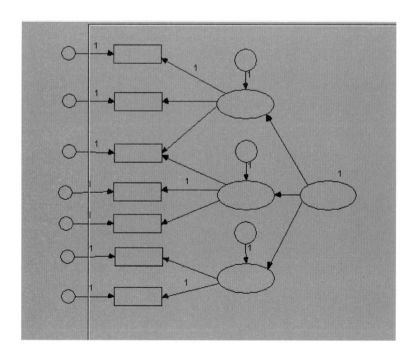

15. 類型 15：PLS 模式

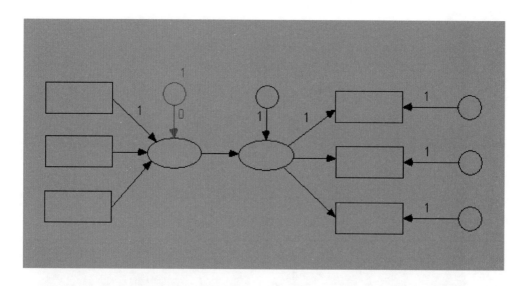

16. 類型 16：MIMIC 模式

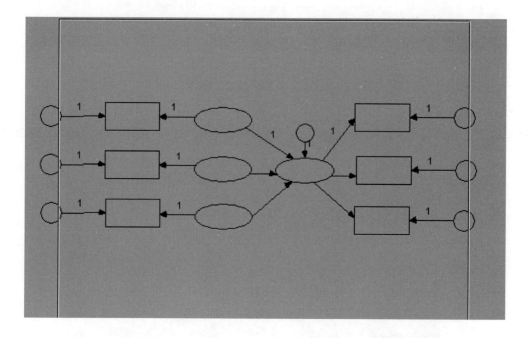

17. 類型 17：多重指標模式

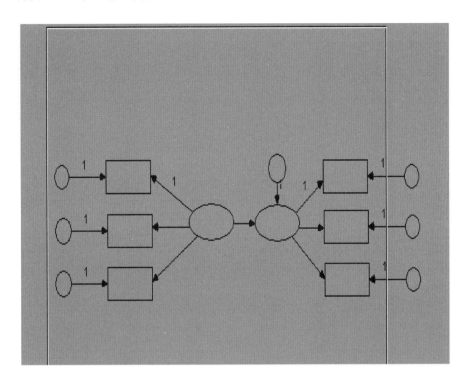

18. 類型 18

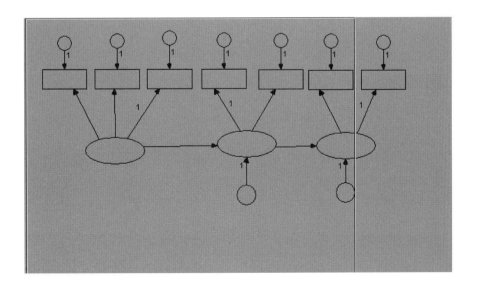

19. 類型 19

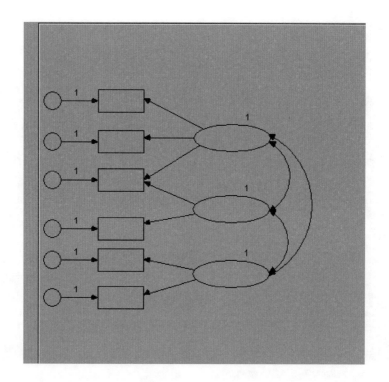

1-7　模式的適配評價

　　在模式的整體適配評價上，可從以下三類來考量。

1. 絕對適配指標

　　　(1)Chi-square

　　　(2)GFI 與 AGFI

　　　(3)RMR 與 SRMR

　　　(4)RMSEA

　　　(5)ECVI

2. 相對適配指標

　　　(1)NFI

(2)NNFI

(3)CFI

(4)IFI

(5)RFI

3. 簡效適配指標

(1)PNFI

(2)PGFI

(3)AIC

(4)CN（Holelter 0.5 or 0.1 指標）

(5)Normed Chi-square

　　SEM 雖提供甚多的整體適配指標，研究者可從三類指標中選取所需的指標。但要注意整體適配指標的好壞無法保證一個理論模式的有用性，它只是告訴我們模式適配的缺乏性，此外，一個良好適配指標值實際上並未證明什麼，因為有其他競爭模式也可適配得很好。最後，須注意 SEM 的評估與解釋必須依據原始的理論構念。

　　當結構模式或測量模式的參數估計超過可接受範圍時，稱為「不合理估計」。最常發生的不合理估計有：

1. 變異數為負值。

2. 標準化係數超過 1.0 或非常接近 1。

3. 參數標準誤非常大。

總之，對 SEM 模式必須評估 3 種類型之指標：

1. 模式適合度評估

　　卡方值愈小愈好，以 P 值是否大於 0.05 為判斷依據，P 值 > 0.05 表示可接受模式，其他適合度指標有 GFI > 0.9 以上、AGFI > 0.9 以上、RMSEA < 0.05、CN > 200 等。

2. 測量模式評估

　　以測量路徑係數大小為評估依據，如果所有標準化路徑係數 > 0.7 表示測量系統佳。

3. 結構模式評估

對每個內生變數被其他變數解釋變異數的比例 R^2，每個 R^2 愈大愈好，一般 R^2 超過 0.3 表示解釋能力佳。

在進行整體模式適合度評估之前，宜先進行測量模式的檢定，待測量模式具有相當的合理性後，再進行結構模式的檢定，最後才是整體模式的檢定。

1-8 　 測量模式的評估要點

在測量模式的評估方面應注意以下幾點：

1. 測量模式中因素負荷量（> 0.7）均達顯著（$p < 0.05$，t 的絕對值 > 1.96），此種情形表示測量的指標變數能有效反應出潛在變數。也可以結構信度（construct reliability）、萃取變異數（Variance extracted）為評估指標，VE $\leq$ CR。一般建議 CR > 0.5 以上，當 VE < 0.5，表示測量誤差所造成的變異大於一半以上，顯示測量變數的正確性是值得懷疑的。

$$CR = \frac{\left(\sum_{i=1}^{m} \lambda_i\right)^2}{\left(\sum_{i=1}^{m} \lambda_i\right)^2 + \sum_{i=1}^{m} Var(e_i)}$$

$$VE = \frac{\sum_{i=1}^{m} \lambda_i^2}{\sum_{i=1}^{m} \lambda_i^2 + \sum_{i=1}^{m} Var(e_i)}$$

2. 測量誤差是指標變數的誤差變異量，測量誤差要愈小愈好，但也要非 0 值的顯著性，測量誤差達到顯著性，表示測量指標變數反映出它的潛在變數時，有誤差值存在，但此種關係是有實質意義的。當然，也要沒有出現負的誤差變異量。

3. 參數估計值的檢定，當 C.R. 的絕對值 > 1.96（顯著水準 0.05）可以拒絕虛無假設 H0：參數估計值 = 0。未達顯著的參數，對理論模式而言並不是重要的路徑，從科學簡效原則的觀點此路徑可從模式中移除。

1-9　結構模式的評估要點

在結構模式的評估方面應注意以下幾點；

1. 要檢查因素的信度，即潛在變數的組合信度（＞ 0.6），組合信度主要是在評鑑一組潛在構念指標的一致程度，亦即所有測量指標分享該因素構念的程度，組合信度愈高，表示測量指標間有高度的內在關連。

2. 潛在變數的平均變異數抽取量（＞ 0.5）是表示相較於測量誤差變異量的大小，潛在變數構念所能解釋指標變數變異量的大小，若是在 0.5 以上，表示指標變數可以有效反映其潛在變數。

3. 標準化殘差也可以解釋爲標準化常態變異，其值應介於 –2.58 至 2.58 之間。在一個夠大的樣本觀察值中，若是理論模式界定正確，標準化殘差共變異數會呈現標準常態分配，因而理論模式如果是合適的，則標準化殘差共變異數中的數值的絕對值會小於 2。

4. 修正指標若大於 3.84（在 0.05 的顯著水準），表示模式的參數有必要修正，將限制參數改爲自由參數時，模式的自由度減少一個，模式的卡方值也將減少 。在 Amos 中內定的修正指標是 4。

5. 每一條結構方程模式中複相關的平方值（R^2）要愈大愈好，且達到顯著水準，但不能出現負的誤差變異量，若出現負的誤差變異量表示 R^2 超過 1，解釋上不合理。複相關的平方值愈高，表示結構模方程模式具有較佳的信度與效度。

1-10　模式修正要點

當模式不適合時要進行修正（增加路徑），模式適合時要進行簡化（減少路徑）。

研究者依據經驗提出初始模式，然後對模式進行修正，修正原則通常是將 t 值（C.R.）小的路徑刪除，將修正指標 M.I. 值大的路徑增加。

1. 當卡方值小（P ＞ 0.05），表可接受模式，但不表示此模式就是最終要找的模式，依精簡原則應再簡化模式。可由報表中看 t 值是否有小於 2 的路徑，如有表示可刪除此路徑，但一次只刪除一條（卡方值小時，減少路徑）。

2. 卡方值大（P ＜ 0.05）時，表示不接受此模式，利用修正指標 M.I. 大者增

加路徑，降低卡方值（卡方值大時，增加路徑）。

當模式卡方值小、P 值 > 0.05 且所有路徑的 P 值皆 < 0.05 時，考慮接受此模式。

又，研究者很多時候並不清楚變數間的結構關係，希望經由蒐集到的資料來找到合適的模式，我們稱此種選取模式的進行方式為尋找模式（model generating）。

1. 研究者依經驗提出初始模式

2. 以所有變數間都有連線為初始模式

3. 以獨立模式為初始模式

此處以 1. 及 2. 為例進行說明。數據檔（excel）參考 data_ex01.xls。

1. 依經驗提出初始模式

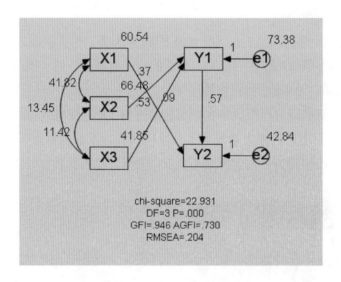

由於 P 值 = 0.000 初始模式不適合，利用修正指標 M.I. 如下：

Modification Indices (Group number 1 - Default model)

Covariances: (Group number 1 - Default model)

	M.I.	Par Change
e1 <--> X2	5.573	-9.816
e1 <--> X1	13.637	14.463
e2 <--> X2	8.238	9.120

Variances: (Group number 1 - Default model)

	M.I.	Par Change

Regression Weights: (Group number 1 - Default model)

	M.I.	Par Change
Y1 <--- X1	7.488	.239
Y2 <--- X2	4.698	.138

由 Regression Weights 建議增加 X1 到 Y1 的路徑，結果如下：

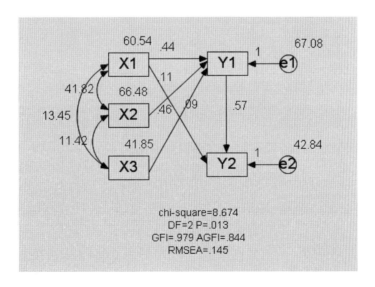

Modification Indices (Group number 1 - Default model)

Covariances: (Group number 1 - Default model)

	M.I.	Par Change
e2 <--> X2	8.238	9.120

Variances: (Group number 1 - Default model)

	M.I.	Par Change

Regression Weights: (Group number 1 - Default model)

	M.I.	Par Change
Y2 <--- X2	4.698	.138

由 Regression Weights 建議增加 X2 到 Y2 的路徑，結果如下：

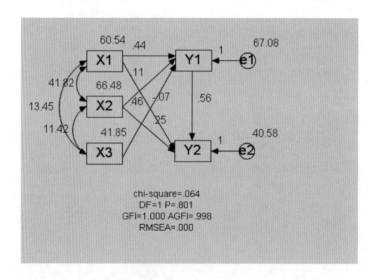

增加此路徑後，卡方值由原來的 8.674 降到 0.064，表可接受此模式，可考慮再精簡模式。

Modification Indices (Group number 1 - Default model)

Covariances: (Group number 1 - Default model)

	M.I.	Par Change

Variances: (Group number 1 - Default model)

	M.I.	Par Change

Regression Weights: (Group number 1 - Default model)

	M.I.	Par Change

增加此路徑後，卡方值由原來的 8.674 降到 0.064，表可接受此模式，可考慮再精簡模式。

Regression Weights: (Group number 1 - Default model)

			Estimate	S.E.	C.R.	P	Label
Y1	<---	X2	.105	.106	.994	.320	
Y1	<---	X3	.463	.104	4.437	***	
Y1	<---	X1	.435	.113	3.862	***	
Y2	<---	Y1	.558	.058	9.588	***	
Y2	<---	X1	-.071	.092	-.776	.438	
Y2	<---	X2	.246	.083	2.974	.003	

由報表 X1 → Y2 及 X2 → Y1 兩路徑 P 值分別為 0.44, 0.32 大於 0.05，可考慮刪除此兩路徑，但必須注意一次刪一條，先刪 P 值較大的 X1 → Y2。結果如下：

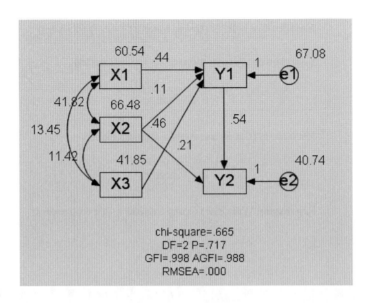

刪除 X1 → Y2 後 P 值 = 0.717，表示可接受此模式，此模式的報表如下：

Modification Indices (Group number 1 - Default model)

Covariances: (Group number 1 - Default model)

	M.I.	Par Change

Variances: (Group number 1 - Default model)

	M.I.	Par Change

Regression Weights: (Group number 1 - Default model)

	M.I.	Par Change

Regression Weights: (Group number 1 - Default model)

		Estimate	S.E.	C.R.	P	Label
Y1	<--- X2	.105	.106	.994	.320	
Y1	<--- X3	.463	.104	4.437	***	
Y1	<--- X1	.435	.113	3.862	***	
Y2	<--- Y1	.543	.055	9.869	***	
Y2	<--- X2	.208	.067	3.109	.002	

由 X2 → Y1 路徑 P 值 = 0.32，故可再刪此路徑，變成下列的路徑圖：

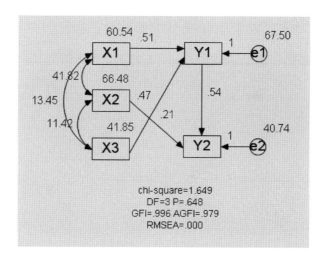

Covariances: (Group number 1 - Default model)

	M.I.	Par Change

Variances: (Group number 1 - Default model)

	M.I.	Par Change

Regression Weights: (Group number 1 - Default model)

	M.I.	Par Change

Regression Weights: (Group number 1 - Default model)

		Estimate	S.E.	C.R.	P	Label
Y1 <---	X3	.469	.105	4.485	***	
Y1 <---	X1	.507	.087	5.831	***	
Y2 <---	Y1	.543	.054	10.064	***	
Y2 <---	X2	.208	.066	3.171	.002	

由於 P 值 = 0.648 且所有路徑的 P 值皆小於 0.05，可考慮接受此模式。

2. 以飽和模式為初始模式

每次刪除一條路徑，直到所有路徑的 P 值都 < 0.05 為止。

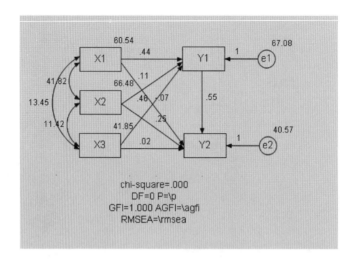

由於是飽和模式，自由度 = 0，沒有 P 值，無法評估其適合度。

Modification Indices (Group number 1 - Default model)

Covariances: (Group number 1 - Default model)

	M.I.	Par Change

Variances: (Group number 1 - Default model)

	M.I.	Par Change

Regression Weights: (Group number 1 - Default model)

	M.I.	Par Change

M.I. 並未提出要減少的路徑。因之，參考參數估計表。

Regression Weights: (Group number 1 - Default model)

			Estimate	S.E.	C.R.	P	Label
Y1	<---	X1	.435	.113	3.862	***	
Y1	<---	X2	.105	.106	.994	.320	
Y1	<---	X3	.463	.104	4.437	***	
Y2	<---	X1	-.072	.092	-.789	.430	
Y2	<---	X2	.246	.083	2.967	.003	
Y2	<---	X3	.022	.086	.252	.801	
Y2	<---	Y1	.553	.062	8.963	***	

有 3 條路徑 P 值 > 0.05，最大者為 X3 → Y2，故刪除此路徑。

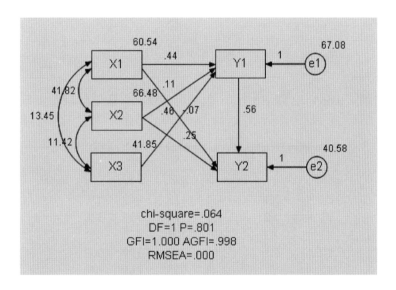

由於卡方值 = 0.064，P 值 = 0.801，可接受此模式。參數估計報表如下：

Regression Weights: (Group number 1 - Default model)

			Estimate	S.E.	C.R.	P	Label
Y1	<---	X1	.435	.113	3.862	***	
Y1	<---	X2	.105	.106	.994	.320	
Y1	<---	X3	.463	.104	4.437	***	
Y2	<---	X1	-.071	.092	-.776	.438	
Y2	<---	X2	.246	.083	2.974	.003	
Y2	<---	Y1	.558	.058	9.588	***	

有 2 條路徑 P 值 > 0.05，將 P 值較大的 X1 → Y2 路徑刪除。

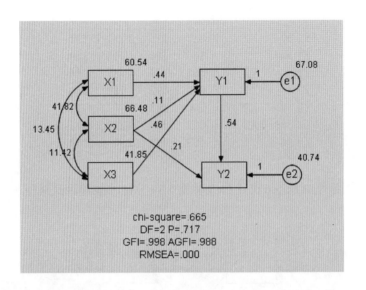

卡方值 = 0.665，P 值 = 0.717，表示可接受。參數估計報表如下：

Regression Weights: (Group number 1 - Default model)

	Estimate	S.E.	C.R.	P	Label
Y1 <--- X1	.435	.113	3.862	***	
Y1 <--- X2	.105	.106	.994	.320	
Y1 <--- X3	.463	.104	4.437	***	
Y2 <--- X2	.208	.067	3.109	.002	
Y2 <--- Y1	.543	.055	9.869	***	

由報表 X2 到 Y1 的 P 值 = 0.32 > 0.05，建議再刪除此路徑。

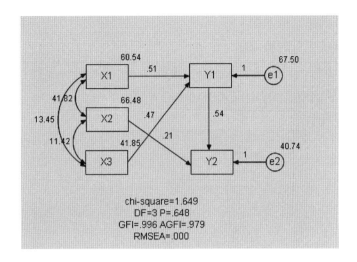

由於卡方值 = 1.649，P 值 = 0.648，可接受此模式。參數估計報表如下：

Regression Weights: (Group number 1 - Default model)

			Estimate	S.E.	C.R.	P	Label
Y1	<---	X1	.507	.087	5.831	***	
Y1	<---	X3	.469	.105	4.485	***	
Y2	<---	X2	.208	.066	3.171	.002	
Y2	<---	Y1	.543	.054	10.064	***	

由於所有路徑 P 值都 < 0.05，所以不再刪除路徑，而將此結果當做最後選取的模式，此最後選取的模式與上例相同。

1-11　各種模式的意義

以下，解釋飽和模式、獨立模式、單向模式、非單向模式的意義。

1. 飽和模式（Saturated model）

若一組資料有 m 個變數，如路徑圖這 m 個變數兩兩間都有直線或曲線連接，就稱此種模式為飽和模式。

飽和模式基本上有 3 大類：

(1) 全部都是曲線連接。

(2) 全部都是直線連接。

(3) 有曲線也有直線連接。

對一組資料所有飽和模式的自由度都為 0，卡方值也都為 0。以 5 科成績為例說明下列 5 個模式的自由度都為 0，卡方值也都為 0。

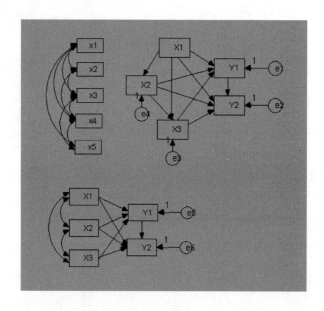

2. 獨立模式（Independent model）

飽和模式中 m 個變數兩兩間都有直線或曲線連接，相反的，如 m 個變數兩兩變數間都沒有直線或曲線連接，就稱此種模式為獨立模式。

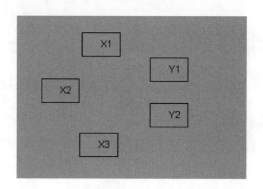

　　飽和模式中變數間都有連線，模式太複雜，相對地，獨立模式中任何兩變數都沒有相關，模式又太簡單，一般研究的模式界於此兩種極端之間。一個飽合模式如果去除幾條路徑就會變成過度識別模式，也就是過度識別模式是由於對參數加上限制所造成的。

3. 單向模式（recursive model）、非單向模式（nonrecursive model）

　　路徑分析可大略分類為非單向模式與單向模式。所謂非單向模式是指只循著單向箭線至少有一個可以回到原來的變數之模式。單向模式是指只循著單向箭線而無一個可以回到原來的變數，且誤差間並無相關的模式。單向模式之中，自由度是 0 的模式稱為完全單向模式（complete recursive model）。

　　從觀測變數的變異數、共變異數的個數（觀測變數的個數設為 p 時，即為 $p(p+1)/2$，要進行估計的自由母數的個數（獨立變數的變異數、獨立變數間的共變異數、路徑係數、誤差變異數的合計）即可求出。自由度不能成為負數是識別模式的必要條件，因之自由度是負時，即無法識別。

　　試以下述之例題求自由度，並試著識別模式看看。

　　在以下的 4 個模式之中，自由度為負無法識別的模式有 1 個。剩下的 3 個模式，自由度均在 0 以上，是可以識別的模式。請從其中選出回答無法識別的模式。又從剩下的模式中選出單向模式、完全單向模式、非單向模式。

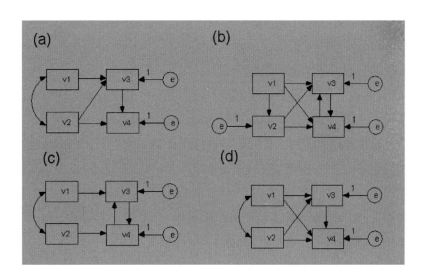

在例題的 (a)~(d) 的所有路徑圖中，觀測變數有 4 個，因之觀測變數的變異數、共變異數的個數是 10（= 4×5/2）。因此，從路徑圖去計數要估計之母數的個數後，自由度可以如下分別求出。

dfa = 10 – 2「變異數」– 1「共變異數」– 4「係數」– 2「誤差變數」= 1

dfb = 10 – 1「變異數」– 0「共變異數」– 7「係數」– 3「誤差變數」= –1

dfc = 10 – 2「變異數」– 1「共變異數」– 4「係數」– 2「誤差變數」= 1

dfd = 10 – 2「變異數」– 1「共變異數」– 5「係數」– 2「誤差變數」= 0

自由度成為 –1 的 (b) 是無法識別的模式。同時，單向模式是 (a)，非單向模式是 (c)，完全單向模式是 (d)。

1-12　遺漏值之處理

另外，資料處理時，有時也會面臨遺漏值之問題。

遺漏值的處理方法在 SPSS 中一般能利用的是成對刪除（Listwise）與整列刪除（Pairwise）。但有一些統計處理也能利用代入（imputation）。Listwise 是該觀察值的其中一個變數，即使有一個遺漏值時，該觀察值全部從分析除去。Pairwise 是觀察值中具有遺漏值的變數，雖然其觀察值的數據是不列入計算的，但對於未有遺漏值的變數來說，觀察值的數據可以用於計算。代入法是在遺漏值中代入數據的平均值，進行處理。

Amos 所進行的遺漏值處理，與上述三種均不同。Amos 是利用最大概似法估計遺漏值。將數據區分為具有遺漏值無法觀測的數據與可以觀測的數據。無法觀測的數據視為可以觀測的數據的條件機率函數，使用最大概似法從所觀測的數據以觀察值單位得出遺漏值的估計值。

在利用上，是在估計法中指定最大概似法，「$missing =」之後指定遺漏值。譬如，將 999 當作遺漏值來製作數據時，即成為「$missing = 999」。其次在清單的〔Model-Fit〕中勾選〔mean〕，或於工具盒中，按一下〔mean〕的按鈕，進行操作之後，再進行分析。

另外，要注意的是，Amos 的遺漏值處理法的前提假定是隨機的遺漏值

（missing at random）。此意指發生遺漏值的機率，與數據無關。反過來說，遺漏值的發生類型與數據可以看出關連時，Amos 的遺漏值處理法並不適切，譬如，受驗者是女性，年齡欄如果是遺漏值時，此假定也許無法滿足。因為可以想到年齡大的人會將年齡欄空白，讓其發生遺漏值。如此一來，遺漏值的發生與數據無關的假定即不能滿足。可是，遺漏值為何發生，以及了解該遺漏值具有何規則性，在現實中是很困難的。通常遺漏值並非觀察出許多，也無法以量的方式處理。也許是受試者不想回答的詢問，也許是遺漏填記，或者詢問項目有不周，或受試者無言抗議的可能性也有。

根據 Wemer Wothke 與 James L. Arbuckle 的看法，在隨機遺漏的條件方面，最大概似法是比 Pairwise 或 Listwise 的遺漏值處理可得出適切的估計值。Pairwise 或 Listwise 只有在比隨機遺漏更嚴格的條件（missing completely at random）之下才會有效。考慮這些，Amos 的遺漏值處理可以說具有優越的特徵。不僅結構方程模式，即使是迴歸分析或平均、變異數的估計等，利用 Amos 也可受惠此遺漏值處理的好處。

繼本章之後，相關議題不足之處可參閱第 15 章〈結構方程模式須知〉之輔助說明。

第2章　相關關係──相關係數

2-1　Amos 與路徑圖的基本

本節是學習 Amos 的基本操作方法與路徑圖的基礎。若已學習過上篇，則本節當作複習。具體路徑圖的畫法與分析的執行方法會在第 2 節以後探討，有某種程度使用過 Amos 的讀者，直接進入第 2 節也無妨。

1.Amos 的基本：啓動 Amos

要啓動 Amos，先點擊 Window 的〔開始〕 <span> </span> →〔所有程式〕→〔IBM SPSS Statistics〕，從〔IBM SPSS Amos21〕檔案夾中選擇〔Amos Graphics〕。

在 SPSS 的分析清單中有 Amos 的項目時，一旦選擇 Amos 即可啓動。

2.Amos 的作業畫面

啓動 Amos 後，即出現如下的頁面。

最左邊排列著圖像。此部分稱為〔圖像區〕，點選此等圖像，即可繪製或修改路徑圖，進行分析的指定或執行。無法使用之狀態的圖像顏色變淡無法點選，因之可以了解目前可以使用哪一個圖像或不能使用哪一個圖像。

中央的部分稱為〔資訊區〕。此框中當處理數個模式或數據，或在路徑圖內顯示估計值時，可顯示所需的資訊。

右側的四方框稱為〔繪圖區〕，是繪製路徑的區域，雖以四方框顯示，但此可以想成是一頁的紙張。並且，選擇〔View〕清單→〔Interface Properties〕，像空白或頁面方向（縱方向或橫方向）等，均可以改變頁面的設定。

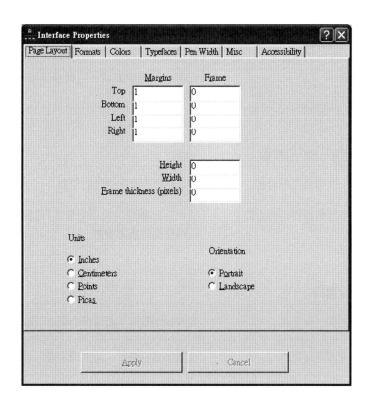

3.Amos 經常使用的圖像分項說明

(1) 繪製路徑圖

圖像	內容	說明
▭	繪製可被觀測的變數	繪製觀測變數（直接被觀測的變數）一面按著滑鼠左鍵一面繪製
◯	繪製不能直接觀測的變數	繪製潛在變數（不能直接觀測的變數畫法與上面相同
🔱	繪製潛在變數，或在指標變數中追加潛在變數	一面按著滑鼠左鍵一面繪製潛在變數，在潛在變數中左鍵按一下時，即可畫出觀測變數及對觀測變數的誤差變數。重複按一下時，即可追加觀測變數與誤差變數，內生變數（至少有一次受到其他變數影響的變數）時，即追加誤差變數
←	繪製路徑（單向箭線）	畫出單方向的箭線表示因果關係
↔	繪製共變異數（雙向箭線）	畫出雙方向的箭線表示共變關係（相關關係）

圖像	內容	說明
	對既存的變數追加特有的變數	在內生變數的圖形上點選時,即畫出誤差變數,已畫出誤差變數時,可像畫圖那樣移動誤差變數的位置

(2) 觀察用於分析的變數

	一覽模式內的變數	顯示路徑圖上所使用的變數
	一覽數據組內的變數	顯示作為數據所指定的檔案內的變數,在路徑圖以拖移即可指定變數

(3) 圖形的選擇

	選擇一個物件	選擇一個圖形,被選擇的圖形以藍色顯示
	選擇全部物件	選擇所有的圖形,被選擇的圖形以藍色顯示
	解除所有物件的選擇	解除所有的選擇

(4) 圖形的編輯

	複製物件	複製圖形。在想複製的圖形上按住左鍵一面移動滑鼠
	移動物件	移動圖形。在想要移動的圖形上按住左鍵一面的移動滑鼠
	消去物件	消去圖形。在想消去的圖形上按一下左鍵
	變更物件的形狀	改變圖形的大小、形狀
	旋轉潛在變數的指標變數	潛在變數周圍的觀測變數與誤差變數的位置,像畫圖那樣移動
	反轉潛在變數的指標變數	潛在變數周圍的觀測變數與誤差變數的位置左右對稱地移動

(5) 有關畫面顯示

	移動參數值	讓顯示在圖周邊的分析結果的數值位置移動
	在畫面上移動路徑圖	一面按一下左鍵一面使滑鼠移動時，圖形的整個繪製區即移動
	修正	在圖形上按一下左鍵，路徑即可修正成適切的位置
	擴大路徑圖的部分	擴大整個繪圖區
	縮小圖的部分	縮小整個繪圖區

(6) 有關分析

	選擇數據檔	指定數據檔，當依組別進行分析時，指定判別組的變數
	分析的性質	進行分析方式的指定、輸出的指定
	計算估計值	執行分析，顯示「算盤」的圖像

(7) 觀察結果

	顯示正文（Text）輸出	觀察分析結果的詳細情形
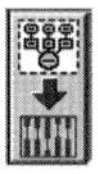	輸入路徑圖（模式的特定化）的顯示	在此圖像被選擇的狀態下繪製圖形
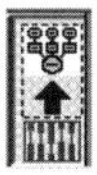	輸出路徑圖的顯示	分析結果的數值顯示在路徑圖內，如選擇中央部分的「未標準化估計值」、「標準化估計值」的字母時，顯示所對應的數值

　　第 2 章以後，一面使用這些圖像，一面進行實際的分析，一面體驗分析，一面記住圖像的意義。

4. 路徑圖的基本：四個基本圖型：變數與因果、相關

路徑圖示以四方形、圓形（橢圓）、單向箭線、雙向箭線等四個圖形來表現。此四個圖形以英語來說就像字母一樣。組合此四個圖形，可產生出各種意義。

(1) 四方形：觀測變數

四方型是表示「觀測變數」。

這是意指實際被測量的數據，譬如，假定測量 10 名大學生的身高與體重時，此「身高」或「體重」是以四方型表現。試想像在「身高」的四方型中，包含有 10 名大學生的身高數據。

(2) 圓、橢圓：潛在變數

圓或橢圓表示「潛在變數」。

這意謂實際上未能被觀測的變數。表示無法直接觀測的變數，或理論上所假定的概念（構成概念）時也可使用。

將無法直接觀測的變數想列入分析之中的時候也有。譬如，「學力」的情形如何？學歷高的學生在國文、數學、英文各科均取得高分，但學力的高低與各科的分數並不一致。各科的分數是反映在學力，並非學力本身，像此種情形，將學力當作潛在變數來繪製。具體的畫法在第 7 章以後會探討。

(3) 單向箭線：因果關係

單向箭線表示「因果關係」。

假定箭線始端的變數對箭線終端的變數造成影響。

譬如，多吃糖果的人比不吃糖果的人在體重上也許較爲重些。像這樣，如假定吃糖果的量對體重有影響時，就可畫出「糖果量」→「體重」。具體的畫法在第 3 章以後會探討。

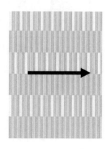

(4) 雙向箭線：相關關係（共變關係）

雙向箭線表示「相關關係（共變關係）」。

所謂相關關係（共變關係），是在可以想出各種關係，包含因果關係之中，

當某一方的分數愈高，另一方的分數就出現愈高（或愈低）的
關係。

　　A 愈多，B 也愈多（A 愈少，B 也愈少）有此種關係稱為
「正相關」。

　　A 愈多，B 就愈少（A 愈少，B 就愈多）有此種關係稱為
「負相關」。

　　A 的多少與 B 的多少無關，稱為「無相關」。

　　譬如，身高與體重之間有「正的相關關係」。可是，身高
並非是體重的原因，體重也並非是身高的原因。即使節食減少
體重，身高幾乎不變。像這樣，即使兩者之間有正的相關關係，但無因果關係。
因此，身高與體重並非單向箭線，以雙向箭線連結才是適切的。

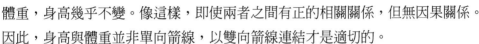

5. 從基本圖形的組合建立模式

　　將這些圖形加以組合，可產生出各種的意義。

　　譬如，下圖是畫出「學習量影響成績」的關係。雖然是單純的話題，但一般
可以認為愈是學習，成績愈會提高。可是，是否成績完全只能以學習量來說明
呢？實際上也並非如此。

　　因此，放置「學習量以外」的要素即「誤差」，利用「學習量」與「誤差」
來說明「成績」，建立如此的模式。

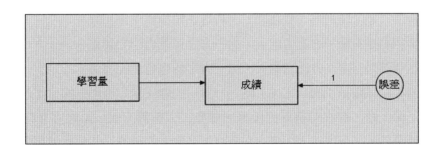

　　另外，下圖是無法直接觀測的構成概念即「數學的學力」，影響三種數學問
題的正答數的關係圖。

　　「數學的學力」由於直接測量是很困難的，因之從其所反映的結果即「計算

問題正答數」、「圖形問題正答數」與「證明問題正答數」三個觀測變數,間接地加以推測。利用肉眼看不見的「數學的學力」與「誤差」,說明各個的正答數。

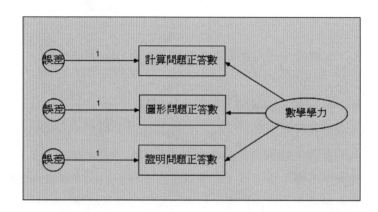

2-2　兩個變數之間的相關關係

1. 相關係數

以下試著使用這些圖形進行分析看看。

表示 2 個變數之關連的方法,其中的一個即為相關係數。

相關係數值 r 是在 −1.00 到 1.00 的範圍中。並且,相關係數若是 0.00,意指 2 個變數間全無關係,相關係數若是 1.00,意指 2 個變數間有替代關係。

數值若是負值稱為「負相關」,若是正值稱為「正相關」。

負相關是有著一方之值愈大,另一方之值就愈小的關係。

正相關是有著一方之值愈大,另一方之值也愈大的關係。

當相關係數是 1.00(−1.00)時,一對一的關係是完全成立的。如若不然(不是 ±1.00)時,存在有例外的數據。譬如,以整體來說,A 愈大 B 也愈大(正的相關關係),但儘管 A 大仍存在有 B 不怎麼大的數據。此種數據存在許多時,相關係數之值即變小,此種的數據如果少,值就會變大。

本章透過以路徑圖表示變數間的相關關係來熟悉 Amos 的操作。如第 1 節所述,相關關係是以雙向箭線來表現。

2.研究的背景與使用的數據：檢討心理學上分數之間的關連

此處，檢討 3 個心理學上分數之間的關連。

使用的數據如下。對 20 名實施「外向性」、「調和性」、「不安」的個別詢問。

分別以 3 個詢問項目來測量，再求出合計值（虛構數據）。

外向性：興趣、關心趨向自己以外的方向之程度。

調和性：與他人協調能順利進行的程度。

不安：焦慮種種的程度。

NO：調查對象的號碼。

NO	外向性	調和性	不安
1	5	4	8
2	2	5	7
3	4	7	4
4	3	5	7
5	4	2	3
6	5	4	6
7	5	6	5
8	7	6	2
9	4	3	5
10	6	7	3
11	3	2	5
12	7	6	3
13	5	5	2
14	6	8	4
15	6	5	6
16	5	4	4
17	5	3	4
18	4	5	7
19	8	6	2
20	5	8	6

3. 數據的輸入與讀取：輸入數據

Amos 是可以讀取各種形式的數據。此處介紹主要的數據輸入方法。

(1)Excel 的數據

輸入到 Excel 時，如第 1 列輸入變數名時，Amos 可以自動讀取。

	1	2	3	4
1	NO	外向性	調和性	不安
2	1	5	4	8
3	2	2	5	7
4	3	4	7	4
5	4	3	5	7
6	5	4	2	3
7	6	5	4	6
8	7	5	6	5
9	8	7	6	2
10	9	4	3	5
11	10	6	7	3
12	11	3	2	5
13	12	7	6	3
14	13	5	5	2
15	14	6	8	4
16	15	6	5	6
17	16	5	4	4
18	17	5	3	4
19	18	4	5	7
20	19	8	6	2
21	20	5	8	6

(2)SPSS 的數據

輸入到 SPSS 時，開啓畫面左下的〔變數檢視〕。

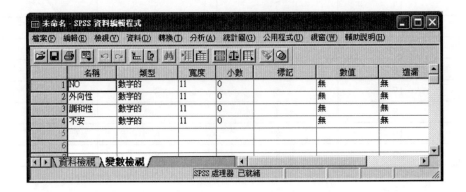

其次，開啓〔資料檢視〕，輸入數據。

	NO	外向性	調和性	不安
1	1	5	4	8
2	2	2	5	7
3	3	4	7	4
4	4	3	5	7
5	5	4	2	3
6	6	5	4	6
7	7	5	6	5
8	8	7	6	2
9	9	4	3	5
10	10	6	7	3
11	11	3	2	5
12	12	7	6	3
13	13	5	5	2
14	14	6	8	4
15	15	6	5	6
16	16	5	4	4
17	17	5	3	4
18	18	4	5	7
19	19	8	6	2
20	20	5	8	6

【註】數據檔參 data_ex02.xls。

3.Tab 分隔、逗點分隔的數據

Amos 與 SPSS 也可讀取 Tab 分隔（左側），逗點分隔（右側）的數據。

與 Excel 一樣，第一列輸入變數名時，即可自動被讀取。

Tab 分隔的檔名有「.txt」的執行檔，逗點分隔的檔名有「.csv」的執行檔。另外，將以 Excel 儲存的 csv 形式的檔案以 Text 編輯程式開啓時，可以變成逗點分隔。

	Tab 分隔		
No	外向性	調和性	不安
1	5	4	8
2	2	5	7
3	4	7	4
4	3	5	7
5	4	2	3
6	5	4	6
7	5	6	5
8	7	6	2
9	4	3	5
10	6	7	3
11	3	2	5
12	7	6	3
13	5	5	2
14	6	8	4
15	6	5	6
16	5	4	4
17	5	3	4
18	4	5	7
19	8	6	2
20	5	8	6

（data_ex02tab）

逗點分隔

```
No,外向性,調和性,不安
1,5,4,8
2,2,5,7
3,4,7,4
4,3,5,7
5,4,2,3
6,5,4,6
7,5,6,5
8,7,6,2
9,4,3,5
10,6,7,3
11,3,2,5
12,7,6,3
13,5,5,2
14,6,8,4
15,6,5,6
16,5,4,4
17,5,3,4
18,4,5,7
19,8,6,2
20,5,8,6
```

（data_ex02comma）

(4) 資料的讀取─將資料讀取到 Amos

那麼，試以 Amos 讀取資料看看。

步驟 1　啓動 Amos。從〔File (F)〕清單選擇〔Data Files (D)〕，或直接點選〔資料檔〕圖像（ ▦ ）亦可。

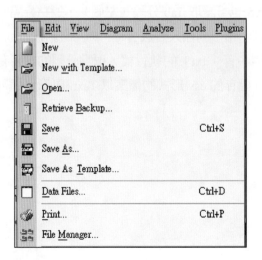

步驟 2 顯示出〔Data Files〕視窗。

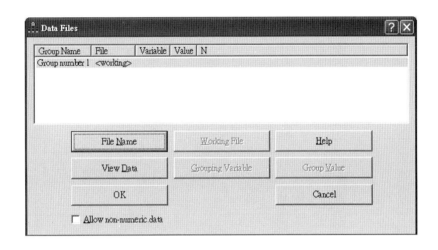

步驟 3 點選〔File Name〕。

在〔檔案類型〕中，選擇想讀取檔案的形式。

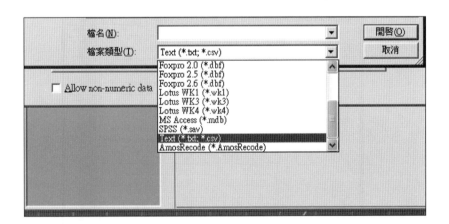

【註】：此處是以 csv 檔的例子來說明，但 Excel 檔的情形也一樣，在〔檔案類型〕中選擇
Excel 8.0 (*.xLs) 即可。

步驟 4 如樣本數〔N〕顯示有〔20/20〕，表示讀取成功（顯示已讀取 20 個數
據）。

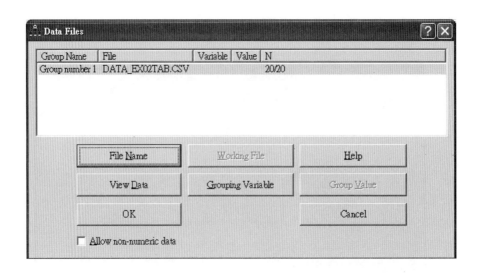

如點選〔View Data〕時，就會顯示所讀取的資料，不妨確認看看。

NO	外向性	調和性	不安
1	5	4	8
2	2	5	7
3	4	7	4
4	3	5	7
5	4	2	3
6	5	4	8
7	5	8	5
8	7	8	2
9	4	3	5
10	8	7	3
11	3	2	5
12	7	8	3
13	5	5	2
14	8	8	4
15	8	5	8
16	5	4	4
17	5	3	4
18	4	5	7
19	8	8	2
20	5	8	8

如確認資料已被讀取時，回到步驟 4 的頁面，按 OK 。

4. 繪製路徑圖：以路徑圖繪製資料的相關關係

(1) 繪製觀測變數

步驟 1 　點選〔繪製觀測變數〕圖像（　）。
　　　　首先，繪製出一個四方形。

步驟 2 　為了熟悉操作，試著複製此四方形。

如點選〔複製物件〕圖像（　），滑鼠指針會改變。亦即，此圖像變成複印機的形狀。在此狀態下，照樣點選先前所繪製的四方形，於右側移動滑鼠，再放開點選。

是否複製了四方形呢？

又，再度點選〔複製物件〕圖像（　）時，即可跳出複製的狀態。

步驟 3 　就手掌形狀的圖像（　　　）進行說明。

「豎起食指」的圖像（　）稱爲〔單選物件（Select one object a time）〕。

點選此圖像時，滑鼠指針也成爲相同形狀。在此狀態下，試著點一下剛才所繪製的右側的四方形，指針如出現在四方形的外側時，四方形會變成藍色，此顏色的狀態，是物件已被選擇的狀態。

又，再一次點一下時，四方形即還原成黑色。

其次，試著點選「手掌全開」的圖像（　）。

指針與先前相同，兩個四方形均變成藍色。

此稱爲〔選擇所有物件（Select allobjects）〕圖像，按一下之後，繪圖區內所畫的所有圖形均被選擇。

那麼，在此狀態下，試著點選「手掌猜拳」的圖像（　）。

兩個四方形是否還原成黑色呢？

此稱爲〔解除所有物件的選擇（Deselect objects）〕圖像，點選之後，即解除所有的選擇。

步驟 4 　點一下〔選擇所有物件〕圖像（　）。

其次，點一下〔複製物件〕圖像（　）。

按住左右任一方的四方形後向下方移動，再放開看看。

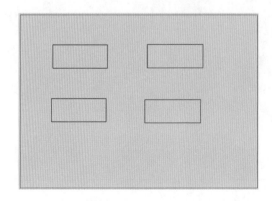

四方形是否變成了四個呢？

按一下〔複製物件〕圖像（　），即跳出複製狀態。

另外，下方兩個四方形變成藍色呈現被選擇的樣式，按一下〔解除所有

物件之選擇〕圖像（　），即解除選擇。

步驟 5　分析中所使用的變數有 3 個，而四方形有四個，試消去 1 個看看。

點選〔消去物件（Erase objects）〕圖像（　）。滑鼠指針形成乂的形

狀，試按一下左下的四方形，是否消去了呢？

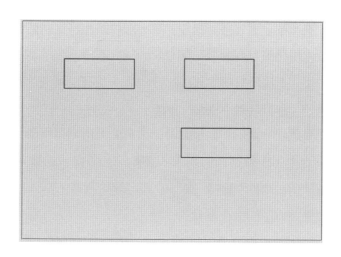

步驟 6　由於有像卡車形狀的圖像（　），試按一下看看。

滑鼠指針也形成卡車的形狀，此稱為〔移動物件（Move objects）〕圖

像，讓圖形在移動時使用，那麼，讓右下的四方形移到中央看看。

按住圖形向左方移動後再放開滑鼠。

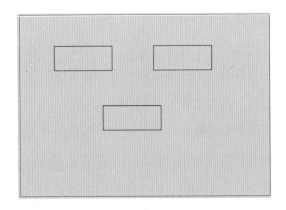

再一次，按一下〔移動物件〕時，即可跳出移動狀態。

步驟7 另外，再將所有的圖形移動看看。

按一下〔選擇所有物件〕圖像（ 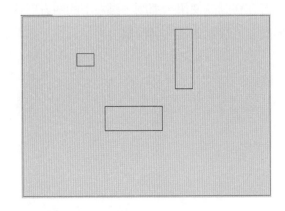 ）。要確認所有的圖形均變成藍色。

按一下〔移動物件〕圖像（ ）。

一面點選任一圖形一面移動時，所有的圖形均可移動。

再按一下〔移動物件〕圖像（ ），即從移動樣式中跳出，按一下〔解除所有物件〕圖像（ ）即可解除選擇。

步驟8 試改變四方形的大小看看。

按一下〔改變物件的形狀（Change the shape of objects）〕圖像（ ）時，滑鼠指針也變成相同形狀，按住左上四方形移動滑鼠時，即可改變形狀或大小。

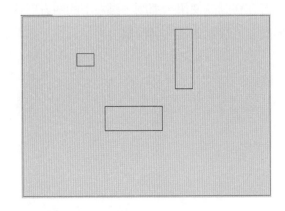

【註】想還原時…

　　如果操作失敗，可按一下〔還原（Undo the previous change）〕圖像（↶）。如果想

　　重作時，可按一下〔重作（undo the previous undo）〕圖像（↷）。

5. 繪製相關關係

步驟1　變數間的相關關係，是以雙向箭頭表示。

　　　　點選〔畫共變異數（雙向箭線）（Draw covariance (double headed

　　　　arrows)）〕圖像（↔），滑鼠指針形成雙向箭線。

步驟2　在三個四方形之間，畫出雙向箭頭。

　　　　從左向右畫時，畫出向上的弧形。

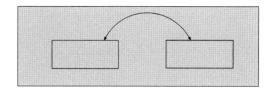

　　　　從右向左畫時，畫出向下的弧形。

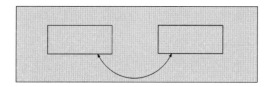

　　　　另外，由上向下畫時，畫出向右的弧形。

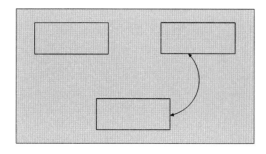

　　　　由下向上畫時，畫出向左的弧形。

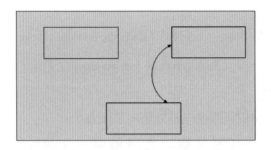

試在三個四方形之間畫出雙向箭頭。

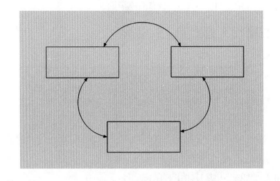

並不一定需要形成如此的形狀，只要在變數間以雙向箭線連結時即能分析。

【註】雖然與工具列的圖像相同，但是在〔Edit〕清單或〔Diagram〕之中也有，不妨確認看看。

6. 指定變數

為了分析對三個四方形（觀測變數）中有需要指定所讀取的資料。

步驟 1　按一下〔一覽資料組內的變數（List variables in data set）〕圖像（▤），或者從工具列選擇〔View〕→〔Variables in Dataset〕。

先前所讀取的資料的變數名稱即可以一覽的方式顯示。

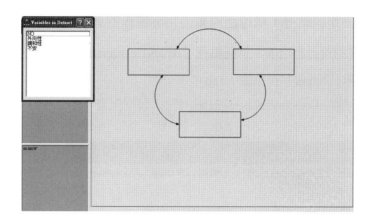

步驟 2 首先點選「外向性」，按住之後將滑鼠指針移向左上的四方形，再放開。

同樣，將「調和性」移向右上的四方形，「不安」移向下面的四方形。

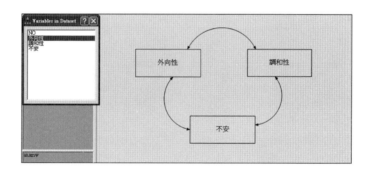

【註】即使未畫出四方形，如將資料組內所含的變數拖移到作圖區時，仍可畫出所指定變數的觀測變數。

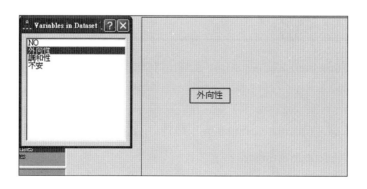

7. 分析的指定與執行：執行路徑圖的相關關係的分析

步驟1 在進行分析之前，首先點選〔Analysis properties〕圖像（ 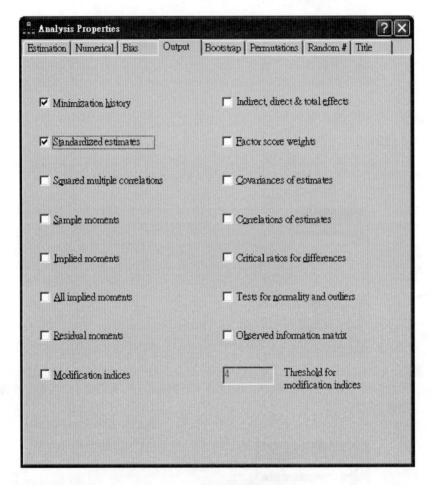 ），再點選〔Output〕的標籤（Tab）。

勾選〔Standardized estimates〕後再關閉視窗。

【註】勾選〔Standardized estimates〕時，即輸出可標準化成為平均 0、變異數 1 的路徑係數，因之最好不要忘了勾選。其他的部分，容後面章節中說明。

步驟2 點選〔Calculate estimates〕圖像（ ），或者選擇〔Analyze〕→〔Calculate estimates〕。

為了儲存檔案會顯示出視窗，在適當的位置處取上名稱後儲存。但所儲

存的檔案數甚多時，可製作適切的資料夾再整理爲宜。

如檔案已儲存時，即執行分析。

中央的框內，如顯示出〔Minimum achieved〕、〔Writing output〕時，分析就算成功。

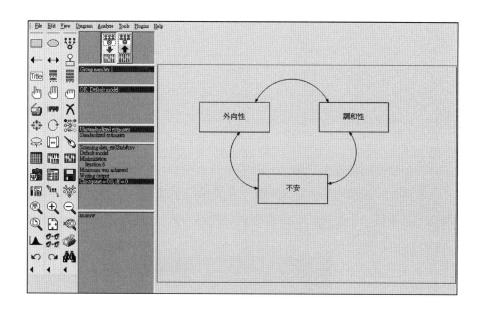

8. 觀察輸出：在路徑圖上顯示分析結果，觀察相關係數

(1) 觀察輸出路徑圖

步驟 1　按一下中央上方的〔view the output path diagram〕圖像（　）。路徑圖上顯示數值。

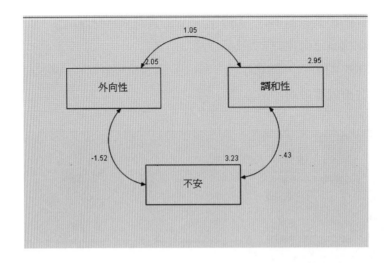

在此雙向箭線上所顯示的數值，是未標準化的數值，亦即共變異數。
另外，在四方形（觀測變數）的右肩上的數值，是變異數的估計值。

步驟2 試著按一下中央的「參數形式」的框內的〔Standardized estimates〕。

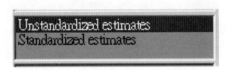

在三個變數間的雙向箭線上顯示出標準化估計值，亦即相關係數。
數據已標準化成為平均 0、變異數 1，所以未顯示變異數的估計值。

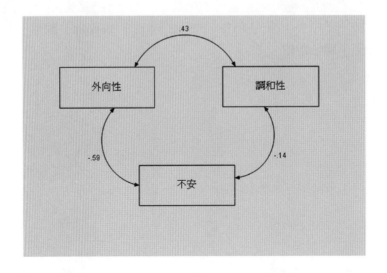

(1) 觀察正文輸出

步驟 1 按一下〔View text〕圖像（⊞），或從工具列選擇〔View〕→〔Text output〕。

在左側的清單中，試著點選估計值（Estimates）的字母。

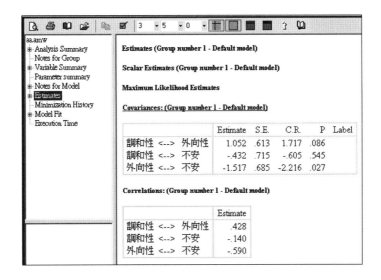

顯示有標準化前的〔共變異數（Covariances）〕，以及標準化後的數值〔相關係數（Correlations）〕。

步驟 2 在〔共變異數（covariance）〕的框內也顯示有顯著機率（機率）。

此處依據顯著水準，判斷所顯示的顯著機率。

0.1% 水準	P < 0.001	顯著機率未滿 0.001
1% 水準	p < 0.01	顯著機率 0.001 以上 ～ 0.01 未滿
0.5% 水準	p < 0.05	顯著機率 0.01 以上 ～ 0.05 未滿

結果的判讀方法：「外向性」與「不安」之間的相關係數是 r = −0.590，為負的相關，在 5% 水準下是顯著的。「外向性」與「調和性」的相關係數是 r = 0.428，呈現正的相關，顯著水準是 0.086，超過 0.05，因此在 5% 水準下不能說是顯著的。「調和性」與「不安」的相關係數是 r = −0.140，不顯著（n.s.）。

9. 以 SPSS 分析看看：輸出相關係數

(1) 資料的輸出與分析

步驟 1　啓動 SPSS 後，選擇〔檔案〕→〔開啓舊檔〕→〔資料〕，在〔開啓舊檔〕視窗中，讀取與先前相同的資料。

步驟 2　選擇〔分析〕→〔相關〕→〔雙變數〕。

步驟 3　在〔變數〕方框內，指定外向性、調和性、不安。

步驟 4　按一下〔選項〕。

在〔統計量〕的方框內，勾選〔平均值與標準差〕。

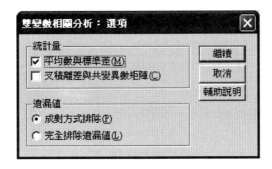

按一下 繼續。

按一下 確定。

(2) 結果的輸出

顯示有平均值與標準差，以及相關係數與顯著機率。

描述性統計量

	平均數	標準差	個數
外向性	4.95	1.468	20
調和性	5.05	1.761	20
不安	4.65	1.843	20

相關

		外向性	調和性	不安
外向性	Pearson 相關	1	.428	-.590**
	顯著性 (雙尾)		.059	.006
	個數	20	20	20
調和性	Pearson 相關	.428	1	-.140
	顯著性 (雙尾)	.059		.555
	個數	20	20	20
不安	Pearson 相關	-.590**	-.140	1
	顯著性 (雙尾)	.006	.555	
	個數	20	20	20

**.在顯著水準為0.01時 (雙尾)，相關顯著。

相關係數顯示如下：

外向性與調和性：r = 0.428, n.s.

外向性與不安：r = –0.590, p < 0.01

調和性與不安：r = –0.140, n.s.

【註】n.s. 是 nonsignificant 的縮寫，不顯著之意。

➲ 解說：以散佈圖確認相關關係

兩個變數之間的相關關係，具有何種意義呢？

試以 SPSS 繪製散佈圖看看。

➤ 繪製散佈圖

步驟 1　選擇〔統計圖〕→〔Legacy Dialog〕→〔散佈圖／點〕。

步驟 2　選按〔簡單〕，按一下 定義 。

步驟 3　〔Y 軸〕指定外向性，〔X 軸〕指定調和性。

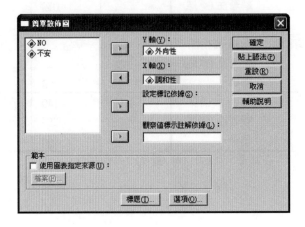

按一下 確定 。

即可畫出如下的散佈圖。

➲ 解說 1：正的相關

外向性與調和性有正的相關關係。所謂正的相關關係，意指如下圖，畫出向右上升的散佈圖。

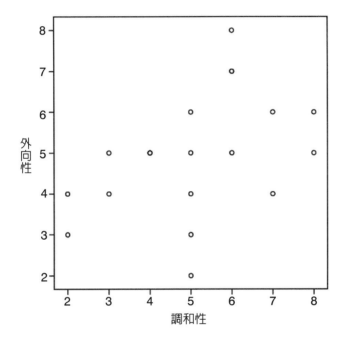

以簡單的圖形畫出正的相關關係亦即向右上升的散佈圖時，即如下圖所示。散佈圖形成一直線時，相關係數即為 1.00。橢圓部分愈寬，相關係數的值即愈小。

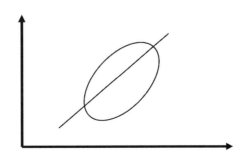

⊃ 解說 2：負的相關

外向性與不安處是於負的相關關係。

所謂負的相關關係，如下圖意指畫出向右下降的散佈圖。

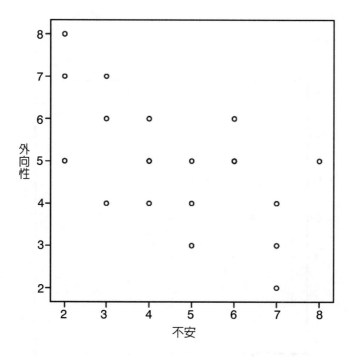

以簡單的圖形畫出負的相關關係即向右下降的散佈圖時，如下圖所示。散佈圖形成直線時，相關係數是 –1.00。橢圓部分愈寬，相關係數的絕對值即愈低。

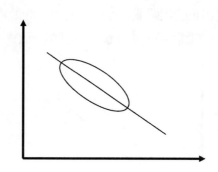

⊃ 解說 3：無相關

調和性與不安是 r ＝ － 0.140，有極低的負的相關關係，接近無相關的狀態。

調和性與不安的散佈圖如下。

不能說向右上升或向右下降的散佈圖，點形成零散的狀態。

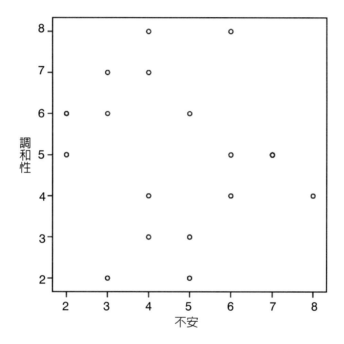

以簡單的圖形畫出無相關時，即如下圖所示。所描的點形成圖形或均一分佈時，相關係數是 0。

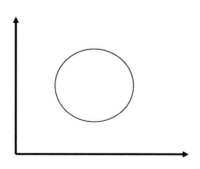

下一章試以路徑圖表現因果關係看看。

練習問題

使用以下數據，以 Amos 計算變數 A 與變數 B 之間的相關係數。

	1	2
1	A	B
2	1	1
3	2	2
4	2	3
5	3	3
6	3	4
7	4	3
8	3	2
9	3	3
10	2	3

解答

變數 A 與變數 B 之間的相關係數 r = 0.60。

將標準化估計值表示在輸出路徑圖上時即如下圖所示。

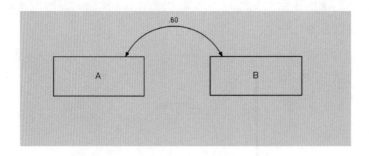

正文輸出的「估計值」，顯示如下，顯著機率是 p = 0.146，相關係數似乎不顯著。

Covariances: (Group number 1 - Default model)

	Estimate	S.E.	C.R.	P	Label
B <--> A	.407	.280	1.455	.146	

Correlations: (Group number 1 - Default model)

	Estimate
B <--> A	.600

Variances: (Group number 1 - Default model)

	Estimate	S.E.	C.R.	P	Label
B	.667	.333	2.000	.046	
A	.691	.346	2.000	.046	

第3章 表示因果關係——複迴歸分析

本章擬使用單向箭頭進行分析。

如第 2 章所述，雙向箭頭是表現「相關關係」，單向箭頭是表現「因果關係」。

可是，查明「因果關係」，是相當困難的問題。

手上拿著這本書來閱讀，以及抱著關心「使用 Amos 看看」之間，假定有正的關係（希望能如此）。

對 Amos 與結構方程模式的興趣、關心，是否對閱讀本書有傾向性的影響呢？或是試著閱讀本書之後，才對 Amos 與結構方程模式產生興趣、關心呢？到底何者是何者的原因呢？

第 1，時間上何者先行呢？也就是判斷在時間上是對 Amos 的興趣在先呢？還是閱讀在先呢？

可是，只是時間上的先行並非因果關係的條件。即使說是乞雨之後才下雨，其中也並非真正有某種的因果關係。

第 2，理論上來想，能否假定因果關係？如果將「興趣、關心是讓行動產生」的理論作為背景時，那麼「有興趣之後才閱讀」的因果關係，即判斷是妥當的。

可是，該理論是否正確，完全不得而知。並且隨著時代的改變也有可能修正理論。

第 3，除去其他變數的影響也會產生關連嗎？譬如，SPSS 公司偶爾會在 Amos 的廣告頁上連結本書的介紹。此事也許會讓人認為對 Amos 與結構方程模式的興趣、關心，與本書是有關連的。

如果廣告並不會影響的情形下，對 Amos 的興趣、關心與本書的關連似乎就會消失，兩者的直接因果關係就不存在。

總之，要有「相關關係與因果關係是不同的」想法去進行分析。

3-1　研究的背景與使用的數據

➲ 對主觀的幸福感造成影響的 2 因子

分析的目的，是研究「情動控制」與「社會支援」對「主觀的幸福感」造成影響的程度。

- 「情動控制」意謂是否知覺對自己本身的情感可控制到何種程度。
- 「社會支援」意謂是否知覺（在困難時）對於他人的援助能接受到何種程度。
- 「主觀的幸福」意謂自己目前有多幸福的主觀上判斷。

可以預判控制自己本身與來自他人的援助，對主觀上認為自己是幸福的想必會有某種程度的影響。因此，想以 Amos 檢討此種關係，使用的數據如下表所示。

NO	情動控制	支援	幸福感
1	4	2	3
2	3	3	3
3	1	3	3
4	2	3	2
5	3	4	4
6	4	2	3
7	3	4	3
8	3	4	3
9	2	2	1
10	3	2	2
11	2	1	2
12	3	3	3
13	3	3	4
14	3	4	4
15	5	4	4
16	3	2	3
17	3	2	1
18	3	4	3
19	4	3	4
20	3	4	4
21	4	3	3
22	3	2	4
23	3	3	4
24	3	3	3
25	3	3	3
26	4	5	5
27	3	3	4
28	3	3	3
29	4	3	3
30	1	2	2

【註】數據檔參 data_ex03.xls。

3-2　畫路徑圖

◯ 因果關係：2 個觀測變數 → 1 個觀測變數

畫出以 2 個觀測變數說明 1 個觀測變數的因果關係。

1. 資料的輸出與讀取

使用第 2 章介紹的方法輸入數據，以 Amos 讀取看看。

可使用 SPSS、Excel、Textfile 的任一方法輸入數據（此處是 Excel 資料，data_ex03.xLs）。

如〔Data Files〕的樣本數〔N〕顯示〔30/30〕時，即是讀取了 30 筆的數據。

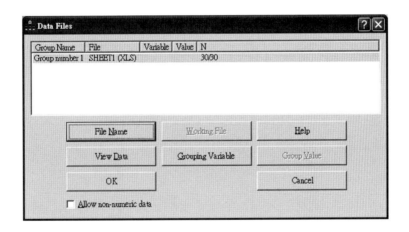

2. 畫觀測變數

步驟 1　點選〔繪製可被觀測的變數（Draw observed variables）〕圖像（▇）。
在繪圖區的略為上方畫出一個四方形。

步驟 2　其次點選〔複製物件（Duplicate Objects）〕圖像（🖨），複製四方形於下方。左右側複製一個時，即如下圖所示。

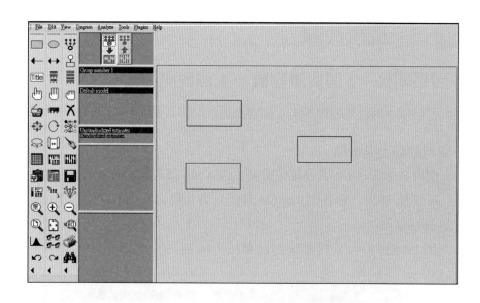

步驟3 點選〔單一箭線（Draw path (single headed arrow)）〕圖像（ ← ）。從左側的 2 個四方形，向右側的四方形，畫出單向箭線。

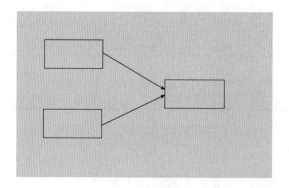

3. 畫誤差變數

　　畫出以「情動控制」與「社會支援」說明「幸福感」的路徑圖，當然是無法100% 以情動控制與社會支援來說明幸福感。對幸福感來說，除情動控制與社會支援以外，仍有其他的要因影響著。

　　例如，像人際關係的障礙，或電視節目、飲食等或許也有影響，測量幸福感時的誤差（馬馬虎虎的回答或測量方法的不周全等）也會有影響。

因此，將無法以「情動控制」與「社會支援」來說明的「其他」部分當作「誤差（error）」來表示。

不妨記住「接受單向箭頭的變數，也會受到誤差的影響」。

步驟 1 誤差變數是觀測變數以外的要素，因此以潛在變數（圓或橢圓）來畫。可是並非是點選〔繪製未能直接被觀測的變數（Draw unobserved variable）〕圖像（ ），而是以如下來繪製。

按一下〔在既有的的變數追加獨自的變數（Add a unique variable to an existing variable）〕圖像（ ）。滑鼠指針也形成相同形式。在此狀態下，按一下右側四方形之中。於是，右側的觀測變數即加上誤差變數。誤差變數以圓或橢圓畫出，且路徑係數被固定為 1。不妨確認箭線旁邊記上「1」。

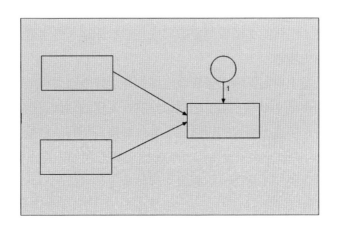

步驟 2 此外，不妨數次在相同的四方形之中按一下。誤差變數會依順時針的方向迴轉，可試著配置在認為最好的位置上。

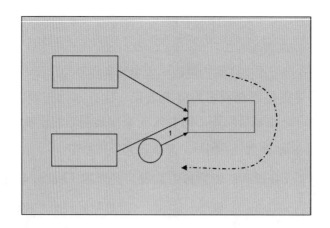

4. 在外生變數間畫上雙向箭線

　　路徑圖之中，將不受其他變數影響的變數稱為「外生變數」，受到影響的變數稱為「內生變數」。

　　在本例中，左側的 2 個觀測變數與誤差變數即為「外生變數」，右側的觀測變數即為「內生變數」。

　　路徑圖的基本規則是除誤差變數以外的外生變數都要畫上雙向箭線。除了已知相關係數明確是 0 以外，誤差變數以外的外生變數間都要畫上雙向箭線。

　　路徑圖中未被畫出箭線的變數間，可以解釋為相關係數是 0。

提示：Amos 的情形，誤差變數以外的外生變數之間如未畫上雙向箭線時，分析時會出現警告（當然，照原來那樣分析也是可以的）。

步驟 1　按一下〔雙向箭線（Draw covariance (double headed arrows)）〕圖像（↔），
　　　　在左側的 2 個觀測變數間畫上雙向箭線。

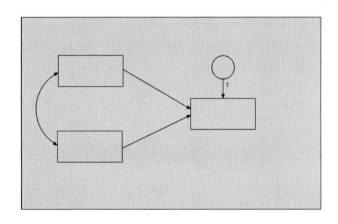

5. 指定變數

步驟 1　按一下〔一覽資料組內的變數（List variables in Daraset）〕圖像（▦），
　　　　或從工具列選擇〔View〕→〔Variables in Dataset〕
　　　　將情動控制、支援、幸福感指定到各自的觀測變數中。

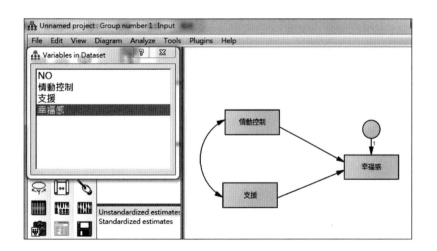

步驟 2　誤差變數是不能被觀測的變數，因之在數據之中以變數而言是不存在
　　　　的。

因此，有需要直接將文字輸入指定變數名。

在誤差變數中右按一下，選擇〔Object Properties〕。

或者選擇〔View〕→〔Object Properties〕，點選誤差變數。誤差變數以綠色的點線圍著，表示誤差變數已被選擇。

在〔Text〕Tab 的〔Variable name〕的框內，輸入 e(意指誤差（error））。

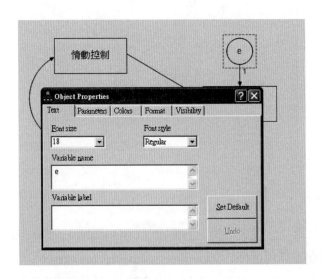

步驟 3　關閉〔Object Properties〕。

6. 分析的指定與執行

首先進行分析與輸出的指定。

步驟 1　按一下〔Analysis Properties〕圖像（　　），或者從工具列

選擇〔View〕→〔Analysis Properties〕。

點選〔Output〕的 Tab。

勾選〔Standardized estimates〕，〔Squared multiple correlations〕，再關閉視窗。

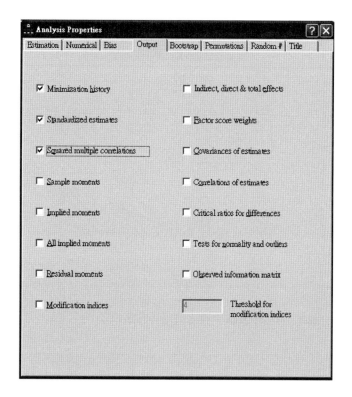

提示：如勾選〔Squared multiple correlations〕時，即會輸出情動控制與支援的綜
　　　合影響力。

步驟 2　按一下〔Calculate Estimates〕圖像（　　　　），或從工具列選擇〔Analyze〕
　　　　→〔Calculate Estimates〕後，再執行分析。
　　　　如要求有檔案的儲存時，就要儲存在適當的資料夾中。

3-3　觀察輸出─判斷因果關係

1. 觀察輸出路徑圖

步驟 1　按一下〔View the output path diagram〕圖像（　　　　）。
　　　　顯示未標準化估計值時，即如下圖所示。

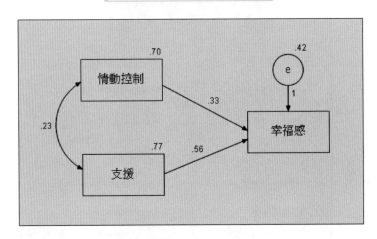

步驟 2 顯示標準化估計值時，即如下圖所示。

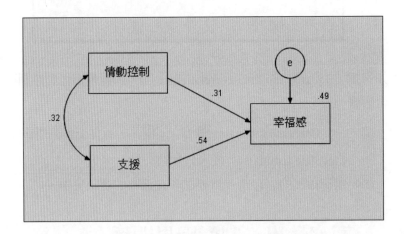

提示： 在幸福感的右上「0.49」的數值，即爲複相關係數的平方（R^2）。

如在〔Analysis Properties〕中去除〔Squared multiple correlations〕時，即不被輸出。

結果的判讀： 此次的結果，如將主觀的幸福感整體當作 1 時，可以想成利用情動控制與社會支援能說明「0.49」的一種表示吧。

2. 觀察正文輸出

步驟 1　按一下〔View Text〕圖像（ 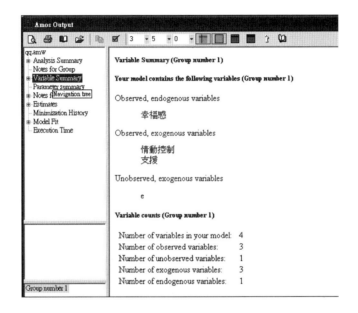 ），或者從工具列選擇〔View〕→〔Text Output〕。

在左側的清單中，試著點選〔Variable Summary〕。

顯示出哪一個變數是觀測變數？哪一個變數是未能直接被觀測的（潛在）變數？哪一個變數是內生變數？哪一個變數是外生變數？

本例顯示，可被觀測的內生變數是幸福感，可被觀測的外生變數是情動控制與社會支援，未能直接被觀測的外生變數是誤差 e。不妨先確認一下。

步驟 2　試觀察參數摘要〔Parameter summary〕

Weight（係數）是指單向箭線的路徑係數。由上表可知合計有 3 個單向箭線。

Fixed 的「1」是表示誤差到幸福感的路徑被固定為「1」。

Unlabeled 的「2」是指由情動控制到幸福感，由社會支援到幸福感的 2 條單向箭線。

Covariances 是指雙向箭線的數目，本例的路徑圖中，在情動控制與社會支援之間有一條雙向箭線，因此出現「1」。

Variance 是「3」。即表示 3 個外生變數的變異數。

步驟 3　觀察〔Estimates〕。

➢ 觀察路徑係數。

從情動控制到幸福感的標準化路徑係數是 0.307，在 5% 水準下是顯著的。

由社會支援到幸福感的標準化路徑係數是 0.535，在 1% 水準下是顯著的。

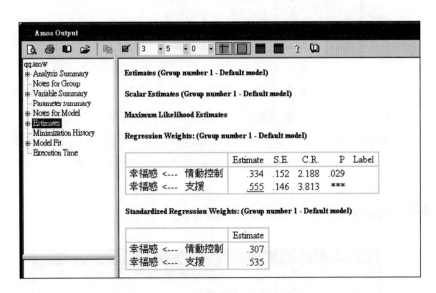

提示：在由支援到幸福感的路徑中，在機率（P）欄中顯示出 3 個星號，此意謂在 0.1% 水準下是顯著的。

如按一下此部位時，出現英文的說明，不妨確認一下（其他的輸出，也按一下時，在跳出的視窗中顯示中有說明）。

Level of significance for regression weight

The probability of getting a critical ratio as large as 3.813 in absolute value is less than 0.001. In other words, the regression weight for **支援** in the prediction of **幸福感** is significantly different from zero at the 0.001 level (two-tailed).

These statements are approximately correct for large samples under suitable assumptions. (See Assumptions.)

> 試觀察共變異數與相關係數的表。

相關係數是 R = 0.321，顯著機率是 P = 0.100 情動控制與社會支援之間的相關似乎不顯著。

Covariances: (Group number 1 - Default model)

	Estimate	S.E.	C.R.	P	Label
情動控制 <--> 支援	.234	.143	1.644	.100	

Correlations: (Group number 1 - Default model)

	Estimate
情動控制 <--> 支援	.321

> 接著，針對 3 個外生變數輸出變異數的估計值。

Variances: (Group number 1 - Default model)

	Estimate	S.E.	C.R.	P	Label
情動控制	.699	.184	3.808	***	
支援	.766	.201	3.808	***	
e	.423	.111	3.808	***	

> 複相關係數的平方 R^2 = .487。

Squared Multiple Correlations: (Group number 1 - Default model)

	Estimate
幸福感	.487

結果的判讀：由以上的結果顯示出情動控制也好，社會支援也好，對主觀的幸福感均呈現出顯著的正面影響。

又由標準化估計值來看，社會支援比情動控制對主觀的幸福感造成較大的影響。亦即，來自他人的支援比自己本身的感情控制，更可提高幸福感。

3-4 以 SPSS 分析看看―分析因果關係

1. 計算相關係數

首先，計算情動控制與社會支援的相關係數。

步驟 1 啓動 SPSS，選擇〔檔案〕→〔開啓舊檔〕→〔資料〕，在〔開啓檔案〕的視窗中，選取與前章相同的數據檔。

步驟 2 選擇〔分析〕→〔相關〕→〔雙變數〕。

步驟 3 在〔變數〕的框內指定情動控制與支援。

按 確定 。

➤ 相關係數是 r = 0.321。可知與 Amos 的輸出相同。

相關

		支援	情動控制
支援	Pearson 相關	1	.321
	顯著性 (雙尾)		.084
	個數	30	30
情動控制	Pearson 相關	.321	1
	顯著性 (雙尾)	.084	
	個數	30	30

2. 進行複迴歸分析

其次，將「幸福感」當作依變數，「情動控制」與「支援」當作自變數進行複迴歸分析。

步驟 1　選擇〔分析〕→〔迴歸方法〕→〔線性〕。

步驟 2　在〔依變數〕中指定幸福感，在〔自變數〕中指定情動控制與支援。

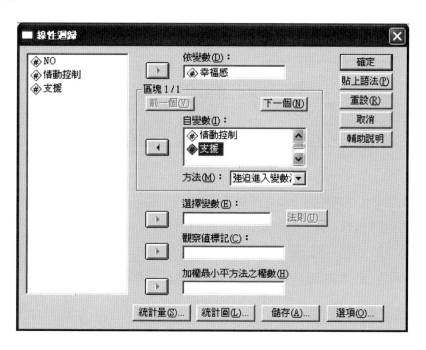

步驟 3 〔方法〕選擇強迫進入變數法。

➤ 在模式摘要表中，顯示有複相關係數（R）與複相關係數的平方（R²）。

模式摘要

模式	R	R 平方	調過後的 R 平方	估計的標準誤
1	.698ᵃ	.487	.449	.685

a. 預測變數：(常數), 支援, 情動控制

$R^2 = 0.487$。可知與 AMOS 的結果相同。

➤ 變異數分析的顯著性即為 R^2 的顯著機率。在 0.1% 水準下是顯著的。

變異數分析ᵇ

模式		平方和	自由度	平均平方和	F檢定	顯著性
1	迴歸	12.021	2	6.011	12.800	.000ᵃ
	殘差	12.679	27	.470		
	總和	24.700	29			

a. 預測變數：(常數), 支援, 情動控制
b. 依變數：幸福感

➤ 在係數欄中，顯示有迴歸係數。

係數ᵃ

模式		未標準化係數		標準化係數	t	顯著性
		B之估計值	標準誤	Beta分配		
1	(常數)	.441	.555		.794	.434
	情動控制	.334	.158	.307	2.111	.044
	支援	.555	.151	.535	3.679	.001

a. 依變數：幸福感

未標準化係數的 B（偏迴歸係數）相當於 Amos 的〔未標準化估計值〕，標準化係數的 Beta（標準偏迴歸係數；β）相當於 Amos 的〔標準化估計值〕。從「情動控制」到「幸福感」的 β 是 0.307（$p < 0.05$），「支援」到「幸福感」的 β 是 0.535（$p < 0.01$）。可知與 Amos 的輸出也是相同的數值。

3. 將結果畫入路徑圖

試將 SPSS 的結果表示在路徑圖上。

步驟 1 相關係數以雙向箭線繪製，標準偏迴歸係數（β）以單向箭線繪製。

步驟 2 複相關係數的平方（R^2），可以記在幸福感的旁邊。

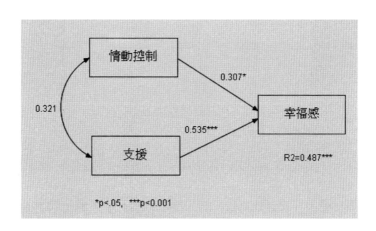

提示：如果記入 R^2 時，就不需要畫入誤差變數。

練習問題

試以 1 個原因，預測 1 個結果的單純路徑圖複習本章的內容。

數據與第 2 章的練習問題相同。以 A 為自變數，B 為依變數，畫出路徑圖，並檢討 A 對 B 的影響力。

A	B
1	1
2	2
2	3
3	3
3	4
4	3
3	2
3	3
2	3

解答

將標準化估計值表示在路徑圖上時，即如下圖。

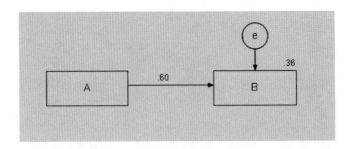

點選正文輸出（Text Output）的〔Estimates〕時，顯示如下。

Regression Weights: (Group number 1 - Default model)

	Estimate	S.E.	C.R.	P	Label
B <--- A	.589	.278	2.122	.034	

Standardized Regression Weights: (Group number 1 - Default model)

	Estimate
B <--- A	.600

Variances: (Group number 1 - Default model)

	Estimate	S.E.	C.R.	P	Label
A	.691	.346	2.000	.046	
e	.427	.213	2.000	.046	

Squared Multiple Correlations: (Group number 1 - Default model)

	Estimate
B	.360

如第 2 章的練習題所見的，A 與 B 的相關係數是 r = 0.60。
可知 A 到 B 的標準化係數也是相同之值。
且複相關係數的平方與「0.60 的平方」是相等之值。

第4章　複迴歸分析與偏相關係數

本章將在原因與結果均有數個時試著進行路徑分析。

現實社會中所發生的事，其原因與結果均複雜交織著。

例如每日的事件新聞報導，雖說「原因是什麼吧！」，但原因可以說不一而足。提到造成犯罪的原因，仔細觀察時，似乎也有無限之多。

我們從許多原因之中，挑選出被認為最有可能的原因來檢討。一項研究所探討的原因是有限的。因此，研究的累積是很重要的。

另外，結果也不限於一個。由相同的原因產生數個結果的情形也有。

因此，本章想分析由數個原因產生數個結果的模式。

4-1　研究的背景與使用的數據

⊃ 對 50 名中學生檢討學業成績與充實感之影響

本研究的目的是想探討「友人關係的滿意度與學習的激勵，對學業成績與充實感的影響」。

友人關係的滿意度是針對「目前的友人關係能否滿意」的詢問項目，由「不滿意」到「滿意」以 5 級要求回答。

就學業成績來說，是將所有科目的成績平均化，修改成 5 級來使用。

充實感是針對「生活充實」的詢問項目，由「不認為如此」到「認為如此」的 5 級要求回答。

變數有「友人關係」、「激勵」、「成績」與「充實感」4 個，分析由 50 名中學生所得到的數據（假想數據）。

NO	友人関係	激勵	成績	充実感
1	2	2	4	2
2	2	3	4	4
3	1	2	1	1
4	2	2	4	2
5	2	1	3	1
6	1	3	1	4
7	3	1	2	3
8	5	2	2	3
9	2	1	4	2
10	2	1	2	2
11	4	2	4	2
12	1	3	2	1
13	5	3	1	1
14	1	1	2	2
15	2	2	2	3
16	1	1	2	2
17	5	5	4	5
18	2	2	2	2
19	5	3	1	5
20	2	3	5	3
21	2	2	2	2
22	1	2	2	2
23	3	5	4	5
24	5	4	5	5
25	2	2	2	3
26	5	2	3	3
27	5	3	2	5
28	3	2	3	4
29	3	3	3	2
30	1	1	2	2
31	4	4	4	5
32	5	1	2	3
33	4	1	2	2
34	4	3	4	5
35	3	3	4	2
36	4	1	2	3
37	4	1	2	3
38	4	2	4	4
39	3	1	2	2
40	3	1	2	1
41	2	3	4	4
42	1	3	1	4
43	3	3	4	2
44	2	1	4	2
45	5	5	4	5
46	4	1	2	3
47	3	1	2	2
48	3	1	2	3
49	2	3	4	4
50	3	1	2	1

【註】數據檔參 data_ex04.xls。

4-2 畫路徑圖

⊃ 因果關係：2 個觀測變數 → 2 個觀測變數

1. 資料的輸入與讀取

使用第 2 章所介紹的方法輸入資料，以 Amos 讀取。利用 SPSS、Excel、Textfile 的任一方法輸入數據（此處是 Excel 資料，data_ex04.xls）。

〔Data file〕的樣本數〔N〕顯示有〔50/50〕，即顯示已讀取 50 筆的資料。

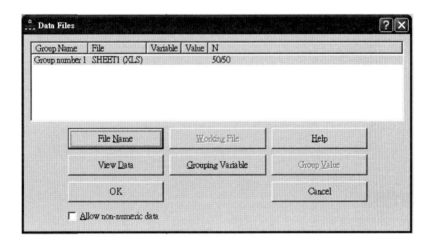

2. 頁面設定

本例要畫出左右各 2 個合計 4 個四方形。

因爲是畫橫向路徑圖，因此將作圖區改成橫向。

步驟 1 選擇〔View〕→〔Interface Properties〕。

步驟 2 將〔Page layout〕Tab 的〔Orientation〕 改 成〔landscape〕，再按〔apply〕。

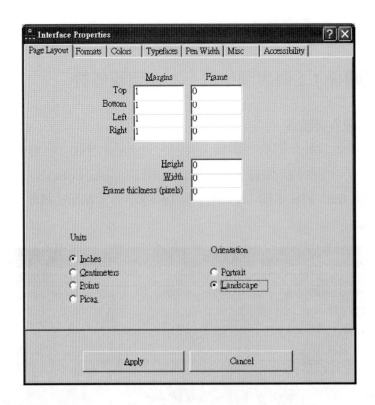

3. 畫觀測變數

步驟 1 回想第 2 章及第 3 章的內容，試著畫出如下的 4 個長方形。

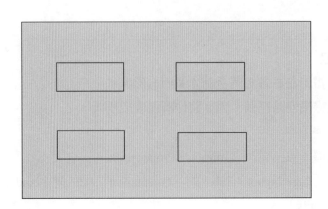

步驟 2 為了容易說明，請先指定變數。

點選〔list variables in data set〕圖像（▦），或選擇將「友人關係」、

「激勵」指定成左側的 2 個觀測變數，「成績」、「充實感」指定成右側的觀測變數。

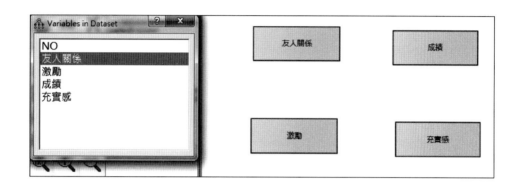

4. 畫出雙向箭線、單向箭線

步驟 1　在外生變數間指定共變異數（相關，雙向箭線）。

本例的分析，友人關係與激勵當成外生變數。

試在此兩者之間畫出雙向箭線。點選〔Draw Corariance (double head arrows)〕圖像（↔），在左側的兩個觀測變數間畫出雙向箭線。

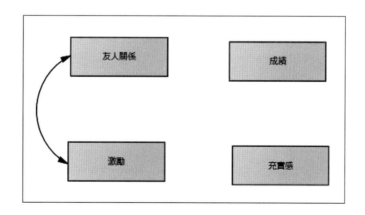

步驟 2　從友人關係、激勵分別向成績、充實感畫出單向箭線。可以畫出幾條呢？〔從友人關係到成績〕、〔從友人關係到充實感〕、〔從激勵到成績〕、〔從激勵到充實感〕，共可畫出 4 條的路徑。

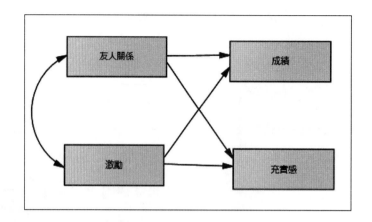

5. 畫出誤差變數

> **追加誤差變數**

在內生變數的成績、充實感上分別追加誤差變數。

步驟 1　點選〔Add a unique Variable to an existing Variable〕圖像（ ），分別在左右側的 2 個四方形之中單擊一下。持續單擊直到覺得適當位置即可。

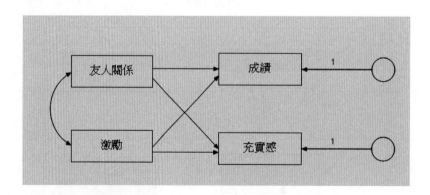

> **對誤差變數取上名稱**

上方的誤差變數取為 e1，下方的誤差變數取為 e2。

步驟 2　將滑鼠放在誤差變數中，單擊一下滑鼠右鍵顯示〔Object Properties〕，在〔Variable name〕的方框中，對誤差變數取名稱。

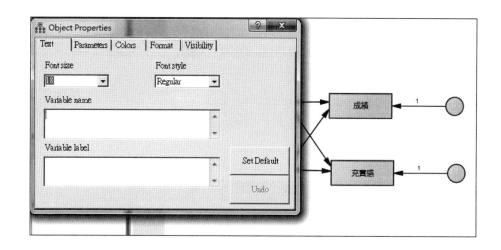

> **畫誤差間的相關**

如果有需要，在誤差變數間畫出雙向箭線。

如果有某種假定時，在誤差變數間畫出共變異數（相關、雙向箭線）。本例的情形，在成績與充實感之間被認為有可能隱藏者無法說明的共同原因。

譬如，受惠教學認真教師的學生，比未受惠的學生也許成績較高，學校生活更為充實感吧。

步驟3 在誤差間畫出雙向箭線。當然，不認為有特別理由時，就不需要畫出。

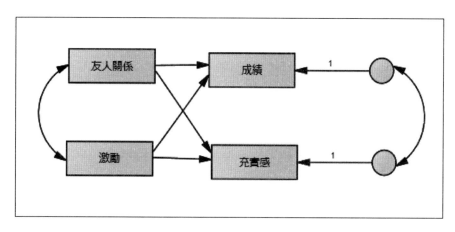

如此完成路徑圖。

【註】另外，內生變數之間是無法畫出雙向箭線的。

6. 分析的指定與執行

步驟 1 按一下〔Analysis Properties〕圖像（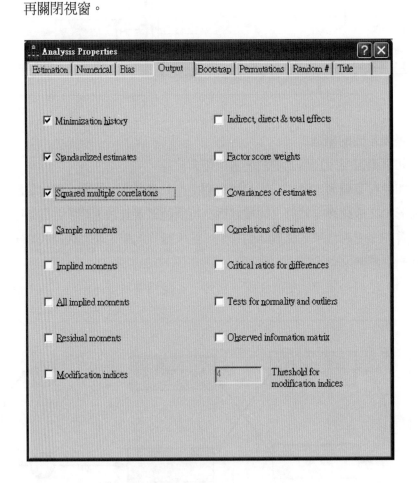），或從工具列選擇〔View〕
→〔Analysis properties〕。
按一下〔Output〕的 Tab。
勾選〔Standard estimates〕、〔Squared Multiple Correlations〕，之後，
再關閉視窗。

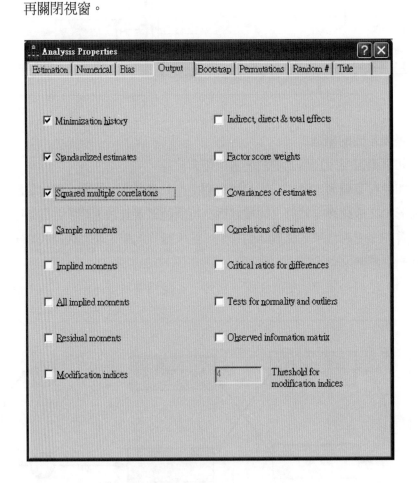

步驟 2 按 一 下〔Calculate Estimates〕圖 像（），或 從 工 具 列 選 擇
〔Analyze〕→〔Calculate Estimates〕，之後再執行分析。
如要求檔案的儲存時，可先儲存在適當的資料夾中。

1. 觀察輸出路徑圖

　　顯示標準化估計值。按一下〔View the output path diagram〕圖像（　），按一下〔Parameter format〕欄的〔Standardized Estimates〕。

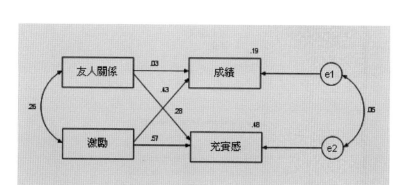

提示： 如果數字不易閱讀時，可以按一下〔Move parameter values〕圖像（　），

　　　　一面移動，即可改變數字的位置，試著移動到容易閱讀的位置。

結果的判讀： 由友人關係到成績的路徑係數是 0.03 的低值，友人關係到充實感

　　　　　　　是 0.28，由激勵到成績是 0.43，由激勵到充實感是 0.57。

　　　　　　　友人關係與激勵的相關是 0.26。

　　　　　　　誤差間的相關是 0.05，可知近乎是 0。

2. 觀察正文輸出

步驟 1　按一下〔View Text〕圖像（　），或從工具列選擇〔View〕→〔Text Output〕。

　　　　試觀察〔Variable Summary〕。

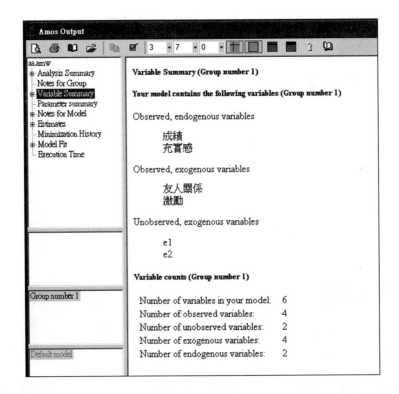

在路徑圖上比較內生變數與外生變數的內容，不妨確認看看。

步驟2 觀察〔Estimates〕。

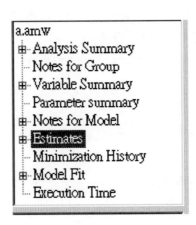

➢ 由友人關係到成績的路徑係數是 0.029 並不顯著（顯著機率 = 0.797）。
   它的單向箭線的路徑係數均顯著。

Regression Weights: (Group number 1 - Default model)

			Estimate	S.E.	C.R.	P	Label
成績	<---	友人關係	.029	.112	.258	.797	
充實感	<---	激勵	.627	.117	5.335	***	
成績	<---	激勵	.425	.131	3.245	.001	
充實感	<---	友人關係	.269	.100	2.678	.007	

Standardized Regression Weights: (Group number 1 - Default model)

			Estimate
成績	<---	友人關係	.034
充實感	<---	激勵	.566
成績	<---	激勵	.431
充實感	<---	友人關係	.284

➤ 友人關係與激勵之間的相關係數是 0.258，顯著機率是 0.081。誤差間的相關是 0.054，顯著機率是 0.706，均不顯著。

Covariances: (Group number 1 - Default model)

			Estimate	S.E.	C.R.	P	Label
友人關係	<-->	激勵	.394	.226	1.746	.081	
e1	<-->	e2	.050	.132	.377	.706	

Correlations: (Group number 1 - Default model)

			Estimate
友人關係	<-->	激勵	.258
e1	<-->	e2	.054

➤ 觀察複相關係數的平方。

　就成績而言是 $R^2 = 0.485$，充實感似乎來自友人關係與激勵的影響較大。

Squared Multiple Correlations: (Group number 1 - Default model)

	Estimate
充實感	.485
成績	.194

結果的判讀：由上述查明了以下事項：

第一，友人關係的滿意度對學業成績沒有影響，對充實感有低的影響。

第二，對學習的激勵不僅影響學業成績，對充實感也有甚高的影響。

4-4　以 SPSS 分析看看—分析數個因果關係

1. 計算相關係數

首先計算 4 個變數間的相關變數。

步驟 1　啓動 SPSS，選擇〔檔案〕→〔開啓舊檔〕→〔資料〕。在〔開啓檔案〕視窗中，讀取與前述相同的檔案。

步驟 2　從〔分析〕中選擇〔相關〕→〔雙變數〕。

步驟 3　在〔變數〕的方框中，指定友人關係、激勵、成績、充實感。按一下 確定 。

➤ 結果如下表所示。

相關

		友人關係	激勵	成績	充實感
友人關係	Pearson 相關	1	.258	.145	.430*
	顯著性 (雙尾)		.071	.315	.002
	個數	50	50	50	50
激勵	Pearson 相關	.258	1	.439*	.640*
	顯著性 (雙尾)	.071		.001	.000
	個數	50	50	50	50
成績	Pearson 相關	.145	.439*	1	.325*
	顯著性 (雙尾)	.315	.001		.021
	個數	50	50	50	50
充實感	Pearson 相關	.430*	.640*	.325*	1
	顯著性 (雙尾)	.002	.000	.021	
	個數	50	50	50	50

**. 在顯著水準為0.01時 (雙尾)，相關顯著。

*. 在顯著水準為0.05時 (雙尾)，相關顯著。

友人關係與激勵的相關係數是 0.258。

友人關係與充實感，激勵與成績，激勵與充實感之間，在 1% 水準下可看出顯著的相關係數。

充實感與成績的相關係數也是 0.325。確認在 5% 水準下是顯著的。

2. 進行複迴歸分析

試進行複迴歸分析。但 SPSS 有需要按各依變數進行複迴歸分析。

首先將依變數當作成績。

步驟 1　選擇〔分析〕→〔迴歸分析〕→〔線性〕

步驟 2　〔依變數〕指定成績，〔自變數〕指定友人關係、激勵。按 確定 。

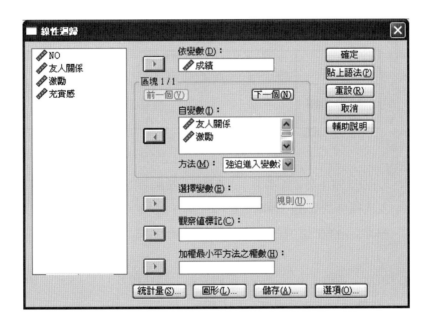

➤結果得出如下各表所示。

模式摘要

模式	R	R 平方	調過後的 R 平方	估計的標準誤
1	.441[a]	.194	.160	1.044

a. 預測變數：(常數)、激勵、友人關係

變異數分析[b]

模式		平方和	自由度	平均平方和	F檢定	顯著性
1	迴歸	12.354	2	6.177	5.663	.006[a]
	殘差	51.266	47	1.091		
	總和	63.620	49			

a. 預測變數：(常數)、激勵、友人關係
b. 依變數：成績

係數[a]

模式		未標準化係數		標準化係數	t	顯著性
		B之估計值	標準誤	Beta分配		
1	(常數)	1.730	.410		4.223	.000
	友人關係	.029	.114	.034	.252	.802
	激勵	.425	.134	.431	3.178	.003

a. 依變數：成績

$R^2 = 0.194$，在 1% 水準下（0.006）是顯著的。

友人關係到成績的標準偏迴歸係數（β）是 0.034，不顯著。

激勵到成績的標準偏迴歸係數（β）是 0.431，在 1% 水準下是顯著的。

步驟 3 再次，選擇〔分析〕→〔迴歸方法〕→〔線性〕。

步驟 4 〔依變數〕指定充實感，〔自變數〕指定友人關係、激勵。按 確定。

➤ 結果如下各表所示。

模式摘要

模式	R	R 平方	調過後的R 平方	估計的標準誤
1	.696ª	.485	.463	.937

a. 預測變數：(常數), 激勵, 友人關係

變異數分析ᵇ

模式		平方和	自由度	平均平方和	F 檢定	顯著性
1	迴歸	38.771	2	19.385	22.088	.000ª
	殘差	41.249	47	.878		
	總和	80.020	49			

a. 預測變數：(常數), 激勵, 友人關係
b. 依變數：充實感

係數ª

模式		未標準化係數		標準化係數		
		B 之估計值	標準誤	Beta 分配	t	顯著性
1	(常數)	.710	.367		1.932	.059
	友人關係	.269	.102	.284	2.623	.012
	激勵	.627	.120	.566	5.225	.000

a. 依變數：充實感

$R^2 = 0.485$，0.1% 水準下是顯著的。

由友人關係到充實感的標準迴歸係數（β）是 0.284，在 5% 水準下是顯著的。由激勵到充實感的標準迴歸係數（β）是 0.566，在 1% 水準下是顯著的。

3. 計算偏相關係數

Amos 也可以求出對成績與充實感造成影響的誤差 (e1, e2) 之間的相關。此部分能否以 SPSS 求出呢？

前述所求出的充實感與成績的相關係數是 0.325，可是，這並不是誤差間的相關，而是作為觀測變數的充實感與成績的相關係數。

路徑圖中是求出除去友人關係與激勵的影響「以外」的要素，即 e1 與 e2 相關係數，這相當於除去友人關係與激勵的影響後的充實感與成績的「偏相關係數」。

所謂偏相關是除去其他係數的影響後的兩個變數間的相關。譬如，從小學一年級到六年級，腳的大小與記憶力之間有低的相關。可是除去學年的影響後，兩

者偏相關幾乎是零吧。

步驟 1 選擇〔分析〕→〔相關〕→〔偏相關〕。

步驟 2 〔變數〕指定成績與充實感，〔控制變數〕指定友人關係與激勵。

如此即可求出除去友人關係與激勵之影響後成績與充實感之間的偏相關係數。

按 確定 。

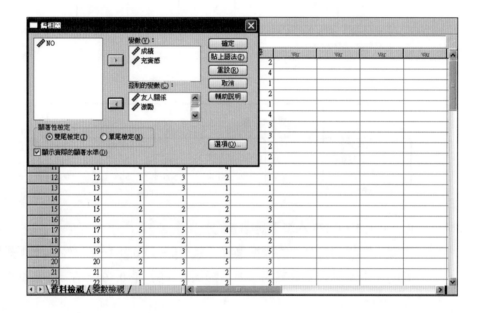

➢結果如下表所示。

相關

控制變數			成績	充實感
友人關係 & 激勵	成績	相關	1.000	.054
		顯著性 (雙尾)	.	.716
		df	0	46
	充實感	相關	.054	1.000
		顯著性 (雙尾)	.716	.
		df	46	0

充實感與成績的相關係數是 0.325。但除去友人關係與激勵的影響後是 0.054。

練習問題

畫出與本章相同的路徑圖學習看看。

使用以下數據，畫出 A 與 B 對 C 與 D 影響的路徑圖，並以 Amos 分析看看。

A	B	C	D
6	6	7	5
5	6	4	4
3	4	8	4
2	4	2	4
5	4	8	8
7	1	7	8
7	6	5	4
4	5	3	7
4	2	4	5
6	6	5	4
3	6	2	6
7	1	6	9
5	5	6	5
6	7	8	1
6	6	5	3
5	4	4	8
5	2	7	8
4	8	6	3
8	4	8	7
8	8	8	1

解答

畫出路徑圖時，標準化估計值即如下所示。

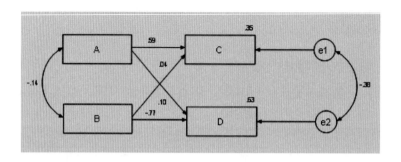

➤〔Text Output〕的〔Estimates〕即為如下。

　　由 A 到 C，由 B 到 D 的路徑是顯著的，但斜線部分的路徑則不顯著。

Regression Weights: (Group number 1 - Default model)

	Estimate	S.E.	C.R.	P	Label
C <--- A	.640	.202	3.174	.002	
D <--- B	-.847	.154	-5.512	***	
C <--- B	.031	.149	.208	.835	
D <--- A	.151	.208	.723	.469	

Standardized Regression Weights: (Group number 1 - Default model)

	Estimate
C <--- A	.594
D <--- B	-.775
C <--- B	.039
D <--- A	.102

➤A 與 B 之相關，C 與 D 的誤差即 e1 與 e2 之相關均不顯著。

Covariances: (Group number 1 - Default model)

	Estimate	S.E.	C.R.	P	Label
A <--> B	-.413	.699	-.590	.555	
e1 <--> e2	-.654	.427	-1.532	.126	

Correlations: (Group number 1 - Default model)

	Estimate
A <--> B	-.137
e1 <--> e2	-.375

➢複相關係數的平方如下所示。

Squared Multiple Correlations: (Group number 1 - Default model)

	Estimate
D	.632
C	.348

第5章　因果關係鏈──路徑分析

日本有「刮大風木桶店即賺錢」的話題。

此話題在探討現實中有可能性的因果關係鏈，此點雖然是很有興趣的，但某原因產生某結果，此結果又成為另一個事物的起因，從研究的角度來看，探討此種因果關係的情形也很多。

本章內容即分析此種因果關係鏈。

5-1　研究的背景與使用的數據

○ 完美主義→鬱悶或生氣→攻擊

本研究是探討如下的假設：

完美主義會讓鬱悶或生氣的情緒發生。

➢ 追求完美主義個性的人，為了想要完美，在日常各種事務中，比其他人有著容易感受到鬱悶或生氣情緒的傾向。

鬱悶或生氣是攻擊行動的原因。

➢ 在日常生活中具有生氣與鬱悶之情緒，是造成對他人產生攻擊行為的導火線。

此內容是以「完美主義→鬱悶或生氣→攻擊」三階段的因果鏈所構成。

試以 Amos 分析此因果關係鏈。

使用的數據假想如下（假想數據）。

NO	完美主義	鬱悶	生氣	攻擊
1	2	1	1	1
2	3	3	4	2
3	3	2	3	3
4	3	1	1	1
5	4	4	2	3
6	2	4	2	3
7	4	3	2	2
8	2	5	3	3
9	2	3	2	2
10	3	3	2	2
11	2	4	4	4
12	1	2	1	1
13	2	2	4	5
14	3	3	2	2
15	3	2	1	2
16	2	2	3	1
17	4	1	1	1
18	1	2	3	1
19	1	2	1	1
20	3	2	2	2
21	5	5	4	3
22	3	3	3	3
23	3	3	3	3
24	3	4	3	3
25	4	4	2	1
26	4	4	4	4
27	3	4	4	2
28	2	2	1	1
29	1	1	1	2
30	2	2	1	2
31	3	1	3	2
32	1	3	4	5
33	3	3	2	1
34	4	4	4	2
35	3	2	1	2
36	2	2	3	1
37	2	2	1	3
38	1	2	4	3
39	4	5	5	4
40	1	1	3	3
41	1	2	1	2
42	2	4	2	1
43	3	2	3	4
44	2	3	3	2
45	3	3	2	2
46	5	3	4	5
47	3	3	3	3
48	2	2	2	2
49	2	1	4	4
50	3	3	3	3
51	1	2	1	2
52	1	1	1	2
53	5	5	4	3
54	4	4	2	3
55	3	3	3	3
56	4	5	5	4
57	3	4	3	3
58	1	2	1	2
59	3	3	2	2
60	4	4	2	3

【註】數據檔參 data_ex05.xls。

5-2　畫路徑圖—畫因果關係鏈

1. 資料的輸入與讀取

使用第 2 章介紹的方法輸入資料，再以 Amos 讀取資料。

使用 SPSS、Excel、Textfile 中的任一方法輸入資料（此處是 Excel：data_ex05.xls）。

如〔Data file〕的樣本數〔N〕顯示〔60/60〕時，即為已讀取 60 筆的資料。

2. 頁面布置的設定

本例是畫橫向的路徑圖，因之將頁面的方向改成〔Landscape〕。

步驟 1　選擇〔View〕→〔Interface properties〕。

步驟 2　將〔Page layout〕Tab 的〔Orientation〕改成〔Landscape〕，再按一下〔Apply〕。

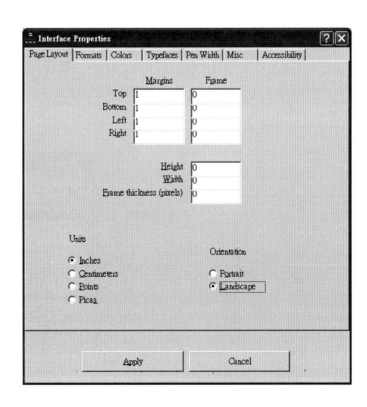

3. 畫觀測變數

步驟 1　回想第 2 章與第 3 章的內容，畫出如下的 4 個四方形。

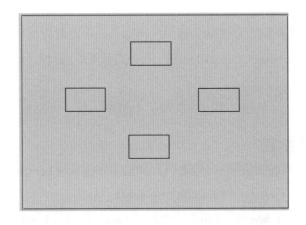

步驟 2　指定變數。

按一下〔List variables in data set〕圖像（▦），或從工具列選擇
〔View〕→〔Variables in dataset〕。
將「完美主義」指定在最左側的四方形中，將「鬱悶」與「生氣」指定
在中央的兩個四方形中，「攻擊」指定在最右側的四方形中。

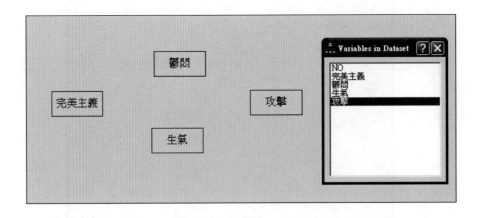

4. 畫單向箭頭

　　按一下〔Draw path (single headed arrows)〕圖像（ ← ），畫出如下的 5 條路徑。

　　也畫出從完美主義對攻擊的直接影響。

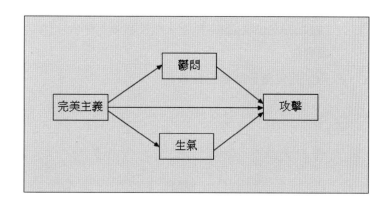

5. 畫出誤差變數

　➢ 追加誤差變數

　　在內生變數（受其他變數影響的變數）的鬱悶、生氣、攻擊中，也畫出來自誤差的影響。

步驟 1 　按一下〔Add a unique Variable to an existing Variable〕圖像（ 🕹 ），然後在各自的變數中追加誤差變數。

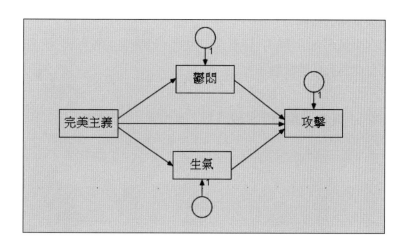

➤ 對誤差變數取名

步驟 2　選擇〔Plugins〕→〔Name unobserved Variables〕。

提示：開啟〔Object properties〕直接輸入變數名也行，但誤差個數變多時，如此的作法較爲方便。

Unobserved Variables 是指未能被觀測的變數，包括潛在變數與誤差變數。

e1、e2、e3 等的誤差變數即被自動取名。

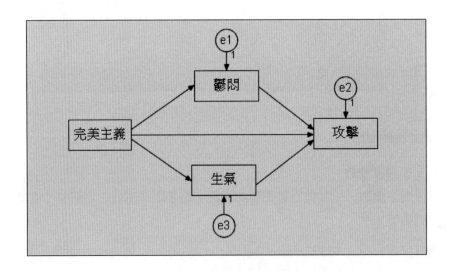

➤ 畫出誤差間的相關

鬱悶與生氣均有感情的共同要素。因此，除完美主義影響外的要素之間（誤差），可以認爲有某種關聯。

步驟 3　在 e1 與 e3 之間畫出共變異數（有相關、雙向箭線）。

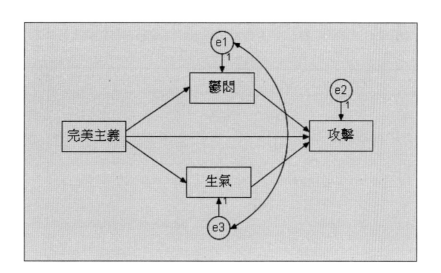

如此路徑圖即完成。

6. 分析的指定與執行

進行分析及輸出的指定。

步驟 1　按一下〔Analysis properties〕圖像（🎹），或從工具列選擇〔View〕
→〔Analysis properties〕。

點選〔Output〕Tab。

勾選〔Standardized Estimates〕、〔Squared multiple correlations〕之外，
也勾選〔Indirect, direct & total effects〕。

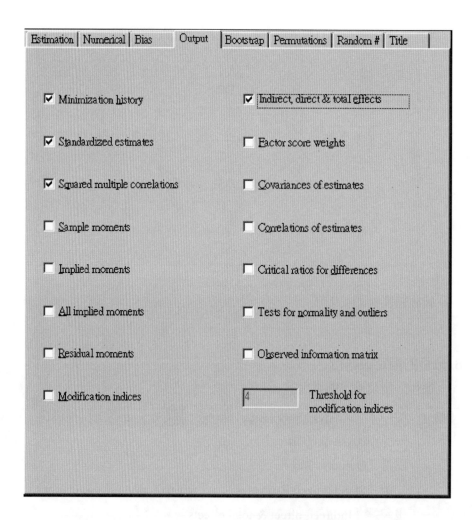

步驟 2 按一下〔Calculate Estimates〕圖像（），或從工具列選擇〔Analysis properties〕→〔Calculate Estimates〕，再執行分析。

如要求檔案的儲存時，可先儲存在適當的資料夾中。

5-3 觀察輸出—判斷因果關係鏈

1. 觀察輸出路徑圖

步驟 1 顯示標準化估計值。按一下〔View the output path diagram〕圖像（ ），

按一下〔Parameter Format〕欄的〔Standardized Estimates〕，顯示如下。

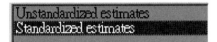

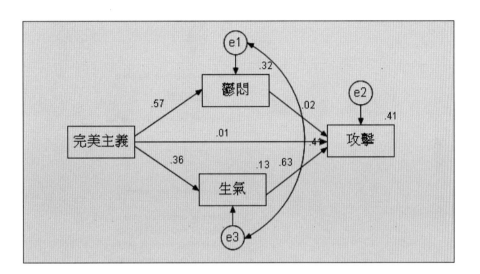

2. 觀察 Text 輸出

步驟 1　按一下〔View text〕圖像（圖像），或從工具列選擇〔View〕→〔Text output〕。
觀察〔Variables Summary〕。

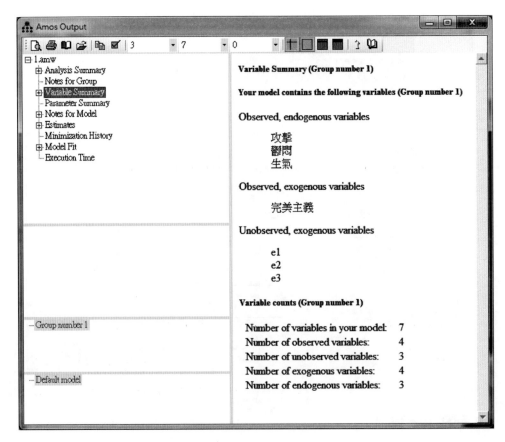

可被觀測的外生變數是完美主義，可被觀測的內生變數是鬱悶、生氣、攻擊，不能被觀測的外生變數是 3 個誤差變數。

【註】至少接受一個單向箭線的變數稱為內生變數（endogenous variable），一個也未接受單向箭線的變數稱為外生變數（exogenous variable）。

步驟2 在〔Parameter Summary〕中，確認各自的數目。

Parameter summary (Group number 1)

	Weights	Covariances	Variances	Means	Intercepts	Total
Fixed	3	0	0	0	0	3
Labeled	0	0	0	0	0	0
Unlabeled	5	1	4	0	0	10
Total	8	1	4	0	0	13

步驟 3 試觀察〔Notes for Model〕。

有自由度的計算欄及結果欄。

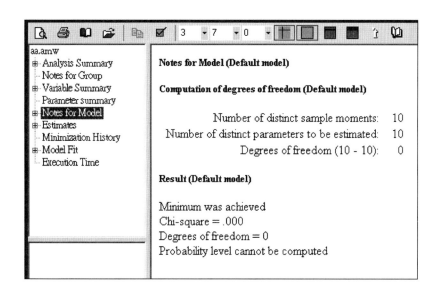

在自由度的計算中，確認自由度之值（10 – 10）是 0。

在結果欄中，顯示有顯著水準不能計算〔Probability level cannot computed〕之訊息。

步驟 4 觀察〔Estimates〕。

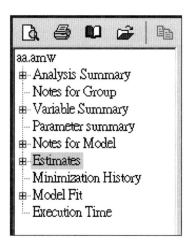

➤ 首先，觀察單向的路徑部分。從鬱悶到攻擊，從完美主義到攻擊的路徑似

　　乎不顯著。

Regression Weights: (Group number 1 - Default model)

			Estimate	S.E.	C.R.	P	Label
鬱悶	<---	完美主義	.590	.112	5.265	***	
生氣	<---	完美主義	.378	.127	2.970	.003	
攻擊	<---	完美主義	.008	.117	.065	.948	
攻擊	<---	鬱悶	.015	.123	.122	.903	
攻擊	<---	生氣	.583	.108	5.405	***	

Standardized Regression Weights: (Group number 1 - Default model)

			Estimate
鬱悶	<---	完美主義	.565
生氣	<---	完美主義	.361
攻擊	<---	完美主義	.008
攻擊	<---	鬱悶	.016
攻擊	<---	生氣	.632

　　提示：係數輸出結果的項目順序，是取決於畫路徑圖的觀測變數的順序或畫
　　　　箭線的順序而有所不同。

➤ 觀察共變異數與相關係數之相關

　　鬱悶與生氣的誤差間的相關是顯著。由於被認為具有「感情」的共同因素，
因之，可以說是妥適的結果。

Covariances: (Group number 1 - Default model)

			Estimate	S.E.	C.R.	P	Label
e1	<-->	e3	.421	.145	2.901	.004	

Correlations: (Group number 1 - Default model)

			Estimate
e1	<-->	e3	.408

➢ **觀察複相關係數的平方欄**

因顯示有名自的 R^2 值,不妨確認看看。

Squared Multiple Correlations: (Group number 1 - Default model)

	Estimate
生氣	.130
鬱悶	.320
攻擊	.414

步驟 5 因在〔Output〕的選項中有勾選,所以接著輸出「Total Effects」、「Direct Effects」與「Indirect Effects」。不妨觀察標準化的數值看看。

➢ 首先是〔Standardized Total Effects〕。這是綜合地表示完美主義、生氣、鬱悶對其他的變數具有多少的影響力。

提示: 試觀察剛才的路徑圖。完美主義到攻擊,有直接影響的路徑,與經由鬱悶的路徑,以及經由生氣的路徑。將這些路徑的影響力全部綜合之後即為「綜合效果」。

Standardized Total Effects (Group number 1 - Default model)

	完美主義	生氣	鬱悶
生氣	.361	.000	.000
鬱悶	.565	.000	.000
攻擊	.245	.632	.016

➢ 其次,觀察標準化直接效果。這是表示未介入其他的變數,直接以單向箭線所連結之部分的影響力。

Standardized Direct Effects (Group number 1 - Default model)

	完美主義	生氣	鬱悶
生氣	.361	.000	.000
鬱悶	.565	.000	.000
攻擊	.008	.632	.016

➤ 觀察標準化間接效果。這是表示介入其他的變數造成的影響。此次的路
徑圖，是表示介入鬱悶及生氣後完美主義對攻擊造成的影響力。

經由變數的影響力，是要從路徑係數來計算。

譬如，

$$完美主義 \rightarrow 生氣 \rightarrow 攻擊：0.361 \times 0.632 = 0.228$$
$$完美主義 \rightarrow 鬱悶 \rightarrow 攻擊：0.565 \times 0.016 = 0.009$$

接著，綜合兩者時，

從完美主義到攻擊的間接效果 = 0.228 + 0.009 = 0.237

Standardized Indirect Effects (Group number 1 - Default model)

	完美主義	生氣	鬱悶
生氣	.000	.000	.000
鬱悶	.000	.000	.000
攻擊	.237	.000	.000

另外，完美主義到攻擊的直接效果是 0.008，因此介入鬱悶與生氣的影響力
顯然較大。

5-4　改良模式—刪除路徑再分析

1. 路徑圖的變更、輸出

觀察輸出似乎可知，由鬱悶到攻擊的路徑，以及由完美主義到攻擊的路徑幾
乎都是 0。因此，想刪除此 2 條路徑再一次分析看看。

提示：刪除此 2 條路與將此 2 條路徑固定為「0」是相同的。

步驟1 按一下〔View the input path diagram（model specification）〕圖像（），

使之成為能變更路徑圖的狀態。

步驟 2　按一下〔Erase Objects〕圖像（ ✘ ），刪除從鬱悶到攻擊，以及從完
美主義到攻擊的路徑。

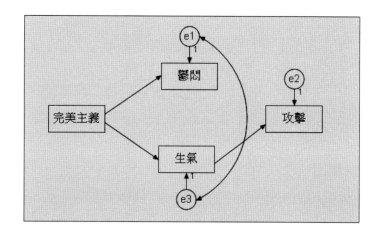

　　提示：或者開啟〔Object properties〕，點選從鬱悶到攻擊的路徑，以及由完
　　　　美主義到攻擊的路徑，在〔Parameters〕Tab 的〔Regression Weight〕
　　　　的框內輸入「0」也行。

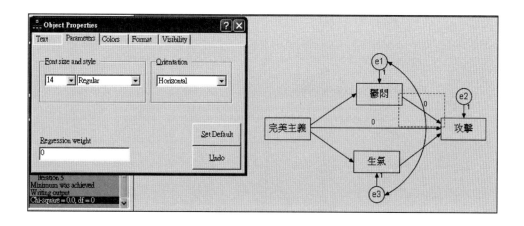

步驟 3　此處，請看刪除前者的路徑後所分析的結果。
　　　　顯示標準化估計值時，即如下圖所示。

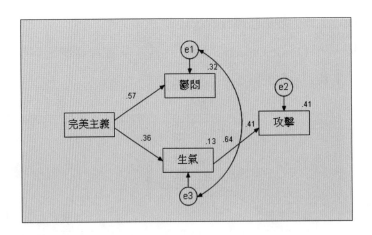

2. 觀察 Text 輸出

步驟 1　顯示出〔Parameter Summary〕，並與刪除路徑前比較。

〈刪除前〉

Parameter summary (Group number 1)

	Weights	Covariances	Variances	Means	Intercepts	Total
Fixed	3	0	0	0	0	3
Labeled	0	0	0	0	0	0
Unlabeled	5	1	4	0	0	10
Total	8	1	4	0	0	13

〈刪除後〉

Parameter summary (Group number 1)

	Weights	Covariances	Variances	Means	Intercepts	Total
Fixed	3	0	0	0	0	3
Labeled	0	0	0	0	0	0
Unlabeled	3	1	4	0	0	8
Total	6	1	4	0	0	11

步驟 2　也比較〔Notes for model〕的輸出。

〈刪除前〉

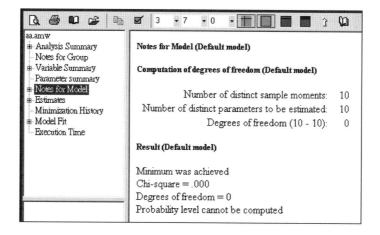

〈刪除後〉

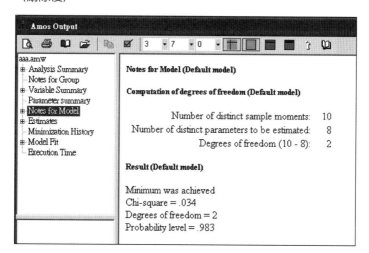

自由度之值從 0 變成 2，知可以計算出卡方之值（Chi-square）。

步驟 3　在〔Estimates〕方面，被刪除的路徑，其結果當然就未被輸出。

Maximum Likelihood Estimates

Regression Weights: (Group number 1 - Default model)

	Estimate	S.E.	C.R.	P	Label
生氣 <--- 完美主義	.378	.127	2.970	.003	
鬱悶 <--- 完美主義	.590	.112	5.265	***	
攻擊 <--- 生氣	.593	.092	6.457	***	

Standardized Regression Weights: (Group number 1 - Default model)

	Estimate
生氣 <--- 完美主義	.361
鬱悶 <--- 完美主義	.565
攻擊 <--- 生氣	.643

● 解說：路徑分析中的自由度

刪除路徑之前與之後的自由度是不同的，刪除 2 條路徑後，自由度增加 2，似乎可以看出與路徑的個數有關係。

路徑分析中的自由度（df：degree of freedom），並非數據個數，而是對路徑圖加以計算的。

其中，「p」是觀測變數的個數。此處是使用 4 個觀測變數，因之，

$$p(p + 1)/2 = 4(4 + 1)/2 = 10$$

另外，「q」是要估計的自由母數的個數，亦即是「獨立變數的變異數」、「共變異數」、「路徑係數」、「誤差變異數」的合計值。

因此，刪除路徑之前，即為

1（獨立變數的變異數）＋1（共變異數）＋5（路徑變數）
＋3（誤差變異數）＝10

因此，

刪除路徑之前的自由度是 10－10＝0，

　　刪除路徑之後的自由度是 10 – 8 = 2。

　　Text 輸出的自由度的計算，是記載此內容。

提示：要記住自由度成為負的模式是無法分析的。

　　譬如，如下的路徑圖的自由度是「–1」，無法分析。

　　出現「模式無法識別，需要再限制 1 個」的警告（The model is probably unidentified. In order to achieve identifiability, it will probably be necessary to impose 1 additional constraint.）。

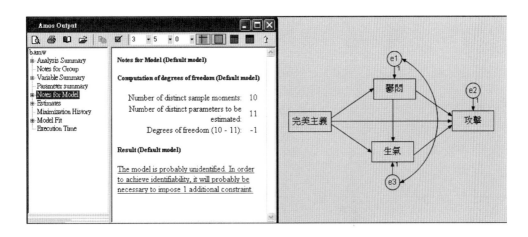

　　自由度 ≧ 0 是模式可被識別的「必要條件（最低限的條件）」，但「並非充分條件」，換言之，即使滿足自由度 ≧ 0，模式也未必能識別。下圖的圖（A）是未能被識別，圖（B）是可以被識別。亦即，圖（A）的參數有 b_1, b_2, b_3, b_4, $v_1 v_2 v_3$, v_4, c 等 9 個，樣本共變異數的個數有 $4 \times (4 + 1)/2 = 10$，滿足自由度（10 – 9=1）≧ 0，但此模式卻未能被識別，此外，參數個數即使相同，依路徑的連結方式之不同，可被識別的模式也有，未能被識別的模式也有。

　　很遺憾地，自己建立的模式儘管滿足必要條件，但模式是否能識別，顯然並無容易判別的方法。Amos 在執行計算的過程中可察知並能告知，依賴它或許是一條捷徑吧。

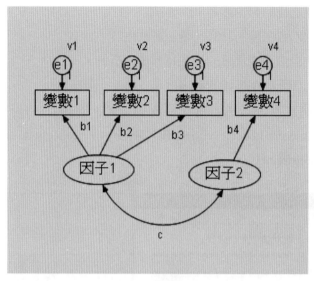

(A) 未能識別

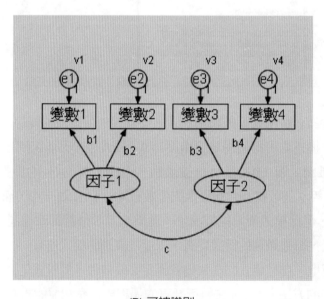

(B) 可被識別

⊃ 解說：獨立模式與飽和模式

請看 Text 輸出的「Model fit」的部分。此處所顯示的適合度指標容後說明。

在此表中所顯示的，除 Default Model（此次所分析的路徑圖模式）之外，也顯示有飽和模式（Saturated）和獨立模式（Independence）。

CMIN

Model	NPAR	CMIN	DF	P	CMIN/DF
Default model	8	.034	2	.983	.017
Saturated model	10	.000	0		
Independence model	4	73.257	6	.000	12.209

　　所謂飽和模式是自由度成為 0 且 χ^2 值（上表的 CMIN 之值）成為 0 的模式。又，原本是不存在自由度 0 的 χ^2 值，但方便上 Amos 則表記成 0。

　　所謂獨立模式是觀測變數之間假定全無關連的模式。自由度是從最大的 $p(p+1)/2 = 10$ 減去 4 個觀測變數的變異數而成為「6」。

　　本節所探討的最初模式是自由度 0 的飽和模式。那麼，其他的飽和模式是否不存在呢？也不盡然。

　　譬如，以下的路徑圖利用相同的數據也成為飽和模式。

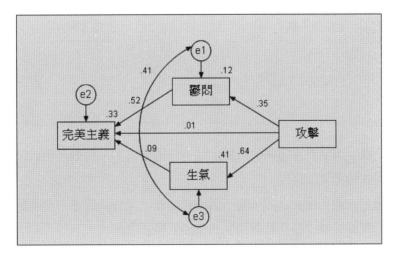

以下的路徑圖也是飽和模式。

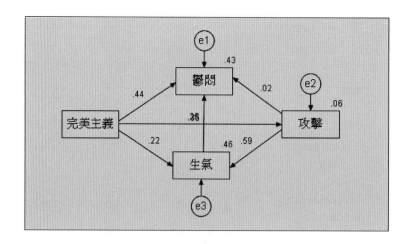

本章最初的路徑圖與這些路徑圖的箭線方向是完全不同的，路徑係數也有不同，但均為飽和模式。

另一方面，以下的模式是獨立模式（未標準化估計值）。

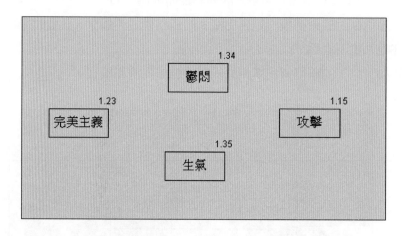

像這樣，即使使用相同的數據，減少自由度直到成為飽和模式為止，也可以由獨立模式慢慢增加路徑。

可是，在飽和模式之間，哪一個模式較優，無法基於適合度指標來判斷。在研究上，實質的模式是介於飽和模式與獨立模式之間。

◓ 解說－各種適合度指標

在 Amos 的〔Text Output〕中按一下〔Model Fit〕時，可以見到許多的適合度指標。一面參考這些適合度指標一面去改良模式。

解說 1 χ^2 值

χ^2 值（CMIN）愈小愈好。顯著機率（P）最好不顯著，但即使顯著也無問題。「CMIN/DF」是 χ^2 值除以自由度後之值，可視為愈小愈好。

CMIN

Model	NPAR	CMIN	DF	P	CMIN/DF
Default model	8	.034	2	.983	.017
Saturated model	10	.000	0		
Independence model	4	73.257	6	.000	12.209

解說 2 GFI (Goodness of Fit Index) 與 AGFI (Adjust GFI)

GFI 與 AGFI 的值是愈大愈好。在飽和模式中 GFI 成為 1.00，GFI 與 AGFI 被視為愈接近 1.00 愈好，AGFI 是修正 GFI 之後的值，比 GFI 之值小。一般比 0.90 大時，被視為模式的適配佳。

RMR, GFI

Model	RMR	GFI	AGFI	PGFI
Default model	.008	1.000	.999	.200
Saturated model	.000	1.000		
Independence model	.462	.604	.339	.362

解說 3 NFI (Normed Fit Index) 與 CFI (Comparative Fit Index)

NFI 與 CFI 是表示所分析的模式是位於獨立模式與飽和模式之間的哪一個位置。愈接近 1 愈好，比 0.90 大可視為是好的模式。

Baseline Comparisons

Model	NFI Delta1	RFI rho1	IFI Delta2	TLI rho2	CFI
Default model	1.000	.999	1.028	1.088	1.000
Saturated model	1.000		1.000		1.000
Independence model	.000	.000	.000	.000	.000

解說 4 RMSEA (Root Mean Square Error of Approximation)

RMSEA 愈小愈好。一般最好是在 0.05 以下，如在 0.1 以上時，被視為不佳。

RMSEA

Model	RMSEA	LO 90	HI 90	PCLOSE
Default model	.000	.000	.000	.985
Independence model	.436	.350	.528	.000

解說 5 AIC（Akaike's Information Criterion：赤池資訊量基準）

AIC 或 CAIC 並非絕對的基準。比較數個模式時，值愈小的模式被判斷是愈好的一種指標。

AIC

Model	AIC	BCC	BIC	CAIC
Default model	16.034	17.516	32.789	40.789
Saturated model	20.000	21.852	40.943	50.943
Independence model	81.257	81.998	89.634	93.634

模式中檢定不顯著的參數，表示此參數在模式中不具重要性，為達模式簡約之目的，這些不顯著的參數最好刪除，參數顯著與否與樣本觀測值的大小也有關係。在基本適配度方面的評鑑項目上是否沒有負的誤差變異量、因素負荷量是否介於 0.5 至 0.95 之間、是否沒有很大的標準誤。

模式內在品質檢定摘要表

評鑑項目	模式適配判斷
所估計的參數均達到顯著水準	t 絕對值 > 1.96（p < 0.05）符號與期望相符
個別項目的信度（標準化係數的平方）	> 0.50
潛在變數的平均抽取量 *參第9章	> 0.50
潛在變數的組合信度 *參第9章	> 0.60
標準化殘差的絕對值	< 2.57
修正指標	< 3.84 或 < 4

整體適配度摘要表

統計檢定量	適配的標準或臨界值
絕對適配度指數	
χ^2 值（CMIN）	此值愈小，或 P > 0.05，表示整體模式與實際資料愈適配，（接受虛無假設，表示模式與樣本資料間可以契合）
RMR 值	< 0.05
RMSEA 值	< 0.08（若 < 0.05 優良；< 0.08 良好）
GFI 值	> 0.90 以上
AGFI 值	> 0.90 以上
增值適配度指數	
NFI 值	>0.90 以上
RFI 值	>0.90 以上
IFI 值	>0.90 以上
TLI 值（NNFI 值）	>0.90 以上
CFI 值	>0.90 以上
簡約適配度指數	
PGFI 值	>0.5 以上
PNFI 值	>0.5 以上
PCFI 值	>0.5 以上
CN 值	>200
χ^2 自由度比（$\chi^2 \div df$，也稱為規範卡方，NC：Normed Chi-square）	<2
AIC 值	理論模式值小於獨立模式值，且小於飽和模式值
ECVI 值	理論模式值小於獨立模式值，且小於飽和模式值

5-5 以 SPSS 分析看看─分析數個因果關係鏈

1. 計算相關係數

首先計算完美主義、鬱悶、生氣、攻擊的相關係數。

步驟1 啓動 SPSS，選擇〔檔案〕→〔開啓舊檔〕→〔資料〕。在〔開啓檔案〕視窗中，讀取與先前相同的檔案。

步驟2 選擇〔分析〕→〔相關〕→〔雙變數〕。

步驟3 在〔變數〕的框內指定完美主義、鬱悶、生氣、攻擊，按 確定 。

結果如下所示。4 個得分相互之間有正的相關關係。但是，完美主義與攻擊的相關係數略低。

Correlations

		完美主義	鬱悶	生氣	攻擊
完美主義	Pearson Correlation	1	.565**	.361**	.245
	Sig. (2-tailed)		.000	.005	.059
	N	60	60	60	60
鬱悶	Pearson Correlation	.565**	1	.518**	.348**
	Sig. (2-tailed)	.000		.000	.006
	N	60	60	60	60
生氣	Pearson Correlation	.361**	.518**	1	.643**
	Sig. (2-tailed)	.005	.000		.000
	N	60	60	60	60
攻擊	Pearson Correlation	.245	.348**	.643**	1
	Sig. (2-tailed)	.059	.006	.000	
	N	60	60	60	60

**. Correlation is significant at the 0.01 level (2-tailed).

2. 進行複迴歸分析

進行由完美主義到鬱悶的迴歸分析。

步驟1 選擇〔分析〕→〔迴歸方法〕→〔線性〕。

步驟2 〔依變數〕指定鬱悶，〔自變數〕指定完美主義，按 確定 。

標準值迴歸係數（β）是 0.565（P＜0.001），R^2 是 0.320（P＜0.001）。

模式摘要

模式	R	R 平方	調過後的 R 平方	估計的標準誤
1	.565[a]	.320	.308	.970

a.預測變數:(常數),完美主義

Anova[b]

模式		平方和	df	平均平方和	F	顯著性
1	迴歸	25.633	1	25.633	27.255	.000[a]
	殘差	54.550	58	.941		
	總數	80.183	59			

a.預測變數:(常數),完美主義

b.依變數:鬱悶

係數[a]

模式		未標準化係數		標準化係數		
		B 之估計值	標準誤差	Beta 分配	t	顯著性
1	(常數)	1.220	.325		3.759	.000
	完美主義	.590	.113	.565	5.221	.000

a.依變數:鬱悶

其次，進行由完美主義到生氣的迴歸分析。

步驟 3　再次選擇〔分析〕→〔迴歸方法〕→〔線性〕。

步驟 4　〔依變數〕指定生氣，〔自變數〕指定完美主義，按 確定 。

標準值迴歸係數（β）是 0.361（P＜0.001），R^2 是 0.130（P＜0.001）。

模式摘要

模式	R	R 平方	調過後的 R 平方	估計的標準誤
1	.361[a]	.130	.115	1.102

a.預測變數:(常數),完美主義

Anova[b]

模式		平方和	df	平均平方和	F	顯著性
1	迴歸	10.531	1	10.531	8.670	.005[a]
	殘差	70.452	58	1.215		
	總數	80.983	59			

a.預測變數:(常數),完美主義

b.依變數:生氣

係數[a]

模式	未標準化係數		標準化係數	t	顯著性
	B 之估計值	標準誤差	Beta 分配		
1 (常數)	1.515	.369		4.106	.000
完美主義	.378	.128	.361	2.944	.005

a. 依變數: 生氣

其次，以完美主義、鬱悶、生氣為獨立變數，攻擊為依變數，進行複迴歸分析（參第 3 節標題 1. 的圖形）。

步驟 5 選擇〔分析〕→〔迴歸方法〕→〔線性〕。

步驟 6 〔依變數〕指定攻擊，〔自變數〕指定完美主義、鬱悶、生氣，按 確定 。

由完美主義到攻擊：$\beta = 0.008$, n.s.

由鬱悶到攻擊：$\beta = 0.016$, n.s.

由生氣到攻擊：$\beta = 0.632$, n.s.

攻擊的 $R^2 = 0.414$, $P < 0.01$。

模式摘要

模式	R	R 平方	調過後的 R 平方	估計的標準誤
1	.644[a]	.414	.383	.848

a. 預測變數:(常數), 生氣, 完美主義, 鬱悶

Anova[b]

模式		平方和	df	平均平方和	F	顯著性
1	迴歸	28.533	3	9.511	13.211	.000[a]
	殘差	40.317	56	.720		
	總數	68.850	59			

a. 預測變數:(常數), 生氣, 完美主義, 鬱悶

b. 依變數: 攻擊

係數[a]

模式	未標準化係數		標準化係數	t	顯著性
	B 之估計值	標準誤差	Beta 分配		
1 (常數)	.921	.334		2.760	.008
完美主義	.008	.120	.008	.064	.949
鬱悶	.015	.126	.016	.118	.906
生氣	.583	.111	.632	5.266	.000

a. 依變數: 攻擊

3. 計算偏相關係數

　　計算鬱悶與生氣的誤差之間的相關，換而言之，「控制完美主義對鬱悶與生氣的偏相關係數」。

步驟 1　選擇〔分析〕→〔相關〕→〔偏相關〕。

步驟 2　於〔變數〕中指定鬱悶與生氣。

　　　　　〔控制變數〕指定完美主義。

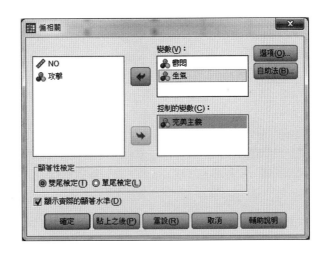

　　按 確定 。

➢ 偏相關係數是 0.408（P < 0.001）。

相關

控制變數			鬱悶	生氣
完美主義	鬱悶	相關	1.000	.408
		顯著性 (雙尾)	.	.001
		df	0	57
	生氣	相關	.408	1.000
		顯著性 (雙尾)	.001	.
		df	57	0

4. 將結果置入路徑圖中

　　將目前以 SPSS 分析的結果表示在路徑圖中時，即如下圖所示。

　　與 5-4 節的結果，可以說幾乎是相同之值。

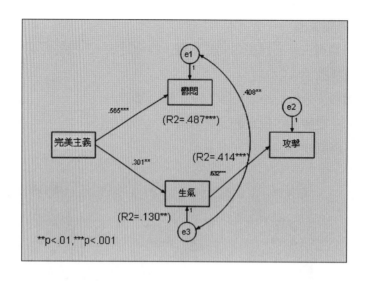

【註】偏相關（partial correlations）

所謂偏相關是機率變數有 3 個時，在 x，y，z 中，去除 z 之影響後 2 個變數 x，y 之相關。變數間的相關分別設為 r_{xy}，r_{yz}，r_{xz} 時，偏相關係數 $r_{xy,z}$ 可用下述例題式子 (1) 求之。

那麼，試以實際的數據考慮偏相關之意義。使用下圖的「strength data」。

數據概要　這是以 20 世代到 40 世代的男性 50 人為對象，就生活狀況與體力所調查的虛構數據。

變數　「結婚年數」：（x）

「50 米賽跑」：50 米賽跑的時間（y）

「年齡」：（z）

	A	B	C	D	E	F
1	rowtype_	varname_	結婚年數	50m賽跑	年齡	
2	n		50	50	50	
3	corr	結婚年數	1			
4	corr	50m賽跑	0.875	1		
5	corr	年齡	0.901	0.923	1	
6	stddev		1.534	0.750	2.794	
7						

參數據檔「c03 strength.xls」

　　由上圖可知，「結婚年數」與「50 米賽跑」有甚高的相關，高達 0.875。這可以解釋為結婚的年數愈長，運動的機會即減少，50 米賽跑的時間即增加（變慢）嗎？此處，注意第 3 變數即「年齡」。「結婚年數」與「50 米賽跑」均與「年齡」分別有高的相關。因之，年齡改變，隨之結婚年數與 50 米賽跑的時間即改變，結果，「結婚年數」與「50 米賽跑」之間即可看出高的相關，如此解釋不是很自然嗎？那麼，根據 (1) 式試以例題計算偏相關。

例題

　　以圖的相關矩陣為依據，去除「年齡」的影響時，試求「結婚年數」與「50 米賽跑」之相關。

　　例題的偏相關係數由 $r_{xy} = 0.875$，$r_{yz} = 0.923$，$r_{xz} = 0.901$，得

$$r_{xy,\,z} = \frac{0.875 - 0.901 \times 0.923}{\sqrt{\left\{1 - (0.901)^2\right\}\left\{1 - (0.923)^2\right\}}} = 0.260 \tag{1}$$

　　偏相關係數 0.260，去除「年齡」的影響時，「結婚年數」與「50 米賽跑」的相關為 0.615 也降低了（= 0.875 − 0.260）。所謂去除「年齡」的影響，是指「年齡」相同的人之間的比較。亦即，意指在「年齡」相同的條件下的「結婚年數」與「50 米賽跑」的相關。如本例題所示，儘管「結婚年數」與「50 米賽跑」的兩變數之間並無相關，反映「年齡」的影響而在外表上的相關卻變高，此稱為**假相關**（spurious correlation）。

　　其次，以手計算所求出的例題的結果試以 Amos 確認。Amos 是畫出如下圖的路徑圖，執行**多變量迴歸分析**（multivariate regression analysis）即可求出偏相關。所謂多變量迴歸分析是指基準變數有 2 個以上的迴歸分析。

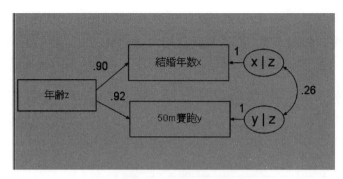

偏相關的圖示（「標準化估計值」）

在上圖中，去除「年齡」之影響後的「結婚年數」以 x｜z 表示，去除「年齡」之影響後的「50 米賽跑」以 y｜z 表示。因此，「結婚年數」與「50 米賽跑」之偏相關即為 x｜z 與 y｜z 之相關。之後，與表同樣的步驟分析看看。分析的結果，x｜z 與 y｜z 之相關的估計值是 0.260。手計算也好，Amos 也好，偏相關均為 0.260，但 Amos 可以簡單求出。

例題中已計算出變數 3 個時的偏相關，但對於變數在 3 個以上時也可從同樣的公式求出。可是，去除影響之變數的個數愈增加，計算也就愈麻煩。因此，以 Amos 進行多變量迴歸分析時，可以輕鬆地求出變數甚多時的偏相關。實際執行去除影響的變數甚多時的多變量迴歸分析。分析時使用「學習時間的數據」（「studytime.xls」）」。如下圖，在 🔡 的「輸出」Tab 中，勾選「標準化的估計值」、「樣本的積率（Sample moment）」後執行分析。

> **數據概要**　以高中生為對象，針對期末考 1 週前的學習時間所調查的虛構數據。4 變數，280 個觀測對象。
>
> **變數**　「睡眠時間」：1 日的平均睡眠時間
> 　　　　「學習時間」：1 日的平均學習時間
> 　　　　「考試」：期末考的成績
> 　　　　「智能」：智力測驗的成績

由「Text 輸出」→「樣本的積率」的「樣本共相關（Sample correlations）」知（見下表），「考試」與「睡眠時間」之間並無相關（0.020）。可是，「智

能」與「學習時間」分別一定時的「考試」與「睡眠時間」的偏相關是 0.69。顯示出有相關（見下圖）。此處並非解釋成「考試」與「睡眠時間」之間無相關，如「智能」與「學習時間」均相同時，有足夠的睡眠，考試的成績會比較好，如此解釋是適切的。像這樣，只是外表的相關會導致錯誤的解釋，因之求偏相關是非常重要的。

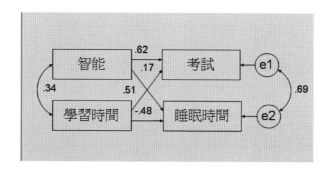

Sample Correlations (group1)

	學習時間	智能	睡眠時間	考試
學習時間	1.000			
智能	.341	1.000		
睡眠時間	-.423	.004	1.000	
考試	.722	.791	.020	1.000

練習問題

使用第 4 章的練習問題的數據，再次進行分析。

參考適合度指標，改良第 4 章的練習問題中所分析的模式。

A	B	C	D
6	6	7	5
5	6	4	4
3	4	6	4
2	4	2	4
5	4	6	6
7	1	7	8
7	6	5	4
4	5	3	7
4	2	4	5
6	6	5	4
3	6	2	6
7	1	6	9
5	5	6	5
6	7	8	1
6	6	5	3
5	4	4	8
5	2	7	8
4	8	6	3
8	4	6	7
5	8	6	1

解答

譬如,若是以下的路徑圖時,適合度即為如下。

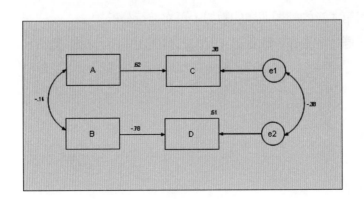

$\chi^2 = 0.576$, df = 2, n.s.

GFI = .985, AGFI = .926

NFI = .981, CFI = 1.000

RMSEA = 1.000

AIC = 16.576, CAIC = 32.542

另外，若刪除外生變數間的雙向箭線時，即爲如下。

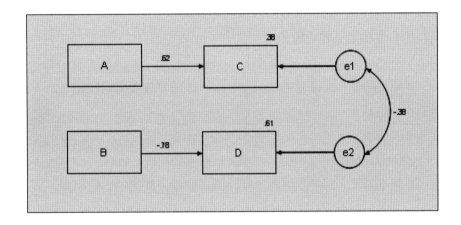

$\chi^2 = 0.935$, df = 3, n.s.

　GFI = .976, AGFI = .920

NFI = .969, CFI = 1.000

RMSEA = 1.000

AIC = 14.935, CAIC = 28.905

GFI 與 AGFI 略爲不佳，但 AIC 與 CAIC 之值此處較爲理想。

除此之外，可練習追加、刪除路徑，讀取適合度指標。

本章補充

⊃ 等置限制的設定

1. 單一變數的平均數檢定

譬如 Y1 表微積分的分數。想檢定男性與女性的平均數是否相同。

MB 表男性的平均數，MG 表女性的平均數，

VB 表男性的變異數，VG 表女性的變異數。

(1) 均質性檢定（變異數檢定）

VB = VG

P 值不顯著，即接受男性、女性兩群微積分成績有均質性。

(2) 平均性檢定

在均質下

設 MG = MB

P 值不顯著，即接受男性、女性兩群微積分成績平均數相同。

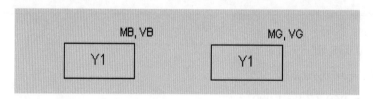

一般 ANOVA（平均數檢定）都是在均質性下進行，但 Amos 也可在異質性下執行平均數檢定，設 H_0：MB = MG，若 p 值顯著，即表平均數不同。

2. 兩個變數的平均數檢定，即多變量的平均數檢定（稱為多變量變異數分析（MANOVA））

(1) 均質性檢定

V1 = V2

C12 = C12

P 值不顯著，即接受共變異數矩陣相同。

(2) 平均性檢定

在均質下

設 MG1 = MB2, MG2 = MB2

P 值不顯著，可視為均質。

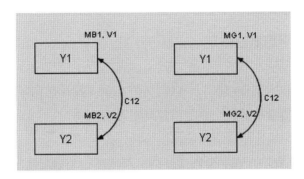

3. 多群組如指定有平均數、截距項估計，可以使用以下 5 種設定法

MB 表男性的平均數，MG 表女性的平均數，VB 表男性的變異數，VG 表女性的變異數。IB 表男性的截距，IG 表女性的截距。

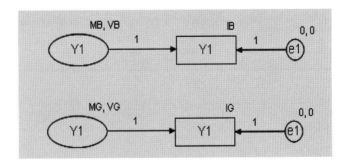

(1) 均質性檢定

MB = MG = 0，

or MB = 0, IB = IG，

or MB = 0, IG = 0，

or MB = MG, IG = 0，

or IB = IG = 0

P 值不顯著，可視為均質。

(2) 平均性檢定

在均質之下，

設 MB = MG, IB = IG

P 值不顯著，男性、女性兩群平均數可視為相同。

4. 一般對多群平均數之檢定

常用的設定是

(1) 在某一群的 mean 設為 0，其他群的 mean 設為自由參數

(2) 而每一個測量變數的截距項各群組設定相同

(3) 且每一個測量變數的測量路徑係數也設定相同

上述設定若有不合理的參數估計時，再將誤差項變異數設定相同，甚至再將觀測變項的變異數設定相同。

Amos 內設是先檢查平均數相等，再檢定變異數相等，如要先檢定均質性再對平均數進行統計檢定，可點選 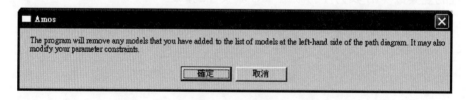，出現

The program will remove any models that you have added to the list of models at the left-hand side of the path diagram. It may also modify your parameter constraints.

按確定後，改變設定 multiple-Group Analysis 內設模式，例如將 Structural Covariance 打 ☑。

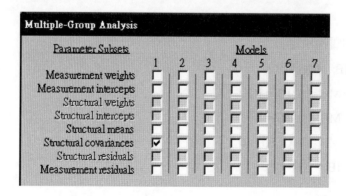

5. 交互作用的問題

可分成以下 3 種情形來說明。

(1) 變數均為觀測變數

基本上交互作用是以 2 個變數的交叉相乘項，例如 X1（數學），X2（物理），Y（微積分）為觀測變數，則交互作用項為 X1×X2，然後以 2 個變數及交互作用為外生變數的 SEM 來進行。

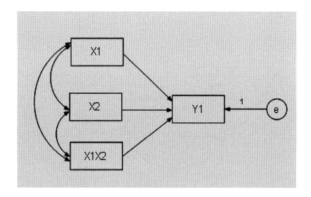

(2) 一個是觀測變數，一個是潛在變數

例如 X1（數學），X2（物理），X3（國文）Y（微積分）為觀測變數，由於數理能力是潛在變數，所以交互作用也是潛在變數，如其測量系統以 X1X3, X2X3 為測量變數。

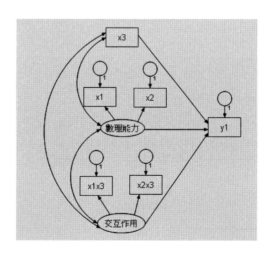

(3) 兩個都是潛在變數

引入交互作用項到模式內有可能會造成違反多變量常態分配的假定，這表示 ML 法參數估計並不合適，下面提出一個較簡單的方法，此方法有 3 個步驟：

①以允許因素間有相關的 CFA 模式進行估計；②計算因素得分也計算因素間的交互作用；③以因素得分執行有交互作用項的迴歸式（評價、態度、評價態度交互作用對意願迴歸式）。

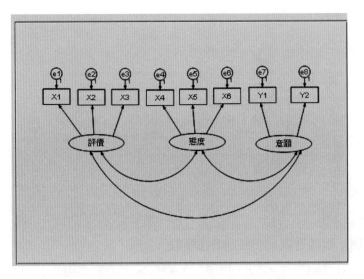

	Y1	Y2	X1	X2	X3	X4	X5	X6	態度	評價	意願	交互作用
1	50	0	4	4	4	4	4	4	4.44	4.58	2.08	20.38
:	:	:	:	:	:	:	:	:	:	:	:	:
20	20	30	4	3	3	3	4	5	4.31	3.92	1.72	16.90

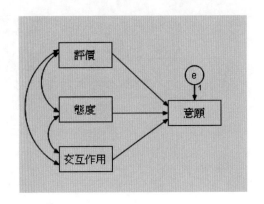

　　上述方法並非是 SEM 中有交互作用的唯一作法，它只是對有交互作用的問題提供一個實務上解決的方法之一。

⮕ 標準化設定與未標準化設定

　　設定外生變數的變異數為 1 的方式稱為標準化設定，設定外生變數到觀測變數的路徑係數為 1 的方式稱為未標準化設定。兩種設定所得的標準解都是相同的。

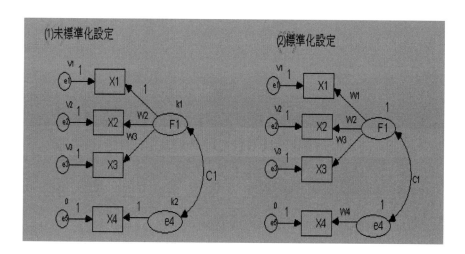

1. 樣本數指標

樣本數未滿 100：卡方檢定不被否定的模式是需要的。
樣本數未滿 200：最好卡方檢定不被否定，即使模式被否定，各種適合度指標之值良好時即 OK。
樣本數 500 以上：由於大致上模式會被否定，因之以適合度指標評價適配。

2. 適合度指標一覽

希望的方向	指標	說　　明	可能值	「非常良好」的範圍	「壞」的範圍
愈小愈好	卡方值	用於適合度檢定 期待值＝適合度	$\chi^2 \geq 0$	以 P 值判斷	以 P 值判斷
	SRMR	相關係數的殘差大	$SRMR \geq 0$	0.05 未滿	0.1 以上
	RMSEA	卡方值比期待值多出的部分以 1 個自由度，1 個個體來評價	$RMSEA \geq 0$	0.05 未滿	0.1 以上
	AIC	只用於數個模式的比較	無限制	相對比較	相對比較
愈大愈好	GFI	相當複相關係數	$GFI \leq 1$	0.95 以上	0.9 未滿
	AGFI	相當調整自由度的複相關係數	$AGFI \leq GFI$	0.95 以上	0.9 未滿
	NFI	以獨立模式當作 0，飽和模式當作 1 時的相對位置	$0 \leq NFI \leq 1$	0.95 以上	0.9 未滿
	CFI		$0 \leq CFI \leq 1$	0.95 以上	0.9 未滿

第6章　雙向因果關係與多群組分析

⊃ 雙向因果關係的分析

　　至目前為止一直在探討的模式稱為「**單向模式**（recursive model）」或稱不可逆模式。所謂單向模式是一旦經由單向箭線時，即無法回到該變數的模式。以下的模式是由「A」出發的路徑經由「B」到「C」。並且，不能返回所經過的變數。

　　另外，在單向模式之中自由度是 0 的模式稱為完全**單向模式**（Fully recurrence model）。

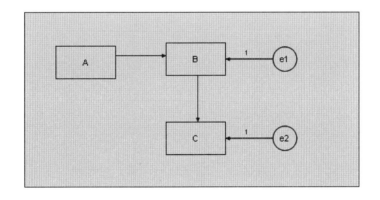

　　相對地，本章是探討「**非單向模式**（nonrecursive model）或稱可逆模式。

　　非單向模式是指可以返回所經過的變數。譬如，下圖即為非單向模式。由「A」出發的路徑經由「B」到「C」，再經由「C」可再度回到「B」。

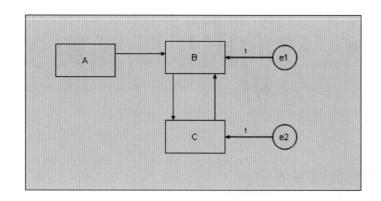

下圖也是非單向模式。此模式中「A」、「B」、「C」均不是出發點（誤差也可以說是出發點）。

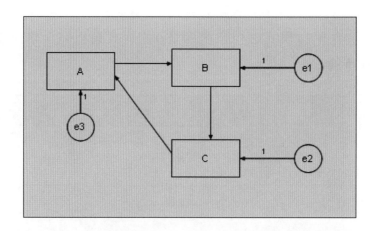

「A」愈高，「B」也愈高，「B」愈高，「C」也愈高。並且，「C」愈高，「A」也愈高，表示此種循環性的構造。

利用 Amos 進行路徑分析的有趣之處，是在於也可以探討此種模式。

⊃ 多群組分析

另外，本章於分析時亦探討另一個頗具特色的分析方法，即為「同時分析」數個群組。

像男、女或學校團體等，在路徑分析之中，可以看出各群組獨自的影響關係。譬如，男性可以看出影響，而女性卻看不出影響，男性有正的影響，女性有

負的影響等。

　　對於此種多群組的分析（同時分析數個群組的路徑圖），也在本章中一併加以探討。

6-1　研究的背景與使用的數據

➲「如何被人看待」，體型的自我印象是否會改變？

　　本章要分析的研究背景如下。

　　「體型」對許多人而言一直是非常關心的問題。當然，此處是有個人差異的，有對自己的體型不太關心的人，也有對自己的體型非常關心的人。此次的調查，是把焦點放在對自己的體型有多少的不滿、有多少的介意。

1. 體型不滿度：「看了鏡子，對自己的體型感到不滿的問項」以 6 級回答。
2. 體型介意度：「在意自己的體型別人是如何想的的問項」以 6 級回答。

　　想檢討讚美慾望（想被他人讚美的程度）與體型有過被他人指摘之經驗，對這些變數來說，具有何種程度的影響。

3. 讚美慾望：9 個項目，使用 5 級尺度法。
4. 體型的指摘：對於「自己的體型有被他人談論」的問項以 6 級回答。

數據是從大學男女各 100 名所蒐集得到（是實際蒐集的一部分資料）。

1	ID	性別	讚美欲望	體型的指摘	體型不滿度	體型介意度
2	1	F	28	2	4	5
3	2	F	45	3	6	6
4	3	F	23	2	6	5
5	4	F	23	4	2	2
6	5	F	32	2	6	5
7	6	F	20	3	4	4
8	7	F	23	6	6	5
9	8	F	22	1	6	6
10	9	F	34	2	3	4
11	10	F	30	3	1	1
12	11	F	18	1	4	4
13	12	F	27	1	6	4
14	13	F	29	1	3	3
15	14	F	34	4	4	4
16	15	F	26	4	5	3
17	16	F	21	3	2	1
18	17	F	20	2	6	3
19	18	F	25	5	6	6
20	19	F	20	2	6	6
21	20	F	23	1	5	5
22	21	F	24	1	4	2
23	22	F	41	4	6	6
24	23	F	25	4	6	6

:

176	M	18	1	3	1
177	M	24	2	1	2
178	M	28	1	1	1
179	M	24	1	4	1
180	M	29	1	1	1
181	M	22	1	1	2
182	M	39	1	6	6
183	M	17	6	1	1
184	M	25	3	3	3
185	M	26	1	2	1
186	M	31	1	1	1
187	M	29	6	6	6
188	M	27	4	1	5
189	M	23	2	3	2
190	M	19	3	3	4
191	M	9	2	1	1
192	M	22	3	4	3
193	M	30	4	4	4
194	M	19	1	1	1
195	M	20	2	2	1
196	M	30	1	2	2
197	M	37	6	6	6
198	M	23	2	2	2
199	M	23	2	3	3
200	M	21	1	2	1

【註】數據檔參 data_ex06.xls。

⊃分析 1：分析雙向的因果關係

6-2 畫路徑圖—畫雙向的因果關係

1. 資料的輸入與讀取

試使用第 2 章所介紹的方法輸入資料，並以 Amos 讀取。

以 SPSS、Excel、Textfile 的任一方法輸入資料（此處是 Excel 的資料：data_exo6.xls）。

如〔Data files〕的樣本數〔N〕顯示〔200/200〕時，即表示已讀取了 200 筆的資料。

2. 畫路徑圖

步驟1 參考第 5 章的內容，畫出如下的路徑圖。

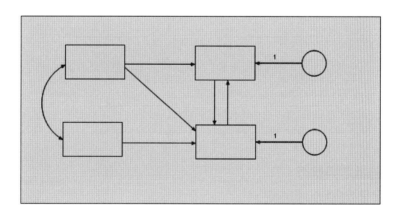

【註】誤差變數以〔Add a unique variable to an existing variable〕圖像（ ）來繪製。

步驟2 按一下〔List Variable data set〕圖像（ ），或從工具列選擇〔View〕
→〔Variables in data set〕。

左上的觀測變數當作體型的指摘，左下當作讚美慾望，右上當作體型不滿度，右下當作體型介意度。

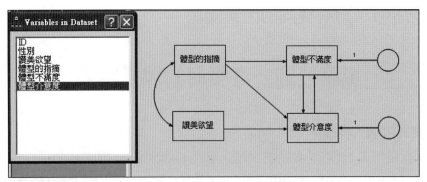

【註】讚美慾望是想被他人讚美的慾望,因之介意自己的體型如何被看待,乃假定只對體型介意度有影響。

步驟3 開啓〔Object Properties〕,對誤差變數取名稱。

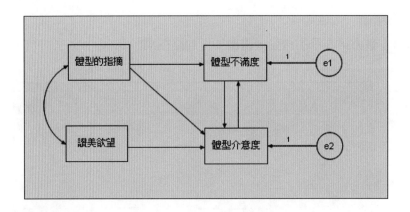

3. 分析的指定與執行

進行分析及輸出的指定。

步驟1 按一下〔Analysis Properties〕圖像(▦),或從工具列選擇〔View〕
→〔Analysis Properties〕。

點選〔Output〕Tab。

勾選〔Standardized estimates〕,〔Squared multiple correlations〕,再關閉
視窗。

步驟 2　按一下〔Calculate Estimates〕圖像（▥），或從工具列選擇〔View〕
　　　　→〔Calculate estimates〕，再執行分析。
　　　　如要求檔案的儲存時，可儲存在適當的資料夾中。

6-3　觀察輸出

⊃ 路徑圖上顯示分析結果，判斷雙向箭線的因果關係

1. 觀察輸出路徑圖

步驟 1　顯示標準化估計值。按一下〔View the output path diagram〕圖像（▥），
　　　　在〔Parameter format〕欄中，點選〔Standardized estimates〕。

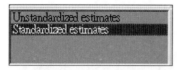

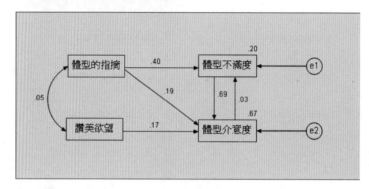

試檢視體型不滿度與體型介意度的影響關係。由體型不滿度到體型介意度的路徑是正的較大之值，但反方向的路徑知幾乎是 0。

2. 觀察 Text 輸出

步驟 1 按一下〔View Text〕圖像（▦），或從工具列選擇〔View〕→〔Text output〕。

觀察〔Notes for Group〕時，顯示模式是非單向（The model is nonrecursive）。

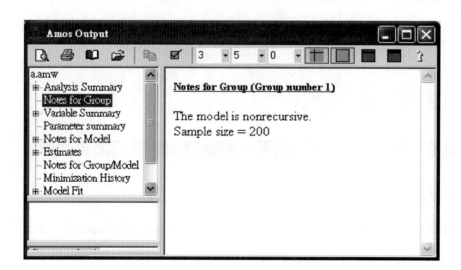

步驟 2　觀察〔Notes for Model〕時，知此模式的自由度顯示 0。

```
aa.amw
⊞ Analysis Summary          Notes for Model (Default model)
 ┈ Notes for Group
⊞ Variable Summary          Computation of degrees of freedom (Default model)
 ┈ Parameter summary
⊞ Notes for Model                   Number of distinct sample moments:      10
⊞ Estimates             Number of distinct parameters to be estimated:  10
 ┈ Notes for Group/Model                Degrees of freedom (10 - 10):    0
 ┈ Minimization History
⊞ Model Fit                 Result (Default model)
 ┈ Execution Time
                            Minimum was achieved
                            Chi-square = .000
                            Degrees of freedom = 0
                            Probability level cannot be computed
```

步驟 3　觀察〔Estimates〕。

Maximum Likelihood Estimates

Regression Weights: (Group number 1 - Default model)

			Estimate	S.E.	C.R.	P	Label
體型不滿度	<---	體型的指摘	.510	.241	2.117	.034	
體型介意度	<---	讚美欲望	.042	.010	4.208	***	
體型介意度	<---	體型的指摘	.237	.093	2.540	.011	
體型介意度	<---	體型不滿度	.662	.149	4.432	***	
體型不滿度	<---	體型介意度	.026	.381	.069	.945	

Standardized Regression Weights: (Group number 1 - Default model)

			Estimate
體型不滿度	<---	體型的指摘	.397
體型介意度	<---	讚美欲望	.171
體型介意度	<---	體型的指摘	.192
體型介意度	<---	體型不滿度	.690
體型不滿度	<---	體型介意度	.025

Covariances: (Group number 1 - Default model)

	Estimate	S.E.	C.R.	P	Label
體型的指摘 <--> 讚美欲望	.510	.709	.719	.472	

Correlations: (Group number 1 - Default model)

	Estimate
體型的指摘 <--> 讚美欲望	.051

從體型介意度到體型不滿度的路徑並不顯著。體型的指摘與讚美慾望的相關幾乎是 0。

結果的判讀： 在此分析中可以了解到……

看出較大的影響關係是從「體型的指摘」經由「體型不滿度」到「體型介意度」的路徑。

被某人指摘體型會造成體型的不滿，此事暗示存在著引起介意體型的心理過程。

➲ 分析 2：比較男女的路徑（多群組的分析）

接著，想在男女方面比較路徑係數。

6-4　分析的指定與執行──分析組別的因果關係

試進行分析與輸出的指定。

步驟 1 選擇〔Analyze〕→〔Manage Groups〕。

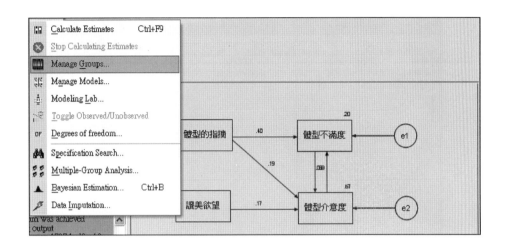

步驟 2　消去〔Group Name〕框內的字母，輸入「男性」，於是〔Groups〕的
框內即顯示男性。

按一下〔New〕。

在〔Group Name〕的框內輸入「女性」，然後關閉視窗。

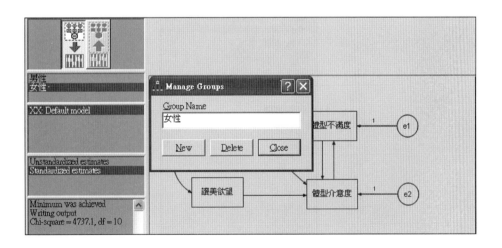

步驟 3　分成男女指定變數。

按一下〔Select data files〕圖像（ ），或從工具列選擇〔Files〕→
〔Data files〕。

試確定〔Group Name〕已顯示出男性、女性。

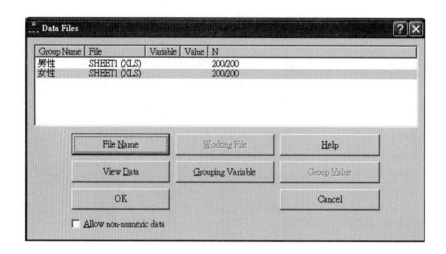

提示：如果未指定〔Data files〕時，男性、女性均指定本章所使用的數據，按一
　　　下〔Files Name〕指定所輸入數據的檔案）。

步驟 4　按一下男性。點選〔Grouping Variable〕。
　　　　　從變數一覽中選擇「性別」，按〔OK〕。

　　　　　點選〔Group Value〕，因想指定男性組，選擇 M，再按〔OK〕。
【註】M 指 Male（男性），F 指 Female（女性）。

步驟 5　同樣點選女性。

　　　　　點選〔Grouping Variable〕，選擇「性別」，按〔OK〕。

　　　　　點選〔Group Value〕，選擇 F 後，按〔OK〕。

步驟 6　〔Group Name〕分別顯示男性、女性；〔Variable〕顯示性別；〔Value〕
　　　　　顯示 M 與 F；樣本數〔N〕分別顯示 100 時，即表示男女的數據指定完
　　　　　成。在此狀態下，按〔OK〕。

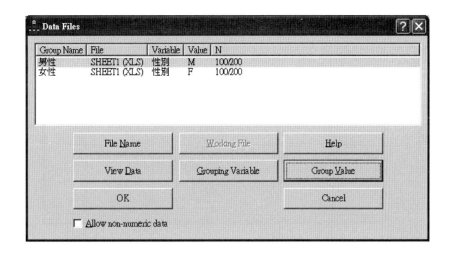

步驟 7　按一下〔Analysis properties〕圖像（ ），或從工具列選擇〔View〕
　　　　　→〔Analysis properties〕。

　　　　　點選〔Output〕Tab。

　　　　　勾選〔Standardized estimates〕，〔Squared multiple correlations〕，另外，
　　　　　再勾選「差的檢定統計量」〔Critical ratio for difference〕。勾選好之後，
　　　　　再關閉視窗。

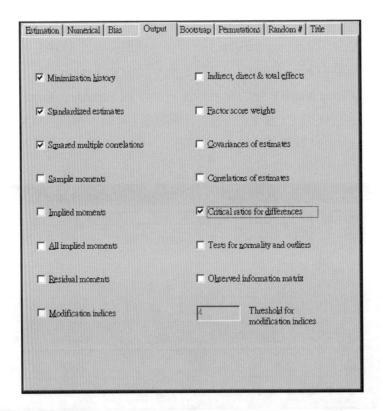

步驟 8　點選〔Calculate Estimates〕關係（▦），或從工具列選擇〔Analyze〕
　　　　→〔Calculate estimates〕，再執行分析。
　　　　如要求儲存檔案時，可儲存於適當的資料夾中。

6-5　觀察輸出

⊃ 路徑圖上顯示分析結果，觀察各群組的傾向

1. 觀察輸出路徑圖

步驟 1　顯示標準化估計值。按一下〔View the output path diagram〕圖像（▦），
　　　　點選〔Parameter format〕欄的〔Standardized estimates〕。

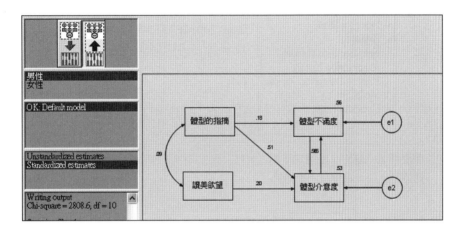

步驟 2　按一下〔Groups〕欄的〔男性〕時，即顯示男性的結果，標準化估計值
　　　　　如下。

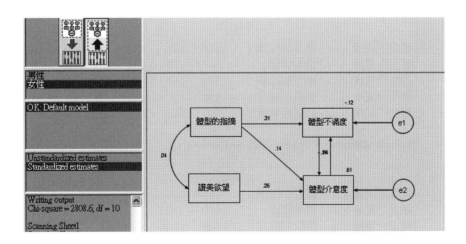

步驟 3　按一下〔Groups〕欄的〔女性〕時，即顯示女性的結果，標準化估計值
　　　　　如下。

2. 觀察 Text 輸出

步驟 1 按一下〔View Text〕圖像（ ），或從工具列選擇〔View〕→〔Text output〕。

```
aa.amw
  Analysis Summary          Analysis Summary
  Notes for Group
  Variable Summary          Date and Time
  Parameter summary
  Notes for Model           Date: 2009年2月14日
  Estimates                 Time: 下午 01:15:03
  Notes for Group/Model
  Minimization History      Title
  Pairwise Parameter Compar
  Model Fit                 aa: 2009年2月14日 下午 01:15
  Execution Time
```

【註】即使是 Text 輸出，點選左下的〔男性〕、〔女性〕的文字時，也可顯示各自的結果（共同的輸出時，就變成不能選擇了）。

步驟 2 男性的〔Estimates〕成為如下。

Maximum Likelihood Estimates

Regression Weights: (男性 - Default model)

	Estimate	S.E.	C.R.	P	Label
體型不滿度 <--- 體型的指摘	.216	.231	.935	.350	par_1
體型介意度 <--- 讚美欲望	.047	.019	2.460	.014	par_2
體型介意度 <--- 體型的指摘	.569	.213	2.676	.007	par_3
體型介意度 <--- 體型不滿度	.150	.326	.461	.645	par_4
體型不滿度 <--- 體型介意度	.592	.318	1.860	.063	par_5

Standardized Regression Weights: (男性 - Default model)

	Estimate
體型不滿度 <--- 體型的指摘	.184
體型介意度 <--- 讚美欲望	.200
體型介意度 <--- 體型的指摘	.508
體型介意度 <--- 體型不滿度	.158
體型不滿度 <--- 體型介意度	.565

Covariances: (男性 - Default model)

	Estimate	S.E.	C.R.	P	Label
體型的指摘 <--> 讚美欲望	.847	.978	.866	.387	par_6

Correlations: (男性 - Default model)

	Estimate
體型的指摘 <--> 讚美欲望	.087

步驟 3　女性的〔Estimates〕成為如下。

Maximum Likelihood Estimates

Regression Weights: (女性 - Default model)

	Estimate	S.E.	C.R.	P	Label
體型不滿度 <--- 體型的指摘	.361	.222	1.625	.104	par_7
體型介意度 <--- 讚美欲望	.056	.014	4.124	***	par_8
體型介意度 <--- 體型的指摘	.161	.089	1.818	.069	par_9
體型介意度 <--- 體型不滿度	.727	.166	4.391	***	par_10
體型不滿度 <--- 體型介意度	-.138	.462	-.299	.765	par_11

Standardized Regression Weights: (女性 - Default model)

	Estimate
體型不滿度 <--- 體型的指摘	.305
體型介意度 <--- 讚美欲望	.259
體型介意度 <--- 體型的指摘	.139
體型介意度 <--- 體型不滿度	.742
體型不滿度 <--- 體型介意度	-.136

Covariances: (女性 - Default model)

	Estimate	S.E.	C.R.	P	Label
體型的指摘 <--> 讚美欲望	.397	1.007	.394	.693	par_12

Correlations: (女性 - Default model)

	Estimate
體型的指摘 <--> 讚美欲望	.040

結果的判讀：要注意的是「體型的指摘」與「體型不滿度」、「體型介意度」。在男性方面，從體型的指摘經由體型介意度影響體型不滿度。相對地，在女性方面，從體型的指摘經由體型不滿度影響體型介意度。亦即，男女的影響過程是有可能不同的。

男性的情形是，如體型被他人指摘時，出現了「自己的體型是被他人如何看待的呢？」的擔心，此擔心導致不滿自己的體型。女性的情形是，如體型被他人指摘時，首先引起了不滿自己的體型。接著，才出現「他人是如何看待」的擔心。並且，男女的讚美慾望均擔負起提高體型介意度的功能。

3. 觀察路徑係數之差

步驟 1 在 Text 輸出的〔Estimates〕表中所標示的路徑，加上了 par_1、par_2 等的標籤。譬如，暫時記下如下的標籤。

男性從體型不滿度到體型介意度的路徑的標籤是 par_4。
女性從體型不滿度到體型介意度的路徑的標籤是 par_10。
男性從體型介意度到體型不滿度的路徑的標籤是 par_5。
女性從體型介意度到體型不滿度的路徑的標籤是 par_11。

步驟 2 試觀察 Text 輸出的〔Pairwise parameter comparsion〕。

	par_1	par_2	par_3	par_4	par_5
par_1	.000				
par_2	-.700	.000			
par_3	.831	2.551	.000		
par_4	-.425	.306	-.790	.000	
par_5	.696	1.762	.144	.692	.000
par_6	.628	.817	.277	.676	.248
par_7	.453	1.406	-.679	.532	-.597
par_8	-.691	.358	-2.409	-.289	-1.683
par_9	-.222	1.252	-1.773	.031	-1.305
par_10	1.801	4.076	.586	1.576	.376
par_11	-.685	-.402	-1.391	-.510	-1.302
par_12	.175	.347	-.168	.233	-.185

par_4 與 par_10 的組合部分的數據是 1.576。

par_5 與 par_11 的組合部分的數據是 −1.302。

此數值的絕對值如在 1.96 以上時，即判斷在 5% 水準下路徑的數值有差異。

可是，此次的情形，卻低於該數值。

> **想對各群組畫出不同的路徑圖時**

變更 Amos 的設定即有可能。從〔View〕清單中選擇〔Interface Property〕圖像（ ），在〔Misc〕Tab 之中勾選〔對不同組設定不同路徑圖（Allow different path diagram for different groups〕。

此時會出現如下頁面，按 是 。

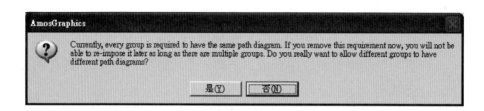

練習問題

本章所探討的路徑圖，體型的指摘與讚美慾望之間的相關，男女均接近於 0 之值。

因此，刪除體型的指摘與讚美慾望所連結的雙向路徑，再度進行多群組分析。

進行分析後，以圖表示男女各自的標準化估計值。

並且，自由度與適合度變成如何呢？

解答

如刪除雙向箭線進行分析時，出現警告。照樣按一下〔Proceed with the analysis〕即可。

男性的標準化估計值如下

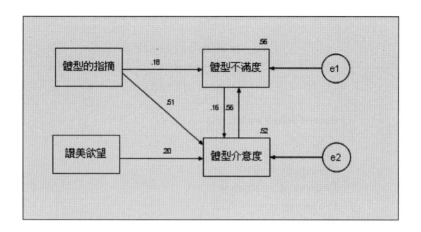

女性的標準化估計值如下：

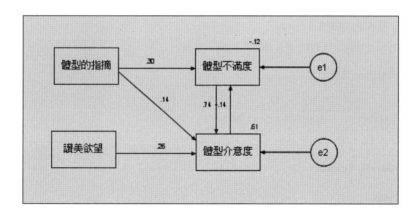

> **觀察 Text 輸出〔Text output〕**

此模式的自由度是「2」。獨立的樣本積率（sample moment）的個數，在路徑圖中是 4(4 + 1)/2 = 10，但因有男性的路徑圖和女性的路徑圖，所以是 10×2 = 20。

Notes for Model (Default model)

Computation of degrees of freedom (Default model)

Number of distinct sample moments: 20
Number of distinct parameters to be estimated: 18
Degrees of freedom (20 - 18): 2

Result (Default model)

Minimum was achieved
Chi-square = .914
Degrees of freedom = 2
Probability level = .633

主要的適合度指標即為如下。

$\chi^2 = 0.914$，df = 2，n.s.。

GFI = 0.998，AGFI = 0.997，CFI = 1.000

RMSEA = 0.000

以整體來說，可以說是高的適合度。

Model Fit Summary

CMIN

Model	NPAR	CMIN	DF	P	CMIN/DF
Default model	18	.914	2	.633	.457
Saturated model	20	.000	0		
Independence model	8	240.921	12	.000	20.077

RMR, GFI

Model	RMR	GFI	AGFI	PGFI
Default model	.274	.998	.977	.100
Saturated model	.000	1.000		
Independence model	1.297	.656	.427	.394

Baseline Comparisons

Model	NFI Delta1	RFI rho1	IFI Delta2	TLI rho2	CFI
Default model	.996	.977	1.005	1.028	1.000
Saturated model	1.000		1.000		1.000
Independence model	.000	.000	.000	.000	.000

RMSEA

Model	RMSEA	LO 90	HI 90	PCLOSE
Default model	.000	.000	.112	.752
Independence model	.310	.277	.345	.000

本章除了使用誤差以外，再加上潛在變數進行分析。

分析是以第 2 章所說明的如下路徑圖所表現的模式。

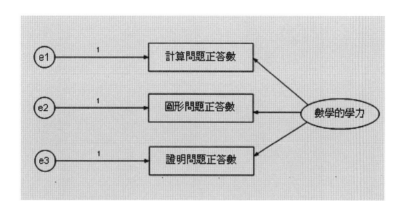

以橢圓所畫的潛在變數是表現無法直接觀測的構成觀念。

各個觀測變數是受到共同影響數個觀測變數的潛在變數，以及影響各個觀測變數的誤差之影響。

此模式相當於「因素分析」。留待本章的最後再行說明。

7-1　研究的背景與作用的數據

⊃ 「自我愛」的 1 因素模式

研究背景如下。

日本名古屋大學教育學部小塩真司教授在他的研究中將自我愛的人格傾向以如下的 3 個下位尺度表示。

1. 「優越感、有能力感」是與他人比較，認為自己本身較優越、有能力的傾向。

2. 「注目、讚美欲望」是想獲得他人的多瞧一眼與讚美的欲望。

3. 「自我主張性」是將自己的意見積極地向他人傳達的傾向。

　　這 3 個下位尺度，能以「自我愛」的一個潛在變數說明到何種程度呢？試利用 Amos 檢討看看。

　　資料是由 90 名大學生蒐集而得。

　　3 個下位尺度分別由 10 個詢問項目所構成。資料是以合計項目的分數來求出各下位尺度的分數。

NO	優越有能	注目讚美	自我主張
1	21	25	27
2	28	21	31
3	28	26	35
4	38	38	37
5	28	34	32
6	26	37	27
7	18	33	29
8	31	24	31
9	25	36	16
10	34	10	34
11	31	39	34
12	30	34	40
13	39	42	41
14	16	13	20
15	23	36	23
16	25	35	39
17	36	48	40
18	34	32	29
19	25	31	26
20	29	35	41
21	35	33	44
22	36	38	40
23	33	31	39
24	34	43	37

　　　　:

A	B	C	D
66	38	45	37
67	38	39	38
68	34	37	47
69	22	32	37
70	20	48	22
71	23	25	24
72	26	18	42
73	27	29	29
74	24	44	38
75	27	23	14
76	34	32	34
77	35	37	41
78	23	40	20
79	22	35	22
80	20	22	20
81	36	46	35
82	28	41	19
83	27	29	23
84	13	27	23
85	26	39	34
86	25	36	25
87	25	25	34
88	26	29	33
89	29	28	23
90	27	25	35

【註】數據檔參 data_ex07.xls。

7-2 畫路徑圖

➲ 畫出 1 因素的因素分析模式

1. 數據的輸入與讀取

使用第 2 章所介紹的方法輸入數據，並以 Amos 讀取。

以 SPSS、Excel、Textfile 的任一方法輸入資料（此處是 Excel 資料：data_ex07.xls）。

如〔Data Files〕樣本數〔N〕顯示出〔90/90〕時，即表示讀取了 90 筆的資料。

2. 畫出潛在變數

步驟 1 按一下〔Draw a latent variable or add an indicator to a latent variable〕圖像（ ）。

提示：使用因素分析模式時，並非個別地畫橢圓與四方形，而是使用此圖像來繪製。

在中央部位處畫一個橢圓。

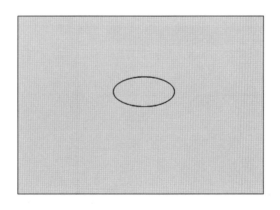

步驟 2 在 按 住（ ）〔Draw a latent variable or add an indicator to a latent variable〕的狀態下，在目前所畫的橢圓中連按 3 次。於是，觀測變數與誤差變數即自動被追加。

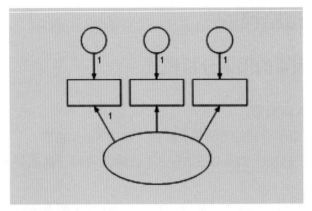

【註】這是因素分析的基本模式。

從潛在變數向觀測變數畫出單向箭線，觀測變數也受誤差變數影響。這是指觀測變數是由數個觀測變數共同的潛在變數與獨自影響各個觀測變數的誤差（潛在變數）所說明的模式。

並且，由潛在變數向觀測變數的箭線之中的一條，係數被固定為「1」。

開啟〔View〕中的〔Object Properties〕點選路徑的部分，觀察〔Parameter〕Tab 的〔Regression Weight〕時，知已被輸入「1」。

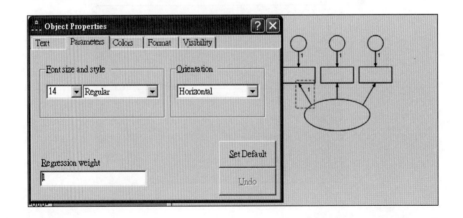

步驟 3　按一下〔Rotate the indicator of a latent variable〕圖像（ ⟳ ）。
在目前所畫的橢圓中按一下時，觀測變數與誤差變數即在橢圓的周圍旋轉，不管在哪一個方向路徑圖的意義均不變。

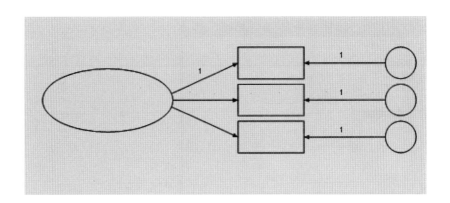

3. 指定觀測變數的變數名

按一下〔List variables in data set〕圖像（▤），或選擇〔View〕→〔Variables in Dataset〕。

對 3 個觀測變數指定優越有能、注目讚美、自我主張。

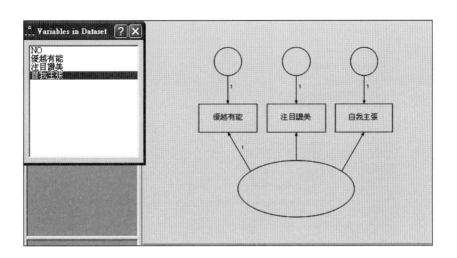

提示：文字超出時，開啟〔Object Properties〕後點選變數框。將〔Text〕的 Tab 的〔Font size〕變更並調整。

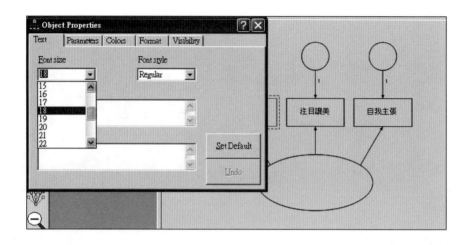

4. 對潛在變數命名

步驟 1 選擇〔Plugins〕→〔Name Unobserved Variables〕，於是所有的潛在變數即自動被命名。

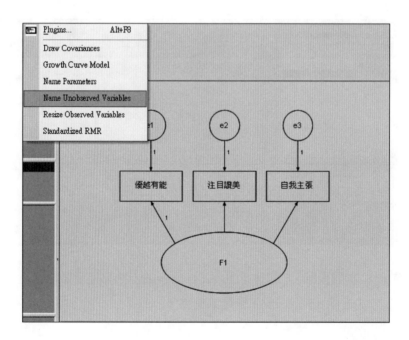

步驟 2 開啟〔Object Properties〕的〔Text〕Tab，將「F1」的名稱變更為「自我愛」。

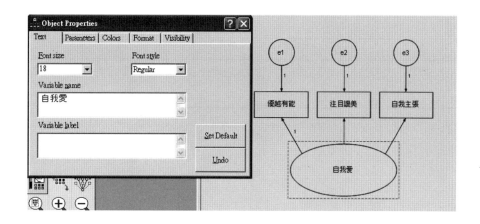

以上即完成路徑圖。

5. 分析的指定與執行

試進行分析及輸出的指定。

步驟 1 按一下〔Analysis Properties〕圖像（ ），或選擇〔View〕→〔Analysis properties〕。

點選〔Output〕Tab。

先勾選〔Standardized estimates〕，〔Squared multiple correlations〕。再關閉視窗。

步驟 2 按一下〔Calculate estimates〕圖像（ ），或選擇〔Analyze〕→〔Calculate estimates〕，然後執行分析。

如要求檔案的儲存時，即儲存在適當的資料夾中。

7-3 觀察輸出

⊃ 判斷 1 因素的因素分析

1. 觀察輸出路徑圖

步驟 1 顯示標準化估計值。點選〔View the output path diagram〕圖像（ ），按一下〔Parameter format〕欄的〔Unstandardized estimates〕，即為如下所示。

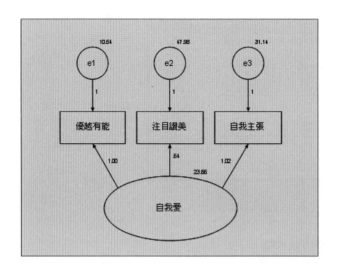

最初固定為「1」的，由自我愛到優越有能的路徑，即變成「1.00」。

步驟 2 按一下〔View the output path diagram〕圖像（ ）。顯示標準化估計值時，即為如下。

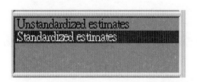

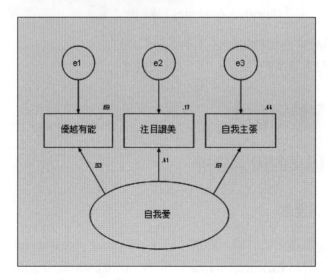

由自我愛到優越有能的路徑係數：0.83

由自我愛到注目讚美的路徑係數：0.41

由自我愛到自我主張的路徑係數：0.67

2. 觀察 Text 輸出

步驟 1　按一下〔View text〕圖像（ ▦ ），或選擇〔View〕→〔Text output〕。

請看〔Variable Summary〕。

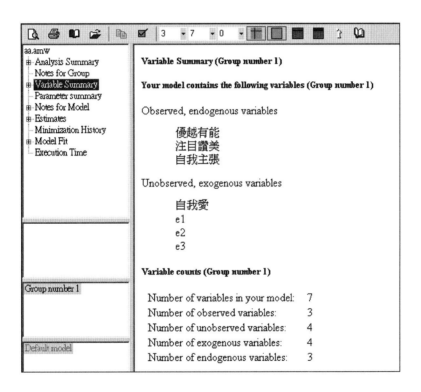

內生變數是「優越有能」、「注目讚美」、「自我主張」，外生變數是「自我愛」與 3 個誤差變數。

步驟 2　請看〔Notes for Model〕。

<u>Notes for Model (Default model)</u>

Computation of degrees of freedom (Default model)

Number of distinct sample moments:	6
Number of distinct parameters to be estimated:	6
Degrees of freedom (6 - 6):	0

Result (Default model)

Minimum was achieved
Chi-square = .000
Degrees of freedom = 0
Probability level cannot be computed

　　觀測變數有 3 個,因之獨立的樣本機率個數(Number of distinct sample moment),是 1 個獨立變數(自我愛)、3 個誤差變數及未被固定(開放)的 2 條路徑,合計是 6。因此,自由度是 6 − 6 = 0。

步驟3 請看〔Estimates〕。

Regression Weights: (Group number 1 - Default model)

			Estimate	S.E.	C.R.	P	Label
優越有能	<---	自我愛	1.000				
注目讚美	<---	自我愛	.641	.237	2.708	.007	
自我主張	<---	自我愛	1.023	.345	2.968	.003	

Standardized Regression Weights: (Group number 1 - Default model)

			Estimate
優越有能	<---	自我愛	.832
注目讚美	<---	自我愛	.411
自我主張	<---	自我愛	.666

係數被固定為 1 的「自我愛」到「優越有能」的估計值變成 1.00。

並且,此估計值未計算顯著機率。

標準化係數是 3 個均輸出有估計值。

➤ 也顯示有變異數與複相關係數的平方之值,不妨確認看看。

Variances: (Group number 1 - Default model)

	Estimate	S.E.	C.R.	P	Label
自我愛	23.658	8.951	2.643	.008	
e1	10.537	7.671	1.374	.170	
e2	47.978	7.827	6.130	***	
e3	31.140	9.138	3.408	***	

Squared Multiple Correlations: (Group number 1 - Default model)

	Estimate
自我主張	.443
注目讚美	.169
優越有能	.692

步驟 4　請看〔Model Fit〕。

CMIN

Model	NPAR	CMIN	DF	P	CMIN/DF
Default model	6	.000	0		
Saturated model	6	.000	0		
Independence model	3	44.640	3	.000	14.880

此模式（指 Default model）是自由度「0」的飽合模式。

因此，除 χ^2 值之外，適合度指標（如 NPAR）也與飽和模式相等。

⊃ 解說：關於係數的固定

在標準化估計值方面，由「自我愛」到「優越有能」的路徑並非是「1.00」，而是列入「.832」的數值。

因素分析模式雖然將由潛在變數到觀測變數的任一條路徑圖固定為「1」，但不管固定哪一條路徑，標準化估計值是相同的。

方法 1　譬如，不固定「自我愛」到「優越有能」，而是將「自我愛」到「注目讚美」的路徑圖固定為「1」分析看看。

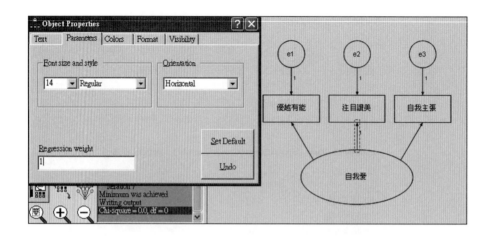

未標準化估計值顯示如下。

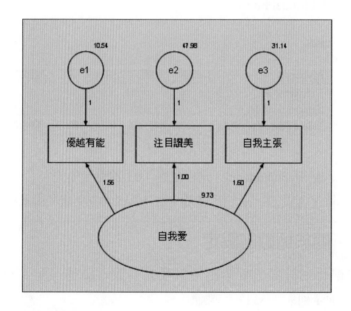

由自我愛到注目讚美的路徑，成為 1。

標準化估計值顯示如下。

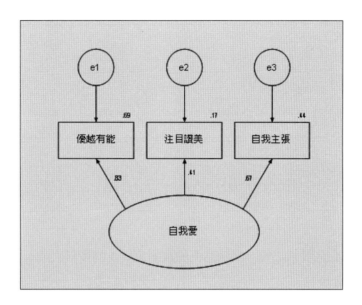

　　不管是到優越有能的路徑固定為 1，或是到注目讚美的路徑固定為 1，標準化估計值知均未改變。

方法 2　另一個方法是將潛在變數的變異數固定為 1。

　　開啟〔Object Properties〕，點選〔Parameter〕Tab。

　　並開啟〔Object Properties〕的狀態下按一下「自我愛」，在〔Variable〕的框內輸入「1」。

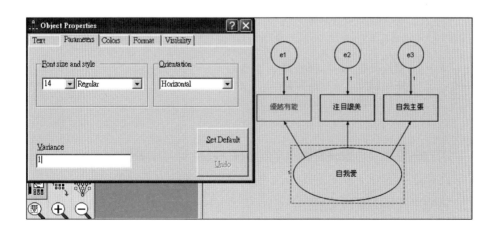

未標準化估計值與標準化估計值如下。

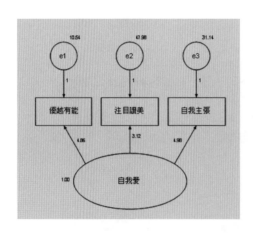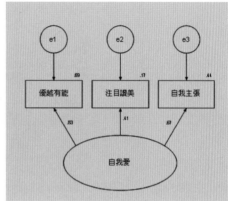

未標準化估計值之值,與將路徑係數固定爲 1 的情形大爲不同,但標準化估計值是相同的。

正文輸入如下:

Maximum Likelihood Estimates

Regression Weights: (Group number 1 - Default model)

			Estimate	S.E.	C.R.	P	Label
優越有能	<---	自我愛	4.864	.920	5.286	***	
注目讚美	<---	自我愛	3.119	.916	3.406	***	
自我主張	<---	自我愛	4.976	1.055	4.718	***	

Standardized Regression Weights: (Group number 1 - Default model)

			Estimate
優越有能	<---	自我愛	.832
注目讚美	<---	自我愛	.411
自我主張	<---	自我愛	.666

關於由自我愛到觀測變數的 3 個路徑,均計算有顯著機率。

路徑之中的任一者固定爲「1」的方法時,即輸出了顯著機率。

這些可依目的靈活使用。

7-4　以 SPSS 分析看看—進行 1 因素的因素分析

本章的分析在 SPSS 中相當於「因素分析」。

步驟 1　啓動 SPSS，選擇〔檔案〕→〔開啓舊檔〕→〔資料〕，在〔開啓檔案〕
的視窗中，讀取與先前相同的檔案。

步驟 2　選取〔分析〕→〔資料縮減〕→〔因素〕。

步驟 3　在〔變數〕中輸入優越有能、注目讚美、自我主張。

按一下〔萃取〕。

步驟 4　〔方法〕當作〔最大概似法〕。

點選〔萃取〕的〔因素個數〕，輸入「1」。

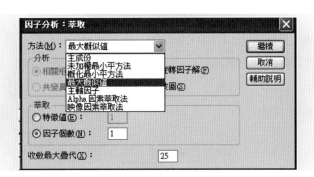

按一下繼續。再按 確定 。

➢ 觀察結果的輸出。

自由度不是正（是 0），因之出現警告。

警告

自由度的個數 (0) 不是正的。 執行因子分析可能不適當。

➢ 輸出共同性

共同性

	初始	萃取
優越有能	.346	.692
注目讚美	.127	.169
自我主張	.314	.443

萃取法：最大概似。

共同性是表示各個被觀測的變數，受到共同因素（此時是自我愛）影響的程度。此次的結果，因素萃取後的共同性（$0.692 = 0.832^2$, $0.169 = 0.411^2$, $0.443 = 0.666^2$），等於後面的因素矩陣所顯示之值的平方。

由 1 減去共同性之值，即為獨自因素（在路徑圖中是誤差）的影響力。

➢ 輸出解說總變異量。

解說總變異量

因子	初始特徵值			平方和負荷量萃取		
	總和	變異數的%	累積%	總和	變異數的%	累積%
1	1.793	59.751	59.751	1.303	43.444	43.444
2	.767	25.567	85.318			
3	.440	14.682	100.000			

萃取法：最大概似。

此處所輸出的特徵量 1.303（$0.832^2 + 0.411^2 + 0.666^2$），是共同因素（此處是自我愛）可說明被觀測的變數到何種程度的指標。變異數的 % 或累積 %，即為其說明率。

➢ 輸出因素矩陣。

因子矩陣ᵃ

	因子
	1
優越有能	.832
注目讚美	.411
自我主張	.666

萃取方法：最大概似。
a. 萃取了 1 個因子。需要 4 個疊代。

此處所輸出之值，與先前以 Amos 所輸出的路徑係數（標準化）之值是一致的。

⊃ 解說：因素分析的用語與路徑圖的對應

此處探討的例子是「1 因素的因素分析模式」。以 Amos 分析的結果，以及以 SPSS 分析的結果是一致的。

因素分析是使用共同因素、獨立因素、共同性、特徵值等的用語。

這些以路徑圖來說相當於哪一部分呢？

出現在因素分析的用語，如圖示與路徑圖的哪一部分對應，即如下圖所示。

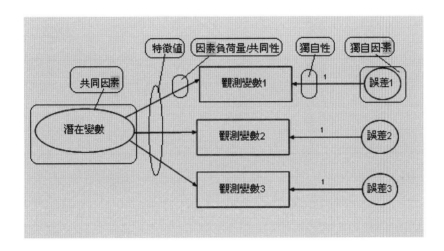

> 因素分析中的共同因素，在路徑圖中是以影響觀測變數的圓或橢圓當作潛在變數來表示。

> 特徵值是表示潛在變數影響觀測變數的路徑係數。又，共同性是表示它的影響力的大小，有數個共同因素時，數個共同因素對某一個觀測變數的綜合影響力即為共同性。

> 獨自因素相當於影響觀測變數的誤差變數。另外，獨自性是它的影響力。利用如此的對應，以圖去想像因素分析看看。

> 共同性不會超出 1，獨自性無負，若因素負荷量 > ±1，共同性的估計有問題，稱為 **Heywood case** 或**不適解**（improper solution）。此時可檢討是否：增加樣本數；去除幾個變數（變數間之相關高）；單一變數在因素中

可去除；其他轉軸法；因素相關 > 0.9，表因素的意義重複，要刪除變數間之相關係數高的一方再重新解析等。

練習問題

使用以下數據，以 Amos 進行 1 因素的因素分析看看。

對 4 個變數造成影響的模式。

A	B	C	D
4	4	4	4
4	4	4	6
7	7	6	3
3	1	5	5
4	3	4	7
2	6	6	8
5	6	2	5
9	8	8	1
3	5	2	8
2	1	1	9
6	7	6	5
3	5	4	4
6	4	1	4
4	2	5	7
4	5	4	8
6	7	6	4
6	5	6	6
6	1	6	4
8	8	8	3
7	4	7	1

解答

未標準化估計值如下。

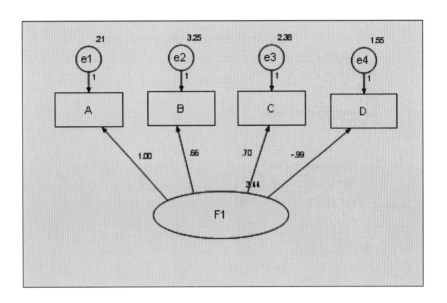

標準化估計值如下。

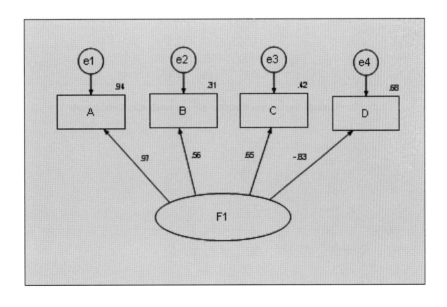

觀察 Text 輸出的〔Note for Models〕。

Notes for Model (Default model)

Computation of degrees of freedom (Default model)

Number of distinct sample moments:	10
Number of distinct parameters to be estimated:	8
Degrees of freedom (10 - 8):	2

Result (Default model)

Minimum was achieved
Chi-square = .994
Degrees of freedom = 2
Probability level = .608

觀察 Text 輸出的〔Estimates〕。

Maximum Likelihood Estimates

Regression Weights: (Group number 1 - Default model)

	Estimate	S.E.	C.R.	P	Label
A <--- F1	1.000				
B <--- F1	.656	.247	2.654	.008	
C <--- F1	.704	.221	3.188	.001	
D <--- F1	-.985	.219	-4.494	***	

Standardized Regression Weights: (Group number 1 - Default model)

	Estimate
A <--- F1	.971
B <--- F1	.559
C <--- F1	.645
D <--- F1	-.826

可知任一個標準化估計值,均呈現甚大之值。

第8章 二因素的因素分析模型

第 7 章是探討影響觀測變數的潛在變數只有一個，亦即一因素的因素分析。

本章是探討二個潛在變數是觀測變數的共同原因，亦即二因素的因素分析模型。

如果讀者曾以 SPSS 進行因素分析，想必可以理解在實際的研究中，探討數個因素比探討一個因素的機會是較多的。

Amos 的因素分析與 SPSS 的因素分析略有不同。前者處理的因素分析稱為「確認式因素分析」，後者處理的因素分析則稱為「探索式因素分析」。

Amos	確認式因素分析	研究者設定所建立的因素的假設後，檢討數據是否符合模式的因素分析方法
SPSS	探索式因素分析	探索影響所有觀測變數的所有共同因素（潛在變數）的因素分析方法

關於這些不同，容本章最後再行詳細說明。

8-1　研究的背景與使用的資料

➲ 對 8 個形容詞回答之分析

此次的研究是針對以下 8 個形容詞的回答進行分析。

〈活動性〉

a01_ 明朗的

a02_ 爽朗的

a03_ 有精神的

a04_ 充實

〈調和性〉

a05_ 優雅的

a06_ 親切的

a07_ 協調的

a08_ 溫和的

本調查是針對這些用語，以 4 級從「不合適」到「合適」詢問符合自己的程度是如何。

針對 100 名大學生進行調查，所獲得的回答。

這些用語由「先行研究」獲知是由「活動性」與「調和性」兩個要素所構成。因此，此等 8 個用語能否以「活動性」與「調和性」兩個要素來說明呢？試利用 Amos 以確認式因素分析去查明看看。

數據輸入如下。

NO	a01_明朗	a02_爽朗	a03_精神	a04_充實	a05_優雅	a06_親切	a07_協調	a08_溫和
1	1	1	2	1	2	2	3	1
2	4	4	4	4	2	2	3	3
3	4	4	4	4	1	4	4	4
4	2	1	2	2	1	3	3	3
5	4	1	2	4	2	4	4	3
6	3	4	4	3	3	4	3	3
7	1	4	2	1	2	4	2	2
8	2	3	2	2	2	3	2	2
9	1	1	1	1	2	3	3	2
10	4	4	4	4	3	4	4	4
11	1	1	1	1	1	3	2	2
12	2	3	3	2	2	3	2	2
13	2	1	2	1	1	1	1	1
14	2	3	3	2	2	2	2	3
15	2	2	2	1	2	2	2	2
16	2	4	4	4	4	4	4	4
17	1	1	1	1	1	4	4	3
18	3	3	3	2	2	3	2	3
19	4	4	4	4	3	4	1	3
20	1	1	1	1	1	4	4	3
21	2	4	2	3	1	1	1	1

:

79	3	2	3	1	4	4	4	4
80	1	1	2	1	1	1	3	1
81	3	3	3	1	4	4	4	4
82	2	3	3	1	3	3	4	4
83	2	2	4	3	3	3	4	4
84	2	2	1	3	2	3	3	4
85	4	4	4	4	2	3	2	3
86	3	3	3	3	1	2	2	1
87	4	4	4	4	3	4	2	1
88	1	1	2	1	2	3	3	4
89	3	4	4	4	4	4	4	4
90	2	4	4	2	3	4	4	4
91	2	3	4	2	4	4	4	4
92	1	2	2	2	2	3	2	1
93	4	4	4	4	2	4	4	4
94	4	1	4	4	4	4	4	4
95	1	1	1	1	2	2	2	2
96	3	3	4	2	4	4	4	4
97	3	2	3	3	4	4	4	3
98	3	3	3	3	4	4	4	4
99	3	4	3	2	3	4	4	4
100	2	2	2	2	2	2	3	2

【註】參數據檔 data_ex08.xls。

8-2　畫路徑圖

⊃ 繪製 2 因素的因素分析模式

1. 資料的輸入與讀取

使用第 2 章所介紹的方法輸入數據，並以 Amos 讀取。

不管是以 SPSS、Excel、Textfile 輸入均可（此處是 Excel 的資料：Ex08. xls）如〔Data file〕的樣本數〔N〕顯示有〔100/100〕時，即表示讀取 100 筆的資料。

2. 頁面布置

本例是要畫出橫向的路徑圖，因此將頁面的方向改成〔橫向〕(Landscape)。

步驟 1　選取〔View〕→〔Interface properties〕。

步驟 2　將〔Page layout〕Tab 的〔Orientation〕改成〔Landscape〕再按一下〔Apply〕。

3. 畫潛在變數（因素分析模式）

步驟 1　按一下〔Draw a Latent Variable or add an indicator to a Latent Variable〕

圖像（ ）。在中央或左下處畫出 1 個橢圓。

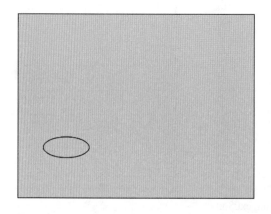

步驟 2　再按住〔Draw a Latent Variable or add an indicator to a Latent Variable〕

圖像（ ）的狀態下，在所畫的橢圓中連按 4 次。

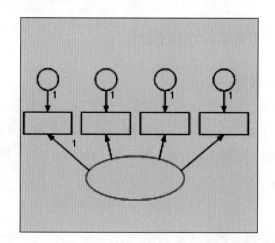

步驟 3　本例想分析以 2 個潛在變數說明 8 個觀測變數的模式，因此複製此次所
畫的圖。

【註】當然再一次同樣畫出也行，但畫出相同大小的圓或橢圓非常不易。

➤ 點選〔Select all objects〕圖像（ 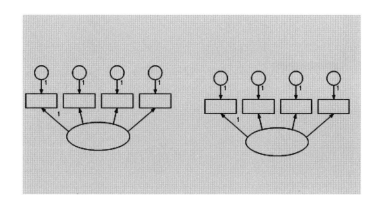 ）。確認所畫的路徑圖變成藍色。

➤ 點選〔Duplicate objects〕圖像（ ）。按住圖的任一部分向右方向移動，再放開點選。

➤ 點選〔Deselect all objects〕圖像（ ），解除選擇。

➤ 點選〔Resize the path diagram to fit on a page〕圖像（ ），即可調整成適當的位置。

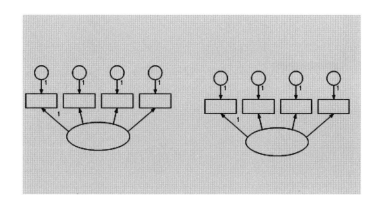

步驟 4 在 2 個潛在變數之間，畫出雙向箭線。

按一下〔Draw covariance (double headed arrows)〕圖像（ ），以雙向箭線連結左右的潛在變數。

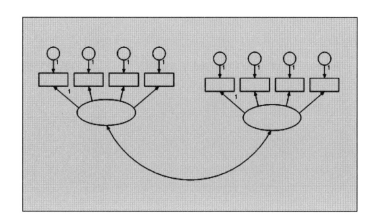

4. 指定觀測變數的變數名

步驟 1　按一下〔List variable in data set〕圖像（ 圖 ），或者選取〔View〕→
〔Variables in data set〕。

從觀測變數的最左側依序以 a01, a02, a03, ……指定變數名。

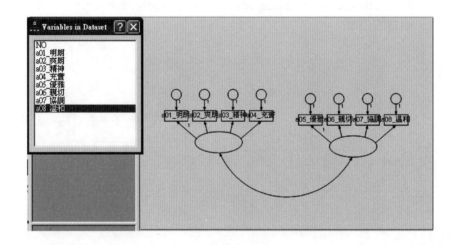

步驟 2　變數名溢出四方型的方框。此時，可縮小文字或加上變數的標籤
（Label）。此處試加上變數的標籤看看。

開啟〔View〕的〔Object Properties〕，按一下〔a01_明朗〕的四方型。
開啟〔Text〕Tab。

在〔Variable Label〕的方框輸入 a01，於是，四方形中的文字即顯示
a01。

【註】選擇〔Plugins〕→〔Resize Observed Variables〕時，可配合觀測變數的文字自動地調
整四方形的大小。

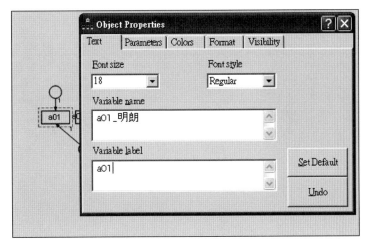

【註】要注意不要變更〔Variable Name〕框的文字。
〔Variable Label〕框可自由追加,但此〔Variable Name〕必須與 Amos 所讀取的資料之
中的變數名一致。

步驟 3 其他觀測變數也一樣加上變數名的標籤。

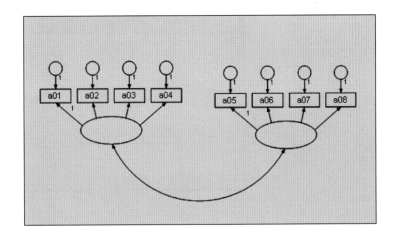

5. 對潛在變數命名

步驟 1 選取〔Plugins〕→〔Name Unobserved Variables〕。
於是,所有的潛在變數均自動地命名。

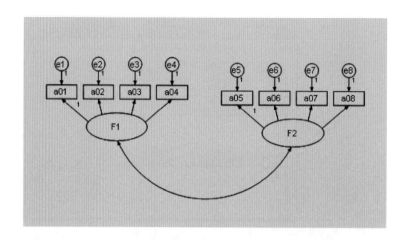

步驟 2　變更變數名,將 F1 改成「活動性」,F2 改成「調和性」。

開啟〔Objects Properties〕後,按一下 F1 的橢圓。

將〔Variable Name〕的 F1 變更為活動性也行,或在〔Variable Label〕中輸入活動性也行。

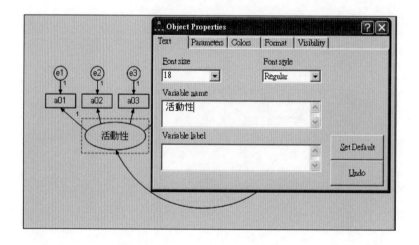

步驟 3　同樣,也將 F2 變更成調和性。

至此的作業,是完成了確認式因素分析的路徑圖。

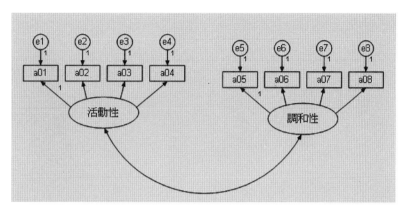

【註】2 個潛在變數亦即活動性與調和性，以及 8 個誤差都是外生變數。對誤差以外的外生
變數假定有共變異數（相關）關係。另外，8 個觀測變數是內生變數，各自的誤差影
響各自的觀測變數。

6. 分析的指定與執行

進行分析及輸出的指定。

步驟 1　按一下〔Analysis Properties〕圖像（ ![img] ），或者從工具列選取〔View〕
→〔Analysis Properties〕。

點選〔Output〕Tab。

勾選〔Standardized estimate〕、〔Squared multiple correlation〕。

關閉視窗。

步驟 2　按 一 下〔Calculate estimates〕 圖 像（ ![img] ），或 選 取〔Analyze〕→
〔Calculate estimates〕，再執行分析。

如要求有檔案的儲存時，則可儲存於適當的資料夾中。

8-3　觀察輸出—判斷因果關係鏈

1. 觀察輸出路徑圖

步驟 1　顯示未標準化估計值，按一下〔View the output path diagram〕圖像（ ![img] ），
點選〔Estimate format〕欄的〔Unstandardized estimate〕，顯示如下。

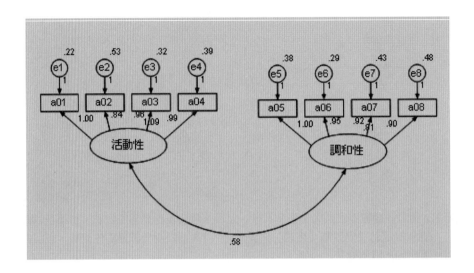

由於從活動性到 a01，從調和性到 a05 的路徑當作「1」，因之未標準化估計值照樣顯示成「1.00」。

步驟 2 按一下〔View the output path diagram〕圖像（　）。
標準化估計值如下圖所示。

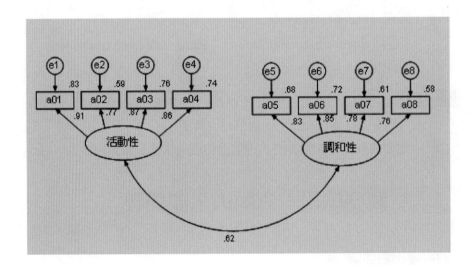

從 2 個潛在變數活動性與調和性到 8 個觀測變數的路徑係數，可知均成爲較大之值。

並且，活動性與調和性的相關是 r = 0.62。

2. 觀察 Text 輸出

步驟 1 按一下〔View Text〕圖像（ ），或從工具列選取〔View〕→〔Text output〕。

觀察〔Notes for Model〕。

自由度如下計算。

觀測變數有 8 個，因之 8(8 + 1)/2 = 36 即為獨立的樣本積率個數（Distinct sample moment）之值。獨立變數與誤差變數合計 10 個，未固定係數的路徑是 7 條，共計 17。

此顯示在獨立的估計母數的個數中。

自由度是 36 – 17 = 19。

步驟 2 觀察〔Estimate〕。

從活動性、調和性到觀測變數的路徑如下所示。

Regression Weights: (Group number 1 - Default model)

	Estimate	S.E.	C.R.	P	Label
a01_明朗 <--- 活動性	1.000				
a02_爽朗 <--- 活動性	.842	.085	9.915	***	
a03_精神 <--- 活動性	.963	.076	12.647	***	
a04_充實 <--- 活動性	.994	.081	12.213	***	
a05_優雅 <--- 調和性	1.000				
a06_親切 <--- 調和性	.948	.100	9.518	***	
a07_協調 <--- 調和性	.916	.106	8.620	***	
a08_溫和 <--- 調和性	.897	.108	8.270	***	

Standardized Regression Weights: (Group number 1 - Default model)

	Estimate
a01_明朗 <--- 活動性	.914
a02_爽朗 <--- 活動性	.770
a03_精神 <--- 活動性	.872
a04_充實 <--- 活動性	.857
a05_優雅 <--- 調和性	.827
a06_親切 <--- 調和性	.848
a07_協調 <--- 調和性	.783
a08_溫和 <--- 調和性	.759

觀察標準化係數時，任一數值均出現高值。

共變異數及相關係數之值如下。

Covariances: (Group number 1 - Default model)

	Estimate	S.E.	C.R.	P	Label
活動性 <--> 調和性	.583	.128	4.559	***	

Correlations: (Group number 1 - Default model)

	Estimate
活動性 <--> 調和性	.617

活動性與調和性的相關係數 $r = 0.617$，在 0.1% 水準下是顯著的。

步驟 3　觀察〔Model Fit〕。

主要的適合度指標如下。

CMIN

Model	NPAR	CMIN	DF	P	CMIN/DF
Default model	17	38.665	19	.005	2.035
Saturated model	36	.000	0		
Independence model	8	563.734	28	.000	20.133

RMR, GFI

Model	RMR	GFI	AGFI	PGFI
Default model	.078	.909	.828	.480
Saturated model	.000	1.000		
Independence model	.605	.320	.126	.249

Baseline Comparisons

Model	NFI Delta1	RFI rho1	IFI Delta2	TLI rho2	CFI
Default model	.931	.899	.964	.946	.963
Saturated model	1.000		1.000		1.000
Independence model	.000	.000	.000	.000	.000

RMSEA

Model	RMSEA	LO 90	HI 90	PCLOSE
Default model	.102	.055	.148	.038
Independence model	.440	.408	.472	.000

$\chi^2 = 38.665$, df = 19, p < 0.01

GFI = 0.909, AGFI = 0.828, CFI = 0.963, RMSEA = 0.102

AFGI 之值略低，RMSEA 超過 0.10，因之不能說是適配佳。

【註】若是二階 CFA 時，路徑圖如下設定時，無法執行。

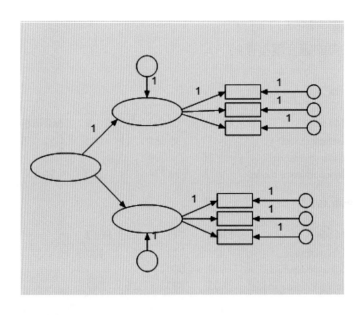

必須將二階因素到一階因素的路經係數設爲 1。

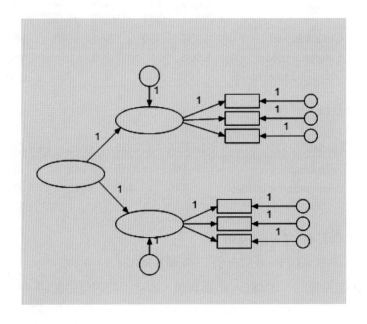

8-4　改良模式—以 Amos 進行探索式因素分析

1. 探索模式改良的可能性

此處為了讓適合度提高，可以想到何種的方法呢？

第一，讓共同因素（活動性、調和性）的個數增減。

此次的例子或許認為適配不佳，但減少或增加共同影響觀測變數的潛在變數的個數，也許可以發現適合數據的模式。

第二，可試著從調和性向 a01~a04，從活動性 a05~a08 畫出路徑的方法。

此次雖然是建立 a01~a04 只受到活動性，a05~a08 只受到調和性之影響的假設性進行分析，但也許有受到兩者影響的觀測變數。

第三，是誤差間假定相關的方法。

影響觀測變數的設想之外的要素即誤差變數，包含有各種的要素。譬如，該處隱藏有數個觀測變數之間的項目表現的類似性，或研究者的設想之外的共同要素。

一面考慮其他的可能性，一面考慮是否有理論上的整合性。

2. 探索式的模式特定化

前述的第二個方法，亦即是否能從 2 個潛在變數向哪一觀測變數畫路徑呢？實際分析看看。

Amos 有〔探索式模式特定化（specification search）〕的清單，試著使用它進行分析。

【註】此處的分析方法，並非原本意義的探索式因素分析，可以說是數次重複確認式的因素分析。

步驟 1　略為變更本章所畫的路徑圖，畫出如下的路徑圖。

從 2 個潛在變數向所有的觀測變數畫出單向箭線。

開啟〔Object properties〕，去除從潛在變數向觀測變數的路徑係數「1」。

同樣，從〔Object properties〕開啟〔Parameter〕Tab，將 2 個潛在變數的變異數〔Variance〕固定為「1」。

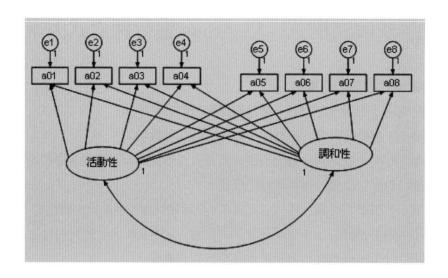

步驟 2 從工具列中選取〔Analyze〕→〔Specification search〕。
開啓如下的視窗。

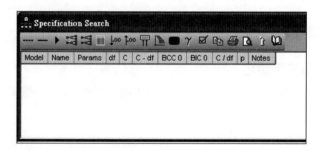

步驟 3 按一下此視窗左上的〔Make arrows optional〕圖像（----）。從 2 個潛
在變數向觀測變數畫出的路徑之中，按一下除假設以外的部分，亦即從
活動性畫向 a05~a08，從調和性畫向 a01~a04 的路徑。如按一下時，箭
線的顏色即改變。

這是對於設定顏色已改變的路徑模式與未設定改變的路徑模式，探索式
地去分析所有的組合。

【註】如果按了錯誤的路徑時，按一下〔Make arrows required〕圖像（——）路徑的顏色即還
原。是否形成了如下的指定呢？

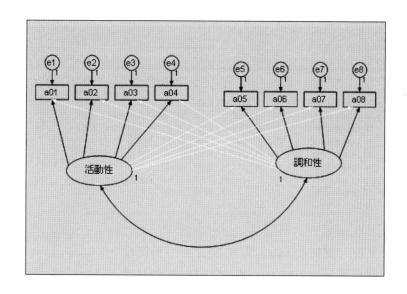

步驟 4 指定結束後，按一下〔Specification Search〕圖像（ ▶ ），分析即開始。

Model	Name	Params	df	C	C – df	BCC 0	BIC 0	C / df	p	Notes
1	Default model	17	19	38.665	19.665	10.743	3.935	2.035	0.005	
2	Default model	18	18	32.638	14.638	6.916	2.513	1.813	0.018	
3	Default model	18	18	35.097	17.097	9.375	4.972	1.950	0.009	
4	Default model	18	18	35.256	17.256	9.533	5.131	1.959	0.009	
5	Default model	18	18	35.621	17.621	9.899	5.496	1.979	0.008	
6	Default model	18	18	35.685	17.685	9.962	5.560	1.982	0.008	
7	Default model	18	18	36.224	18.224	10.502	6.099	2.012	0.007	
8	Default model	18	18	38.567	20.567	12.845	8.442	2.143	0.003	
9	Default model	18	18	38.621	20.621	12.898	8.496	2.146	0.003	
10	Default model	19	17	25.520	8.520	1.998	_0.000_	1.501	0.084	
11	Default model	19	17	25.769	8.769	2.247	0.249	1.516	0.079	
12	Default model	19	17	29.365	12.365	5.843	3.845	1.727	0.031	
13	Default model	19	17	30.367	13.367	6.845	4.847	1.786	0.024	
14	Default model	19	17	31.009	14.009	7.486	5.489	1.824	0.020	
15	Default model	19	17	31.585	14.585	8.063	6.065	1.858	0.017	
16	Default model	19	17	31.693	14.693	8.170	6.173	1.864	0.016	

註：因分析非常多的模式，形成縱向的表，並且，輸出有幾個適合度指標。df 是自由度，C 是 χ^2 值，C – df 是從 χ^2 值減去自由度之值，C/df 是 χ^2 值除以自由度之值。
BCC0 與 BIC0 的值愈小愈好。

步驟 5 試按一下表中的 BCC0 的文字。BCC0 是否依降幕排出模式的號碼呢？

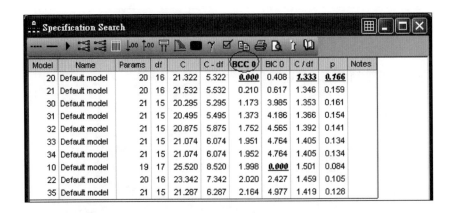

步驟 6 那麼，試將最上面的模式 20 顯示在路徑圖上。

在模式 20 的文字上按兩下時，此模式所假定的路徑即顯示在路徑圖中。

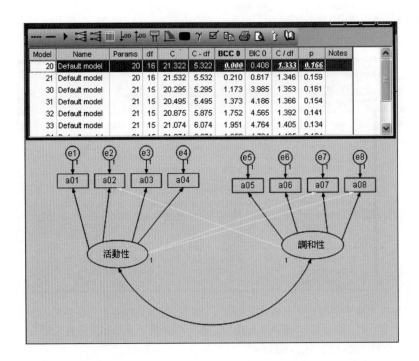

大致上，從活動性到 a07 與 a08，從調和性到 a02 畫出路徑後，模式的適合度似乎是最高的。

步驟 7 按一下〔Show parameter estimate on path diagram〕圖像（ γ ）之後，再連按兩下模式 20 時，路徑圖內可顯示出估計值，且亦可顯示出 Text 輸

出。

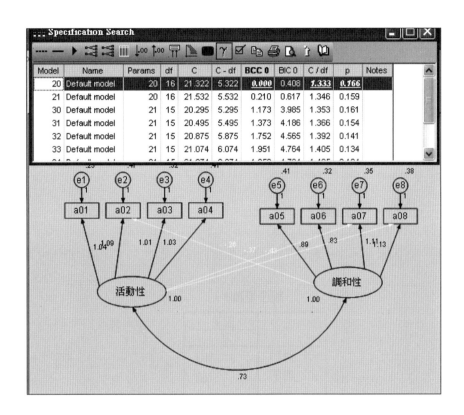

以 SPSS 分析看看—分析數個因果關係

SPSS 無法直接進行 2 因素的確認式因素分析。

因此，此處利用以下 2 種方法進行分析。第 1 個方法是，重複進行 1 因素的因素分析。第 2 個方法是利用斜交解進行探索式因素分析。

1. 重複 1 因素的因素分析

此處，首先就活動性的 4 項目，調和性的 4 項目，進行 1 因素的因素分析，其次，計算兩因素的因素分數，再計算相關係數看看。

步驟1　利用由 a01 到 a04 的 4 項目，進行 1 因素的因素分析。

選取〔分析〕→〔資料縮減〕→〔因素〕。

〔變數〕指定 a01 到 a04 的 4 項目。

按一下〔萃取〕。

步驟 2 將〔方法〕當作〔最大概似法〕。

〔萃取〕的〔因素個數〕當作「1」。

按 繼續 。再按〔分數〕。

步驟 3 勾選〔因素儲存成變數〕。

〔方法〕照樣當作〔迴歸方法〕。

【註】此處勾選時，因素分數即被追加在資料檢視中。

按 繼續 。再按 確定 。

➤ 結果輸出如下。

在因素矩陣中所輸出的內容，相當於從活動性到 4 個觀測變數的路徑。

因子矩陣ª

	因子
	1
a01_明朗	.903
a02_爽朗	.782
a03_精神	.877
a04_充實	.857

萃取方法：最大概似。

a. 萃取了 1 個因子。需要 4 個疊代。

與 8-3 節 1. 的分析結果比較看看。數值雖然有少許的不同，但幾乎可說是同值。

步驟 4 利用 a05 到 a08 的 4 個項目，再次重複分析吧。

此數值，相當於從調和性到 4 個觀測變數的路徑係數。

因子矩陣ª

	因子
	1
a05_優雅	.805
a06_親切	.826
a07_協調	.809
a08_溫和	.789

萃取方法：最大概似。

a. 萃取了 1 個因子。需要 4 個疊代。

因勾選有〔因素儲存成變成〕，因此，數據中追加了 2 個因素分數。

	a07_協調	a08_溫和	FAC1_1	FAC1_2
1	3	1	-1.13562	-.84522
2	3	3	1.34705	-.38912
3	4	4	1.34705	.45397
4	3	3	-.60842	-.33352
5	4	3	.44597	.47061
6	3	3	.81985	.45615
7	2	3	-.73543	-.04768
8	2	2	-.34163	-.57602
9	3	2	-1.38606	-.31688
10	4	4	1.34705	.94335
11	2	2	-1.38606	-.82072
12	2	2	-.09118	-.57602
13	1	1	-.81012	-1.90850
14	2	3	-.09118	-.64827
15	2	2	-.67673	-.87632
16	4	4	1.34705	1.18804
17	2	3	-1.38606	.44170
18	2	3	.23431	-.34798
19	1	3	1.34705	-.06214
20	4	3	-1.38606	.22592
21	1	1	-.00653	-1.90850

步驟 5　那麼試計算 2 個因素分數的相關係數。

選取〔分析〕→〔相關〕→〔雙變數〕。

於〔變數〕中，指定要計算的 2 個因素分數。

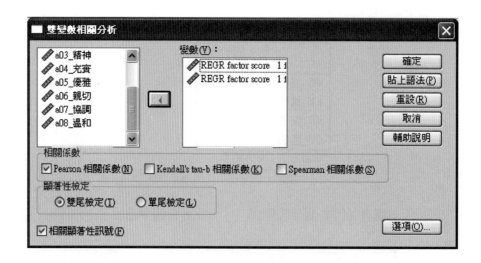

按 確定 。

> 相關係數 r = 0.501。與 Amos 的標準化估計值 0.617 略有不同，但可以說
> 具有相同程度的正相關。

相關

		REGR factor score 1 for analysis 1	REGR factor score 1 for analysis 2
REGR factor score 1 for analysis 1	Pearson 相關	1	.541**
	顯著性 (雙尾)		.000
	個數	100	100
REGR factor score 1 for analysis 2	Pearson 相關	.541**	1
	顯著性 (雙尾)	.000	
	個數	100	100

**. 在顯著水準為0.01時 (雙尾)，相關顯著。

2. 進行斜交轉軸的探索式因素分析

試以另一個方法在 SPSS 中進行探索式的因素分析。

步驟 1 選取〔分析〕→〔資料縮減〕→〔因素〕。

〔變數〕中指定 a01 到 a08。

按一下〔萃取〕。

步驟 2 將〔方法〕當作〔最大概似法〕。

萃取的〔因素個數〕當作「2」

按 繼續 。再按〔轉軸法〕。

步驟 3 選取〔Promax〕。

按 繼續 。再按 確定 。

【註】Promax 轉軸，是在因素間假定有相關的一種斜交轉軸。

➤ 在結果中，試觀察樣式矩陣與因素間之相關。

樣式矩陣ª

	因子	
	1	2
a01_明朗	.850	.096
a02_爽朗	.876	-.147
a03_精神	.869	.014
a04_充實	.838	.023
a05_優雅	.190	.692
a06_親切	.175	.719
a07_協調	-.098	.878
a08_溫和	-.147	.884

萃取方法：最大概似。
旋轉方法：含 Kaiser 常態化的 Promax 法。。
a. 轉軸收斂於 3 個疊代。

觀察樣式矩陣時，對於活動性的 a01、a02、a03、a04 來說，第 1 因素的負荷量較高，對於調和性的 a05、a06、a07、a08 來說，第 2 因素負荷量較高。

此處，對這些項目先確認有 2 個因素負荷量。

➤ 觀察因素相關矩陣時，2 個因素間的相關是 r = 0.549。

因子相關矩陣

因子	1	2
1	1.000	.549
2	.549	1.000

萃取方法：最大概似。
旋轉方法：含 Kaiser 常態化的 Promax 法。

➲ 解說：確認式因素分析與探索式因素分析

本章使用 Amos 所分析的內容，稱為「確認式因素分析」。

相對地，SPSS 利用最大概似法、Promax 轉軸導出因素的分析方法稱為「探索式因素分析」。

此兩者，取決於在分析之前先以理論的方法假定因素構造，為了確認該假定而進行因素分析（確認式因素分析）呢？還是未設定假定而進行因素分析（探索式因素分析）呢？

下圖是 2 因素的探索式因素分析的路徑圖。

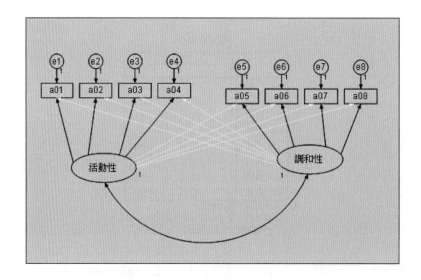

SPSS 的輸出之中，在樣式矩陣中所輸出的數值（因素負荷量），相當於從活動性、調和性向觀測變數畫出的路徑係數。

另外，在此圖中，以實線顯示較大負荷量的部分，以虛線顯示較少負荷量的部分。

a01 到 a04 是第 1 因素的負荷量大，第 2 因素的負荷量小。因此，可知 a01 到 a04 是以活動性的要素加以歸納。

另外，活動性與調和性之間的雙向箭線，即為因素相關矩陣所表示的因素間的相關係數。

如圖所示，姑且由共同因素對所有的觀測變數畫出路徑，事後依係數的大小解釋因素，因而稱為探索式的因素分析。

下圖是 2 因素的確認式因素分析的路徑圖。

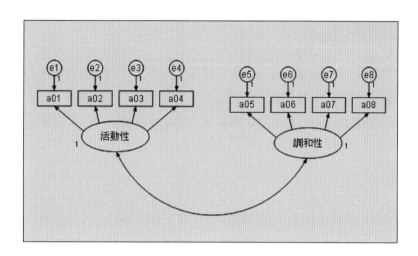

與探索式因素分析的路徑圖不同，並未從活動性向 a05~a08，且未從調和性向 a01~a04 畫出路徑。

製作出只對事先所設想的部分畫出路徑之模式，確認該模式是否適配數據，由於以此程序進行分析，因之稱為確認式因素分析。

對因素的構造並無明確的假設，如想進行探索式因素分析時，可使用 SPSS。

另一方面，因素構造有明確的假設，想了解假設是否符合數據時，可利用 Amos 進行確認式因素分析。

好好區分這些再進行分析為宜。

【註】畫複雜的路徑圖的方便方法

　　1. 將路徑整齊地對齊⋯（Touch up）

　　　　在點選（🖊）圖像的狀態下，找一下變數的四方形或橢圓形，路徑即適切地加以整理。畫路徑圖時，不必介意路徑的位置。

　　2. 將分析結果的數值位置，移到容易到的地方⋯（Move parameter values）
　　　　當路徑圖中所表示的估計值的分析結果的數值位置不易查看時，按一下（🖱）圖像，即可將想移動數值的物件拖移。

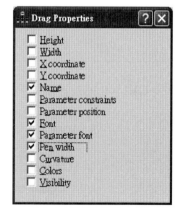

　　3. 一個物件的設定也可簡單移動到其他物件⋯（Drag properties from object to object）
　　　　當製作甚多構成要素的複雜路徑圖時，想將各屬性使之一致時所利用。首先，按一下（🖳）圖像，會出現如下的設定畫面，勾選想共同設定的項目。然後，從原始物件拖移到想使之一致的對象物件，在先前頁面中所勾選的項目即可共同地使之一致。

練習問題

　　以本章的〔Specification search〕發現，從活動性到 a07 與 a08，從調和性到 a02，畫路徑的模式，對此模式進行分析，並計算適合度指標。

　　CFI，AGFI，CFI，RMSEA 是多少？試求解看看。

解答

　　將標準化路徑係數表示在路徑圖上，如下圖所示。

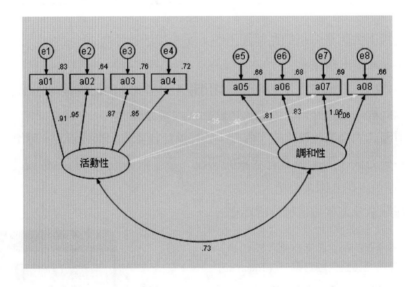

➢**GFI = 0.952, AGFI = 0.893**

RMR, GFI

Model	RMR	GFI	AGFI	PGFI
Default model	.030	.952	.893	.423
Saturated model	.000	1.000		
Independence model	.605	.320	.126	.249

➤**CFI = 0.990**

Baseline Comparisons

Model	NFI Delta1	RFI rho1	IFI Delta2	TLI rho2	CFI
Default model	.962	.934	.990	.983	.990
Saturated model	1.000		1.000		1.000
Independence model	.000	.000	.000	.000	.000

➤**RMSEA = 0.058**

RMSEA

Model	RMSEA	LO 90	HI 90	PCLOSE
Default model	.058	.000	.117	.380
Independence model	.440	.408	.472	.000

由此可知任一數值均比追加路徑前有較好之數值。

附錄 1

➲ 修正模式

模式**不適合**時進行**修正**（增加路徑），模式適合時進行簡化（減少路徑）。

研究者依據經驗提出初始模式，然後對模式進行修正，**修正原則通常是將 t 值小的路徑刪除，將修正指標 M.I. 值大的路徑增加。**

1. 當卡方值小（P > 0.05），表可接受模式，但不表示此模式就是最終要找的模式，依精簡原則應再簡化模式。可由報表中看 **t 值（C.R.）是否有小於 2** 的路徑，如有表示可刪除此路徑，但一次只刪除一條（卡方值小時，減少路徑）。

2. 卡方值大（P < 0.05）時，表示不接受此模式，利用**修正指標 M.I. 大者**增加路徑，降低卡方值（卡方值大時，增加路徑）。

當模式卡方值小、P 值 > 0.05 且所有路徑的 P 值皆 < 0.05 時，考慮接受此模式。

⊃ 尋找模式

1. 研究者依經驗提出初始模式
2. 以所有變數間都有連線爲初始模式
3. 以獨立模式爲初始模式

此處以 1. 及 2. 爲例進行說明。數據檔（excel）參考陳順宇教授《結構方程模式》一書中的大學成績。

1. 依經驗提出初始模式

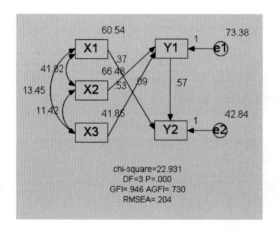

由於 P 值 = 0.000，此初始模式不適合，利用修正指標 M.I.：

Modification Indices (Group number 1 - Default model)

Covariances: (Group number 1 - Default model)

	M.I.	Par Change
e1 <--> X2	5.573	-9.816
e1 <--> X1	13.637	14.463
e2 <--> X2	8.238	9.120

Variances: (Group number 1 - Default model)

	M.I.	Par Change

Regression Weights: (Group number 1 - Default model)

	M.I.	Par Change
Y1 <--- X1	7.488	.239
Y2 <--- X2	4.698	.138

由〔Regression Weights〕建議增加 x1 到 y1 的路徑，結果如下：

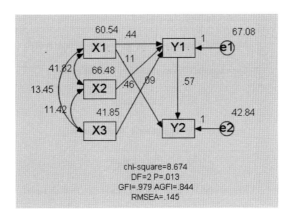

Modification Indices (Group number 1 - Default model)

Covariances: (Group number 1 - Default model)

	M.I.	Par Change
e2 <--> X2	8.238	9.120

Variances: (Group number 1 - Default model)

	M.I.	Par Change

Regression Weights: (Group number 1 - Default model)

	M.I.	Par Change
Y2 <--- X2	4.698	.138

由〔Regression Weights〕建議增加 x2 到 y2 的路徑，結果如下：

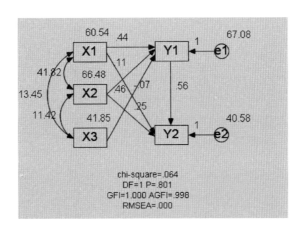

增加此路徑後，卡方值由原來的 8.674 降到 0.064，表可接受此模式，可考慮再精簡模式。

Modification Indices (Group number 1 - Default model)

Covariances: (Group number 1 - Default model)

	M.I.	Par Change

Variances: (Group number 1 - Default model)

	M.I.	Par Change

Regression Weights: (Group number 1 - Default model)

	M.I.	Par Change

Regression Weights: (Group number 1 - Default model)

		Estimate	S.E.	C.R.	P	Label
Y1 <---	X2	.105	.106	.994	.320	
Y1 <---	X3	.463	.104	4.437	***	
Y1 <---	X1	.435	.113	3.862	***	
Y2 <---	Y1	.558	.058	9.588	***	
Y2 <---	X1	-.071	.092	-.776	.438	
Y2 <---	X2	.246	.083	2.974	.003	

由報表 x1 → y2 及 x2 → y1 兩路徑 P 值分別為 0.44、0.32 大於 0.05，可考慮刪除此兩路徑，但必須注意一次刪一條，先刪 P 值較大的 x1→y2。結果如下：

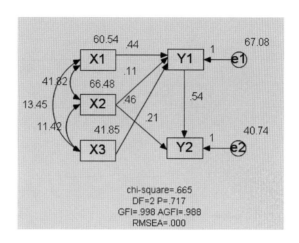

刪除 x1 → y2 後 P 值＝0.717，表可接受此模式，此模式的報表如下：

Modification Indices (Group number 1 - Default model)

Covariances: (Group number 1 - Default model)

	M.I.	Par Change

Variances: (Group number 1 - Default model)

	M.I.	Par Change

Regression Weights: (Group number 1 - Default model)

	M.I.	Par Change

Regression Weights: (Group number 1 - Default model)

		Estimate	S.E.	C.R.	P	Label
Y1	<--- X2	.105	.106	.994	.320	
Y1	<--- X3	.463	.104	4.437	***	
Y1	<--- X1	.435	.113	3.862	***	
Y2	<--- Y1	.543	.055	9.869	***	
Y2	<--- X2	.208	.067	3.109	.002	

由 x2 → y1 路徑 P 值＝0.32，故可再刪此路徑，變成下列的路徑圖：

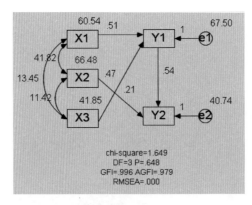

Covariances: (Group number 1 - Default model)

	M.I.	Par Change

Variances: (Group number 1 - Default model)

	M.I.	Par Change

Regression Weights: (Group number 1 - Default model)

	M.I.	Par Change

Regression Weights: (Group number 1 - Default model)

		Estimate	S.E.	C.R.	P	Label
Y1	<--- X3	.469	.105	4.485	***	
Y1	<--- X1	.507	.087	5.831	***	
Y2	<--- Y1	.543	.054	10.064	***	
Y2	<--- X2	.208	.066	3.171	.002	

由於 P 值 = 0.648 且所有路徑的 P 值皆小於 0.05，可考慮接受此模式。

2. 以飽和模式為初始模式

每次刪除一條路徑，直到所有路徑的 P 值都 < 0.05 為止。

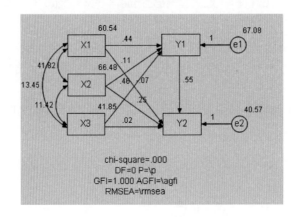

由於是飽和模式，自由度＝0，沒有 P 值，無法評估其適合度。

Modification Indices (Group number 1 - Default model)

Covariances: (Group number 1 - Default model)

	M.I.	Par Change

Variances: (Group number 1 - Default model)

	M.I.	Par Change

Regression Weights: (Group number 1 - Default model)

	M.I.	Par Change

M.I. 並未提出要減少的路徑。因之，參考參數估計表。

Regression Weights: (Group number 1 - Default model)

		Estimate	S.E.	C.R.	P	Label
Y1	<--- X1	.435	.113	3.862	***	
Y1	<--- X2	.105	.106	.994	.320	
Y1	<--- X3	.463	.104	4.437	***	
Y2	<--- X1	-.072	.092	-.789	.430	
Y2	<--- X2	.246	.083	2.967	.003	
Y2	<--- X3	.022	.086	.252	.801	
Y2	<--- Y1	.553	.062	8.963	***	

有 3 條路徑 P 值 > 0.05，最大者為 x3 → y2，故刪除此路徑。

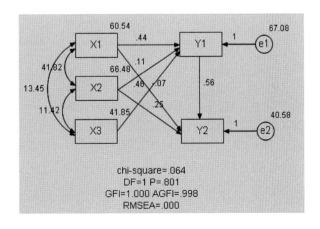

由於卡方值 = 0.064，P 值 = 0.801，可接受此模式。參數估計報表如下：

Regression Weights: (Group number 1 - Default model)

			Estimate	S.E.	C.R.	P	Label
Y1	<---	X1	.435	.113	3.862	***	
Y1	<---	X2	.105	.106	.994	.320	
Y1	<---	X3	.463	.104	4.437	***	
Y2	<---	X1	-.071	.092	-.776	.438	
Y2	<---	X2	.246	.083	2.974	.003	
Y2	<---	Y1	.558	.058	9.588	***	

有 2 條路徑 P 值 > 0.05，將 P 值較大的 x1 → y2 路徑刪除。

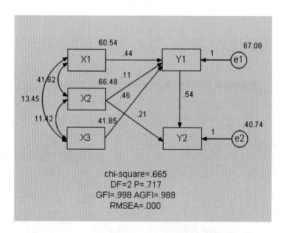

卡方值 = 0.665，P 值 = 0.717，表示可接受。參數估計報表如下：

Regression Weights: (Group number 1 - Default model)

			Estimate	S.E.	C.R.	P	Label
Y1	<---	X1	.435	.113	3.862	***	
Y1	<---	X2	.105	.106	.994	.320	
Y1	<---	X3	.463	.104	4.437	***	
Y2	<---	X2	.208	.067	3.109	.002	
Y2	<---	Y1	.543	.055	9.869	***	

由報表 x2 到 y1 的 P 值 = 0.32 > 0.05，建議再刪除此路徑。

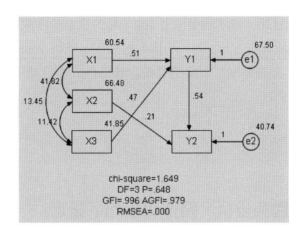

由於卡方值 = 1.649，P 值 = 0.648，可接受此模式。參數估計報表如下：

Regression Weights: (Group number 1 - Default model)

	Estimate	S.E.	C.R.	P	Label
Y1 <--- X1	.507	.087	5.831	***	
Y1 <--- X3	.469	.105	4.485	***	
Y2 <--- X2	.208	.066	3.171	.002	
Y2 <--- Y1	.543	.054	10.064	***	

由於所有路徑 P 值都 < 0.05，所以不再刪除路徑，而將此結果當做最後選取的模式，此最後選取的模式與上例相同。

附錄 2

Adamantios Diamantopoulos 與 Judy A. Siguaw 認為 SEM 的分析程序有 8 個步驟：1. 模式的概念化（model conceptualization）；2. 路徑圖的建構（path diagram construction）；3. 模型的確認（model specification）；4. 模式的識別（model identification）；5. 參數的估計（parameter estimation）；6. 模式適合度的評估（assessment of model fit）；7. 模式的修改；8. 模式的交叉驗證（model cross-validation）。

一般而言，一個複雜的模式，所含的變項就愈多，模式所需的樣本數也就愈多。小規模的資料組時，至多 20 個變項即可，其中潛在變項大約 5 ～ 6 個，而每個潛在變項的指標變項大約 3 ～ 4 個即可。Boomsma 建議使用最大概似法

（ML）估計 SEM 時，樣本數至少要 200，若少於 100 會導致錯誤的推論結果。
ML 較不適用小樣本的估計，對於小樣本的 SEM 分析，Amos 另外提供了貝氏估
計法（Bayesian estimation），採用貝氏估計法估計模式前，會同時對平均數與
截距進行估計。

附錄 3

⊃ 二因素之因素分析，路徑可以如下設定

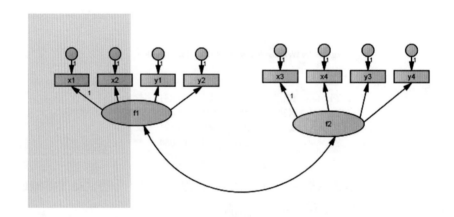

⊃ 三因素之因素分析，路徑可以如下設定

1. 未標準化設定

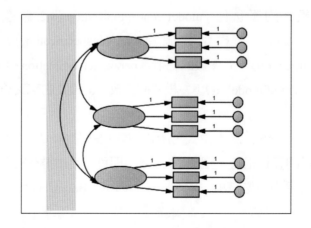

2. 標準化設定（潛在變數之變異數設為 1）

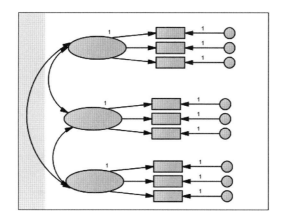

➲ 兩階二因素之因素分析，路徑可以如下設定

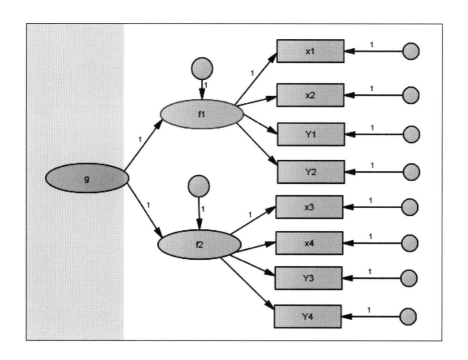

◯ 兩階四因素之因素分析，路徑可以如下設定

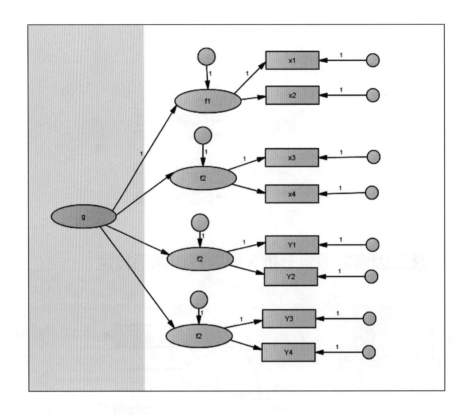

第 9 章

多重指標模式・MIMIC 模式・PLS 模式

本章擬將潛在變數列入因果關係中，並試著分析幾個模式。

如已說明的，潛在變數是不能直接觀測的變數，探討此種無法直接觀測的變數間的因果關係或建立觀測變數影響潛在變數之模式的情形也有。

實際的研究中所設定的假設，大多是「潛在變數之間的因果關係」。像「○○性格對△△傾向造成的影響」或「○○性格與△△傾向對 ×× 感情造成的影響」之類的假設，都是探討潛在變數間的因果關係。

9-1　研究的背景與使用的資料

⊃ 在不同的路徑圖中分析相同的資料

分析中所使用的資料檔與第 8 章相同，是針對 8 個形容詞所回答的資料。

〈活動性〉	〈調和性〉
a01- 明朗	a05- 優雅
a02- 爽朗	a06- 親切
a03- 精神	a07- 協調
a04- 充實	a08- 溫和

使用相同的資料，試畫出與第 8 章不同的路徑圖。另外，即使畫出不同的路徑圖也能分析，希望能透過體驗去理解。

⊃ 情況 1：從潛在變數到潛在變數的因果關係

潛在變數「活動性」影響潛在變數「調和性」，試分析此因果關係。資料是使用第 8 章所使用過的數據。

觀測變數與第 8 章相同是 8 個，其中 4 個是來自「活動性」的影響，剩下的 4 個是來自「調和性」的影響。

9-2　畫路徑圖－由潛在變數向潛在變數畫路徑

1. 畫潛在變數（因素分析模式）

步驟 1　參考第 8 章路徑圖的畫法，試畫出如下的路徑圖。

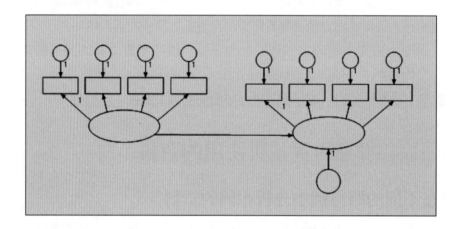

(1) 使用〔Draw a latent variable or add an indication to a latent variable〕圖像（　），畫出橢圓與觀測變數及誤差變數，再以〔Select all objects〕圖像（　）與〔Duplicate objects〕圖線（　）進行複製。

(2) 以〔Draw path (single headed arrows)〕圖像（←），從左側的潛在變數向右側的潛在變數畫箭線。

(3) 使用〔Add a unique variable to an existing variable〕圖像（　），在右側的潛在變數按一下時，即可畫出誤差變數。

2. 指定觀測變數的變數名

步驟 1　按一下〔List variables in data set〕圖像（　），或從工具列選擇〔View〕→〔Variables in dataset〕，對觀測變數指定資料內的變數名。

提示：當然，不要忘了事前先指定好資料檔。

步驟 2　變數名太長溢出方框時，與第 8 章相同，以〔Object properties〕設定變
　　　　數標籤。

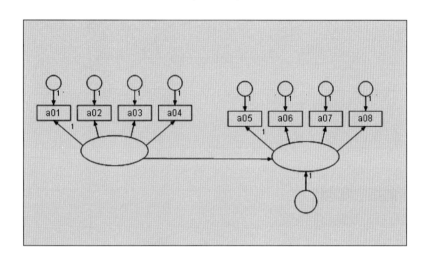

3. 對潛在變數命名

步驟 1　爲了對潛在變數命名，從工具列選擇〔Plugins〕→〔Name Unobserved
　　　　Variables〕。

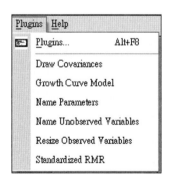

步驟 2　左側的潛在變數橢圓命名爲活動性，右側的潛在變數（橢圓）命名爲調
　　　　和性。

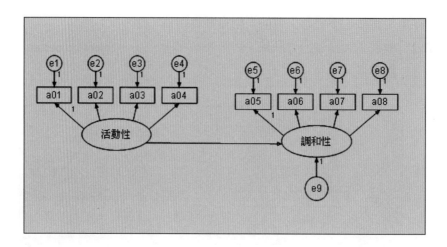

4. 分析的指定與執行

進行分析及輸出的指定。

步驟1　按一下〔Analysis Properties〕圖像（ ），或從工具列選擇〔View〕
→〔Analysis Properties〕。

點選〔Output〕Tab。

勾選〔Standardized estimates〕、〔Squared multiple correlation〕關閉視
窗。

步驟2　按一下〔Calculate estimates〕圖像（ ），或從工具列選擇〔Analyze〕
→〔Calculate estimates〕，再執行分析。

如要求檔案的儲存時，即可儲存在適當的資料夾中。

9-3　觀察輸出

與第 8 章的路徑圖相互比較看看。

步驟1　顯示標準估計值。按一下〔View the output path diagram〕圖像（ ），
點選〔Parameter format〕欄的〔Standardized estimates〕，顯示如下。

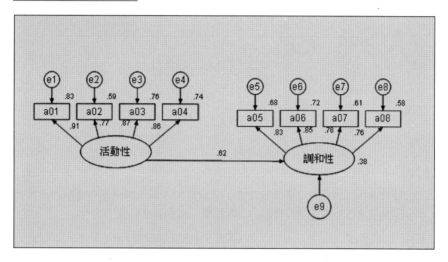

從活動性到調和性的標準化路徑係數是 0.62。

➤ 請再次觀察 8-3 節 1. 的路徑圖。

　　由此可知活動性與調和性之間的「相關關係」，更換成「因果關係」。

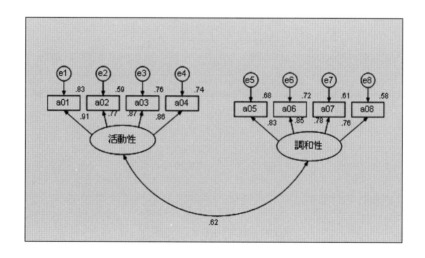

活動性與調和性的相關係數是 r = 0.62，是否發覺到它與因果關係的路徑係

數 0.62 相同呢？

　　事實上，8-3 節 1. 的路徑圖與此次的路徑圖，自由度也相同（df = 19），適合度指標也是相同之值。

CMIN

Model	NPAR	CMIN	DF	P	CMIN/DF
Default model	17	38.665	19	.005	2.035
Saturated model	36	.000	0		
Independence model	8	563.734	28	.000	20.133

【註】

　　根據標準化迴歸係數（因素負荷量）估計值中可以計算出潛在變數的組合信度，「組合信度」可作為檢定潛在變數的信度指標。組合信度公式如下：

$$\rho_c = \frac{(\Sigma\lambda)^2}{[(\Sigma\lambda)^2 + \Sigma(\theta)]} = \frac{(\Sigma\text{標準化因素負荷量})^2}{[(\Sigma\text{標準化因素負荷量})^2 + \Sigma\text{觀測變數的誤差變異量}]}$$

　　式中信度為標準化因素負荷量的平方，觀測變數的誤差變異量等於（1 − 信度）。潛在變數的組合信度為模式內在品質的判別準則之一，潛在變數的組合信度若是在 0.6 以上，表示模式的內在品質理想。

　　以活動性來說明。各測量指標變數的因素負荷量、信度、測量誤差整理如下：

測量指標	因素負荷量	信度	測量誤差	組合信度	平均變異量抽取值
a01	0.91	0.828	0.172		
a02	0.77	0.593	0.407		
a03	0.87	0.757	0.243		
a04	0.86	0.739	0.261		
				0.9148	0.7294

$$\rho_C = \frac{(0.91 + 0.77 + 0.87 + 0.86)^2}{(0.91 + 0.77 + 0.87 + 0.86)^2 + (0.172 + 0.407 + 0.243 + 0.261)} = 0.9148$$

　　另外，與「組合信度」類似的指標為「平均變異數抽取量」，平均變異數抽取量可以直接顯示被潛在構念所解釋的變異量有多少是來自測量誤差，亦即潛在變數可以解釋其指標變數變異量的比值，其數值愈大表示測量指標愈能有效反應其共同因素構念的潛在特質，一般判別的標準是要大於 0.5。平均變異數抽取量的公式如下：

$$\rho_v = \frac{\left(\sum \lambda^2 \right)}{\left[\left(\sum \lambda^2 \right) + \sum (\theta) \right]} = \frac{\left(\sum 標準化因素負荷量^2 \right)}{\left[\sum 標準化因素負荷量^2 \right） + \sum 觀測變數的誤差變異量 \right]}$$

$$\rho_v = \frac{\left(0.91^2 + 0.77^2 + 0.87^2 + 0.86^2 \right)}{\left(0.91^2 + 0.77^2 + 0.87^2 + 0.86^2 \right) + \left(0.172 + 0.407 + 0.243 + 0.261 \right)} = 0.7294$$

⊃ 解說：多重指標模式

　　像情況 1 那樣，從潛在變數對觀測變數造成影響的模式稱為**多重指標模式**。此模式可以說是結構方程模式的基本模式。如同第 7 章與第 8 章所探討的，此模式是對應因素分析。表示潛在變數是肉眼看不見的構成概念。原本是想直接測量此構成概念。

　　可是，無法直接測量，只能間接測量的情形也有。

　　即使是此次的例子，「活動性」與「調和性」是無法直接測量的構成概念。因為無法直接測量，因之測量「認為自己本身明朗到何種程度」、「認為爽朗到何種程度」及「認為優雅到何種程度」等，即為間接地測量「活動性」與「調和性」。

　　實際被觀測的變數，也可以想成此種構成概念所「反映的結果」。智能的構成概念因為優越，所以智能檢查的結果就是一種不錯的想法。

　　多重指標模式是假定「活動性高」會影響「認為自己本身是明朗」。箭線的方向是從潛在變數向觀測變數畫出，也可以說是反映此假定。

　　即使智能優越，也不一定智能檢查的結果佳。有時情況不佳，有時環境不良的情形也是有的。

　　像此種「例外」的要素當作「誤差」來設置，對觀測變數造成影響者，如以連結箭線來考量時，不是很容易理解多重指標模式嗎？

⇒ 情況 2：從觀測變數到潛在變數的因果關係

第 2 個例子是活動性所反映的 4 個觀測變數 a01_ 明朗，a02_ 爽朗，a03_ 精神，a04_ 充實，影響潛在變數調和性，想檢討此模式看看。

重點是 4 個活動性之中的何者，最具影響調和性。

9-4　畫路徑圖─從觀測變數向潛在變數畫路徑

1. 畫路徑

利用前述的 Amos 操作，畫出如下的路徑圖。

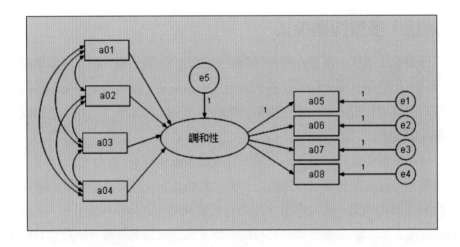

(1) a01 到 a04 畫在左側，將 4 個變數相組合全部以雙向箭線連結。

(2) 潛在變數「調和性」與影響潛在變數的誤差變數，觀測變數 a05 到 a08，以及影響各個觀測變數的誤差變數，均與情況 1 相同（畫圖的方向有改變）。

【註】從潛在變數到觀測變數的路徑之中，有 1 條係數被固定為「1」。不妨確認看看。
從觀測變數到潛在變數的路徑之中的一條路徑固定為「1」或未固定為「1」，標準化估計值均相同。

2. 分析的指定與執行

進行分析及輸出的指定。

步驟 1　按一下〔Analysis Properties〕圖像（  ），或從工具列選擇〔View〕
→〔Analysis Properties〕。
點選〔Output〕Tab。
勾選〔Standardized estimates〕、〔Squared multiple correlations〕。
關閉視窗。

步驟 2　按一下〔Calculate estimates〕圖像（ ），或從工具列選擇〔Analyze〕
→〔Calculate estimates〕後，再執行分析。
如要求儲存檔案時，可儲存在適當的資料夾中。

9-5　觀察輸出

1. 觀察路徑圖的輸出

步驟 1　顯示標準化估計值。按一下〔View the output path diagram〕圖像（ ），
點選〔Parameter format〕欄的〔Standardized estimates〕時，顯示如下。

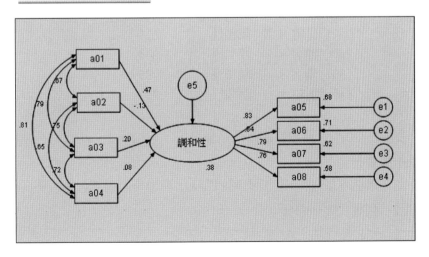

2. 觀察 Text 輸出

步驟 1　按一下〔View text〕圖像（▦），或從工具列選擇〔View〕→〔Text output〕。

Regression Weights: (Group number 1 - Default model)

			Estimate	S.E.	C.R.	P	Label
調和性	<---	a02_爽朗	-.100	.107	-.927	.354	
調和性	<---	a03_精神	.159	.128	1.244	.214	
調和性	<---	a04_充實	.056	.114	.493	.622	
調和性	<---	a01_明朗	.368	.136	2.703	.007	
a05_優雅	<---	調和性	1.000				
a06_親切	<---	調和性	.944	.100	9.459	***	
a07_協調	<---	調和性	.923	.106	8.689	***	
a08_溫和	<---	調和性	.901	.108	8.306	***	

觀察〔Estimates〕。

Standardized Regression Weights: (Group number 1 - Default model)

			Estimate
調和性	<---	a02_爽朗	-.126
調和性	<---	a03_精神	.203
調和性	<---	a04_充實	.076
調和性	<---	a01_明朗	.467
a05_優雅	<---	調和性	.827
a06_親切	<---	調和性	.844
a07_協調	<---	調和性	.788
a08_溫和	<---	調和性	.762

從 a01_明朗到調和性的路徑是顯著的，但由 a02，a03，a04 到調和性，卻似乎不顯著。

此結果必可以理解。因為愈明朗的人，與他人的協調愈能順利進行。

步驟 2　觀察〔Model Fit〕

CMIN

Model	NPAR	CMIN	DF	P	CMIN/DF
Default model	22	24.890	14	.036	1.778
Saturated model	36	.000	0		
Independence model	8	563.734	28	.000	20.133

RMR, GFI

Model	RMR	GFI	AGFI	PGFI
Default model	.067	.937	.837	.364
Saturated model	.000	1.000		
Independence model	.605	.320	.126	.249

Baseline Comparisons

Model	NFI Delta1	RFI rho1	IFI Delta2	TLI rho2	CFI
Default model	.956	.912	.980	.959	.980
Saturated model	1.000		1.000		1.000
Independence model	.000	.000	.000	.000	.000

RMSEA

Model	RMSEA	LO 90	HI 90	PCLOSE
Default model	.089	.023	.144	.128
Independence model	.440	.408	.472	.000

AIC

Model	AIC	BCC	BIC	CAIC
Default model	68.890	73.290	126.203	148.203
Saturated model	72.000	79.200	165.786	201.786
Independence model	579.734	581.334	600.575	608.575

　　情況 2 模式的自由度是 14。整體上，比情況 1 模式的適合度（與第 8 章相同之值）呈現更好之值。

⊃ 解說：MIMIC 模式

　　如同情況 2 的描述，潛在變數被數個觀測變數所規定，且該潛在變數對其他的數個觀測變數造成影響的模式，稱為 MIMIC 模式（多重指標多重原因：

Multiple Indicator MultIple Cause Model）。

此模式可以想成觀測變數與觀測變數之間連結著 1 個潛在變數，以表示因果關係之箭線相連結的模式。且此模式也可想成成為原因的數個觀測變數，對成為結果的觀測變數與潛在變數之組合（調和性與 a05~a08 的組合）造成影響的模式。

Amos 能設定柔軟的模式。因之，設定哪種的模式在理論上的考察是不可欠缺的。

⊃ 情況 3：從觀測變數到潛在變數，再由潛在變數到潛在變數的因果關係

第 3 個例子是某一個潛在變數是觀測變數的合成，而另一個潛在變數是觀測變數的共同原因，試檢討此種模式看看。

9-5　畫路徑圖

⊃ 從觀測變數向潛在變數畫路徑，從潛在變數向觀測變數畫路徑

1. 畫路徑

步驟 1　利用前述的 Amos 操作，畫出如下的路徑圖。

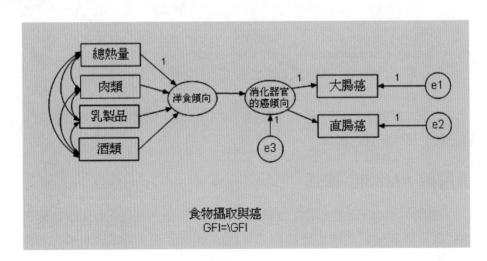

(1) 總熱量到酒類畫在左側，將 4 個變數相組合全部以雙向箭線連結。

(2) 潛在變數「洋食傾向」影響潛在變數「消化器官的癌傾向」，而此潛在變數「消化器官的癌傾向」又影響觀測變數「大腸癌」與「直腸癌」，以及誤差變數影響各個觀測變數。

【註】從觀測變數到潛在變數的路徑之中，有 1 條係數被固為「1」。另外，由潛在變數到觀測變數的路徑之中，有 1 條係數被固定為「1」，不妨確認看看。

2. 分析的指定與執行

進行分析及輸出的指定。

步驟 1 按一下〔Analysis Properties〕圖像（⬚），或從工具列選擇〔View〕→〔Analysis Properties〕。

點選〔Output〕Tab。

勾選〔Standardized estimates〕、〔Squared multiple correlations〕。

關閉視窗。

步驟 2 按一下〔Calculate estimates〕圖線（⬚），或從工具列選擇〔Analyze〕→〔Calculate estimates〕後，再執行分析。

如要求儲存檔案時，可儲存在適當的資料夾中。

9-6　觀察輸出

1. 觀察路徑圖的輸出

顯示標準化估計值。按一下〔View the output path diagram〕圖像（⬚），點選〔Parameter format〕欄的〔Standardized estimates〕後，顯示如下。

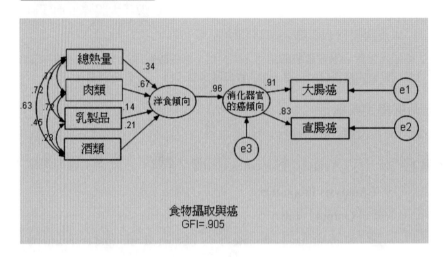

2. 觀察 Text 輸出

步驟 1 按一下〔View text〕圖像（🗂），或從工具列選擇〔View〕→〔Text output〕。

觀察〔Estimates〕。

Regression Weights: (Group number 1 - Default model)

			Estimate	S.E.	C.R.	P	Label
洋食傾向	<---	總熱量	1.000				
洋食傾向	<---	肉類	5.044	2.717	1.856	.063	
洋食傾向	<---	乳製品	-1.267	.963	-1.315	.188	
洋食傾向	<---	酒類	4.139	3.446	1.201	.230	
消化器官_的癌傾向	<---	洋食傾向	.003	.001	2.244	.025	
大腸癌	<---	消化器官_的癌傾向	1.000				
直腸癌	<---	消化器官_的癌傾向	.624	.078	7.958	***	

Standardized Regression Weights: (Group number 1 - Default model)

			Estimate
洋食傾向	<---	總熱量	.345
洋食傾向	<---	肉類	.674
洋食傾向	<---	乳製品	-.139
洋食傾向	<---	酒類	.212
消化器官_的癌傾向	<---	洋食傾向	.960
大腸癌	<---	消化器官_的癌傾向	.909
直腸癌	<---	消化器官_的癌傾向	.827

　　與總熱量及乳製品有強相關的肉類，對洋食傾向來說有最強的影響（0.67），受洋食傾向強烈影響的消化器官的癌傾向，可知大腸癌比直腸癌的關係較強。

步驟 2　觀察〔Model Fit〕

Model Fit Summary

CMIN

Model	NPAR	CMIN	DF	P	CMIN/DF
Default model	18	17.342	3	.001	5.781
Saturated model	21	.000	0		
Independence model	6	246.012	15	.000	16.401

RMR, GFI

Model	RMR	GFI	AGFI	PGFI
Default model	41.556	.905	.337	.129
Saturated model	.000	1.000		
Independence model	21788.683	.315	.041	.225

　　適合度指標的GFI是0.905，與基準值1接近，因之模式與數據的配適良好。

⊃ 解說：PLS 模式

　　本例所表示者稱為「PLS (Partial Least Square)」的模型。此處引進二個潛在變數，此點與多重指標模型相類似。與多重指標模型不同之處是，第一個潛在變數「洋食傾向」，改變成為接受來自與食物攝取有關的四個觀測變數之箭頭的一方。這在 PLS 是意指與食物攝取有關的四個觀測變數成為原因，以決定洋食傾向之潛在變數，採取如此之想法。換言之，表現出與多重指標模型相反的因果方

向。

此外，PLS 的另一個特徵是，雖然洋食傾向是接受箭頭一方的變數，卻與其他的模型不同，並未接受來自誤差變數的箭線。此意指「洋食傾向」是以四種觀測變數的比重和來表現的一種「被合成的變數」。

像這樣，潛在變數的功能，並不一定需要限定是觀測變數的「共同原因」。PLS 模型之情形，觀測變數的比重和，由於並非是直接觀測，所以還是可以想成潛在變數。

另一方面，對第二個潛在變數「消化器官的癌症傾向」來說，第一個潛在變數「洋食傾向」是它的一部分原因。當然，保留有無法利用「洋食傾向」加以說明的「消化器官的癌症傾向」之變動部分，因之，這可以想成是誤差變數的出現。「消化器官的癌症傾向」會影響與兩個部位之癌症有關的觀測變數，此點與多重指標模型及 MIMIC 模型相同。

9-7 以 SPSS 分析看看─潛在變數間因果關係的分析

1. 情況 1 的情形（多重指標模式）

以 SPSS 執行與情況 1 幾乎相同的分析時，可以按照以下的步驟進行。

(1) 以活動性的 4 項目（a01_ 明朗，a02_ 爽朗，a03_ 精神，a04_ 充實）進行 1 因素的因素分析，計算因素分數。

(2) 以調和性的 4 項目（a05_ 優雅，a06_ 親切，a07_ 協調，a08_ 溫和）進行 1 因素的因素分析，計算因素分數。

(3) 在所計算的因素分數間，進行簡單迴歸分析。

項次 (1) 是活動性的潛在變數與誤差對 4 個觀測變數造成影響的部分，項次 (2) 是調和性的潛在變數與誤差變數對 4 個觀測變數造成影響的部分，項次 (3) 是相當於潛在變數間的因果關係之部分。

請回想以 SPSS 進行問卷尺度分析時，經常採行的步驟。

(1) 進行因素分析

(2) 計算信度

(3) 將顯示高因素負荷量項目的分數合計

(4) 檢討步驟 (3) 中所求出的分數間的關連與因果關係

　　此步驟按理說是將情況 1 所畫出的模式，以階段的方式進行分析。取代估計潛在變數，將詢問項目的分數合計，之後再分析關連與因果關係。

　　那麼，使用前者的方法，以 SPSS 進行分析看看。

步驟 1　以活動性的 4 項目進行 1 因素的因素分析。

　　　　　提示：作法與第 8 章完全相同。

　　　　　選擇〔分析〕→〔資料縮減〕→〔因素〕

　　　　　〔變數〕指定從 a01 到 a04 的 4 個項目。

　　　　　點選〔萃取〕。

步驟 2　〔方法〕當作〔最大概似法〕

　　　　　將（萃取）基準的〔因素個數〕當作「1」。

　　　　　按 繼續 。

　　　　　按一下〔分數〕。

步驟 3　勾選〔因素儲存成變數〕

　　　　　「方法」仍然按照〔迴歸方法〕。

　　　　　按 繼續 。

　　　　　按 確定 。

　　　　　提示：此處如勾選時，因素分數即追加在數據之中。

步驟 4　以 a05 到 a08 的 4 個項目重複相同的分析。

> 儲存了 2 個因素分數。

	a07_協調	a08_溫和	FAC1_1	FAC1_2
1	3	1	-1.13562	-.84522
2	3	3	1.34705	-.38912
3	4	4	1.34705	.45397
4	3	3	-.60842	-.33352
5	4	3	.44597	.47061
6	3	3	.81985	.45615
7	2	3	-.73543	-.04768
8	2	2	-.34163	-.57602
9	3	2	-1.38606	-.31688
10	4	4	1.34705	.94335
11	2	2	-1.38606	-.82072
12	2	2	-.09118	-.57602
13	1	1	-.81012	-1.90850
14	2	3	-.09118	-.64827
15	2	2	-.67673	-.87632
16	4	4	1.34705	1.18804
17	2	3	-1.38606	.44170
18	2	3	.23431	-.34798
19	1	3	1.34705	-.06214
20	4	3	-1.38606	.22592
21	1	1	-.00653	-1.90850
22	2	3	-.55968	-1.19325

資料檢視／變數檢視

步驟 5 選擇〔變數檢視〕，將所儲存的因素分數的名稱變更爲「活動性」，「調和性」。

	名稱	類型	寬度	小數	標記	數值	遺漏
1	NO	數字的	11	0		無	無
2	a01_明朗	數字的	11	0		無	無
3	a02_爽朗	數字的	11	0		無	無
4	a03_精神	數字的	11	0		無	無
5	a04_充實	數字的	11	0		無	無
6	a05_優雅	數字的	11	0		無	無
7	a06_親切	數字的	11	0		無	無
8	a07_協調	數字的	11	0		無	無
9	a08_溫和	數字的	11	0		無	無
10	活動性	數字的	11	5		無	無
11	調和性	數字的	11	5		無	無

【註】消去標記的文字再改變變數名，或變更標記的文字也行。

步驟 6 將活動性當作自變數，調和性當作依變數進行迴歸分析。

選擇〔分析〕→〔迴歸方法〕→〔線性〕

〔依變數〕指定調和性，〔自變數〕指定活動性，按 確定。

➤ 輸出結果如下：

模式摘要

模式	R	R 平方	調過後的 R 平方	估計的標準誤
1	.541[a]	.293	.286	.79404143

a. 預測變數：(常數), 活動性

變異數分析[b]

模式		平方和	自由度	平均平方和	F 檢定	顯著性
1	迴歸	25.605	1	25.605	40.611	.000[a]
	殘差	61.789	98	.631		
	總和	87.394	99			

a. 預測變數：(常數), 活動性
b. 依變數：調和性

係數[a]

模式		未標準化係數		標準化係數	t	顯著性
		B 之估計值	標準誤	Beta 分配		
1	(常數)	-1.22E-016	.079		.000	1.000
	活動性	.529	.083	.541	6.373	.000

a. 依變數：調和性

標準偏迴歸係數（β）是 0.541，$R^2 = 0.293$（$P < 0.001$）。

2. 情況 2 的情形（MIMIC 模式）

與情況 2 幾乎相同的分析，可以考慮按如下的分析步驟進行。

(1) 以調和性的 4 項目（a05_ 優雅，a06_ 親切，a07_ 協調，a08_ 溫和）進行 1 因素的因素分析，求出因素分數。

(2) 將 a01_ 明朗，a02_ 爽朗，a03_ 精神，a04_ 充實的 4 項目當作自變數，以步驟 (1) 所求出的因素分數當作依變數，進行複迴歸分析。

步驟 (1) 相當於 MIMIC 模式的後半，潛在變數影響觀測變數的部分（9-4 節 1. 的路徑圖的右半部），步驟 (2) 相當於 MIMIC 模式的前半，觀測變數影響潛在變數的部分（同路徑圖的左半部）。

步驟1 以調和性的 4 項目進行 1 因素的因素分析。步驟與情況 1 完全相同,所儲存的因素分數的變數名也變更成「調和性」。

步驟2 從 a01 到 a04 的 4 項目當作自變數,所求出的因素分數當作依變數,進行複迴歸分析。

選擇〔分析〕→〔迴歸方法〕→〔線性〕。

〔依變數〕指定調和性,〔自變數〕指定 a01_ 明朗,a02_ 爽朗,a03_ 精神,a04_ 充實,按 確定。

➤ 輸出結果如下。

模式摘要

模式	R	R 平方	調過後的 R 平方	估計的標準誤
1	.569[a]	.324	.295	.78866470

a. 預測變數:(常數), a04_充實, a02_爽朗, a03_精神, a01_明朗

變異數分析[b]

模式		平方和	自由度	平均平方和	F 檢定	顯著性
1	迴歸	28.305	4	7.076	11.377	.000[a]
	殘差	59.089	95	.622		
	總和	87.394	99			

a. 預測變數:(常數), a04_充實, a02_爽朗, a03_精神, a01_明朗
b. 依變數:調和性

係數[a]

模式		未標準化係數		標準化係數	t	顯著性
		B 之估計值	標準誤	Beta 分配		
1	(常數)	-1.156	.211		-5.489	.000
	a01_明朗	.350	.134	.428	2.601	.011
	a02_爽朗	-.113	.108	-.139	-1.053	.295
	a03_精神	.164	.128	.203	1.286	.202
	a04_充實	.058	.115	.075	.503	.616

a. 依變數:調和性

與利用 Amos 進行分析時相同,可知〔a01_ 明朗〕對〔調和性〕有最大正的影響。

練習問題

試以 Amos 分析與情況 2 有逆向因果關係的 MIMIC 模式。

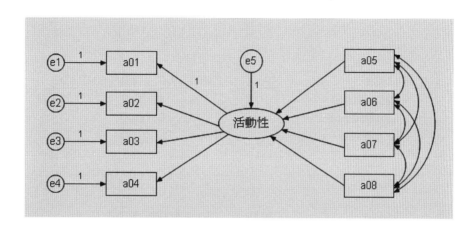

此乃 a05 到 a08 影響潛在變數活動性，a01 到 a04 受活動性影響的模式，試求解以下的內容。

a05 到 a08 之中，哪一觀測變數對活動性最具影響？

將適合度指標與情況 2 相比，哪一模式較適合數據？

解答

標準化估計值如下。

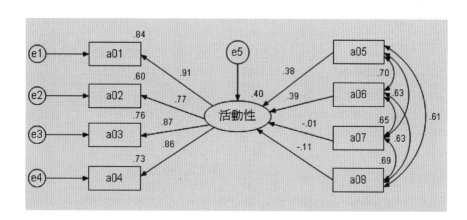

　　對活動性來說，a05_ 優雅、a06_ 親切的 2 個觀測變數分別顯示 0.38、0.39 的路徑係數。

　　因此，此 2 個觀測變數可以說幾乎有相同程度的影響。

➤ 適合度指標如下。

CMIN

Model	NPAR	CMIN	DF	P	CMIN/DF
Default model	22	23.903	14	.047	1.707
Saturated model	36	.000	0		
Independence model	8	563.734	28	.000	20.133

RMR, GFI

Model	RMR	GFI	AGFI	PGFI
Default model	.045	.948	.866	.369
Saturated model	.000	1.000		
Independence model	.605	.320	.126	.249

Baseline Comparisons

Model	NFI Delta1	RFI rho1	IFI Delta2	TLI rho2	CFI
Default model	.958	.915	.982	.963	.982
Saturated model	1.000		1.000		1.000
Independence model	.000	.000	.000	.000	.000

RMSEA

Model	RMSEA	LO 90	HI 90	PCLOSE
Default model	.085	.010	.141	.156
Independence model	.440	.408	.472	.000

AIC

Model	AIC	BCC	BIC	CAIC
Default model	67.903	72.303	125.217	147.217
Saturated model	72.000	79.200	165.786	201.786
Independence model	579.734	581.334	600.575	608.575

任一值都比情況 2 好，此處所表示的模式似乎非常配適數據。

【註】多重指標模式、MIMIC 模式、PLS 模式之類型

(1) 多重指標模式

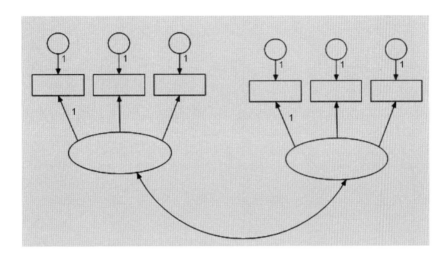

(2)MIMIC 模式

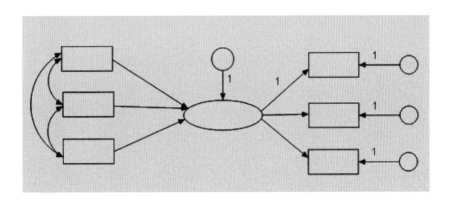

(3)PLS 模式

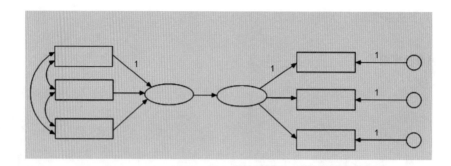

第10章 因素分析與複迴歸分析的組合

至第 9 章為止，是使用 Amos 從基本的分析到略為複雜的分析進行探討。第 10 章是使用前述所學過的方法，嘗試著去分析更為複雜的模式。即使是看起來有些複雜，但基本上是前述幾章所探討模式之組合（但是，其他也有本書未探討的模式，請參照其他書籍）。因此，當見到有些複雜的路徑圖時，請不要慌張，注視每一個部分之後，再去理解其意義。

10-1 研究的背景與使用的數據

⊃ 他人的評價對自尊心或不安造成的效果

此處，試著分析如下的假設。

與他人交情良好，會受到老師與友人的肯定評價。認識此種他人的肯定評價，可提高自尊心，自尊心的提高具有抑制不安的效果。

將此關係以圖表示時，即為如下。

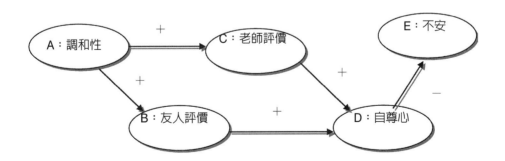

以他人交情良好的人格傾向來說，可以舉出「調和性」。此調和性愈高，或許會被老師評價為模範學生吧。同樣，可以預估也將會得到友人的良好評價吧。認識此種來自他人的評價，有利於提高自尊心，此即對自己本身的肯定評價，自

尊心提高,會降低對學校的不安。

表現在假設的各個概念是「潛在變數」,在路徑圖上是以橢圓表示的部分。這些實際上是反映在具體的項目上。

調和性:以下的 4 個用語是以 5 級詢問適用在自己本身的程度。分數愈高,意謂調和愈好。

    A1:優雅

    A2:溫和

    A3:溫暖

    A4:寬大

友人評價:對象學生的友人,以 5 級詢問以下 2 個項目。

    B1:被大家喜歡

    B2:被信賴

老師評價:針對對象學生,擔任的老師以 5 級詢問回答如下的 2 個項目。

    C1:是大家的模範學生

    C2:有希望的學生

自尊心:以 6 級詢問以下 4 個問項適用在自己本身的程度。

    D1:我對自己滿意

    D2:我認為對自己來說是有好處的

    D3:我認為有優點

    D4:我認為是有價值的人

不安:以 6 級詢問以下 4 個問項適用在自己本身的程度。

    E1:覺得不安居多

    E2:有時會想到自己的將來會如何

    E3:有時覺得要如何做才得而知

    E4:有時覺得不是做得很好

這些都是觀測變數,假定 A 到 E 的 5 個構成概念會對這些觀測變數造成影響。

針對 250 名中學生進行調查,得出數據(假想數據)。對於友人評價是向每位學生的最親近的同性友人詢問,對於老師的評價則是要求所擔任的老師回答。

A	B	C	D	E	F	G	H	I	J	K	L	M	N	O	P	Q
NO	A1	A2	A3	A4	B1	B2	C1	C2	D1	D2	D3	D4	E1	E2	E3	E4
1	1	2	2	1	2	4	2	1	4	3	2	1	6	6	6	6
2	3	1	4	4	3	2	4	2	5	5	5	6	6	6	6	4
3	1	2	2	1	2	4	4	2	5	5	5	4	6	5	5	4
4	1	1	1	1	3	2	3	4	5	5	5	4	5	3	3	3
5	1	2	1	4	3	3	3	4	4	4	4	5	6	6	6	5
6	2	3	1	4	2	1	3	4	5	3	3	2	4	6	5	5
7	1	1	1	4	2	2	2	2	3	3	3	4	3	4	3	3
8	1	1	1	1	3	2	3	2	3	5	3	3	6	6	6	5
9	1	1	1	2	3	4	5	5	5	4	3	5	4	4	4	5
10	2	1	1	1	3	3	3	3	3	5	3	4	6	6	6	5
11	1	1	1	1	2	2	4	4	1	1	1	1	6	6	5	6
12	2	1	2	3	2	3	3	3	3	1	2	5	5	5	5	5
13	1	1	1	1	1	1	1	1	4	2	1	3	6	3	6	6
14	1	1	2	1	3	3	5	3	4	3	3	3	6	4	6	6
15	3	1	1	1	1	1	5	5	3	4	2	3	6	6	5	5
16	5	5	2	4	3	5	3	5	5	2	4	5	4	6	6	3
17	2	2	2	3	2	2	4	4	5	5	4	3	5	6	6	5
18	1	2	2	3	3	3	3	3	5	5	4	4	6	5	5	5
19	2	2	2	2	2	2	3	3	4	4	4	5	6	5	6	4
20	1	1	2	2	2	2	2	2	5	4	3	4	6	5	5	4
21	1	1	3	3	2	2	1	1	6	5	5	4	5	6	4	5
22	3	2	4	4	3	2	4	2	4	4	4	5	6	5	3	4
23	3	2	1	3	4	4	3	3	2	2	1	5	1	1	1	2
24	1	1	1	2	2	4	3	2	4	4	3	4	6	5	6	5

⋮

A	B	C	D	E	F	G	H	I	J	K	L	M	N	O	P	Q
226	2	1	1	1	4	4	1	1	4	4	3	3	6	6	6	6
227	4	5	5	4	3	3	4	4	4	2	4	3	5	6	5	5
228	1	1	1	1	1	1	1	1	1	1	1	1	6	6	6	6
229	2	1	1	2	2	2	2	2	5	4	4	4	6	5	4	4
230	2	4	4	4	4	4	2	3	5	3	3	5	6	6	6	5
231	2	2	2	4	2	2	4	4	6	6	4	4	5	5	5	6
232	2	1	1	1	3	3	4	2	4	3	4	3	5	5	5	5
233	1	1	1	1	1	3	3	3	4	3	3	3	5	5	5	5
234	2	3	2	4	2	5	3	3	5	5	3	4	6	6	4	4
235	1	1	2	1	3	3	3	3	5	4	4	4	4	4	4	5
236	2	4	3	4	3	4	5	3	4	3	3	3	6	6	6	4
237	1	1	1	2	2	1	2	3	6	6	6	5	2	4	4	4
238	5	2	4	2	2	2	4	3	5	4	3	3	4	3	4	3
239	1	2	3	2	2	3	3	4	5	4	4	4	5	6	5	4
240	4	3	4	3	3	3	3	2	4	4	4	3	5	4	4	5
241	4	1	2	2	1	2	3	2	5	5	4	3	6	4	6	4
242	1	1	3	1	3	3	3	2	4	4	4	4	6	6	5	6
243	3	4	3	3	3	4	1	3	3	3	5	2	3	5	3	4
244	2	2	2	1	3	3	1	3	5	5	4	4	5	3	5	5
245	2	1	1	3	1	2	2	4	4	4	3	3	6	5	5	5
246	2	1	1	1	2	2	2	2	4	4	3	3	5	5	5	5
247	2	1	2	1	3	2	1	1	2	1	2	6	6	6	6	6
248	3	3	2	3	4	4	4	3	5	4	4	3	6	6	6	6
249	2	2	1	2	2	2	1	1	4	4	4	5	6	6	6	6
250	1	1	1	2	2	4	1	1	5	2	1	2	6	6	6	6

【註】數據檔參 data_ex10.xls

10-2 畫路徑圖－畫出潛在變數間的因果關係

1. 頁面布置的設定

此次是想使用橫向的畫面，因之將頁面的方向改成橫向。

步驟 1　選擇〔View〕→〔Interface Properties〕。

步驟 2　將〔Page layout〕Tab 的〔Orientation〕改成〔Landscape〕，再按〔Apply〕。

2. 畫出潛在變數（因素分析模式）

步驟 1　使用〔Draw a latent variable or add an indicator to a latent variable〕

圖像（⬭），畫出相當於調和性的橢圓。按著有 4 個觀測變數，因之在橢圓中連按 4 次。

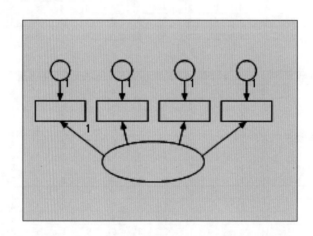

步驟 2　一面複製此基本型，一面畫出新的圖形，最後畫出如下的圖形。

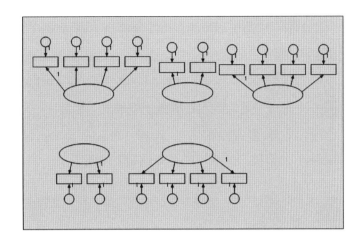

提示：友人評價與老師評價是各具有 2 個觀測變數，所以要注意。

3. 指定觀測變數的變數名

點選〔List variables in data set〕圖像（ ），或從工具列選擇〔View〕→〔Variables in Dataset〕，並對觀測變數指定數據內的變數名。

提示：當然不要忘記事前先指定好資料檔。

4. 對潛在變數命名

步驟 1　對潛在變數命名。最左上當作調和性，左下當作友人評價，中上當作老師評價，右下當作自尊心，右上當作不安。

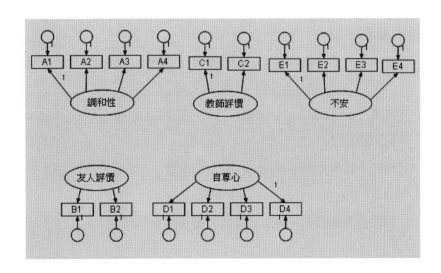

步驟 2 為了配合假設，使用〔Draw paths (single headed arrow)〕圖像（←），畫出單向箭線。

步驟 3 為了符合假設，使用〔Add a unique variable to a existing variable〕圖像（⬚），在接受箭線的潛在變數上追加誤差變數。

步驟 4 為了對誤差變數命名，選擇〔Plugins〕 → 〔Name Unobserved Variables〕。目前的作業，是否成為如下的圖呢？

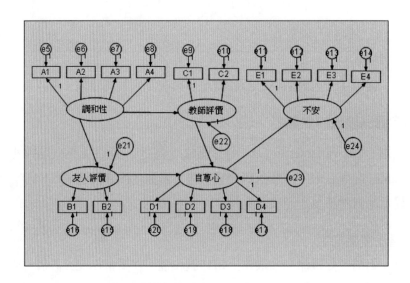

如果順利完成時，即進行分析。

5. 分析的指定與執行

步驟 1 按一下〔Analysis Properties〕圖像（🎹），或從工具列選擇〔View〕 → 〔Analysis Properties〕，點選〔Output〕Tab。
勾選〔Standardized estimates〕、〔Squared multiple correlations〕。
關閉視窗。

步驟 2 按一下〔Calculate estimates〕圖像（🎹），或從工具列選擇〔Analyze〕 → 〔Calculate estimates〕，再執行分析。
如要求檔案的儲存時，可儲存於適當的資料夾中。

觀察輸出─判斷潛在變數間的因果關係

1. 觀察路徑圖的輸出

顯示標準化估計值。按一下〔View the output path diagram〕圖像（　　），點選〔Parameter format〕欄的〔Standardized estimates〕，顯示如下。

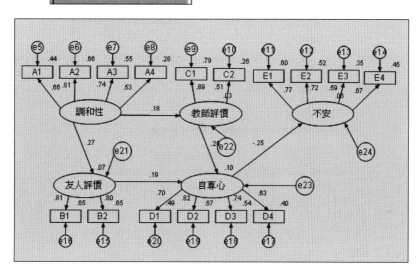

調和性到友人評價的路徑係數是 0.27，到老師評價是 0.18。友人評價到自尊心的路徑係數是 0.19，老師評價到自尊心的路徑係數是 0.25。由自尊心到不安的路徑係數是 –0.25。

2. 觀察 Text 輸出

步驟 1　按一下〔View text〕圖像（　　），或從工具列選擇〔View〕→〔text output〕。

觀察〔Notes for Model〕可知自由度是 99。

Notes for Model (Default model)

Computation of degrees of freedom (Default model)

Number of distinct sample moments: 136
Number of distinct parameters to be estimated: 37
Degrees of freedom (136 - 37): 99

Result (Default model)

Minimum was achieved
Chi-square = 156.341
Degrees of freedom = 99
Probability level = .000

步驟 2 觀察〔Estimates〕，潛在變數間的路徑是低值，不管是 5% 水準或 1% 水準，均呈現顯著之值。

Regression Weights: (Group number 1 - Default model)

			Estimate	S.E.	C.R.	P	Label
教師評價	<---	調和性	.270	.120	2.249	.025	
友人評價	<---	調和性	.346	.111	3.126	.002	
自尊心	<---	友人評價	.168	.070	2.411	.016	
自尊心	<---	教師評價	.182	.086	2.121	.034	
不安	<---	自尊心	-.233	.076	-3.079	.002	

Standardized Regression Weights: (Group number 1 - Default model)

			Estimate
教師評價	<---	調和性	.177
友人評價	<---	調和性	.267
自尊心	<---	友人評價	.195
自尊心	<---	教師評價	.249
不安	<---	自尊心	-.247

步驟 3 觀察〔Model Fit〕。

χ^2 值是 156.341，自由度是 99，在 0.1% 水準下是顯著的。

CMIN

Model	NPAR	CMIN	DF	P	CMIN/DF
Default model	37	156.341	99	.000	1.579
Saturated model	136	.000	0		
Independence model	16	1267.794	120	.000	10.565

(1) GFI = 0.927，AGFI = 0.899。

GFI 雖然趨於 0.9，但 AGFI 卻低於 0.9 而在邊緣狀態。

RMR, GFI

Model	RMR	GFI	AGFI	PGFI
Default model	.076	.927	.899	.674
Saturated model	.000	1.000		
Independence model	.263	.551	.491	.486

(2) NFI = 0.877，CFI = 0.950。CFI 超過 0.9，可以說是足夠之值。

Baseline Comparisons

Model	NFI Delta1	RFI rho1	IFI Delta2	TLI rho2	CFI
Default model	.877	.851	.951	.939	.950
Saturated model	1.000		1.000		1.000
Independence model	.000	.000	.000	.000	.000

(3) RMSEA = 0.48。低於 0.05，可以說是足夠之值。

RMSEA

Model	RMSEA	LO 90	HI 90	PCLOSE
Default model	.048	.033	.062	.565
Independence model	.196	.186	.206	.000

(4) AIC 或 CAIC 如下。這些值均是改良模式時使用。如得到較小之值時，即為較適合的模式。

AIC

Model	AIC	BCC	BIC	CAIC
Default model	230.341	235.764	360.635	397.635
Saturated model	272.000	291.931	750.919	886.919
Independence model	1299.794	1302.139	1356.138	1372.138

結果的判讀：由以上的結果，可得出如假設的路徑。雖然發覺係數略為小些，但適合度可以說是足夠的。

⊃ 解說：複雜模式的掌握方法

譬如，請看調和性與 4 個觀測變數，以及誤差的部分。

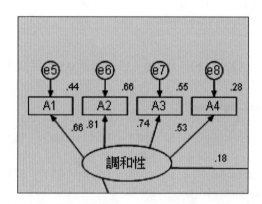

或許可以知道這是第 7 章所探討的 1 因素的因素分析模式。從調和性的潛在變數對 4 個觀測變數畫出路徑，4 個觀測變數分別都有誤差的影響。

以因素分析來說，調和性相當於「共同因素」，從調和性到觀測變數的每一條路徑相當於「因素負荷量」，影響觀測變數的誤差相當於「獨自因素」，其影響力相當於「獨自性」。

其次，請注意調和性影響友人評價與老師評價的部分。

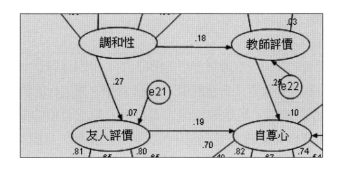

　　此部分之差異只是將觀測變數換成潛在變數而已，相當於第 3 章所探討的因果關係的模式。調和性影響老師評價，對受到影響的老師評價來說，也有誤差的影響。

　　像這樣，即使看起來像是複雜的模式，如將路徑圖分解成細項要素時，或許可以得知是由因素分析與複迴歸分析的模式相組合所構成的。

　　務必應用前述的內容，希望能建構大家獨自的模式。

10-4　以 SPSS 分析看看－分析潛在變數間的因果關係

　　如第 9 章所說明的那樣，在問卷調查分析中利用經常所使用的 SPSS 分析過程（因素分析→信度的檢討→尺度分數的計算→相關係數的計算→複迴歸分析等），可以說是簡單地按階段分析本書所繪製的路徑圖。

　　雖說簡易，但並非是利用 SPSS 的分析較為遜色。從許多詢問項目以探索式選出經得起使用的項目，或探索式地分析許多的變數，引導出新的發現時，以 SPSS 來分析較具效率的情形也很多。

　　並且，踏實地檢討信度與效度再進行尺度之製作，或在適切的調查計劃下進行數據的蒐集時，不管是用 Amos 來分析或是用 SPSS 來分析，理應可以達成相同的結論。

　　那麼，使用經常所使用的手法，以 SPSS 進行與本章相同的分析，作為本章的總結。

1. 分析的步驟

步驟 1 進行因素分析

將所有的問項一次進行分析的情形也有，按各個概念進行分析時，也有按各調查對象者（自我評價 · 他人評價）來進行的情形。

SPSS 的情形，是萃取數個因素，可以顯示問項的聚集與辨別性。譬如，項目 A 的確是受到第 1 因素較大的影響，受到其他因素的影響則很小，並且，也顯示與項目 B 形成不同組的聚集。

此次，以自我評價的所有項目進行因素分析。友人評價與老師評價由於評價的方向性不同，因之僅止於在步驟 2 確認信度。

步驟 2 計算信度係數

按各個尺度的聚群，計算 α 係數。可先求出相關係數。

步驟 3 計算尺度分數

求出屬於各尺度的項目的合計值或將合計值除以項目數求出平均值。此次是計算合計值。

步驟 4 計算尺度間的相關係數

檢討分數的影響關係時，比較相關係數與複迴歸分析的結果，得出重要見解的時候也有。暫且不論是否揭載於報告中，但不要忘了求出。

步驟 5 重複複迴歸分析

只按依變數（路徑圖中接受箭線的變數）的個數，重複進行複迴歸分析。

友人評價是依變數，調和性是自變數

老師評價是依變數，調和性是自變數

自尊心是依變數，調和性、友人評價、老師評價是自變數

不安是依變數，調和性、友人評價、老師評價、自尊心是自變數

2. 進行因素分數

步驟 1 選擇〔分析〕→〔資料縮減〕→〔因素〕

〔變數〕指定 A1~A4（與**調和性**有關之變數），D1~D4（與**自尊心**有關之變數），E1~E4（與**不安**有關的變數）。按一下〔萃取〕。

步驟 2 〔方法〕可以選擇〔最大概似法〕、〔最小平方法〕或〔主軸因素法〕。

此次選擇〔最大概似法〕。

點選〔萃取〕基準的〔因素個數〕，輸入「**3**」。

按 繼續。再按〔轉軸法〕。

步驟 3　選擇〔方法〕的〔Promax〕。

按 繼續。

按 確定。

➢ 觀察輸出。

輸出共同性。這是所有的共同因素對每一個觀測變數的綜合影響力。

共同性

	初始	萃取
A1	.360	.445
A2	.498	.675
A3	.441	.553
A4	.246	.281
D1	.433	.525
D2	.517	.675
D3	.470	.544
D4	.355	.407
E1	.469	.615
E2	.425	.529
E3	.332	.365
E4	.373	.451

萃取法：最大概似。

➢ 觀察解說總變異量。此乃是每一個共同因素（此次為了萃取出 3 個而加以指定）對所有的觀測變數有多少影響的指標。數字愈大，該因素對觀測變數的影響力即愈大。

解說總變異量

因子	初始特徵值			平方和負荷量萃取			轉軸平方和總和
	總和	變異數的%	累積%	總和	變異數的%	累積%	總和
1	3.220	26.833	26.833	2.729	22.745	22.745	2.291
2	2.289	19.071	45.904	1.824	15.203	37.948	2.026
3	1.981	16.505	62.410	1.512	12.601	50.549	2.128
4	.739	6.162	68.571				
5	.659	5.492	74.063				
6	.577	4.805	78.868				
7	.552	4.603	83.472				
8	.500	4.166	87.638				
9	.422	3.516	91.154				
10	.394	3.282	94.435				
11	.375	3.129	97.564				
12	.292	2.436	100.000				

萃取法：最大概似。

　　a. 當因子產生相關時，無法加入平方和負荷量以取得總變異數。

➤ 觀察樣式矩陣。此相當於從潛在變數到觀測變數的路徑係數。

樣式矩陣ᵃ

	因子		
	1	2	3
A1	-.070	.662	-.047
A2	.005	.818	-.019
A3	.013	.749	.059
A4	.080	.522	.030
D1	.744	-.025	.102
D2	.822	-.059	-.010
D3	.704	.035	-.096
D4	.615	.085	-.034
E1	.076	-.032	.793
E2	.081	.042	.748
E3	-.110	.043	.574
E4	-.101	-.030	.634

萃取方法：最大概似。
旋轉方法：含 Kaiser 常態化的 Promax 法。

　　a. 轉軸收斂於 4 個疊代。

第 1 因素在 D1~D4（自尊心），第 2 因素在 A1~A4（調和性），第 3 因素在 E1~E4（不安）上，顯示較大的負荷量。

自我評價的所有項目各自集群是很明確的。

> 輸出因素相關矩陣。這是因素（潛在變數）之間的相關係數。

因子相關矩陣

因子	1	2	3
1	1.000	.093	-.239
2	.093	1.000	-.160
3	-.239	-.160	1.000

萃取方法：最大概似。
旋轉方法：含 Kaiser 常態化的 Promax 法。。

3. 計算信度係數

計算調和性等因素的 α 係數。

步驟 1 選擇〔分析〕→〔尺度〕→〔信度分析〕。

〔項目〕中指定 A1~A4。

按一下〔統計量〕。

步驟 2 勾選〔敘述統計量對象〕的〔刪除項目後的量尺摘要〕。

按 繼續 。按 確定 。

➤ 呈現結果的輸出。

可靠性（信度）統計量顯示有 α 係數，調和性的 α 係數是 0.778，略微低些，但是由 4 項目所構成，還算可以的值。

因勾選有〔刪除項目後的量尺摘要〕，項目整體統計量中追加有幾個指標。修正的項目總相關，是該項目與其他項目之合計值的相關。並且，項目刪除時的 Cronbach's Alpha 值，是如果沒有該項目時，在剩餘的項目中 α 係數變成多少。

可靠性統計量

Cronbach's Alpha 值	項目的個數
.778	4

項目整體統計量

	項目刪除時的尺度平均數	項目刪除時的尺度變異數	修正的項目總相關	項目刪除時的 Cronbach's Alpha 值
A1	5.94	6.751	.571	.729
A2	6.04	6.187	.680	.671
A3	6.03	6.469	.624	.702
A4	5.65	7.240	.460	.785

步驟 3 同樣，計算其他項目群的 α 係數。

➤ 自尊心（D1~D4）如下。

可靠性統計量

Cronbach's Alpha 值	項目的個數
.809	4

項目整體統計量

	項目刪除時的尺度平均數	項目刪除時的尺度變異數	修正的項目總相關	項目刪除時的 Cronbach's Alpha 值
D1	10.76	8.747	.625	.761
D2	11.21	8.639	.705	.727
D3	11.65	8.260	.633	.757
D4	11.59	8.741	.553	.797

➢ 不安（E1~E4）如下。

可靠性統計量

Cronbach's Alpha 值	項目的個數
.778	4

項目整體統計量

	項目刪除時的尺度平均數	項目刪除時的尺度變異數	修正的項目總相關	項目刪除時的 Cronbach's Alpha 值
E1	15.32	5.513	.635	.698
E2	15.39	5.748	.608	.713
E3	15.58	5.603	.522	.759
E4	15.81	5.575	.575	.729

步驟 4 話說，以 2 項目計算 α 係數會變成如何呢？以友人評價（B1，B2）計算看看。

可靠性統計量

Cronbach's Alpha 值	項目的個數
.783	2

項目整體統計量

	項目刪除時的尺度平均數	項目刪除時的尺度變異數	修正的項目總相關	項目刪除時的 Cronbach's Alpha 值
B1	2.76	1.284	.648	.ᵃ
B2	2.68	1.022	.648	.ᵃ

a. 此值因項目中的負平均共變異數而成為負值。這違反了信度模式假設。您可能要檢查項目編碼。

　　雖然觀察修正的項目總相關可以明白，但 B1 與 B2 的相關係數是 0.648。然而，2 項目也可以計算 α 係數，但 2 項目的相關係數如果有 0.67 時，α 係數會超過 0.8。

　　項目之間的相關係數大，意指 2 項目幾乎具有相同的意義，因之，α 係數並非單純地愈高就愈好。

4. 計算尺度分數

步驟 1 　選擇〔轉換〕→〔計算〕。

〔目標變數〕輸入調和性。

〔數值運算式〕輸入 A1 + A2 + A3 + A4。

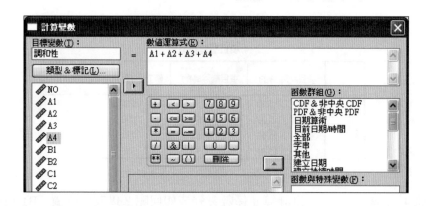

按 確定 後，新的變數即被追加。

	E1	E2	E3	E4	調和性
1	6	6	6	6	6.00
2	6	6	6	4	12.00
3	6	5	5	4	6.00
4	5	3	3	3	4.00
5	6	6	6	5	8.00
6	4	6	5	5	10.00
7	3	4	3	3	7.00
8	6	6	6	5	4.00
9	5	4	4	4	5.00
10	6	6	6	5	5.00
11	6	6	5	6	4.00
12	5	5	5	5	8.00
13	6	3	6	6	4.00

步驟 2 　同樣，計算如下的合計值。

友人評價：B1 + B2

老師評價：C1 + C2

自尊心 ：D1 + D2 + D3 + D4

不安 ：E1 + E2 + E3 + E4

5. 計算相關係數

步驟 1　選擇〔分析〕→〔相關〕→〔雙變數〕。

於〔變數〕中指定調和性、友人評價、老師評價、自尊心、不安。

按一下〔選項〕。

步驟 2　勾選〔統計量〕的〔平均數與標準差〕，再按 繼續。

按 確定。

➤ 結果如下。

描述性統計量

	平均數	標準差	個數
調和性	7.8840	3.32064	250
友人評價	5.4400	1.94668	250
教師評價	5.5680	1.99934	250
自尊心	15.0680	3.79063	250
不安	20.7000	3.04748	250

相關

		調和性	友人評價	教師評價	自尊心	不安
調和性	Pearson 相關	1	.228*	.221*	.099	-.115
	顯著性 (雙尾)		.000	.000	.119	.069
	個數	250	250	250	250	250
友人評價	Pearson 相關	.228*	1	.142*	.183*	-.114
	顯著性 (雙尾)	.000		.025	.004	.071
	個數	250	250	250	250	250
教師評價	Pearson 相關	.221*	.142*	1	.172*	-.077
	顯著性 (雙尾)	.000	.025		.006	.223
	個數	250	250	250	250	250
自尊心	Pearson 相關	.099	.183*	.172*	1	-.225*
	顯著性 (雙尾)	.119	.004	.006		.000
	個數	250	250	250	250	250
不安	Pearson 相關	-.115	-.114	-.077	-.225*	1
	顯著性 (雙尾)	.069	.071	.223	.000	
	個數	250	250	250	250	250

**. 在顯著水準為0.01時 (雙尾)，相關顯著。
*. 在顯著水準為0.05時 (雙尾)，相關顯著。

6. 進行複迴歸分析

如先前所述，此處是重複 4 次的複迴歸分析。

步驟 1　友人評價當作依變數，調和性當作自變數。

選擇〔分析〕→〔迴歸分法〕→〔線性〕。

〔依變數〕指定「友人評價」。

〔自變數〕指定「調和性」。

按 確定。

➤ 結果如下。

模式摘要

模式	R	R 平方	調過後的 R 平方	估計的標準誤
1	.228[a]	.052	.048	1.89900

a. 預測變數：(常數), 調和性

變異數分析[b]

模式		平方和	自由度	平均平方和	F 檢定	顯著性
1	迴歸	49.259	1	49.259	13.659	.000[a]
	殘差	894.341	248	3.606		
	總和	943.600	249			

a. 預測變數：(常數), 調和性
b. 依變數：友人評價

係數[a]

模式		未標準化係數		標準化係數		
		B 之估計值	標準誤	Beta 分配	t	顯著性
1	(常數)	4.384	.310		14.145	.000
	調和性	.134	.036	.228	3.696	.000

a. 依變數：友人評價

相當於標準化路徑係數的是標準偏迴歸係數（β）。

調和性到友人評價的 β 是 0.228，在 0.1% 水準是顯著的。

步驟 2 「老師評價」當作依變數，「調和性」當作自變數。

➤ 結果如下。

模式摘要

模式	R	R 平方	調過後的 R 平方	估計的標準誤
1	.221[a]	.049	.045	1.95380

a. 預測變數：(常數), 調和性

變異數分析 b

模式		平方和	自由度	平均平方和	F 檢定	顯著性
1	迴歸	48.648	1	48.648	12.744	.000ᵃ
	殘差	946.696	248	3.817		
	總和	995.344	249			

a. 預測變數：(常數), 調和性
b. 依變數：教師評價

係數ᵃ

模式		未標準化係數		標準化係數	t	顯著性
		B 之估計值	標準誤	Beta 分配		
1	(常數)	4.519	.319		14.170	.000
	調和性	.133	.037	.221	3.570	.000

a. 依變數：教師評價

　　調和性到老師評價的 β 是 0.221，在 0.1% 水準下是顯著的。

步驟 3　以「自尊心」當作依變數，以「調和性」、「友人評價」、「老師評價」為自變數。

【註】要注意獨立變數有 3 個。

➤ 結果如下。

模式摘要

模式	R	R 平方	調過後的 R 平方	估計的標準誤
1	.237ᵃ	.056	.045	3.70532

a. 預測變數：(常數), 教師評價, 友人評價, 調和性

變異數分析 b

模式		平方和	自由度	平均平方和	F 檢定	顯著性
1	迴歸	200.412	3	66.804	4.866	.003ᵃ
	殘差	3377.432	246	13.729		
	總和	3577.844	249			

a. 預測變數：(常數), 教師評價, 友人評價, 調和性
b. 依變數：自尊心

係數[a]

模式		未標準化係數		標準化係數	t	顯著性
		B之估計值	標準誤	Beta分配		
1	(常數)	11.631	.951		12.226	.000
	調和性	.036	.074	.032	.492	.623
	友人評價	.302	.124	.155	2.425	.016
	教師評價	.271	.121	.143	2.238	.026

a. 依變數：自尊心

調和性到自尊心的 β 是 0.32，不顯著。

友人評價到自尊心的 β 是 1.55，在 5% 下是顯著的。

老師評價到自尊心的 β 是 1.43，在 5% 下是顯著的。

步驟 4 「不安」當作依變數，「調和性」、「友人評價」、「老師評價」、「自尊心」當作自變數。

➤ 結果如下。

模式摘要

模式	R	R 平方	調過後的 R 平方	估計的標準誤
1	.250[a]	.063	.047	2.97437

a. 預測變數：(常數), 自尊心, 調和性, 教師評價, 友人評價

變異數分析[b]

模式		平方和	自由度	平均平方和	F檢定	顯著性
1	迴歸	145.022	4	36.255	4.098	.003[a]
	殘差	2167.478	245	8.847		
	總和	2312.500	249			

a. 預測變數：(常數), 自尊心, 調和性, 教師評價, 友人評價
b. 依變數：不安

係數[a]

模式		未標準化係數		標準化係數	t	顯著性
		B之估計值	標準誤	Beta分配		
1	(常數)	24.365	.968		25.164	.000
	調和性	-.072	.059	-.078	-1.211	.227
	友人評價	-.089	.101	-.057	-.880	.380
	教師評價	-.026	.098	-.017	-.263	.793
	自尊心	-.164	.051	-.204	-3.202	.002

a. 依變數：不安

從調和性、友人評價、老師評價，到不安的 β 均接近 0，不顯著。

只有從自尊心到不安的 β 是 –0.204，在 1% 水準下是顯著的。

像這樣，重複著複迴歸分析時，所有的影響關係均可依序檢討。

然後，在得出顯著的 β 後再去解釋即可。

7. 將結果畫在路徑圖上

將目前的複迴歸分析結果表示在路徑圖上時，即如下所示。

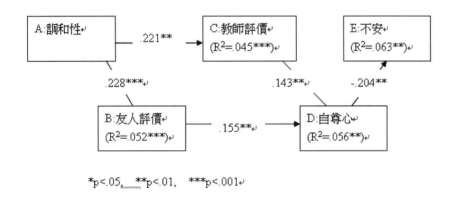

上述是從這些的複迴歸分析的結果，取出顯著的予以表記。

各個變數因為是合計分數，因此視為觀測變數，以四方形繪製。

雖然與 Amos 分析的結果在數值上略有不同，但可以說幾乎是相同的結果。

練習問題

Amos 也可將共變異數矩陣或相關矩陣當作數據讀取後再進行分析。

譬如，以相關矩陣作為數據時，如下輸入到 Excel（為了容易理解，小數點以下取 3 位）。

	A	B	C	D	E	F	G
	rowtype_	varname_	調和性	友人評價	教師評價	自尊心	不安
	n		250.000	250.000	250.000	250.000	250.000
	corr	調和性	1.000	0.228	0.221	0.099	-0.115
	corr	友人評價	0.228	1.000	0.142	0.183	-0.114
	corr	教師評價	0.221	0.142	1.000	0.172	-0.077
	corr	自尊心	0.099	0.183	0.172	1.000	-0.225
	corr	不安	-0.115	-0.114	-0.077	-0.225	1.000
	stddev		3.321	1.947	1.999	3.791	3.047
	mean		7.884	5.440	5.568	15.068	20.700

最初的變數名當作 rowtype_，其次的變數名當作 varname_，之後輸入數據的變數名。

rowtype_ 欄位，按照 n（數據數）、corr（相關係數）、stddev（標準差）、mean（平均）輸入（stddev 與 mean 放在前面也行）。

varname_ 欄位，輸入分析所使用的變數名。

從右側起，在相當的方格中輸入數據數、相關係數、標準差、平均值。

相關係數的對角線上輸入「1」，對角線的右上與左下輸入相同的數值。

或者，如下將對角線的右上保持空欄（不輸入）也行。

	A	B	C	D	E	F	G
1	rowtype_	varname_	調和性	友人評價	教師評價	自尊心	不安
2	n		250.000	250.000	250.000	250.000	250.000
3	corr	調和性	1.000				
4	corr	友人評価	0.228	1.000			
5	corr	教師評価	0.221	0.142	1.000		
6	corr	自尊心	0.099	0.183	0.172	1.000	
7	corr	不安	-0.115	-0.114	-0.077	-0.225	1.000
8	stddev		3.321	1.947	1.999	3.791	3.047
9	mean		7.884	5.440	5.568	15.068	20.700

製作此數據後，以調和性、友人評價、老師評價、自卑心、不安當作觀測變數進行分析。假設與第 10 章相同。

解答

對數據指定 Excel 檔時，即如下被讀取。

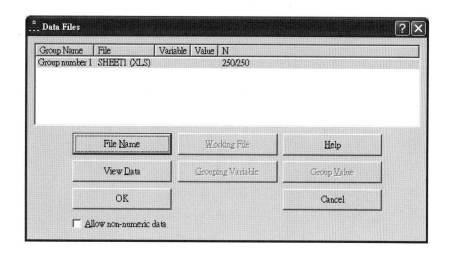

點選〔List variable in data set〕圖像（　），顯示出變數後，按 確定。

如下畫出路徑圖。

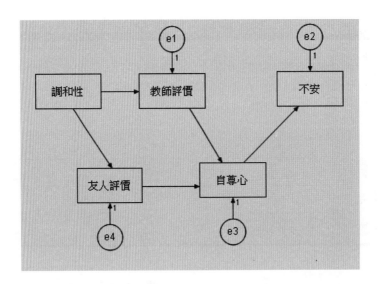

標準化估計值顯示如下。

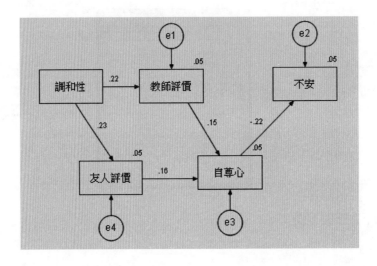

　　如使用〔圖的標題〕圖像（ Title ）即可在對話框中指定要顯示的文字或估計值。試著輸入看看。

\FORMAT；\Group；\Model；Chi=\cmin；P=\p；RMSEA=\rmsea；GFI=\gfi；
AGFI=\agfi；

Text 輸出的〔Estimates〕如下所示。

Regression Weights: (Group number 1 - Default model)

			Estimate	S.E.	C.R.	P	Label
教師評價	<---	調和性	.133	.037	3.576	***	
友人評價	<---	調和性	.134	.036	3.695	***	
自尊心	<---	友人評價	.315	.120	2.624	.009	
自尊心	<---	教師評價	.283	.117	2.416	.016	
不安	<---	自尊心	-.181	.050	-3.636	***	

Standardized Regression Weights: (Group number 1 - Default model)

			Estimate
教師評價	<---	調和性	.221
友人評價	<---	調和性	.228
自尊心	<---	友人評價	.162
自尊心	<---	教師評價	.149
不安	<---	自尊心	-.225

➤ 〔Model Fit〕顯示如下。

CMIN

Model	NPAR	CMIN	DF	P	CMIN/DF
Default model	10	5.743	5	.332	1.149
Saturated model	15	.000	0		
Independence model	5	58.591	10	.000	5.859

RMR, GFI

Model	RMR	GFI	AGFI	PGFI
Default model	.322	.991	.973	.330
Saturated model	.000	1.000		
Independence model	1.106	.900	.851	.600

Baseline Comparisons

Model	NFI Delta1	RFI rho1	IFI Delta2	TLI rho2	CFI
Default model	.902	.804	.986	.969	.985
Saturated model	1.000		1.000		1.000
Independence model	.000	.000	.000	.000	.000

RMSEA

Model	RMSEA	LO 90	HI 90	PCLOSE
Default model	.024	.000	.094	.641
Independence model	.140	.106	.175	.000

任一者均可得出不錯的適合度指標。

譬如，論文中揭載有相關係數與平均值、標準差時，基於該資訊再利用 Amos 進行分析也是可行的。如此一來，不光是要閱讀論文中所揭載的結果，對自己的學習也能活用，不是嗎？

第11章 複數模式的比較

　　一般的結構方程模式是製作一個模式再估計參數，相對地，製作出要因之間的組合均為不同的數個模式，並比較模式的方法，從檢測要因之間關係性的觀點到掌握要因全體構造的觀點，以及在活用的範圍上是有很大不同的。

　　本章學習可以在一張路徑圖上比較數個模式的簡便方法。

1. **單一模式**：一般的結構方程模式，分析者基於假設與數據，利用要因之間的關係性，製作一個模式估計參數，從所得到的結果彙整見解。

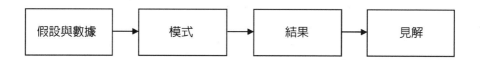

2. **複數模式**：數個模式的比較是針對假設與數據組合要因，製作數個模式，估計各模式的參數，從比較模式的結果掌握最適構造，配合所採納模式的結果再彙整見解。

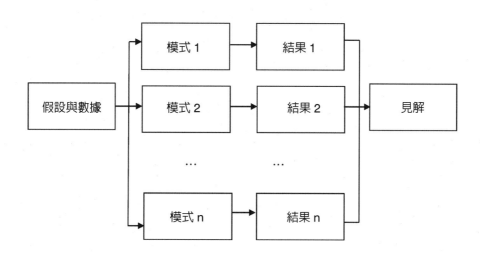

11-1 　對流行的態度形成的心理

1. 分析的概要

行為是具有基於恐懼、不安所引起的一面，此見解在心理學上已有所闡釋，對流行的態度也可以說是一樣的。假設恐懼、不安是由 3 個概念（成功、失敗、拒絕）所構成，從 3 個概念探索對流行態度的關係，掌握「對流行態度」形成的心理構造。

分析主題：對流行的態度，形成的想法與行為的要素是甚麼。

分析對象：以大學生為對象，對流行的態度與對恐懼、不安的調查。

分析要因：(1) 對流行的態度「認為自己對流行敏感」

　　　　　　(2) 恐懼、不安尺度

　　　　　　（對成功的願望，對失敗的恐懼，對拒絕的恐懼）

【註】回答是以「非常地認同」～「完全不認同」的間隔尺度詢問。

2. 問卷

> **Q** 想打聽您自身的事情，對以下的 1~23 個項目，從「非常認同」~「完全不認同」之中，把最接近您自己的想法填入回答欄中。

項目 ＼ 尺度	非常認同	略為認同	不太認同	完全不認同		回答欄
1. 相信未來是光明的	4	3	2	1	⇨	
2. 凡事想挑戰	4	3	2	1	⇨	
3. 經常擔心周遭	4	3	2	1	⇨	
4. 有想實現夢想	4	3	2	1	⇨	
5. 認為慎重著手是很重要的	4	3	2	1	⇨	
6. 認為自己是正直的活著	4	3	2	1	⇨	
7. 想讓自己成長	4	3	2	1	⇨	
8. 認為是不擔心失敗類型	4	3	2	1	⇨	
9. 嚮往自由	4	3	2	1	⇨	

尺度 項目	非常 認同	略為 認同	不太 認同	完全 不認同		回答欄
10. 被周遭認同	4	3	2	1	⇨	
11. 經常認為安全第一	4	3	2	1	⇨	
12. 認為具體行動是很重要的	4	3	2	1	⇨	
13. 認為夢想可以實現	4	3	2	1	⇨	
14. 立即忘記過去的不愉快	4	3	2	1	⇨	
15. 容易受周圍的批評所影響	4	3	2	1	⇨	
16. 自我實現是快樂的	4	3	2	1	⇨	
17. 想從經驗學習許多	4	3	2	1	⇨	
18. 認為別人是自私的	4	3	2	1	⇨	
19. 強烈渴望成功	4	3	2	1	⇨	
20. 相信失敗有助於成功	4	3	2	1	⇨	
21. 覺得被周遭忽略	4	3	2	1	⇨	
22. 認為自己對流行敏感	4	3	2	1	⇨	
23. 自己是留意健康的	4	3	2	1	⇨	

【註】調查是利用會場內的 PC 終端機以自填式回答問卷。

3. 分析對象項目

從全部的調查項目之中，就下述的 17 個項目作為分析項目。各自的觀測變數是對應假定的 3 個潛在變數。調查項目 2，8，17，20，6 是基於愈是「不認同」的人恐懼就愈大，因之用於分析時將評價尺度反轉（將 4-3-2-1 換成 1-2-3-4）。

問卷的 項目 NO	數據的 變數名	觀測變數 （調查項目）	潛在變數 （因素）

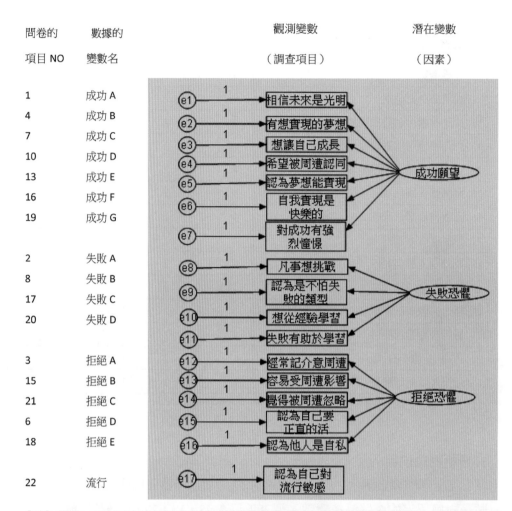

1	成功 A	
4	成功 B	
7	成功 C	
10	成功 D	
13	成功 E	
16	成功 F	
19	成功 G	
2	失敗 A	
8	失敗 B	
17	失敗 C	
20	失敗 D	
3	拒絕 A	
15	拒絕 B	
21	拒絕 C	
6	拒絕 D	
18	拒絕 E	
22	流行	

【註】恐懼、不安尺度依年齡之不同其特徵是有差異的。愈是年輕層，恐懼、不安愈低，隨著年齡的增加，恐懼、不安即增高，此次是以大學生為對象，因之，5「認為慎重著手是很重要的」，9「嚮往自由」等一部分項目則從分析對象排除。

4. 分析數據

	A	B	C	D	E	F	G	H	I	J
1	Fashion	S1	S2	S3	S4	S5	S6	S7	F1	F3
2	1	2	1	3	2	3	4	2	2	
3	1	3	3	4	4	2	4	4	1	
4	4	3	4	3	4	4	4	3	2	
5	2	3	3	3	3	4	4	4	2	
6	2	3	3	4	3	2	3	3	2	
7	3	3	4	4	4	2	4	3	1	
8	2	4	3	4	3	4	3	3	1	
9	3	2	3	3	3	3	2	3	2	
10	3	2	3	4	3	2	4	3	1	
11	3	4	3	4	3	2	3	4	1	
12	2	3	3	4	4	3	4	4	1	
13	3	2	2	3	3	4	3	3	2	
14	1	1	2	4	4	3	2	3	3	
15	1	4	4	4	4	4	4	4	1	
16	2	4	4	4	4	4	3	4	1	
17	2	3	4	4	4	3	3	4	2	
18	1	3	4	4	4	4	3	3	1	
19	3	2	4	2	4	2	4	3	3	
20	3	3	3	3	4	2	2	2	3	
21	1	1	3	4	3	3	4	4	1	

【註】參資料檔 11_ 流行與恐懼不安

11-2　路徑圖的繪製

1. 路徑圖的準備

(1) 讀取數據，繪製下述的路徑圖

此模式是以成功、失敗、拒絕 3 個要素當作潛在變數，對「認為自己對流行敏感」的單向路徑，與 3 個潛在變數相互間的單向路徑加以定義。

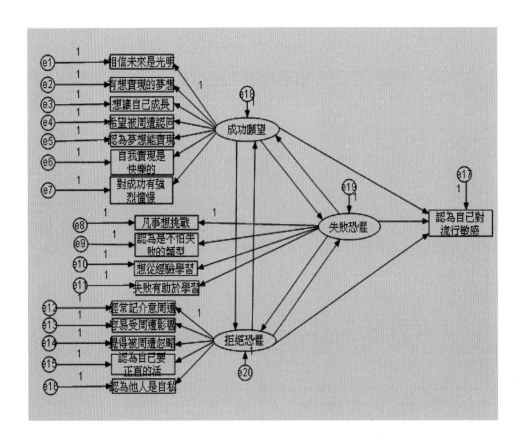

2. 模式類型的設想

　　利用「對流行的態度」與 3 個潛在變數（對成功的期望、對失敗的恐懼、對拒絕的恐懼）的組合，設想 5 個模型類型。

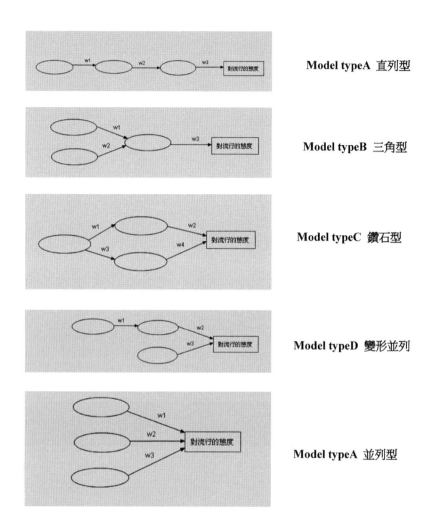

以 5 個類型建構共 19 種的模式。

(1)Model type A：直列型（6 種）

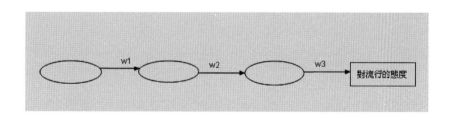

模式 NO.	I	II	III	
1	成功（S）→	失敗（F）→	拒絕（R）→	流行
2	成功→	拒絕→	失敗→	流行
3	失敗→	成功→	拒絕→	流行
4	失敗→	拒絕→	成功→	流行
5	拒絕→	成功→	失敗→	流行
6	拒絕→	失敗→	成功→	流行

(2)Model type B：三角型（3 種）

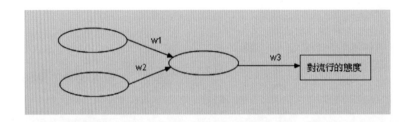

模式 NO.	II III		I		
7	失敗 拒絕	↘↗	成功	→	流行
8	成功 拒絕	↘↗	失敗	→	流行
9	成功 失敗	↘↗	拒絕	→	流行

(3)Model type C：鑽石型（3 種）

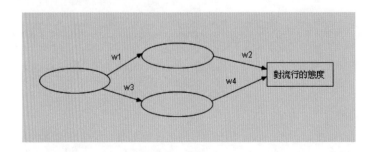

模式 NO.	I		II III		
10	成功	↗ ↘	失敗 拒絕	↘ ↗	流行
11	失敗	↗ ↘	成功 拒絕	↘ ↗	流行
12	拒絕	↗ ↘	成功 失敗	↘ ↗	流行

(4)Model type D：變形並列型（6 種）

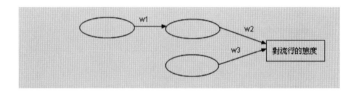

模式 NO.	I		II III		
13	成功	→	失敗 拒絕	↘ ↗	流行
14	成功	→	拒絕 失敗	↘ ↗	流行
15	失敗	→	成功 拒絕	↘ ↗	流行
16	失敗	→	拒絕 成功	↘ ↗	流行
17	拒絕	→	成功 失敗	↘ ↗	流行
18	拒絕	→	失敗 成功	↘ ↗	流行

(5)Model type E:並列型（1 種）

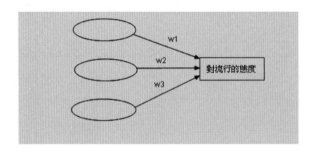

3. 在路徑上加上名稱

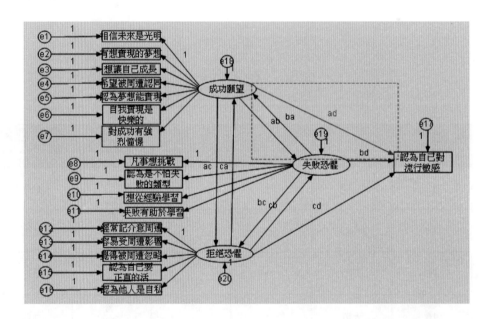

(1) 將滑鼠的指針放在從「成功願望」到「認為自己對流行敏感」的路徑上
按一下右鍵，選擇〔物件性質〕。
顯示出〔物件性質〕對話框。

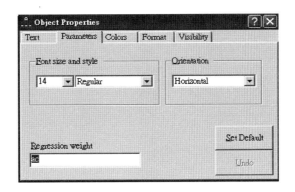

(2) 按一下〔參數〕Tab。在〔係數〕的方框中輸入「ad」。

(3) 其他 8 個路徑也同樣輸入「名稱」。

➤ 在係數的方框中輸入「0.34」等數值時，即可固定未標準估計值。輸入「0.74 ？」（數字的後面有？）或〔ab：0.34〕（標籤：表值）時，即為係數的初期值。

➤ 不同的係數輸入相同的「名稱」時，意謂等值（係數之值相等）。

4. 模式管理的想法

Amos 是在參數加上名稱（標籤）即可管理模式。在加上名稱的路徑之中，將不符合模式之條件的路徑係數當作「0」時，意謂不承認關係。利用組合條件式，在一個路徑圖上即可同時計測數個模式。

例：模式 1 的路徑 = 成功 – ab →失敗 – bc →拒絕 – cd →執行。

(1) 要計測的關係 ⬭（維持原樣）= ab, bc, cd。

(2) 不要計測的關係 ▢（固定為「0」）= ac, ad, ba, bd, ca, cb。

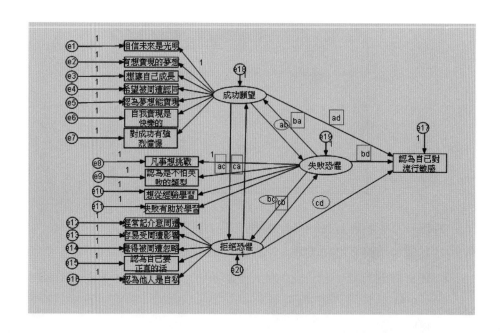

11-3　管理模式

1. 管理模式對話框

從清單選擇〔分析〕→〔管理模式〕。

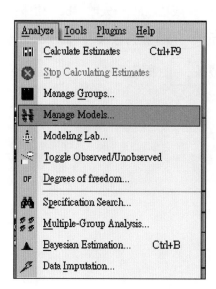

顯示〔管理模式〕對話框。

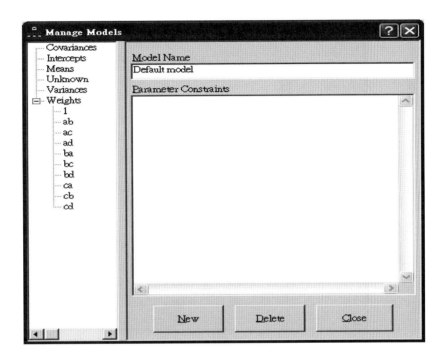

2. 模式的條件式的設定

(1) 設定模式號碼的條件式

- 在〔參數限制〕方框中先輸入「0」。

- 在所設定的參數一覽表中的「ac」中連按兩下。在〔參考限制〕方框中即投入參數名稱。

- 連按兩下「ad」。〔=〕會自動地被插入，顯示出定義式「0＝ac＝ad」。

- 連按兩下「ba」、「bd」、「ca」、「cb」。確認下圖的限制已被輸入。0＝的式子是它們的路徑為 0，意指不認同關係的存在。

- 按一下「新增」。

- 同樣輸入模式號碼 2 ～ 19 的條件式。

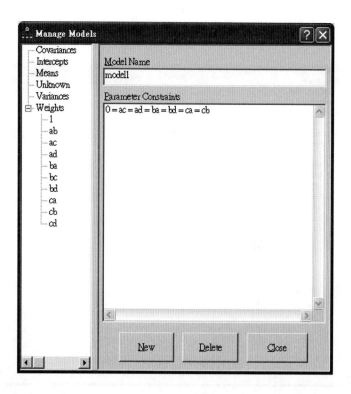

(2) 直列型模式的設定（模式 **1 ～ 6**）：**Model type A** 直列型（**6** 種）

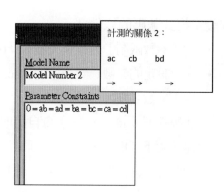

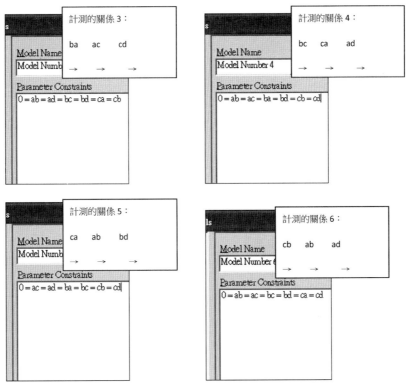

【註】按一下模式窗格（panel）上所顯示之「模型名稱」時即可切換模式。

(3) 三角型模式的條件式（模式號碼 **7 ～ 9**）：**Model type B** 三角型（**3** 種）

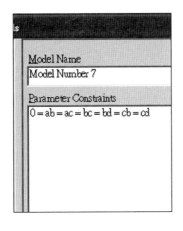

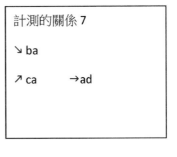

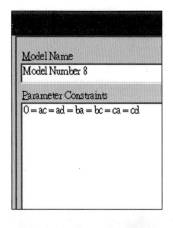

計測的關係 8：

↘ ab

↗ cb   →bd

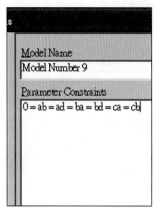

計測的關係 9：

↘ ac

↗ bc   →cd

(4) 鑽石型模式的條件式（模式號碼 10~12）：Model type C 鑽石型（3 種）

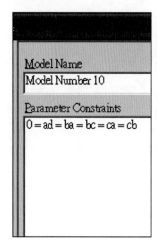

計測的關係 10：

ab↗   bd ↘

ac↘   cd ↗

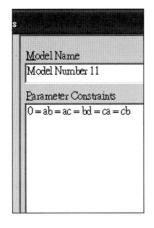

計測的關係 11

ba↗　　　　　ad↘

bc↘　　　　　cd↗

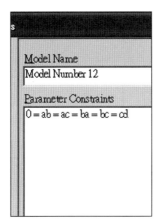

計測的關係 12

ca↗　　　　　ad↘

cb↘　　　　　bd↗

(5)變形並列型模式的條件式（模式13~18）：Model type D 變形並列型（6種）

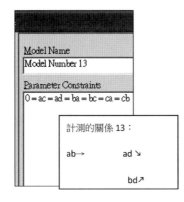

計測的關係 13：

ab→　　　　ad↘

　　　　　bd↗

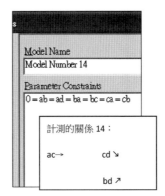

計測的關係 14：

ac→　　　　cd↘

　　　　　bd↗

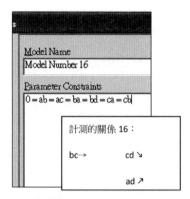

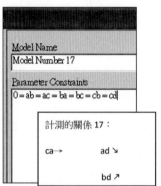

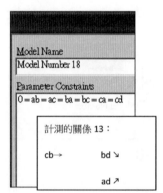

(6) 並列型模式的條件式（模式號碼 **19**）：**Model type E** 並列型（**1** 種）

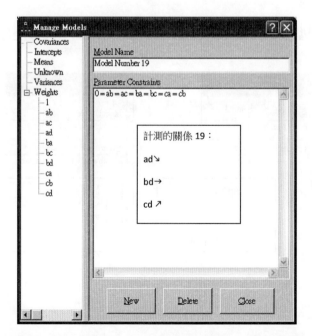

輸入所有模式的條件式後，按一下 關閉 。

關閉〔管理模式〕方框。

11-4　分析的執行與結果的輸出

1. 分析性質的設定

(1) 從工具列按一下〔分析性質〕圖像（ ■ ）。

(2) 顯示〔分析性質〕對話框，按一下〔輸出〕Tab。

(3) 勾選〔標準化估計值〕。關閉對話框。

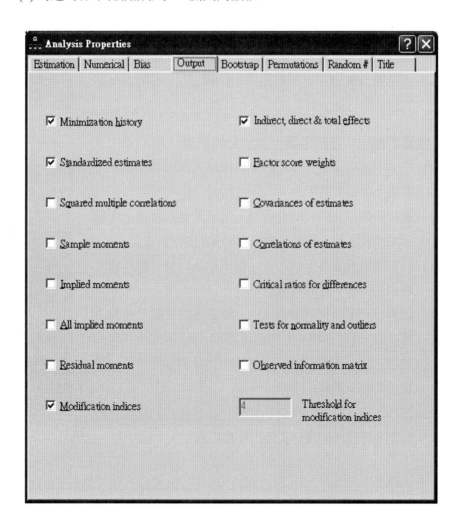

2. 分析的執行

(1) 從清單點選〔檔案〕→〔另存新檔〕，輸入檔名）（以一例來說輸入「流行與恐懼不安」）。按一下〔儲存〕。

(2) 按一下〔計算估計值〕圖像（  ）。

(3) 如可求出估計值時，窗格最上方右側的〔輸入路徑圖的顯示〕鈕即成為有效。

(4) 同時模式窗格的顯示從「××：模式名」切換成「OK：模式名」。

(5) 如有未適合數據的模式時，仍維持「××：模式名」，顯示並未改變。此時的原因可以想成是模式的條件式輸入有誤，或數據與模式不適配（所設想的模式不適合數據＝見不到所假設的構造）（本例中全部的模式均可被估計）。

3. 路徑圖的輸出─在路徑圖上輸出分析結果

(1) 按一下窗格最上方右側的「輸出路徑圖顯示」鈕，路徑圖上會輸出結果。

(2) 進行數個模式的同時分析時，按一下模式窗格上所顯示的模式名稱，即可切換出所顯示的模式。

(3) 在參數形式窗格上按一下〔標準化估計值〕路徑圖上標準化路徑係數即被輸出。

(4) 試著按一下「模式號碼 1」。如要將結果輸入在路徑圖上時，〔管理模式〕方框中指定「0」的路徑係數即成為「.00」（無關係），可得出想估計的路徑係數（成功→失敗→拒絕→流行）。

(5) 按一下模式窗格的模式名稱時，各個模式的路徑係數即配合所輸入的條件式輸出在路徑圖上。

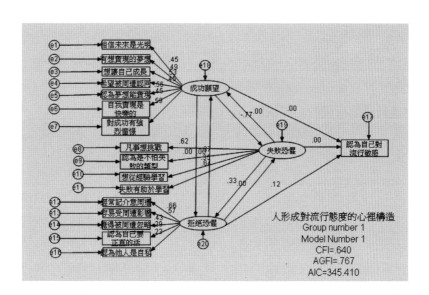

4. 適合度的標出—標示模式與數據的適合度

(1) 從清單按一下〔從正文輸出的顯示〕圖像（📊）。

(2) 按一下引導樹（Navigation tree）的〔模式適配（Model Fit）〕。如已進行
數個模式的同時分析時，所有模式的適配度均可以一覽的方式顯示出來。

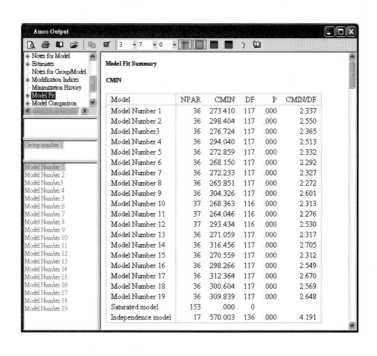

5. 一覽表的製作

在 Amos 的正文輸出中選擇表。從工具列的（ ▧ ）圖像複製在剪貼簿時，即可將數值貼在 Excel。調整格線即可複製一覽表。

對流行態度形成的心理構造─探索型模式的結果

模式類型 到「流行態度」的路徑		指標	路徑係數					模式的適合度			
			W1	W2	W3	W4	效果	GFI	AGFI	AIC	
A	1	成功→失敗→拒絕→流行	−0.77	0.33	0.12	─	−0.030	0.821	0.767	345.410	9
	2	成功→拒絕→失敗→流行	−0.70	0.99	−0.15	─	0.104	0.800	0.739	370.404	14
	3	失敗→成功→拒絕→流行	−0.89	−0.17	0.14	─	0.021	0.821	0.766	348.724	10
	4	失敗→拒絕→成功→流行	0.85	−0.54	0.23	─	−0.106	0.809	0.750	366.060	11
	5	拒絕→成功→失敗→流行	−0.20	−0.91	−0.22	─	−0.040	0.824	0.769	344.859	8
	6	拒絕→失敗→成功→流行	0.36	−0.76	0.23	─	−0.063	0.825	0.771	340.150	3
B	7	失敗→拒絕→成功→流行	−0.88	0.17	0.25	─	−0.107	0.826	0.773	344.233	7
	8	成功→拒絕→失敗→流行 【採納】	−0.83	0.38	−0.17	─	−0.380	0.830	0.777	377.851	1
	9	成功→失敗→拒絕→流行	0.20	0.54	0.14	─	0.184	0.814	0.757	376.326	16
C	10	成功→失敗與拒絕→流行	−0.91	−0.28	−0.20	0.22	0.211	0.826	0.771	342.363	4
	11	失敗→成功與拒絕→流行	−0.77	0.29	0.36	0.21	−0.148	0.827	0.772	338.046	2
	12	拒絕→成功與失敗→流行	−0.63	0.32	0.96	0.12	−0.086	0.807	0.745	367.434	12
D	13	成功→失敗→流行，拒絕→流行	−0.89	−0.26	0.21	─	0.441	0.826	0.773	343.059	6
	14	成功→拒絕→流行，失敗→流行	−0.06	0.18	−0.09	─	−0.101	0.812	0.754	388.456	19
	15	失敗→成功→流行，拒絕→流行	−0.87	0.26	0.19	─	−0.036	0.826	0.772	342.559	5
	16	失敗→拒絕→流行，成功→流行	0.49	0.16	0.27	─	0.348	0.819	0.764	370.226	13
	17	拒絕→成功→流行，失敗→流行	−0.07	0.26	0.05	─	0.032	0.816	0.759	384.364	18
	18	拒絕→失敗→流行，成功→流行	0.52	0.03	0.26	─	0.276	0.818	0.762	372.604	15

模式類型 到「流行態度」的路徑		指標	路徑係數					模式的適合度			
			W1	W2	W3	W4	效果	GFI	AGFI	AIC	
E	19	成功→失敗→拒絕→流行	0.27	0.03	0.17	—	0.470	0.816	0.759	381.839	17

【註 1】路標係數 = 表示要因間的關係強度（效果是利用路徑係數的組合求出）。

【註 2】GFI、AGFI = 愈接近 1，判斷模式與表格的適配愈佳。

【註 3】AIC = 評價數個模式間相對性好壞的指標。採納值小的模式作為備選。

　　　　效果的計算式

　　　　模式類型 A 的效果 = W1×W2×W3

　　　　模式類型 B 的效果 = (W1×W2) + (W3×W2)

　　　　模式類型 C 的效果 = (W1×W2) + (W3×W4)

　　　　模式類型 D 的效果 = (W1×W2) + W3

　　　　模式類型 E 的效果 = W1 + W2 + W3

　　表中的數值除了揭示由 Amos 輸出所貼上的模式適合度之外，並加上路徑係數與其效果，利用 Excel 的 RANK 函數〔RANK（數值，範圍，順序）〕求出的 AIC 順位。

　　進行數個模式的比較時，以如下的基準採納最適模式。

---

1. 估計能順利進行（Amos 中顯示〔OK：模式名〕）

2.AIC 的值小

3.GFI 與 AGFI 的值大

4. 未發生不適解（可在 Amos 輸出的對話框中確認）

5. 在相同類型（結構相等）的模式中，效果之值大。

6. 結果的解釋容易理解且有用性高。

【註】在〔Amos 輸出〕的方框中選擇〔有關模式與組的註釋〕。按一下方框左下的模式號碼確認各個模式的註解（不適解時，顯示「此解釋不適解」）。

　　在本例的情形中，

　　(1) 所有的模式（模式 1-19）的估計均能順利進行。

　　(2) AIC 是〔模式號碼 8〕最小。

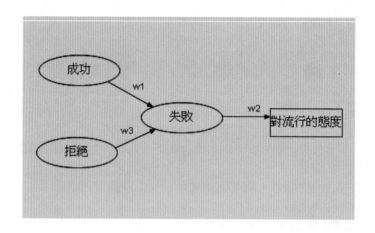

(3) GFI 與 AGFI 之值最大的是〔模式號碼 8〕。

(4) 從 Amos 輸出確認模式的註解時,〔模式號碼 17〕與〔模式號碼 19〕發生不適解,〔模式號碼 8〕是最好的。

(5) 如比較與〔模式號碼 8〕相同類型的〔模式號碼 7〕、〔模式號碼 9〕的效果時,〔模式號碼 8〕之值(絕對值)也最大。

(6) 結果的解釋因爲是從所得到的路徑係數進行,因之,基於項次 (1) ～ (5) 的結果,接受〔模式號碼 8〕作爲備選來整理結果。

6. 輸出路徑圖的完成

針對〔模式號碼 8〕的路徑圖係數「.00」的路徑不顯示:

(1) 輸出路徑圖。按一下模式窗格的〔模式號碼 8〕。

(2) 在顯示「.00」的路徑上按右鍵。選擇〔物件性質〕。按一下〔Visibility〕。

(3) 取消〔Show picture〕、〔Show parameter〕。於是路徑與係數即消失。

(4) 在顯示方框的狀態下將其他的「.00」的路徑也取消,最後關閉方框。所完成的路徑圖即如下所示。

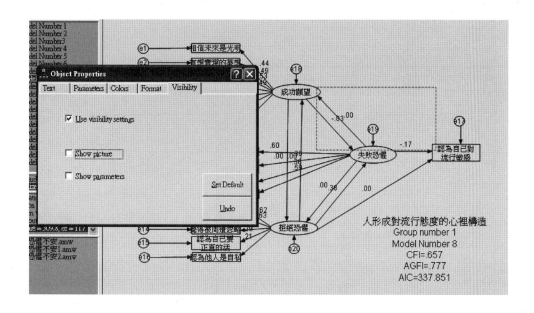

11-5　結果的整理

有關形成流行態度的想法與行為的 3 要素（成功、失敗、拒絕）比較，所假設的 19 種模式，將所得出的結果整理如下表所示。

模式類型\n到「流行態度」的路徑		路徑係數					模式的適合度			
		W1	W2	W3	W4	效果	GFI	AGFI	AIC	
A	1　成功→失敗→拒絕→流行	−0.77	0.33	0.12	—	−0.030	0.821	0.767	345.410	9
	2　成功→拒絕→失敗→流行	−0.70	0.99	−0.15	—	0.104	0.800	0.739	370.404	14
	3　失敗→成功→拒絕→流行	−0.89	−0.17	0.14	—	0.021	0.821	0.766	348.724	10
	4　失敗→拒絕→成功→流行	0.85	−0.54	0.23	—	−0.106	0.809	0.750	366.060	11
	5　拒絕→成功→失敗→流行	−0.20	−0.91	−0.22	—	−0.040	0.824	0.769	344.859	8
	6　拒絕→失敗→成功→流行	0.36	−0.76	0.23	—	−0.063	0.825	0.771	340.150	3
B	7　失敗・拒絕→成功→流行	−0.88	0.17	0.25	—	−0.107	0.826	0.773	344.233	7
	8　成功・拒絕→失敗→流行〔採納〕	**−0.83**	**0.38**	**−0.17**	**—**	**−0.380**	**0.830**	**0.777**	**377.851**	**1**
	9　成功・失敗→拒絕→流行	0.20	0.54	0.14	—	0.184	0.814	0.757	376.326	16

指標 模式類型 到「流行態度」的路徑			路徑係數					模式的適合度			
			W1	W2	W3	W4	效果	GFI	AGFI	AIC	
C	10	成功→失敗與拒絕→流行	−0.91	−0.28	−0.20	0.22	0.211	0.826	0.771	342.363	4
	11	失敗→成功與拒絕→流行	−0.77	0.29	0.36	0.21	−0.148	0.827	0.772	338.046	2
	12	拒絕→成功與失敗→流行	−0.63	0.32	0.96	0.12	−0.086	0.807	0.745	367.434	12
D	13	成功→失敗→流行，拒絕→流行	−0.89	−0.26	0.21	—	0.441	0.826	0.773	343.059	6
	14	成功→拒絕→流行，失敗→流行	−0.06	0.18	−0.09	—	−0.101	0.812	0.754	388.456	19
	15	失敗→成功→流行，拒絕→流行	−0.87	0.26	0.19	—	−0.036	0.826	0.772	342.559	5
	16	失敗→拒絕→流行，成功→流行	0.49	0.16	0.27	—	0.348	0.819	0.764	370.226	13
	17	拒絕→成功→流行，失敗→流行	−0.07	0.26	0.05	—	0.032	0.816	0.759	384.364	18
	18	拒絕→失敗→流行，成功→流行	0.52	0.03	0.26	—	0.276	0.818	0.762	372.604	15
E	19	成功。失敗。拒絕→流行	0.27	0.03	0.17	—	0.470	0.816	0.759	381.839	17

1. 在比較的模式之中「模式號碼 8」的 AIC 是最小的，GFI 與 AGFI 是最高的，另外，在相同類型的模式之中效果的決對值是最大的。

2. 「模式號碼 8」是「對成功的願望」與「對拒絕的恐懼」平行地影響「對失敗的恐懼」，「對失敗的恐懼」影響「對流行的態度」。

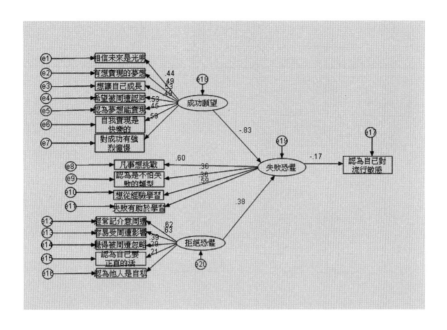

3. 從所得出的路徑係數（標準化估計值）可看出「對成功的願望」到「對失敗的恐懼」有強烈的負面關係（–0.83），「對拒絕的恐懼」到「對失敗的恐懼」有正面的關係（0.38），「對成功的願望」愈強「對失敗的恐懼」就愈弱，「對拒絕的恐懼」（特別來自周遭）愈強，「對失敗的恐懼」即愈強。另外，從受到成功與拒絕影響的「對失敗的恐懼」到「認為自己對流行敏感」的關係是負的關係（–0.17），「對失敗的恐懼」愈強，「對流行的態度」愈是負面（保守的）。

4. 由此例來看，暗示「對流行的態度」是以「對失敗的恐懼」為中介，透過「對成功的願望」與「對拒絕的恐懼」的平行關係所形成的。可以解釋成功與失敗是相反關係，「對成功的願望」緩和「對失敗的恐懼」，「對拒絕的恐懼」提高「對失敗的恐懼」，此結果形成「對流行的態度」。

5. 適合度指標的 GFI 與 AGFI 之值雖然對基準值 1 來說是低些，但如考慮有模糊不明的心裡要素時，模式與數據的適配大致是良好的。

⊃ 參考 1：利用單一模式探討的結果

繪製所採納的模式路徑圖後，執行一般的結構方程模式時，可知與同時分析所得出的結果是一致的。

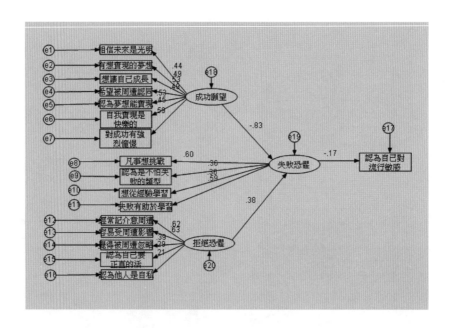

⊃ **參考 2：模式間差異的檢定**

執行數個模式的同時分析時，取決於模式在 Amos 輸出中可自動作出「模式的比較」，可比較模式間之差異。

11-6　探索式模式特定化

1. 指定要探索的路徑

前面學習了自行設想類型探索模式的方法，Amos 中也設計有探索式模式特定化機能，將所指定之路徑（單向或雙向路徑）的有無加以組合自動地製作模式再進行分析。其操作步驟如下：

(1) 繪製包含所有路徑的路徑圖。

(2) 點選〔分析〕→〔探索式模式特定化〕或從工具列中點選〔探索式模式特定化〕圖像（ ）。

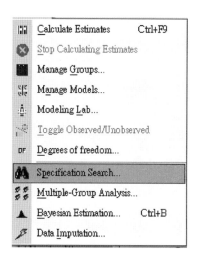

顯示〔探索式模式特定化〕對話框。

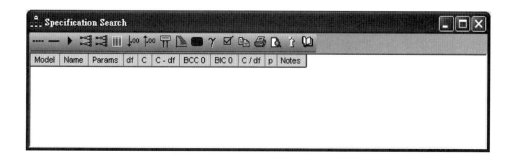

(3) 按一下（ ▬ ）〔設定選擇箭線〕

按一下探索中想指定的路徑〔事例是 3 個潛在變數間與對流行的態度〕後，所指定路徑的顏色會改變。

（想解除指定時，按一下（ ▬ ）〔設定必要箭線〕鈕時，即選擇路徑）。

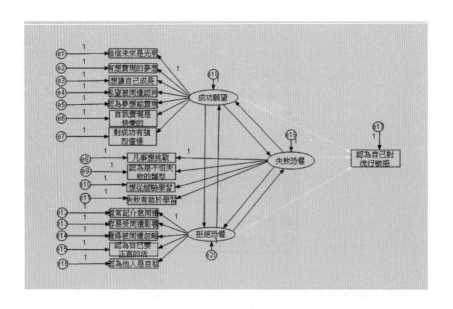

2. 執行探索式模式特定化

(1) 按一下〔執行探索式模式特定化〕（ ▶ ）鈕。

探索式模式特定化即被執行。

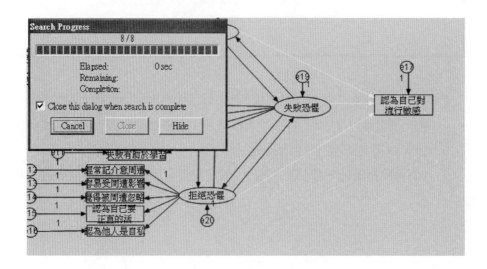

(2) 探索式模式特定化結束後，取決於所指定之路徑的有無，會顯示出所有
組合模式的適合度一覽。

本例中因指定了 9 條路徑，在有無的組合下自動地執行 80 個模式。
（取決於探索路徑個數，模式個數與計測時間會有不同）。

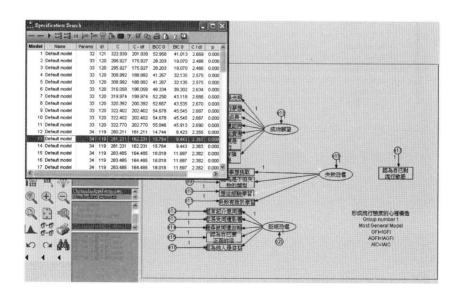

Model	Name	Params	df	C	C - df	BCC 0	BIC 0	C / df	p
1	Default model	32	121	322.939	201.939	52.958	41.013	2.669	0.000
2	Default model	33	120	295.927	175.927	28.203	19.070	2.466	0.000
3	Default model	33	120	295.927	175.927	28.203	19.070	2.466	0.000
4	Default model	33	120	308.992	188.992	41.267	32.135	2.575	0.000
5	Default model	33	120	308.992	188.992	41.267	32.135	2.575	0.000
6	Default model	33	120	316.058	196.058	48.334	39.202	2.634	0.000
7	Default model	33	120	319.974	199.974	52.250	43.118	2.666	0.000
8	Default model	33	120	320.392	200.392	52.667	43.535	2.670	0.000
9	Default model	33	120	322.402	202.402	54.678	45.545	2.687	0.000
10	Default model	33	120	322.402	202.402	54.678	45.545	2.687	0.000
11	Default model	33	120	322.770	202.770	55.046	45.913	2.690	0.000
12	Default model	34	119	280.211	161.211	14.744	8.423	2.355	0.000
13	Default model	34	119	281.231	162.231	15.764	9.443	2.363	0.000

【註】利用探索式模式特定化的數個模式之比較，模式個數是取決於各個路徑有無之組合，
　　　因之，比設想類型管理模式的前述方法，組合的類型較多。

(3) 連按兩下模式的列。

　　顯示出所選擇模式的路徑圖。

3. 模式的特定

(1) 按一下工具列的〔選項〕鈕（  ）。

顯示出〔選項〕方框。

(2) 按一下〔結果〕Tab。將〔揭示〕方框的卷軸向下拉，勾選 AIC。
關閉〔選項〕方框，AIC 即被追加到適合度一覽表中。

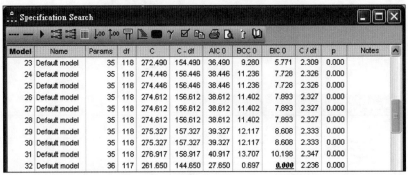

(3) 按一下 AIC 的行名。AIC 之值按由大而小的順序整理模式。

(4) 連按兩下模式 31 的模式名，路徑圖即被顯示。

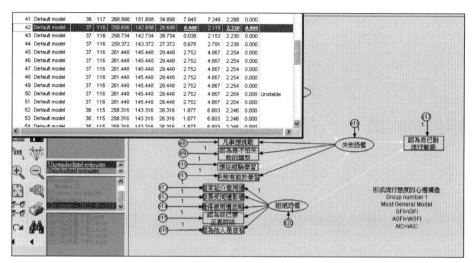

【註】Amos 以評估模式來說，推薦 BBC（Browne-Cudeck）。像「平均構造模式」等考量與其他探討之關連性，採用 AIC。

4. 路徑係數之輸出

(1) 按一下工具列的〔路徑圖上顯示參數估計值〕圖像（ γ ）。

(2) 連按兩下模式名「31」。

估計值被計算，係數輸出在路徑圖中。

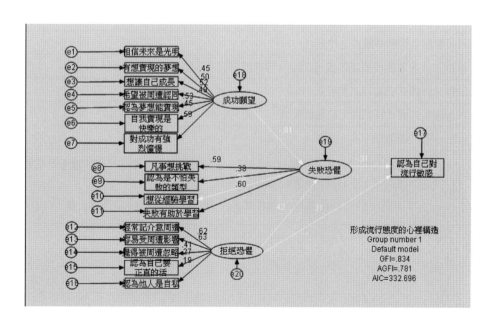

> 從「對拒絕的恐懼」到流行有著直接連結的路徑，此是與前述的圖形不同之處，但與設定模式進行探索的情形幾乎得出相同的結果。

> 「對拒絕的恐懼」與流行直接連結的正向路徑，也可以解釋成爲了不落後於流行而掌握流行態度的一面。

5. 結果的儲存

執行了探索式模式特定化後，於儲存路徑圖時可以選擇是否要與探索結果的表格一起儲存。已被儲存的表格在讀取路徑圖時會被顯示。

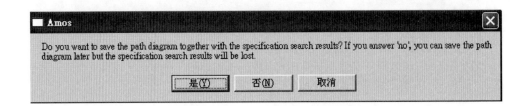

(1) 數個模式比較的特徵

與單一模式在計測上之比較	
優點	利用單一模式的探討是基於分析者的假設在假定構造之後再估計參數，相對地，數個模式的比較可以探索構造本身。
缺點	像要因或路徑的個數甚多時，對複雜的模式是難以適用的。
已設想類型的數個模式之比較	
優點	在設想的模式之中進行探索，容易解釋條件設定的想法與結果。
缺點	在模式的管理上需要花時間。
利用探索式模式特定化比較數個模式	
優點	不花時間即可得出結果。
缺點	探索的類型變的過多，解釋條件設定之差異與結果時，像路徑有無之不同或要因獨立之情形等，有判斷困難的時候。 （定期應用所得到的數據之情形，前次與此次爲不同的結果時，解釋上特別困難）。

(2) 分析者須知

➤ 分析者應體會的 **3** 個觀點與 **9** 個留意事項

將結構方程模式活用在戰略、戰術或研擬計畫時，有分析者應理解的 3 個觀點與 9 個留意點，這些留意點是公司內的用戶，特別是決策者基於該分析的輸出可否將內容中的事實或建議活用在經營面課題上的問題，歸納以上的內容提示於下表。

觀點	留意事項（建議）	一言建議
分析	假設建立	建立有關現象或課題的假說，一面確認其合適否，一面進行模式化
	事前蒐集資訊	應留意蒐集掌握市場或顧客動向的現場資訊
	時間上的限制	應顧慮可以投入在模式探討上的時間限制與成本
模式化	模式的正確性	應留意有無接近市場或顧客動向的動態性變化
	模式的理解度	預定建構的模式研究，取得公司內部的充分理解
	探討的時機	儘管作為模式是不錯的，到要了解探討的時機是否適切
計測結果	活用面上的方便性	儘管統計上是良好的結果，仍要考量對策略、戰術或計量研擬有如何的貢獻
	結果的有用性	為了能透過實際判斷計測結果的好壞，結果可反映市場性而謀求模式化
	決策的評價	基於計測結果的事實或建議，是否與決策者有感同身受

➤ 分析者容易陷入的盲點

分析者容易陷入的盲點可大致歸納為以下 3 點。

　①分析者對模式的關心度較高，另一方面決策者不在乎分析的結果，在統計上的適合度或參數的顯著性，容易在該主張與現實的變化或感覺是否相一致來評價模式。

　②儘管模式良好但主張的戰略性要因或導致結果的流程與現實有甚大的落差時，在現實問題的應用上會感到猶豫吧。

　③探討是基於某一時點的調查，或市場動向，或顧客的購買行為有戲劇性

的變化時，分析者在蒐集數據的階段上要如何將上述的結構性變化列入模式中的技巧是有所要求的。

打造 7-11 的有名經營者鈴木敏之氏說「與其桌面上的經濟學，不如親身感覺更可以掌握顧客心理」，並且指出，解釋顧客行為時「正反兩面的思考」是不可欠缺的。從「正」、「反」兩面掌握事情的想法，在解釋分析結果時，如未注意事情的另一面，容易成為錯誤結果的解釋，應注意現實的複雜性。

> ➤ 針對分析者的 3 個須知

對分析者的分析歸納須知時，有以下 3 點：重視觀點導向、變化導向及時間導向。

①重視觀點導向：對市場或顧客的研究，以何者觀點去探討是基本所在觀點產生假設。

②變化導向：分析者必須是變化導向，市場或顧客的動向並非過去的延長。因此，模式研究要對未來的創造有貢獻，關鍵在於分析者的視野。

③時間導向：應理解分析結果一般是短暫的，被稱為「今日，戰略是消耗品」，「收穫才是永遠的真理」，注意如此的發想是很重要的。

第12章　平均結構模式

➲ 平均結構模式的定義

平均結構模式（Mean Structure Model）[註1]是利用結構方程模式進行探討的一種方法，使變異數、共變異數的估計誤差為最小之下，估計路徑係數，也估計潛在變數的平均，可以將其平均當作組間之差異來掌握。

一般的結構方程模式主要是依據相關係數（共變異數）測量變數之間關係的強度（路徑係數），但平均結構模式是在結構方程模式能適用的模式中設定2個必要限制，即可測量潛在變數的相對大小（將成為基準的潛在變數的平均當作基準值「0」或「1」時，所得之值像是「–0.16」或「0.17」）。

必要條件1	從具有相同意義的數個潛在變數（因素）之中，將其中的一個潛在變數的平均固定成基準值的「0」或「1」。
必要條件2	在構成潛在因素具有共同意義的觀測變數的截距上，加上等值限制[註2]。

一般的結構方程模式是「相關矩陣」的分析，主要是利用「標準化估計值」來解釋，而平均結構模式是「共變異數矩陣」的分析，主要是利用「未標準化估計值」來解釋。

➲ 平均結構模式能應用的情形

利用平均結構模式可以測量潛在變數的大小，主要應用的情況有以下2種。本書是以情況2作為事例來介紹。

〈註1〉　平均結構模式也稱為平均結構方程模式或平均結構分析。

〈註2〉　使參數成為相等之限制稱為「等值限制」，設定等值限制一事也稱為「加上等值限制條件」。等值限制也有人稱為等量限制、等價限制。

情況 1	時間性地比較具有相同意義的潛在變數（因素）的大小。

例：在便利商店購買便當的理由中，對 7-Eleven 連鎖店的評價。

【對相同的樣本利用相同的項目以數次聽取評價，測量潛在變數的平均差（大小）】。

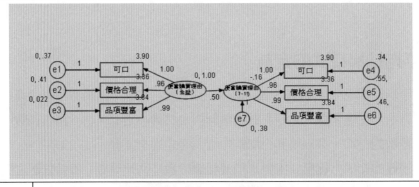

情況 2	在數個群組中比較具有相同意義的潛在變數（因素）的大小。

例：在相同的調查中，男性與女性或使用者與未使用者的評價差異。

【利用有平均結構的多群組的同時分析，測量數個潛在變數的平均差異（大小）】。

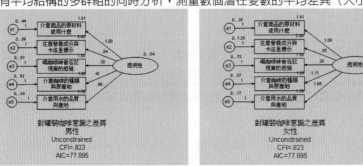

12-1　男性與女性在意識上的差異

1. 分析的概念

　　針對罐裝咖啡，調查男性與女性有關「資訊的透明性（公開性）」，像使用的原材料的種類與原產地等，在意識上的差異。

　　(1) 分析主題：有關罐裝咖啡在資訊的透明性（公開性）上，男性與女性在意識上的差異。

　　(2) 分析對象：以大學生為對象，對罐裝咖啡的印象調查。

(3) 分析要因：對罐裝咖啡的意識項目之中，有關透明性（公開性）的 5 個
項目。

Q1_1：介意商品的原料是使用什麼

Q1_4：注意營養成分與卡洛里標示

Q1_7：喝了罐裝咖啡時有暫時忘掉現實的感覺

Q1_10：介意咖啡豆的種類與原產地

Q1_13：介意用水的品質

F1：性別

【註】回答是以「非常合適」~「非常不合適」的間隔尺度來詢問。

2. 問卷

Q1 想打聽「罐裝咖啡」的全面性，就以下的 1~15 個項目，從「非常合適」~「非常不合適」之中對自己認為最合適的號碼記入到回答欄中。

項目 ＼ 尺度	非常合適	略為合適	不太合適	完全不合適		回答欄
1. 介意商品的原材料是使用什麼	4	3	2	1	⇨	
2. 想購買會考量環境保護的商品	4	3	2	1	⇨	
3. 自己喜歡的商品不介意他人的批評	4	3	2	1	⇨	
4. 注意營養成分與卡洛里標示	4	3	2	1	⇨	
5. 妥善地將空罐放入垃圾箱中	4	3	2	1	⇨	
6. 常以包裝的印象選購商品	4	3	2	1	⇨	
7. 喝罐裝咖啡時有暫時忘掉現實的感覺	4	3	2	1	⇨	
8. 重複購買滿意的品牌居多	4	3	2	1	⇨	
9. 風評好的品牌不試用就覺得不舒服	4	3	2	1	⇨	
10. 介意咖啡豆的種類與原產地	4	3	2	1	⇨	
11. 自己滿意的商品常會向他人推薦	4	3	2	1	⇨	
12. 對無法模仿的商品感到有魅力	4	3	2	1	⇨	
13. 介意所使用水的品質與產地	4	3	2	1	⇨	
14. 無論如何買新產品的居多	4	3	2	1	⇨	
15. 買暢銷的品牌覺得放心	4	3	2	1	⇨	

□最後想打聽你自己本身，對以下 3 個詢問，將合適的號碼填入回答欄中。

　F1 請教您的性別：

　　　　1. 男性　2. 女性

（以下省略）

3. 分析數據

	A	B	C	D	E	F
1	O1 1	O1 4	O1 7	O1 10	O1 13	F1
2	1	1	2	1	2	1
3	3	3	3	2	1	1
4	1	1	3	2	1	1
5	1	1	1	4	1	1
6	1	1	3	1	1	1
7	1	2	1	3	2	1
8	1	1	1	1	1	1
9	2	2	2	2	2	1
10	2	3	1	1	1	1
11	1	1	1	1	1	1
12	1	1	1	1	1	1
13	4	2	1	1	1	1
14	1	3	1	1	2	2
15	2	2	1	3	3	2
16	3	3	2	3	3	2
17	1	3	1	1	2	1
18	1	1	4	1	1	1
19	3	1	1	1	1	1
20	1	1	2	2	2	1
21	2	4	1	1	1	1
22	1	1	1	1	1	1
23	3	3	1	2	2	1
24	4	1	1	2	2	1
25	1	1	3	1	1	2
26	1	1	2	1	2	1
27	2	2	2	2	3	1

【註】參 12-1_ 罐裝咖啡 .xls

12-2 分析的事前準備

1. 資料的讀取與路徑圖的繪製

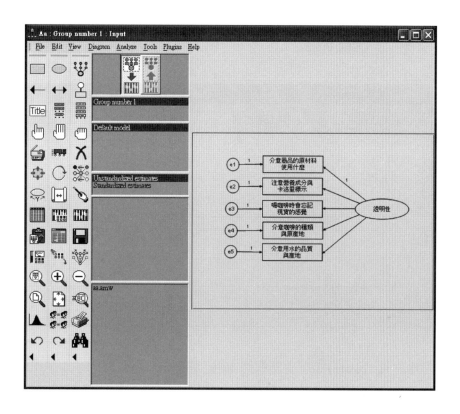

此模式是有關產品資訊的「透明性」（從企業一方來看時是「公開性」），以 5 個調查項目的共同原因，定義 1 個潛在變數「透明性（公開性）」。另外，為了能在潛在變數的變異數上加上等值限制，確保識別性的「1」並非放在潛在變數的變異數，而是放在連結「商品的原料……」的路徑係數上，此外，Title 的字串中取代 GFI 與 AGFI，使用 CFI 是要注意的。CFI 是比較適合度指標。

2. 組別的分析

(1) 使用性別旗幟讀取男性組的資料

在男性與女性組的雙方，利用所繪製的路徑圖確認能否分析。首先讀取男性

組數據。

①從清單點選〔File〕→〔Data File〕或從工具列的圖線點選（ 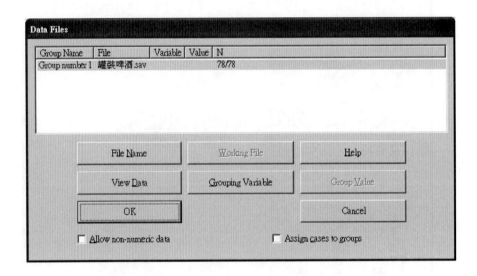 ）〔選擇數據檔〕。

②顯示〔Data File〕的對話框，點選〔File Name〕。

從開啟檔案的對話框去選取「罐裝咖啡 .sav」。

按一下〔開啟舊檔〕。

Group Name	File	Variable	Value	N
Group number 1	罐裝啤酒.sav			78/78

File Name   Working File   Help

View Data   Grouping Variable   Group Value

OK   Cancel

☐ Allow non-numeric data   ☐ Assign cases to groups

③按一下〔Data File〕對話框的〔組化變數〕。

顯示〔選擇組化變數〕對話框。

④顯示在數據表中所輸入的變數名，選擇「F1」，按 確定 。

⑤於〔Data File〕對話框的變數欄中顯示「F1」。

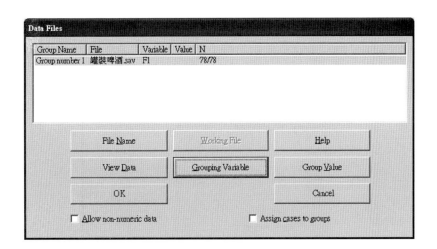

⑥點一下〔Data File〕對話框的〔Group Value〕。

　顯示〔選擇組識別值〕對話框。

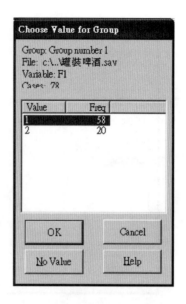

⑦顯示出變數中所輸入的數值與其個數（此例，1 = 男性，2 = 女性），選擇「1」

按一下 確定。

⑧在〔Data File〕對話框的數值欄中顯示「1」（被選擇的數值）與樣本數（男性人數／所有觀測值 = 58/78）。

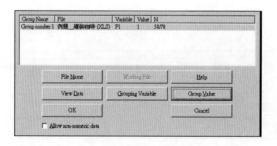

⑨按一下〔Data File〕對話框的 確定。關閉對話框。

(2) 執行分析、確認模式與數據的適配

①按一下（ ⦷ ）〔分析性質〕圖像，於〔輸出 Output〕tab 中勾選〔標準化估計值〕，關閉對話框。

②按一下（ |||| ）〔計算估計值〕圖像。分析如正常結束時，畫面左上的〔輸出路徑圖的顯示〕鈕即變成有效。按一下此鈕，即得出結果（標準化估計值）。

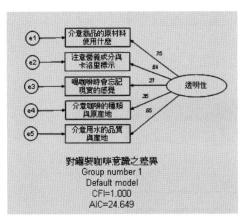

男性組（標準化估計值）

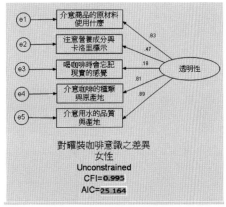

女性組（標準化估計值）

　　從分析的結果，就男性組來說，CFI 值是 1 顯示良好的適合度，由此可以驗證模式與數據的適配良好（左圖）。對女性組（右圖）也一樣分析（組化變數 = F1，組值 = 2，n = 20）的結果，CFI 之值是 0.995 接近 1，可以驗證模式與數據的適配良好。

　　像這樣，進行多群組的同時分析時，所設想的模式在各自的群組中是否可以被識別，模式與數據是否合適，可於事前確認。其次，進行可同時分析男性組與女性組的設定。

12-3　數個組的設定

1. 組別管理

　　(1)點選清單的〔分析〕→〔組管理〕，或雙擊〔組管理〕窗格（panel）。顯示〔組管理〕的對話框。

(2) 將對話框所顯示的〔組號 1〕變更為「男性」。

(3) 按一下〔New〕，組即被追加。

(4) 將所顯示的〔組號 2〕變更成「女性」，按一下關閉。

(5) 設定了數個組，因之〔組〕之窗格上增加所顯示的組。（顯示出「男性」、「女性」）。

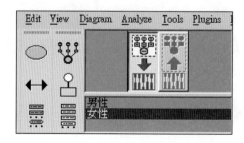

2. 男性組的設定

(1) 從清單點選〔File〕→〔Data File〕，或按一下工具列的（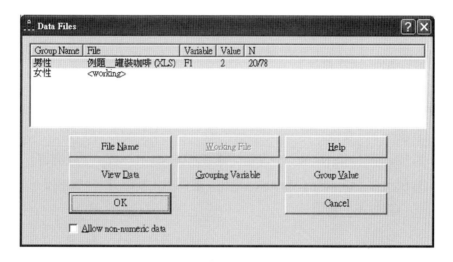）圖像（選擇數據檔）。

顯示出組名有「男性」與「女性」的〔Data File〕對話框。

(2) 因事前按組別進行了分析之影響，故將組 1 設定成女性數值「2」的狀態予以修正。按一下〔男性〕列。按一下〔Group Value〕。

(3) 出現〔Choose Value for Group〕對話框，變數中顯示有輸入之數值與其個數（此處，1 = 男性，2 = 女性），選擇「1」。按一下 確定 。

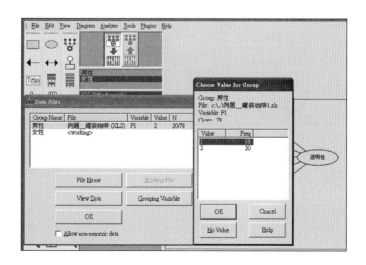

(4) 在〔Data File〕對話框的〔數值〕欄中顯示「1」（被選擇的數值）與樣本數（男性人數／所有觀測值＝58/78）。

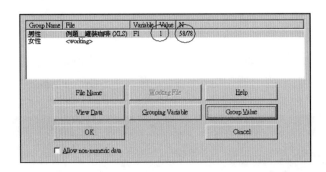

3. 女性組的設定

(1) 按一下「女性」列。

(2) 按一下〔File Name〕→點選〔罐裝咖啡 .sav〕→按一下〔開啓〕。

(3) 按一下〔Grouping Variable〕→在〔選擇組化變數〕對話框中按一下「F1」→再按一下 確定 。

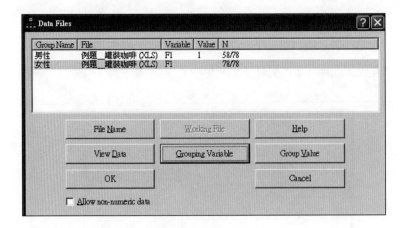

(4) 按一下〔Group Value〕→在〔選擇組識別值〕對話框中按一下「2」（個數 =20）。

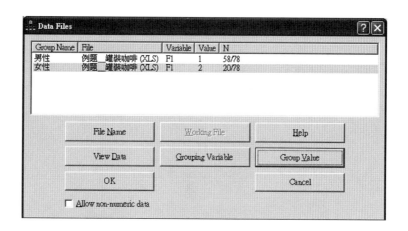

(5) 確認〔Data File〕對話框中顯示有「女性」組。按 確定 。

(6) 按一下窗格上所顯示的「組名」時，即可切換顯示路徑圖的組。

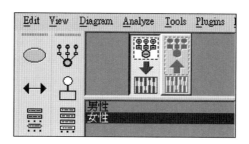

12-4　限制條件的設定

1. 平均結構模式的限制條件

　　平均結構模式除了測量潛在變數的相對大小的 2 個必要限制外，在路徑圖的下記部分加上名稱（標籤）比較數個模式。

	a) 測量模式的比重（路徑係數）
設定限制條件的參數 （1 因素的多群組模式）	b) 構造模式的共變異數（潛在變數的變異數） c) 測量模式的殘差（誤差變數的變異數） d) 潛在變數的平均（必要限制 1） e) 觀測變數的截距（必要限制 2）

(1) 男性組

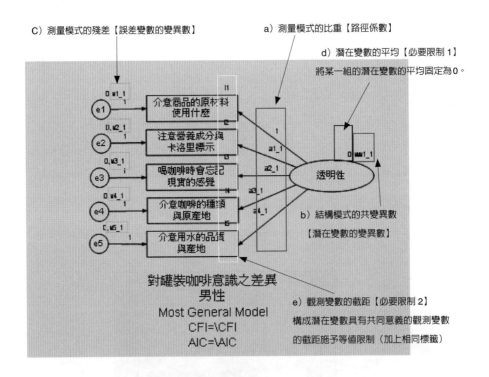

利用 a~c 的 3 種參數中加上等值限制，製作出包含無限制在內的 5 個模式。另外，d.（潛在變數的平均）與 e.（觀測變數的截距），以平均結構模式的必要限制來說是模式的共同限制。

	無限制	模式 1	模式 2	模式 3	模式 4
a. 測量模式的比重		○	○	○	
b. 結構模式的共變異數			○	○	
c. 測量模式的殘差				○	○

【註】表中的○＝在男性組與女性組中是共同的（有等值限制）。

(2) 女性組

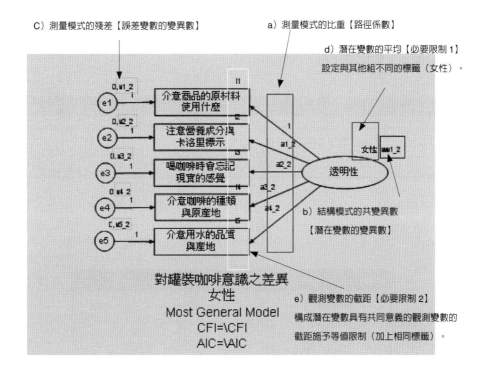

2. 數組的分析機能

　　Amos 中安裝有數組的分析機能，可按所設定的數組自動地製作參數的設定與比較的模式。

此處是重點：在執行數組的分析機能前要儲存檔案。

　　在執行數組的分析機能時，因為會自動地產生參數的名稱（標籤）與模式，如果之前參數加上名稱時，因名稱的重複，常會發生模式的管理與參數的估計無法順利執行的情形。在使用數組的分析機能時，最好事前在不加上參數名稱的狀態下進行。

　　執行分析機能的前與後的檔案分別另存新檔，即使發生重做也是很方便（筆者是將機能使用前與使用後分別以 2 個檔案儲存）。

---

(1) 點選清單的〔分析〕→〔數組分析的管理〕，或從工具列點選（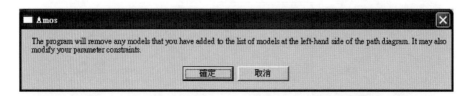）〔數組的分析〕圖像。

(2) 顯示下圖的確認訊息，按一下 確定 。
顯示〔數組的分析〕的對話框。

(3)〔數組的分析〕對話框，在勾選盒中將加上限制的參數加以組合，可以設定要製作的模式。

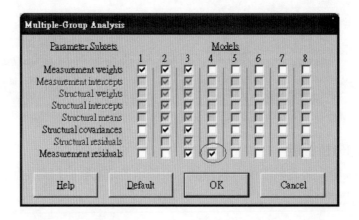

(4) 自動設定的模式 1~3 之外，勾選〔測量模式的殘差〕當作模式 4。此勾選是對應上節的表。

(5) 按一下 OK 。
路徑圖上設定有參數標籤，5 個模式的限制是自動產生的。

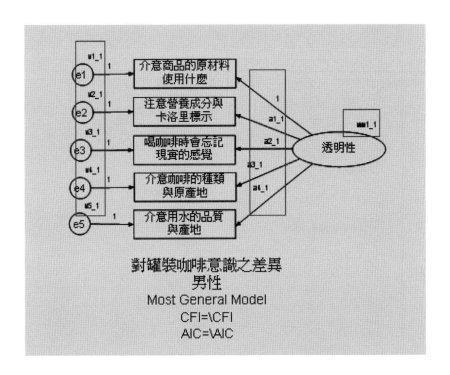

3. 平均值與截距的顯示

➤ 使路徑圖上顯示平均值與截距，以設定必要的限制條件。

    (1) 按一下（ ）〔分析性質〕圖像。

    (2) 顯示〔分析性質〕對話框，按一下〔估計〕Tab。

    (3) 勾選〔平均值與截距〕。關閉對話框。

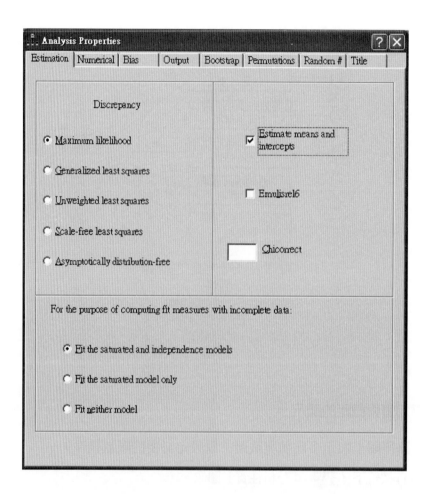

(4) 可以確認路徑圖的潛在變數與誤差變數的右肩上顯示「0」（平均值）。

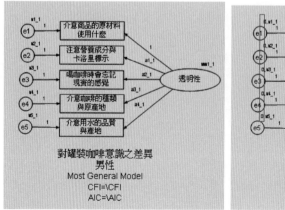

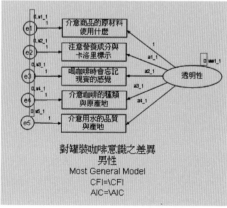

4. 必要限制 1 的設定

➤ 潛在因素的平均加上名稱

　　男性組的潛在因素的平均因為形成輸入「0」之基準值的狀態，因之，對女性組的潛在因素的平均加上名稱，設定平均結構模式的必要限制 1：「從具有相同意義的數個潛在變數（因素）之中，將其中的一個潛在變數的平均固定成基準值的「0」或「1」（指標值）」。

　　(1) 在頁面左上的組窗格上點選「女性」。

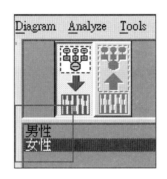

　　(2) 將滑鼠的指針放在潛在變數（橢圓形）上按右鍵。

　　　　選擇〔物件性質〕。顯示〔物件性質〕對話框。

　　(3) 選擇〔參數〕Tab。

　　　　確認〔所有組〕的勾選已去除。

　　　　將〔平均〕的方框中所顯示的「0」變更成「女性」。

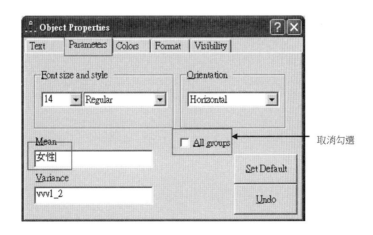

623

【註】〔所有組〕的勾選盒中處於 0N 時，所輸入的參數標籤與設定會反映到所有組中（所有組設定有共同的限制條件時是有用的）。

5. 必要限制 2 的設定

➤ **在觀測變數的截距上，所有組加上共同的名稱**

在男性組與女性組的觀測變數截距上，輸入共同的標籤，設定必要條件 2：「具有共同意義（構成潛在因素）的觀測變數的截距上加上等值限制」（Amos 已加上相同名稱的標籤，意謂參數值相等）。

(1) 點選清單的〔Plugin〕→〔Name Parameters〕。

顯示〔Amos Graphics〕對話框。

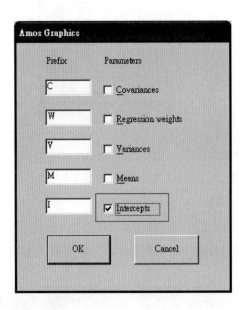

(2) 勾選〔Intercepts〕（截距）。

(3) 按一下 OK 。觀測變數的截距自動設定出標籤（I1 ～ I5）。

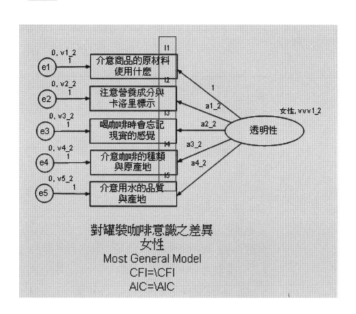

(4) 從組窗格，選擇另一個組（此處是「男性」）。

再次執行項次 (1) ～ (3)，2 個組分別輸入共同的截距（I1 ～ I5）。

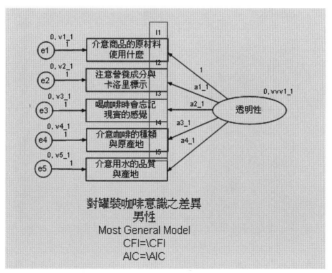

【註】參數標籤的設定，將滑鼠指針放在物件上按一下右鍵，選擇〔物件性質〕從所顯示的
對話框中的〔參數〕，直接輸入各自的參數名稱的方法也有（手動是 1 個 1 個地設
定）。

6. 設定內容的確認

(1) 點選清單的〔分析〕→〔管理模式〕，或雙擊〔模式〕窗格，顯示出〔管理模式〕對話框。

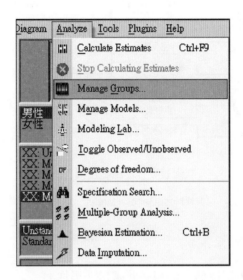

(2) 在〔管理模式〕對話框中，可以確認各個模式所設定的參數限制的內容。

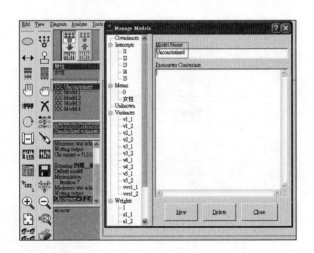

(3) 點選模式窗格的模式名稱時，即可切換〔管理模式〕對話框上所顯示的模式。

(4) 所設定的路徑圖與模式的定義式顯示如下。在各自的模式上加上等值限

制的 2 組的參數，可知是等值的。

確認內容，關閉〔管理模式〕對話框。

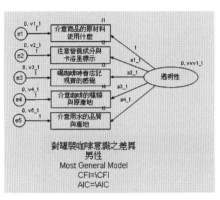

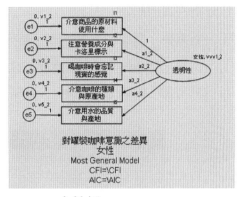

男性組　　　　　　　　　　　　女性組

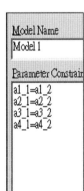

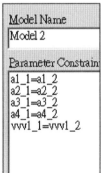

- 無限制＝無等值限制〔配置不變〕。
- 模式 1＝將測量模式的比重（a1 ～ a4）＋等值限制（測量不變）。
- 模式 2＝將模式 1 的限制＋結構模式的共變異數（vvv1）＋等值限制。
- 模式 3＝將模式 2 的限制＋測量模式的殘差（V1~V5）＋等值限制。
- 模式 4＝將測量模式的殘差（V1~V5）＋等值限制。

12-5 分析的執行與結果的輸出

1. 分析性質的設定

(1) 點選（ ![] ）〔分析物質〕圖像。

(2) 顯示〔分析性質〕對話框，按一下〔輸出〕Tab。

(3) 勾選〔標準化估計值〕，關閉對話框。

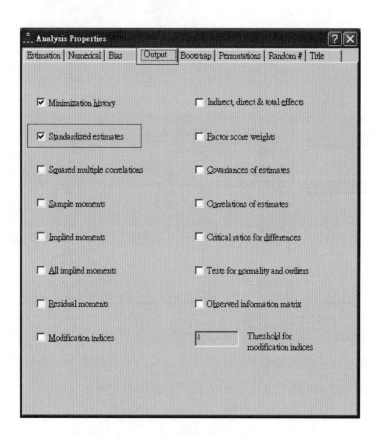

2. 分析的執行

(1) 按一下（ ![] ）〔計算估計值〕圖像。執行分析。

(2) 分析正常結束後，執行計算前「XX：模式名」變成「OK：模式名」。

(3) 同時窗格最上方右側的〔輸出路徑圖的顯示〕鈕即成為有效狀態。

按一下此紐，路徑圖上即顯示結果。

(4) 點選組窗格與模式窗格所顯示的組名或模式名時，即可切換所顯示的結果。

(5) 利用平均結構模式所得出的因素的平均差異，會輸出在未標準化估計值中，因之按一下〔未標準化估計值〕。

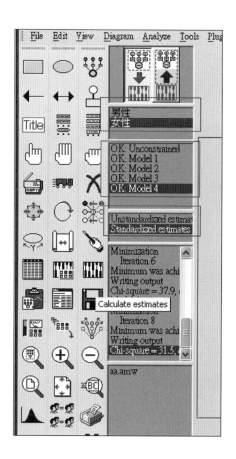

3. 路徑圖的輸出

(1) 從路徑圖的輸出（未標準化估計值）中，在潛在因素的右上，男性組的平均設為 0 之下，可得出女性組的平均差（值依模式限制而有不同）。

(2) 像觀測變數的截距等，各模式加上等值限制的參數值，可知男性與女性組是相等的。

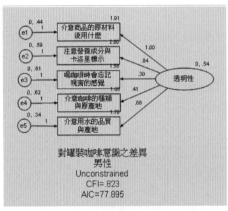

男性：無限制

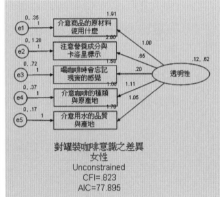

女性：無限制

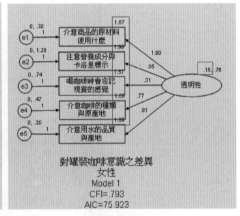

男性：模式 1

女性：模式 1

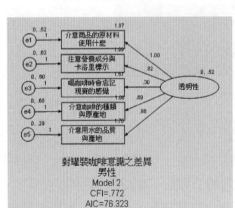

男性：模式 2

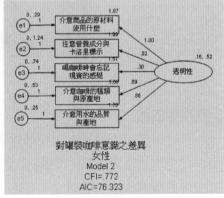

女性：模式 2

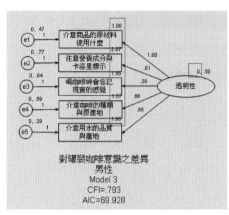

男性：模式 3

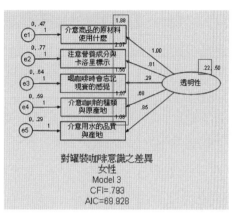

女性：模式 3

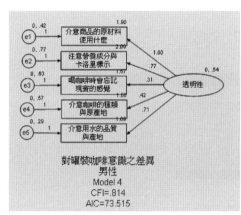

男性：模式 4

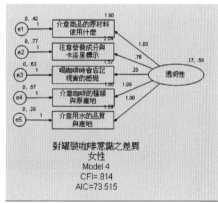

女性：模式 4

4. 路徑圖的列印

(1) 按一下（🖨）〔所選擇的路徑圖的列印〕圖像。

　　顯示出〔列印〕對話框。

(2) 按一下想列印的組與模式。

　　（如選擇〔指定模式（輸入）〕時，即輸出執行分析前的路徑圖。）

(3) 設定〔形式〕。想輸出平均差時，按一下〔Formats〕方框的「未標準化估計值」（想輸出標準化估計值時，選擇「標準化估計值」）。

(4) 按一下〔印表機設定〕選擇所使用的印表機。按 確定 。

(5) 按一下〔Print〕，路徑圖即被列印。

　　按一下〔Close〕，關閉〔列印〕對話框。

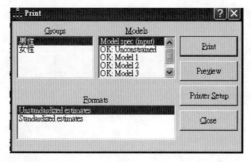

【註】要將路徑圖複製在 WORD 時：

　　按一下〔將路徑圖複製在剪貼簿〕圖像（🗂）時，即將頁面所顯示的路徑圖複製
　　在剪貼簿中，之後再貼在其他的應用程式中。

5. 正文輸出

(1) 按一下（▦）〔正文輸出顯示〕圖像。

(2) 顯示〔Amos 輸出〕對話框，點選〔導航樹（Navigation Tree）〕的〔估計
　　值〕。

(3) 按一下組名與模式名，即輸出對應所選擇的組與模式的估計值（路徑係
　　數）。

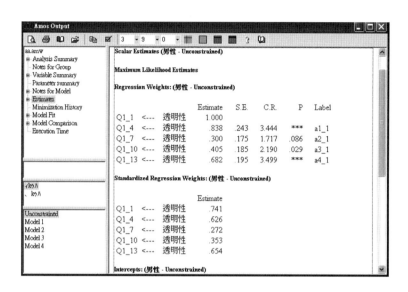

(4) 按一下〔Model Fit〕，顯示出各種適合度指標。進行了數個模式的同時
分析時，即以一覽方式顯示所有模式的適合度。

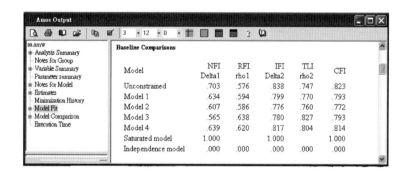

(5) 在估計平均值與截距的平均值結構模式中，因為未求出平常的結構方程
模式中所使用的 GFI 與 AGFI，因之模式整體的適合度，使用 CFI（比較
適合度指標：與 GFI 與 AGFI 一樣，愈接近 1，判斷模式與數據的適配
愈好）。

(6) 因為進行限制條件不同的數個模式的比較，在採用最適模式時 AIC 也作
為參考。

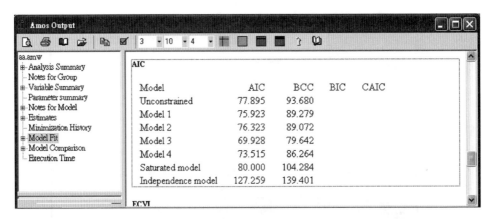

【註】CFI 與 AIC 在 Text macro（指 \ 之記號）中設定時，在路徑圖上的標題中也會顯示。
從 Amos 的清單雙擊〔Help〕→ Topic 的〔索引〕→〔鍵入所要尋找的關鍵字〕，輸
入〔Text macros〕，即顯示 Text macro command 一覽表。

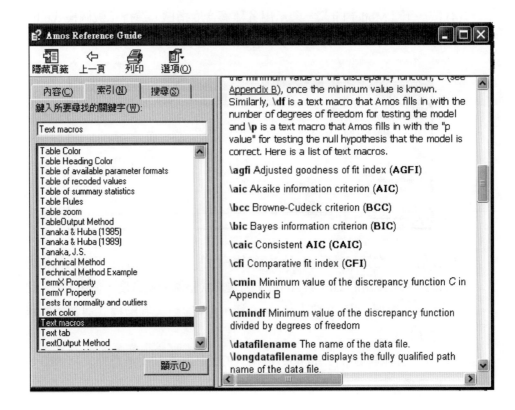

12-6　結果的整理

針對罐裝咖啡全盤男性與女性在意識上的差異，有關透明性（公開性）因素測量的結果，整理如下表所示。

平均結構模式的測量結果：5 個模式的比較

模式	等值限制	平均差（男性 =0）	適合度指標	
			CFI	AIC
無限制	無〔配量不變〕	0.12	0.823	77.859
模式 1	測量模式的比重（路徑係數）〔測量不變〕	0.15	0.793	75.123
模式 2	模式 1 的限制 + 結構模式的共變異數（潛在變數的變異數）	0.16	0.717	76.323
模式 3	模式 2 的限制 + 測量模式的殘差（誤差變數的變異數）	0.22	0.793	69.928
模式 4	測量模式的殘差（誤差變數的變異數）	0.17	0.814	73.515

【註 1】以男性組的因素平均當作 0，求出女性組的平均差。

【註 2】CFI（比較適合度指標）：愈接近 1 判斷模式與數據的適配愈佳。

【註 3】AIC（赤池資訊量基準）：相對性地評估數個模式間好壞之指標，採用值小的模式。

平均結構模式的測量結果：模式 4 的標準化路徑係數

與透明性（公開性）的關係	模式 4	
	男性	女性
介意商品的原材料使用什麼	0.75	0.76
注意營養成分與卡洛里標示	0.54	0.55
喝罐裝咖啡時有暫時忘記現實的感覺	0.28	0.19
介意咖啡豆的種類與原產地	0.34	0.74
介意用水的品質與產地	0.70	0.82

【註】模式 4 的限制條件：測量模式的殘差（誤差變數的變異數）男性與女性是共同的。

1. 就參數加上等值限制的 5 個不同模式進行比較之結果，AIC 之值最小的雖然是「模式 3」，但因為是測量模式的比重也加上等值限制的模式，因之，男女間的路徑係數之差異是不被考慮的。考慮到男女間之路徑係數

差異的有用性，採用了 CFI 值大，AIC 第 2 小的「模式 4」。另外，此次作為比較對象的所有模式，估計良好且也未發生不適解。

2. 以男性作為 0 的透明性因素的平均差，女性是 0.17，女性比男性對罐裝咖啡的透明性（公開性）意識度較高。

3. 由「模式 4」的標準化路徑係數來看，在「介意商品的原材料使用什麼」的關係上，男女均強。在「介意咖啡豆的種類與原產地」的關係上，女性（0.74）更勝於男性（0.34），並用在「介意用水的品質與產地」的關係上，女性（0.82）也略為比男性（0.70）強，可知女性對罐裝咖啡的原材料像咖啡豆與用水的資訊有較強的關心。

4. 以上的結果，女性比男性對罐裝咖啡全盤來說，在資訊透明性（公開性）上的意識較高，標示有咖啡豆的種類、原產地、用水的品質與產地等有關的素材資訊，暗示可提高淨價。

5. 另外，CFI 略低一事，在組別的分析上，從兩組的適合度均高（男性 = 1.00，女性 = 0.995），以及路徑係數並未加上等值限制的模式（無限制，模式 4），可以看出路徑係數之差異大的項目，可以推估男性組與女性組的性質差異是有所影響的。

12-7　平均結構模式的特徵

本章所探討的平均結構模式，將 1 個潛在因素的相對大小，以 2 個組進行比較並求出分數。將平均結構模式與利用因素分析所得出的因素分數相比較時，有下列特徵。

1.	分析者能假定構成因素（潛在變數）的項目〔確認式因素分析也能〕。
2.	可以預測各組比重（路徑係數，因素負荷量）不同的因素（潛在變數）的大小。
3.	可以測量受到其他因素（或觀測變數）之影響的因素（內生潛在變數）的大小。 【註】平均結構模式用於路徑圖的結構不同時的限制條件的一例，與計測內生潛在變數的平均差的方法，參第 15 章第 4 節（平均結構模式的限制條件）。

練習問題

　　針對事例中所探討的模式，參考測量男性組與女性組之差異的步驟，在〔留意健康〕組與〔未留意健康〕組中，試測量透明性（公開性）因素之差異。

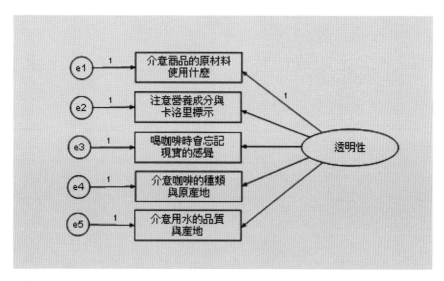

【註】〔數據：12_1_罐裝咖啡.sav〕其中備有 health 的變數。

第13章 貝氏法代入

13-1 貝氏法代入簡介

⊃ 利用 Amos 的貝氏法代入

Amos 提供有 3 種數據代入（data imputation）的方法，分別是迴歸法代入（regression imputation）、機率的迴歸法代入（stochastic imputation）、貝氏法代入（Bayesian imputation）。Amos 使用貝氏估計法可以估計遺漏值或求出潛在變數的樣本分數。學習「貝氏法代入」，驗證所得出的完整數據。

本章後半部是學習如何處理並非間隔尺度而是順序尺度的數據的方法，並驗證遺漏值的估計結果。

⊃ 貝氏法代入的流程

利用 Amos 的貝氏法代入，是利用分析者所假設的模式（路徑圖）與包含遺漏值的數據，透過 MCMC（Markov Chain Monte Carlo）[註1]的貝氏估計法，作出 m 個完整數據，估計潛在變數的樣本與遺漏值。將已作成的 m 個完整數據代入（估計）的估計值，以其平均值當作最終的完整數據（complete data）[註2]。

〈註1〉 MCMC（Markov Chain Monte Carlo：馬可夫鏈蒙地卡羅法）是利用稱為馬可夫鏈的機率變數之行的性質產生虛擬亂數的方法。利用數值的模擬可得事後分配的估計量。

〈註2〉個別地分析 m 個完整數據檔，再結合結果的方法也有。

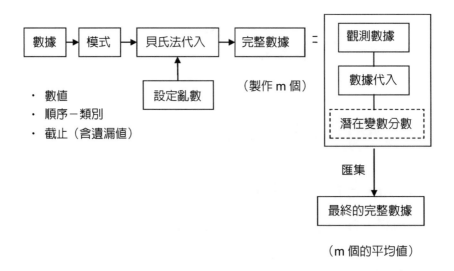

13-2　遺漏值的估計結果是否正確

1. 分析的概要

　　就遺漏數據來說（於第 12 章「平均結構模型」的例題所使用的數據中，讓遺漏值發生後所得出者），針對結構不同的 3 種路徑圖進行貝氏法代入，驗證其結果。

　　(1) 分析主題：利用貝氏法代入所得出的遺漏值的估計數據，是否反映原數據？

　　(2) 分析對象：以大學生為對象，對罐裝咖啡的印象調查。

　　(3) 分析要因：對罐裝咖啡的意識項目之中，有關透明性（公開性）的 5 個項目。

　　　　　　　　Q1_1：介意商品的原料是使用什麼

　　　　　　　　Q1_4：注意營養成分與卡洛里標示

　　　　　　　　Q1_7：喝了罐裝咖啡時有暫時忘掉現實的感覺

　　　　　　　　Q1_10：介意咖啡豆的種類與原產地

　　　　　　　　Q1_13：介意用水的品質

　　　　　　　　F1：性別

【註】回答是以「非常合適」～「完全不合適」的間隔尺度來詢問。

2. 檢測數據的製作

　　將未包含遺漏值的一部分數據當作遺漏值來處理，製作包含遺漏值的檢測用數據。具體上如下表將全部樣本分割成9組，每5個詢問均分配同數目的遺漏值。

　　另外，考慮到能與測量男女差異的平均結構模式的例題相比較，各組中男女的平衡也極力使之與全體相同。

組	條件	樣本數（人）
1	5 個詢問均無遺漏值	18
2	5 個詢問中，只有第 1 個詢問有遺漏值	7
3	5 個詢問中，只有第 2 個詢問有遺漏值	7
4	5 個詢問中，只有第 3 個詢問有遺漏值	7
5	5 個詢問中，只有第 4 個詢問有遺漏值	7
6	5 個詢問中，5 個詢問有遺漏值	7
7	5 個詢問中，2 個詢問有遺漏值	10〔各詢問 4〕
8	5 個詢問中，3 個詢問有遺漏值	10〔各詢問 6〕
9	5 個詢問中，4 個詢問有遺漏值	5〔各詢問 4〕
合計	－	78

【註】各詢問有遺漏值的樣本＝21 名（27%）/ 無＝57 名

　　　5 個詢問之中，任一個詢問也都有遺漏值的樣本＝60 名（77%）

	A	B	C	D	E	F	G	H
1	group_no	sample_no	Q1_1	Q1_4	Q1_7	Q1_10	Q1_13	F1
2	1	1	1	1	2	1	2	1
3	1	2	3	3	3	2	1	1
4	1	5	1	1	3	1	1	1
5	1	8	2	2	2	2	2	1
6	1	16	1	3	1	1	2	1
7	1	19	1	1	2	1	2	1
8	1	23	4	1	1	2	2	1
9	1	27	2	1	1	1	2	1
10	1	38	3	1	3	2	3	1
11	1	42	3	3	2	3	3	1
12	1	47	1	2	2	1	1	1
13	1	52	3	2	1	1	2	1
14	1	13	1	3	1	1	2	2
15	1	14	2	2	1	3	3	2
16	1	28	1	3	1	1	1	2
17	1	30	1	1	1	1	1	2
18	1	35	1	3	1	1	2	2
19	1	45	2	1	1	1	2	2
20	2	3		1	3	2	1	1
21	2	4		1	1	4	1	1
22	2	6		1	2	3	1	1
23	2	7		1	1	1	1	1
24	2	9		3	1	1	1	1
25	2	10		1	1	1	1	1
26	2	15		3	2	3	3	2
27	3	11	1		1	1	1	1
28	3	12	4		1	1	1	1
29	3	17	1		4	1	1	1
30	3	18	3		1	1	1	1
31	3	20	2		1	1	1	1

	A	B	C	D	E	F	G	H
32	3	24	1	1	3	1	1	2
33	3	29	1	3	1	1	1	2
34	4	21	1	1	1	1	1	1
35	4	22	3	3	1	2	2	1
36	4	25	1	1	2	1	2	1
37	4	26	2	2	2	2	3	1
38	4	31	4	4	1	2	3	1
39	4	32	3	4	3	4	1	1
40	4	33	4	4	1	4	4	2
41	5	36	3	3	2	3	3	1
42	5	37	3	3	2	2	2	1
43	5	39	3	1	2	1	3	1
44	5	41	1	1	1	4	1	1
45	5	43	1	1	1	1	1	1
46	5	34	3	4	1	1	1	2
47	5	40	3	3	2	2	2	2
48	6	44	1	2	3	2	2	1
49	6	46	3	1	2	2	1	1
50	6	48	1	1	1	1	1	1
51	6	51	2	2	1	2	2	1
52	6	53	2	2	1	1	1	2
53	6	54	1	1	1	1	1	1
54	6	49	1	4	2	1	1	2
55	7	55	1	1	1	1	1	1
56	7	58	2	2	1	2	2	1
57	7	60	3	2	3	3	3	1
58	7	61	2	3	1	2	2	1
59	7	62	3	3	1	1	2	1
60	7	63	3	4	1	1	2	1
61	7	64	1	1	1	1	1	2
62	7	50	1	3	1	1	2	2

	A	B	C	D	E	F	G	H
50	6	48	1	1	1	1	1	1
51	6	51	2	2	1	2	2	1
52	6	53	2	2	1	1	2	2
53	6	54	1	1	1	1	1	1
54	6	49	1	4	2	1	1	2
55	7	55	1	1	1	1	1	1
56	7	58	2	2	1	2	2	1
57	7	60	3	2	3	3	3	1
58	7	61	2	3	1	2	2	1
59	7	62	3	3	1	1	2	1
60	7	63	3	4	1	1	2	1
61	7	64	1	1	1	1	1	2
62	7	50	1	3	1	1	2	2
63	7	56	1	2	3	2	1	2
64	7	57	2	2	1	1	1	2
65	8	65	2	1	1	1	1	1
66	8	66	2	2	2	2	2	1
67	8	67	1	3	1	1	3	1
68	8	68	2	2	2	2	2	1
69	8	72	1	1	1	1	1	1
70	8	73	4	3	3	2	4	1
71	8	74	3	3	3	2	2	1
72	8	59	3	4	4	4	3	2
73	8	69	3	3	2	3	2	2
74	8	70	1	3	1	3	1	2
75	9	75	2	1	1	1	1	1
76	9	76	1	1	1	3	2	1
77	9	77	1	2	1	1	2	1
78	9	78	1	1	1	1	1	1
79	9	71	3	4	1	2	3	2
80	遺漏值		21	21	21	21	21	

【註】

遺漏值＝淺字的數字

回答：「非常符合（4）」～「完全不符合（1）」

性別（F1）：男性＝1，女性＝2

3. 分析數據

	Q1_1	Q1_4	Q1_7	Q1_10	Q1_13	F1	
1	1	1	2	1	2	1	
2	3	3	3	2	1	1	
3	.	1	3	2	1	1	
4	.	1	1	4	1	1	
5	1	1	3	1	1	1	
6	.	2	1	3	2	1	
7	.	1	1	1	1	1	
8	2	2	2	2	2	1	
9	.	3	1	1	1	1	
10	.	1	1	1	1	1	
11	1	.	1	1	1	1	
12	4	.	1	1	1	1	
13	1	3	1	1	2	2	
14	2	2	1	3	3	2	
15	.	3	2	3	3	2	
16	1	3	1	1	2	1	
17	1	.	4	1	1	1	
18	3	.	1	1	1	1	
19	1	1	2	2	2	1	
20	2	.	1	1	1	1	
21	1	1	.	1	1	1	

←變數名

各樣本的回答（將所作成的測試樣本按樣本順序分類）

【註】參 13_ 含遺漏值罐裝咖啡 .sav

13-3　分析的事前準備

1. 數據的讀取與路徑圖的繪製

　　畫出下面 3 種路徑圖，分別讀取數據，繪製路徑圖，並另行存檔。

(1) **徑圖 1**　無潛在變數的模式（男女合計）

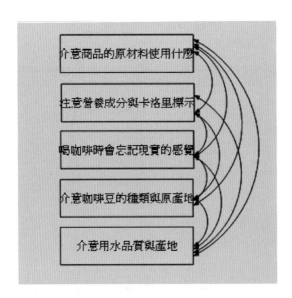

(2) **路徑圖 2** 有潛在變數的模式（男女合計）

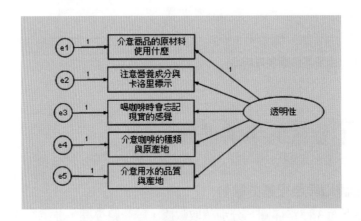

(3) **路徑圖 3** 平均結構模式（男性組與女性組）

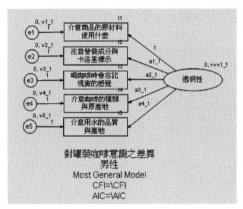
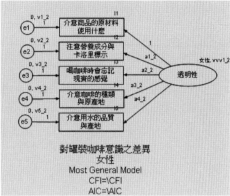

2. 模式的確認

　　Amos 是勾選〔分析性質（Analysis properties）〕圖像→〔估計（estimates）〕Tab →〔最大概似法（Maximum Likelihood）〕→〔估計平均與截距（Estimate means and intercepts）〕後執行〔計算估計值〕，對包含遺漏值的數據也可估計參數。確認各路徑圖的模式是否可被識別，是否可得出結果。

(1) **路徑圖 1**　無潛在變數的模式〔標準化估計值〕

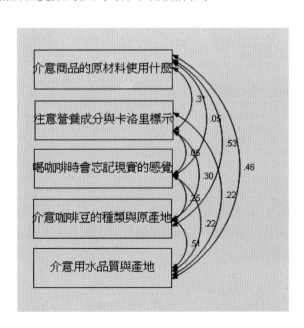

(2) **路徑圖 2**　有潛在變數的模式〔標準化估計值〕

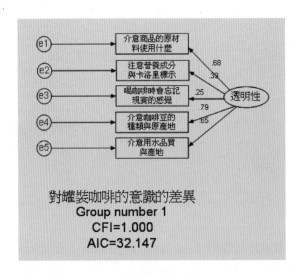

(3) **路徑圖 3**　平均結構模式〔未標準化估計值〕

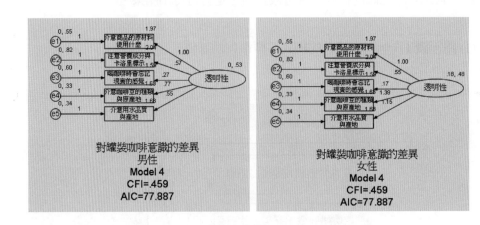

3. 亂數表的設定

　　Amos 的多重代入與貝氏估計的邏輯演算，取決於初期的亂數表使用不同值的亂數。貝氏法代入所使用的亂數亦每次不同，所以每次分析時，結果是不同的，為了確保結果的重現，要設定亂數的初期值。

　　(1) 點選〔工具（Tool）〕→〔亂數種子管理員（Seed Manager）〕，顯示〔亂

數種子管理員〕對話框。

(2) 按一下〔變更（Change）〕。因顯示有〔亂數種子（Random Number Seed）〕，於輸入欄中輸入 14942405[註3]，按一下 確定 。

(3) 勾選逐次取得種子的〔經常使用相同種子〕[註4]。
關閉對話框。

〈註 3〉 「14942405」是《Amos 17.0 使用手冊》的例題所採用之值。
〈註 4〉 勾選〔經常使用相同種子〕可確保結果的重現性。

數據代入與匯集

1. 利用路徑圖 1 的數據代入

　　路徑圖 1 是未定義潛在變數，假設 5 個觀測變數與觀測變數是相互有關（雙向箭頭）的飽和模式（最容易適合數據的模式）。用數據代入時，模式成為不適切的可能性低。

(1) 開啟檔案

　　按一下〔檔案〕→〔開啟舊檔〕。

　　開啟已儲存之路徑圖 1 的檔案。

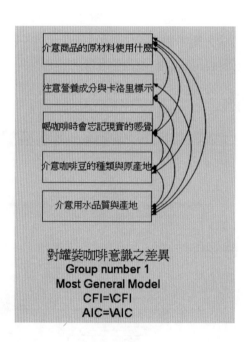

介意商品的原材料使用什麼

注意營養成分與卡洛里標示

喝咖啡時會忘記現實的感覺

介意咖啡豆的種類與原產地

介意用水品質與產地

對罐裝咖啡意識之差異
Group number 1
Most General Model
CFI=\CFI
AIC=\AIC

(2) 設定分析的性質

　　①從工具盒中點選〔分析性質〕（ 🎹 ）圖像。

　　②點選〔分析性質〕對話框的〔估計〕Tab。

　　③勾選〔平均值與截距之估計〕。關閉對話框。

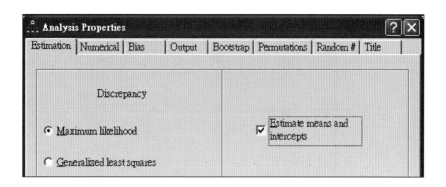

(3) 指定要輸出的檔名執行代入

　①點選〔分析（Analyse）〕→〔數據代入（data imputations）〕。

　　顯示〔Amos 數據代入〕對話框。

　②勾選〔貝氏法代入（Bayesian imputations）〕與〔單一輸出檔案（Single output file）〕（註5）。

　　在〔已完成數據組數（Number of completed datasets）〕（註6）的對話框中輸入〔10〕。

　　按一下 檔名（File Names）。

〈註 5〉　多重輸入檔案＝每 1 組製作 m 個數據檔。
　　　　　單一輸出檔案＝匯集每 1 組的 m 個輸出後再製作 1 個數據檔。
〈註 6〉　已完成的數據組數（Number of completed datasets）是以 5 〜 10 作為最初的基準。

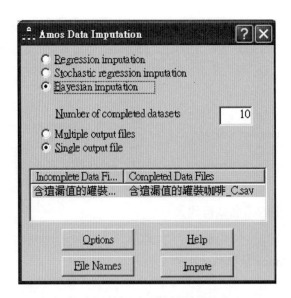

③在〔完整數據組的檔名〕對話框中指定儲存位置

於〔檔案名稱〕中輸入（例：路徑圖 1 的代入數據）。

於〔檔案種類〕中選擇「Text (*.txt)」。按一下 儲存 。

④按一下〔Amos 數據代入〕對話框的〔代入（Impute）〕。於是貝氏法代
入即開始。

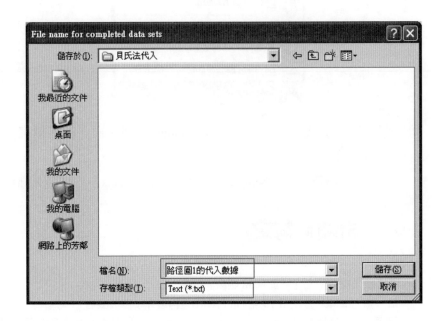

【註】 以 SPSS (*.sav) 形式儲存，以清單的〔資料〕→〔組累計〕由數個完整數據檔來製作
平均數據的方法也有（本書考慮小數點以下的處理，使用 Excel）。

(4) 結束數據代入

①利用貝氏法代入順利完成完整數據的製作，〔數據代入〕對話框的綠色臉
孔變成黃色臉孔的笑臉（　）。按一下 OK 。

②顯示〔摘要〕對話框。按一下 OK 。

③最後關閉〔Amos 數據代入〕對話框，結束 Amos。
（因顯示檔案的儲存確認訊息，按一下 是）。

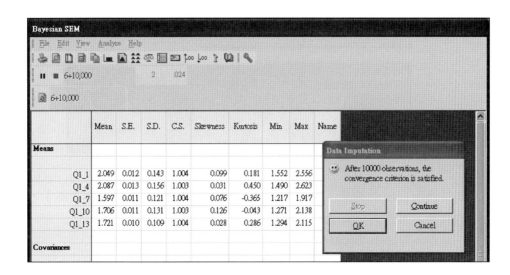

選擇參數後（譬如 Q1_1）按右鍵即可顯示事後分配的圖形。

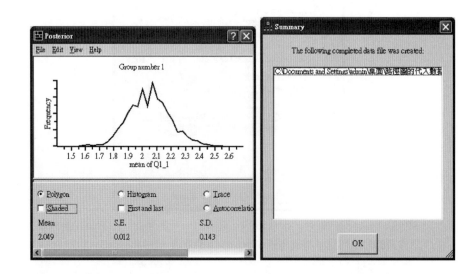

(5) 完整數據檔製作時的注意要點

　　進行貝氏法代入時，取決於模式與數據的內容，在完成的數據組數中所指定數的完整數據檔未被製作時，顯示有以下的注意頁面。

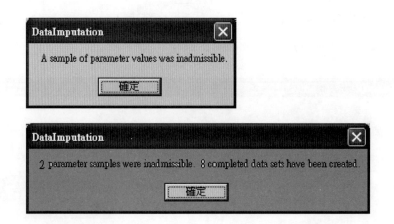

　　此情況按一下 確定（取決於未允許的檔案數，上面的頁面重複顯示，因之每次均按一下 確定）。

　　使用已作成的完整數據（此情形是 8 個）再進行後續的分析。

　　完整數據檔的數目不足時（未滿 5），在〔Amos 數據代入〕中增加要指定的〔已完成數據組數（Number of completed datasets）〕後，再確保檔案數。

2. 數據的匯集

(1) 將所作成的完整數據檔以 Excel 讀取

　　①啓動 Excel。從清單選擇〔檔案〕→〔開啓舊檔〕。

　　②將〔檔案種類〕變更成〔文字檔（*.prn,*.txt,*.csv）〕。

　　　選擇所製作的檔案（路徑圖 1 的代入數據 .txt）。按一下 開啓 。

　　③依照所顯示的視窗，將字串形式的數據讀取到 Excel 中。

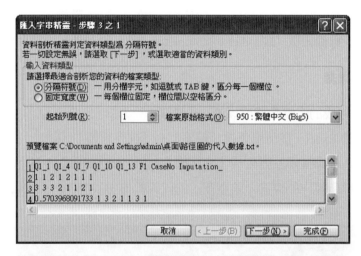

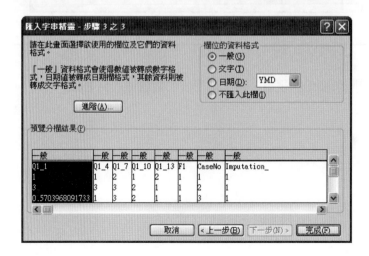

(2) 確認內容，將檔案種類變成 Excel

①完整數據檔是將數據代入遺漏值，並追加 CaseNo（各數據檔中共通的數據數 No）與 Imputation（m 個數據檔的 No）行。

②為了求出平均值，在〔檔案〕→〔另存新檔〕中將〔檔案種類〕變更成 Excel 後再儲存。

(3) 輸入 Excel 的函數式

求出所製作的 10 個完整數據檔的平均值。

①將儲存格位址 G1(CaseNo) ～ G79(78) 的數據複製貼上至 J1 ～ J79。

②同樣，將 A1(Q_1) ～ F1(F1) 的變數名複製貼上至 K1 ～ P1。

③K2 儲存格輸入 = ROUND(AVERAGE(A2,A80,A158,A236,A314,A392,A470,A584,A626,A704),0)（此數式是每 78 名所得出的 10 個代入值的平均值，以 Excel 的 AVERAGE 函數求出，經 ROUND 函數將小數點四捨五入化成整數。另外，按住 Ctrl 並按一下儲存格時，分離的數個儲存格即可指定範圍）。

(4) 製作成最終數據

　①複製 K2 儲存格的數式〔=ROUND(AVERAGE(A2,A80,A158,A236,A314,A3

　　92,A470,A548,A626,A 704),0〕，貼在 K2 ～ P79，數據即完成。

　②求出 m 個數據檔的平均值，實測值是代入原數據，遺漏值是代入 m 個數

　　據檔的估計值的平均值得出最終數據。

　③選擇已完成數據的儲存格，進行〔編輯〕→〔複製〕，〔編輯〕→〔選擇

　　形式貼上〕→〔數值〕，儲存格的內容從數式變更成數值。

E	F	G	H	I	J	K	L	M	N	O	P
1	1	65	1		65	1	2	1	1	1	1
2	1	66	1		66	3	2	2	2	2	1
1.450753	1	67	1		67	2	2	1	1	1	1
2	1	68	1		68	2	2	2	2	2	1
3.005117	2	69	1		69	3	2	2	2	2	2
1.260227	2	70	1		70	1	3	2	1	1	2
2.08868	2	71	1		71	3	2	2	2	2	2
2.379151	1	72	1		72	1	1	1	1	2	1
1.130434	1	73	1		73	2	3	3	2	2	1
2	1	74	1		74	3	2	2	2	2	1
1	1	75	1		75	2	2	1	1	1	2
1.791891	1	76	1		76	3	3	1	3	2	1
1.340376	1	77	1		77	2	2	1	1	1	2
1.556037	1	78	1		78	1	1	1	2	1	1
2	1	1	2								
1	1	2	2								
1	1	3	2								
1	1	4	2								
1	1	5	2								
2	1	6	2								
1	1	7	2								
2	1	8	2								
1	1	9	2								
1	1	10	2								
1	1	11	2								

fx =ROUND(AVERAGE(A2,A80,A158,A236,A314,A392,A470,A548,A626,A704),0)

3. 利用路徑圖 2 的數據代入與匯集

與路徑圖 1 一樣，利用路徑圖 2 的模式進行代入與數據的匯集。

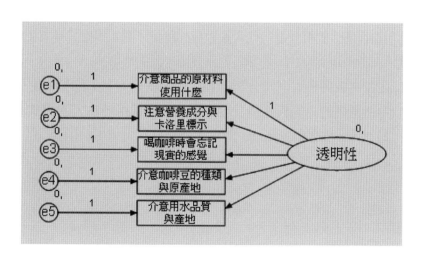

路徑圖 2 的模式中，指定 m = 10 的數據組時，2 個參數樣本未被允許，產

生 8 個完整數據組（匯集時，求平均值之組有 8 個是與路徑圖 1 不同）。

為了定義潛在變數，在代入數據中追加所估計的各樣本的潛在變數分數的行。

	A	B	C	D	E	F	G	H	I	J	K	L	M	
1	Q1_1	Q1_4	Q1_7	Q1_10	Q1_13	F1	透明性	CaseNo	Imputation_					
2	1	1	2	1	2	1	-0.36277	1	1					
3	3	3	3	2	1	1	0.368864	2	1					
4	2.221188	1	3	2	1	1	2.99E-02	3	1					
5	3.185434	1	1	4	1	1	1.297598	4	1					
6	1	1	3	1	1	1	-0.56669	5	1					
7	4.944544	2	1	3	2	1	1.003871	6	1					
8	2.131473	1	1	1	1	1	-0.63769	7	1					
9	2	2	2	2	2	1	0.480943	8	1					
10	2.121781	3	1	1	1	1	-0.21731	9	1					
11	2.08873	1	1	1	1	1	-0.39648	10	1					
12	1	1.167616	1	1	1	1	-0.6796	11	1					
13	4	1.22849	1	1	1	1	-0.13331	12	1					
14	1	3	1	1	2	2	-0.50135	13	1					
15	1	2	1	3	3	2	0.999158	14	1					
16	3.055147	3	2	3	3	2	1.142615	15	1					
17	1	3	1	1	1	1	-0.26311	16	1					
18	1	3.047736	4	1	1	1	-0.2437	17	1					
19	3	4.791765	1	1	1	1	1.65E-02	18	1					
20	1	1	2	2	2	1	0.222128	19	1					
21	2	3.600212	1	1	1	1	-0.40983	20	1					
22	1	1	1.33716	1	1	1	-0.34532	21	1					
23	3	3	2.884514	2	2	1	0.196093	22	1					
24	4	1	1	2	2	1	0.524844	23	1					
25	1	2.418643	3	1	1	2	-0.43051	24	1					

路徑圖的代入數據1

4. 利用路徑圖 3 的數據代入與匯集

利用路徑圖 3 的模式進行代入與數據的匯集。圖 3 的模式是有平均結構的母體模式，有數個組與模式，是與其他路徑圖不同的地方。

(1) 在設定數個模式同時分析的模式中，就頁面左上的模式窗格（panel）中所選擇的一個模式估計代入數據，點選用於代入的模式名稱〔模式4〕，執行數據代入。

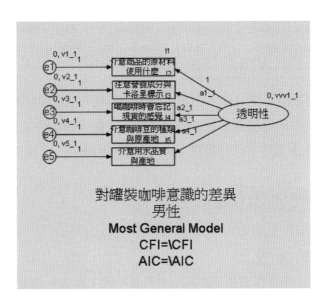

(2) 在設定數組的模式中，為了按各組產生完整數據檔，各組要指定輸出檔
案的名稱。

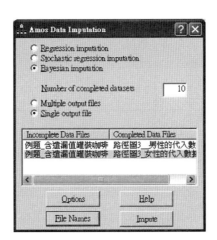

在路徑圖 3 的模式（模式 4）中，如指定 m = 10 的數據組時，男性組與女性組兩組 2 個參數樣本不被允許，各組產生 8 個完整數據組（當作匯集 8 組平均值的數值）。

在已設定數組的模式中，利用 1 份原先數據按各組產生已分割成數份的檔案。將各組之值複製及貼上至 1 張數據表上，將〔CaseNo（按分割前原先數據所授與的順序）〕當作排序變數重新排列，得出數組結合之後的完整數據。

13-5　代入數據的驗證

1. 利用平均值之驗證

比較利用 3 個路徑圖所產生的完整數據與原來數據、遺漏數值的平均值。

平均值與原來數值之差

數據的種類 調查項目	平均值					與原來數據之差			
	原先數據	遺漏數據	貝氏法代入數值			遺漏數據	貝氏法代入數值		
			路徑圖 1	路徑圖 2	路徑圖 3		路徑圖 1	路徑圖 2	路徑圖 3
Q1-1 介意商品的原材料是用什麼	1.94	2.04	2.01	2.03	2.04	0.10	0.07	0.09	0.10
Q1-4 注意營養成分與卡洛里顯示	2.12	2.09	2.08	2.06	2.04	−0.03	−0.04	−0.06	−0.08
Q1-7 喝罐裝咖啡時有暫時忘掉現實的感覺	1.58	1.58	1.63	1.62	1.60	0.00	0.05	0.04	0.02
Q1-10 介意咖啡豆的種類與原產地	1.71	1.65	1.69	1.69	1.74	−0.06	−0.02	−0.02	0.03
Q1-13 介意用水的品質與產地	1.73	1.74	1.71	1.73	1.77	0.01	−0.20	0.00	0.04
差的絕對值〔ABS 函數〕的合計	-	-	-	-	-	0.20	0.20	0.21	0.27

(1) 每 5 個各項變數約定義 3 成的遺漏值，比較以貝氏法代入所估計的完整數據，結果「Q1_1 介意商品的原材料是使用什麼」是有一部分之值偏

離，與全體的傾向相似。

(2) 利用 3 個路徑圖比較貝氏法代入數據時，特別是利用路徑圖 1 的估計數據與原數據之值近似。

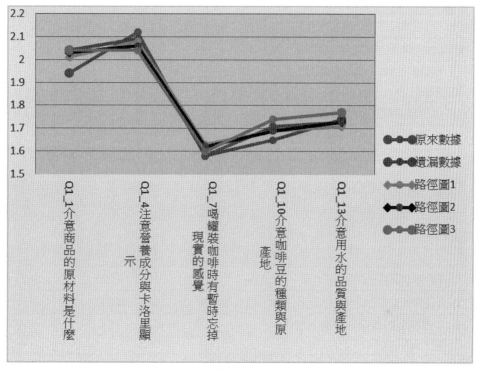

平均值的圖形

2. 利用次數驗證

比較由 3 個路徑圖所產生的完整數據與原先數據、遺漏數據的次數。求出各調查項目的次數，如下表的結果。

「非常符合」與「略為符合」（人）

調查項目 ＼ 數據的種類	非常符合					略為符合				
	原先數據	遺漏數據	貝氏法代入數值			原先數據	遺漏數據	貝氏法代入數值		
			路徑圖1	路徑圖2	路徑圖3			路徑圖1	路徑圖2	路徑圖3
Q1-1 介意商品的原材料是用什麼	5	4	4	4	4	21	19	23	23	24
Q1-4 注意營養成分與卡洛里顯示	9	5	5	5	5	21	16	19	18	19
Q1-7 喝罐裝咖啡時有暫時忘掉現實的感覺	2	1	1	1	1	11	8	8	8	8
Q1-10 介意咖啡豆的種類與原產地	5	4	4	4	4	9	5	6	6	6
Q1-13 介意用水的品質與產地	2	1	1	1	1	12	9	9	10	10

「不太符合」與「完全符合」（人）

調查項目 ＼ 數據的種類	非常符合					略為符合				
	原先數據	遺漏數據	貝氏法代入數值			原先數據	遺漏數據	貝氏法代入數值		
			路徑圖1	路徑圖2	路徑圖3			路徑圖1	路徑圖2	路徑圖3
Q1-1 介意商品的原材料是用什麼	16	9	21	22	21	36	25	30	29	29
Q1-4 注意營養成分與卡洛里顯示	18	15	31	32	28	30	21	23	23	26
Q1-7 喝罐裝咖啡時有暫時忘掉現實的感覺	17	14	30	29	28	48	34	39	40	41
Q1-10 介意咖啡豆的種類與原產地	22	15	30	30	34	42	33	38	38	34
Q1-13 介意用水的品質與產地	27	21	34	34	37	37	26	34	33	30

「符合計」與「不符合計」（人）

調查項目 ＼ 數據的種類	非常符合					略為符合				
	原先數據	遺漏數據	貝氏法代入數值			原先數據	遺漏數據	貝氏法代入數值		
			路徑圖1	路徑圖2	路徑圖3			路徑圖1	路徑圖2	路徑圖3
Q1-1 介意商品的原材料是用什麼	26	23	27	27	28	52	34	51	51	50
Q1-4 注意營養成分與卡洛里顯示	30	21	24	23	24	48	36	54	55	54
Q1-7 喝罐裝咖啡時有暫時忘掉現實的感覺	13	9	9	9	9	65	48	69	69	69
Q1-10 介意咖啡豆的種類與原產地	14	9	10	10	10	64	48	68	68	68
Q1-13 介意用水的品質與產地	14	10	10	11	11	64	47	68	67	67

　　在次數方面，特別是「不太符合」可看出偏離，但以「符合計」與「不符合計」整理時，3 個路徑圖的模式分別可得出與原來數據相近之值。

3. 利用平均結構模式之驗證

　　將 3 個路徑圖所產生的完整數據（將估計值的平均值代入遺漏值的最終數據進行複製及貼上所作成的 SPSS 與 Excel 形式等的數據）當作輸入數據，進行與「平均結構模式」之例題相同的推估。

　　另外，利用由貝氏法代入所到的各個數據組進行估計的方法也有，本書是採用將所得到的數個數據組的平均值當作輸入數據的方法。

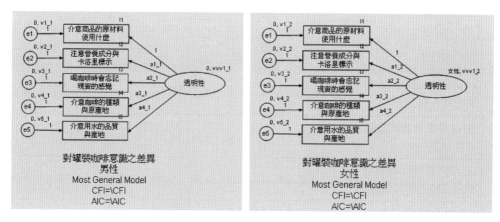

計測模式（平均結構的多母體同時分析）

(1) 以原先數據與遺漏數據加上貝氏法代入所估計的 3 種完整數據當作輸入數據，進行平均結構模式分析之結果如下表。

(2) 平均差在所有的數據中，女性比男性得到較高的結果。

(3) 路徑係數是男性的「介意咖啡豆的種類與原產地」，除去遺漏值數據與代入數據比原先數據高以外，可以看出幾乎相同的傾向。

平均結構模式的計測結果：平均差與適合度

數據的種類　　計測的模型	原先數據	遺漏數據	貝氏法代入數據		
			路徑圖 1	路徑圖 2	路徑圖 3
平均值（男性＝0）	0.17	0.18	0.10	0.21	0.24
CFI（接近 1.0 愈好）	0.814	0.459	0.736	0.833	0.766
AIC（值愈小愈好）	73.575	77.887	80.565	72.122	74.342

【註】模式的限制條件：誤差變數的變異數相同。

平均結構模式的計測結果：標準化路徑係數

數據的種類　　調查項目	非常符合					略為符合				
	原先數據	遺漏數值	貝氏法代入數值			原先數據	遺漏數值	貝氏法代入數值		
			路徑圖 1	路徑圖 2	路徑圖 3			路徑圖 1	路徑圖 2	路徑圖 3
Q1-1 介意商品的原材料是用什麼	0.75	0.70	0.63	0.70	0.66	0.76	0.68	0.74	0.66	0.62
Q1-4 介意營養成分與卡洛里顯示	0.54	0.42	0.45	0.44	0.46	0.55	0.39	0.22	0.53	0.64
Q1-7 喝罐裝咖啡時有暫時忘掉現實的感覺	0.28	0.25	0.33	0.28	0.29	0.19	0.15	0.14	0.20	−0.05
Q1-10 介意咖啡豆的種類與原產地	0.38	0.70	0.74	0.69	0.66	0.74	0.86	0.86	0.82	0.84
Q1-13 介意用水的品質與產地	0.70	0.57	0.65	0.65	0.47	0.82	0.81	0.80	0.79	0.78

【註】模式的限制條件：誤差變數的變異數相同

13-6　利用順序—類別數據代入

前述的內容將 4 級的回答看成間隔尺度來處理。以路徑圖 1 的代入為例，學習順序—類別數據處理方法，並驗證結果。

1. 讀取數據並繪製路徑圖

(1) 讀取路徑圖 1 的檔案（或製作）。

(2) 點選〔檔案〕→〔數據檔〕或點選工具盒的〔選擇數據檔〕圖像（　　）
　　開啟〔數據檔〕對話框。

(3) 按一下 檔名，選擇輸入數據（13_ 含遺漏值罐裝咖啡 .sav）。

(4) 勾選對話框左下的〔允許非數值之數據〕。按 OK 。

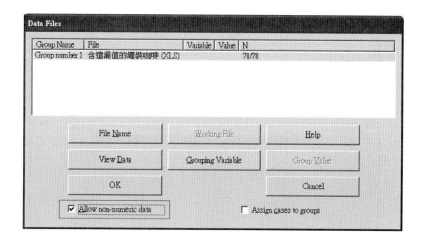

2. 數據的重新編碼

鎖定數據的順序進行編碼化。

(1) 點選〔工具〕→〔數據的重新編碼化〕，或將滑鼠游標放在觀測變數上
　　按右鍵，點選〔數據的重新編碼化〕。
　　顯示出〔數據的重新編碼化（Data Recode）〕對話框。

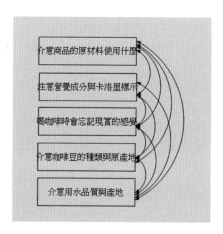

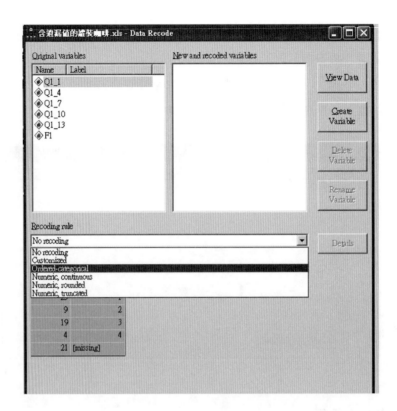

(2) 選擇〔原來變數〕對話框的「Q1_1 商品的原材料……」。

顯示次數（frequency）。

(3) 從〔重新編碼化規則〕對話框中選擇〔順序－類別〕。

Amos 顯示編碼化的新值（按一下 詳細（Details） 時，顯示〔順序－類別的詳細〕對話框，可在頁面上變更數據的數值與大小順序）。

(4) 剩下的 4 個輸入變數也同樣進行編碼化。最後關閉對話框。

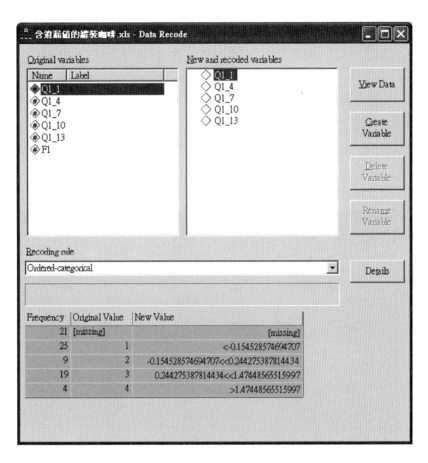

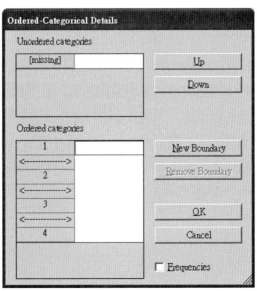

3. 資料代入與匯集

　　利用順序－類別數據代入，未進行編碼的「性別」之行未被輸出，實測值也代入被估計之值。

　　求 10 個完整數據的平均之數式中，將 ROUND 函數的位數設定為 4 位數，此點與當作間隔尺度的情形不同。

　　J2 儲存格 =ROUND(AVERAGE(A2,A80,A158,A236,A314,A392,A470,A548,A626,A704),4)

	E	F	G	H	I	J	K	L	M	N	O
1	Q1_13	CaseNo	Imputation_		CaseNo	Q1_1	Q1_4	Q1_7	Q1_10	Q1_13	
2	0.193444	1	1		1	-0.9228	-1.0907	0.6583	-0.6789	0.2744	
3	-0.1901	2	1		2	0.6269	0.7289	1.4057	0.6692	-0.6006	
4	-0.48976	3	1		3	-0.5619	-0.9139	1.2852	0.588	-0.5509	
5	-0.17234	4	1		4	0.9047	-0.9229	-0.381	1.824	-0.6227	
6	-1.30651	5	1		5	-1.4479	-1.3616	1.4773	-1.4084	-1.0375	
7	0.718091	6	1		6	0.9191	0.0442	-0.8032	1.249	0.4069	
8	-0.20517	7	1		7	-0.6734	-1.2309	-1.516	-1.6757	-1.225	
9	0.316438	8	1		8	0.0997	0.0231	0.5079	0.606	0.3013	
10	-1.71545	9	1		9	-0.1544	0.5909	-1.6439	-1.6903	-1.1271	
11	-1.27459	10	1		10	-0.6216	-1.0189	-1.7057	-1.7065	-0.8393	
12	-0.29833	11	1		11	-1.13	-0.3832	-1.5157	-1.5582	-1.3633	
13	-1.03502	12	1		12	1.9264	0.6341	-1.252	-0.5924	-0.8007	
14	0.145307	13	1		13	-1.1292	0.7529	-0.6816	-1.0753	0.1241	
15	1.321264	14	1		14	0.0908	0.0783	-0.1782	1.2088	1.2781	
16	1.754923	15	1		15	0.6771	0.9356	0.6936	1.2962	1.4991	
17	0.842567	16	1		16	-0.9906	0.7497	-1.1717	-1.2612	0.1281	
18	-0.75874	17	1		17	-1.8301	-2.0721	2.3791	-0.5473	-0.7459	

4. 代入數據的驗證

　　(1) 比較所得出的完整數據檔的平均值之結果，如下表所示。

　　(2) 類別數據之值的單位是負，與其他的數據及水準有甚大的不同。

　　(3) 如著眼於變數間的大小關係時，除了「Q1_1 介意商品的原材料……」與「Q1_13 介意用水之品質……」相反外，其他數據均很近似。

平均值利用順序－類別數據代入〔路徑圖 1〕

數據的種類　　調查項目	原先數據	遺漏數據	數據尺度	
			間隔	順序 - 類別
Q1-1 介意商品的原材料是用什麼	1.94	2.04	2.01	−0.1928
Q1-4 注意營養成分與卡洛里顯示	2.12	2.09	2.08	−0.0541
Q1-7 喝罐裝咖啡時有暫時忘掉現實的感覺	1.58	1.58	1.63	−0.5171
Q1-10 介意咖啡豆的種類與原產地	1.71	1.65	1.69	−0.3009
Q1-13 介意用水的品質與產地	1.73	1.74	1.71	−0.1869

【註】平均值是以「非常符合（4）」～「完全不符合（1）」求出。

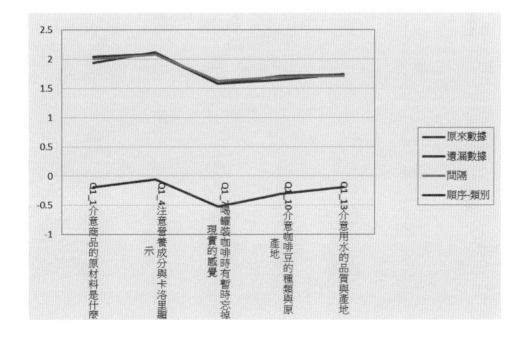

> **貝氏法代入的應用情形**

本章是設想意見調查的回答數據發生遺漏值時進行推估與代入。利用 MCMC 的貝氏法代入也有應用在以下情形：

1. 顧客數據在資料庫中補足遺漏值數據
2. 在時間數列數據中，遺漏值數據與異常值的代入。

第14章 從因素分析到結構方程模式

⇒ 從數據探索假設的方法

　　結構方程模式在假設驗證上是具有強處的統計手法。因之，首先建立假設、檢討項目、實施調查及計劃、利用所得到的數據進行模式研究（Model Approach）、驗證結果的方法是最理想的。可是，想使用手中的既有數據進行結構方程模式的要求也很多。

　　以此種情況的一例來說，即為以「探索式因素分析」與「確認式因素分析」探索、定義結構方程模式特徵之一的潛在變數，學習進行結構方程模式與平均結構模式的方法。此研究方式，從企業活用擁有的既有調查數據之意義來看，也可以認為它的有用性是很高的。

1. 假設驗證型的理想方式

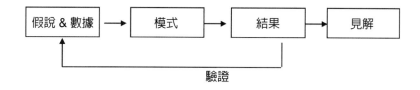

2. 從數據探索假設的方式

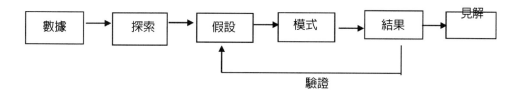

14-1　購買便利商店便當的理由

1. 分析的概要

　　以女大學生為對象，調查便利商店（以下簡稱 CVS）與健康意識，分析在 CVS 中購買便當的理由。

　　　　分析主題：(1) 在 CVS 中購買便當的「理由」中，探索潛在的要因

　　　　　　　　　(2) 購買便當的理由與 CVS 連鎖店中之「利用次數」的關係

　　　　　　　　　(3) 健康意識強的組與健康意識弱的組

　　　　分析對象：以女大學生為對象，調查健康意識與 CVS 之利用

　　　　分析要因：(1)CVS 中購買便當的理由

　　　　　　　　　(2)CVS 中購買便當的利用次數

　　　　　　　　　(3)為了維持健康，就認為「重要的」來說，有關飲食的2項目：

　　　　　　　　　　 「營養均衡」、「注意用餐的素材」

【註】回答是以「不如此認為」～「如此認為」，「不利用」～「經常利用」的間隔尺度詢問。

2. 問卷

　　利用問卷思考內容與意義，選定結構方程模式可以應用的問題。選定是著眼於以下 3 點，視模式的需要考察使用的有無。

　　(1) 探索潛在因子的詢問

　　(2) 作為最終目的變數的詢問

　　(3) 定義要比較之組的詢問

　　項次 (1) 與 (2) 的回答尺度需要 4 級以上（問卷的回答嚴格來說是順序尺度，但視為間隔尺度）。

　　項次 (3) 可以使用像性別等的名義尺度。

(1) 探索潛在因子的詢問

Q5 想打聽在便利商店購買便當的理由。對各項目圈選一項符合者。

	不如此認為	不太認為	均可	略為如此認為	如此認為
1. 可口	1	2	3	4	5
2. 價格適當	1	2	3	4	5
3. 品項豐富	1	2	3	4	5
4. 擔心健康	1	2	3	4	5
5. 使用安心、安全的素材	1	2	3	4	5
6. 新鮮、剛出爐	1	2	3	4	5
7. 有足夠的量	1	2	3	4	5
8. 經常推出新產品	1	2	3	4	5

【註】回答數據的值設定成如認為愈強其值即愈大，在解釋潛在變數大小時有用性高。

(2) 作為最終目的變數的詢問

Q6 想打聽在各便利商店購買便當的「利用次數」。對各項目圈選符合的一項。

	不利用	不太利用	尚可	利用	常利用
1.Seven-Eleven	1	2	3	4	5
2.ROSON	1	2	3	4	5
3.Family Store	1	2	3	4	5
4.OK Store	1	2	3	4	5
5.Mini Stop	1	2	3	4	5
6.COCO Store	1	2	3	4	5

(3) 定義要比較之組的詢問

I. 關於健康意識

Q1 你為了維持健康,「認為需要的事項」是什麼。對各個的項目圈選符合的一項。

	不如此認為	不太如此認為	均可	略為如此認為	如此認為
1. 慢跑或體操等的輕微運動	1	2	3	4	5
2. 在健身房中的運動	1	2	3	4	5
3. 維持適當的體重	1	2	3	4	5
4. 營養均衡	1	2	3	4	5
5. 注意用餐的素材	1	2	3	4	5

3. 分析數據

	No	Q5_1	Q5_2	Q5_3	Q5_4	Q5_5	Q5_6	Q5_7	Q5_8	Q6_1	Q6_2
1	1	5	4	4	3	3	3	3	5	1	1
2	2	5	4	4	4	5	3	3	4	4	1
3	3	5	3	5	1	3	1	1	4	5	3
4	4	4	3	4	4	5	5	3	2	1	1
5	5	5	5	5	4	4	4	5	5	3	3
6	6	5	5	5	4	5	4	5	5	4	1
7	7	3	5	5	3	3	3	3	3	5	1
8	8	5	5	5	5	5	3	2	5	5	2
9	9	4	3	4	2	2	2	3	5	2	2
10	10	4	2	2	1	1	1	1	1	4	1
11	11	3	4	4	3	3	3	3	4	4	3
12	12	4	4	4	4	4	5	3	4	4	2
13	13	4	3	4	3	3	3	5	4	4	2
14	14	5	5	5	5	5	4	4	4	2	2
15	15	4	2	4	2	2	2	2	2	1	2
16	16	5	4	5	3	4	3	3	4	3	3
17	17	5	5	5	3	3	1	1	1	5	1
18	18	5	4	4	3	2	2	3	5	1	1
19	19	5	5	5	5	5	5	3	4	2	2
20	20	5	5	4	5	3	3	2	4	2	2
21	21	4	4	3	2	4	3	3	3	4	2

【註】數據檔:14_CVS.sav

4. 分析的步驟

　　「分析即為區分,區分才能了解」是檢討分析內容時經常要意識到的金玉良言。在調查型數據的解析方面,有區分項目的方法與區分群組的方法共 2 種。將

此 2 種「區分」方法，使用模式研究依下圖的步驟進行。

　　具體上，潛在因子（潛在變數）相當於「區分項目」，潛在變數的平均差異相當於來自「區分群組」的見解。

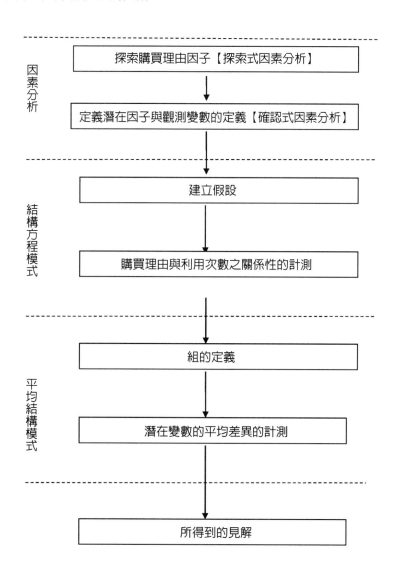

14-2 潛在因子的探索與定義

1. 探索購買理由—探索式因素分析

➤ 就購買便當的理由，進行探索式因素分析

(1) 利用 PASW（SPSS）的清單是點選〔分析〕→〔次元分解〕→〔因子〕。
（第 16 版之後：〔分析〕→〔資料縮減〕→〔因子〕。）

(2) 將「可口【Q5_1】」～「經常推出新產品【Q5_8】」投入〔變數〕中。

(3) 在步驟 (2) 的〔因子分析〕對話框中按一下〔萃取〕。

　　選取〔方法〕→〔最大概似法〕。

　　勾選〔萃取〕→〔特徵值〕。

　　確認〔特徵值大於〕方框中的「1」。按 繼續 。

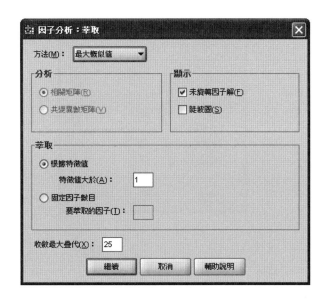

(4) 在步驟 (2) 的〔因子分析〕對話框中按一下〔轉軸法〕。

　　〔方法〕→選取〔Promax〕。按 繼續 。

【註】結構方程模式的事前分析，是選取認為因子間有相關的「斜交轉軸」。

(5) 在步驟 (2) 的〔因子分析〕對話框中按一下〔選項〕。

〔係數顯示格式〕→〔依據因素負荷排序〕。按 繼續 。

樣式矩陣等依數值大小的順序重排輸出。

(6) 最後按一下〔因子分析〕對話框左下的 確定 。

執行因子分析。

① 因子分析的結果，特徵值為 1 以上的因子萃取出 2 個。

解說總變異量

因子	初始特徵值			平方和負荷量萃取			轉軸平方和負荷量[a]
	總數	變異數的 %	累積%	總數	變異數的 %	累積%	總數
1	4.959	61.988	61.988	4.631	57.894	57.894	4.164
2	1.013	12.665	74.653	.555	6.942	64.836	4.011
3	.743	9.289	83.942				
4	.460	5.752	89.694				
5	.270	3.372	93.066				
6	.226	2.821	95.888				
7	.210	2.631	98.519				
8	.119	1.481	100.000				

萃取法：最大概似。

a. 當因子產生相關時，無法加入平方和負荷量 以取得總變異數。

② 由〔樣式矩陣〕可以解釋第 1 因子是健康的價值因子，第 2 因子是基本的價值因子。

樣式矩陣[a]

	因子	
	1	2
使用安心安全的素材	.926	.011
注意健康	.855	.106
新鮮剛出爐	.829	.029
有足夠的量	.329	.219
品項豐富	.016	.870
可口	.040	.822
價格合理	.129	.758
經常推出新產品	.242	.269

萃取方法：最大概似。
旋轉方法：含 Kaiser 常態化的 Promax 法。
a. 轉軸收斂於 3 個疊代。

因子相關矩陣

因子	1	2
1	1.000	.723
2	.723	1.000

萃取方法：最大概似。
旋轉方法：含 Kaiser 常態化的 Promax 法。

③「有足夠的量」與「經常推出新產品」可以判斷是跨越 2 個因子，因之改變因子的萃取基準，再行探索。

(7) 將因子數當作 3，再次執行因子分析。

與步驟 (3) 相同，因子〔萃取〕→〔方法〕→〔最大概似法〕。

〔萃取〕→選擇〔固定因子數目〕。

在〔萃取因子〕方框中輸入「3」。按 繼續 → 確定 。

分析即被執行。

① 因子數當作 3 的結果，輸出了 3 因子之萃取與轉軸後的負荷量平方和。

解說總變異量

因子	初始特徵值			平方和負荷量萃取			轉軸平方和負荷量[a]
	總數	變異數的 %	累積%	總數	變異數的 %	累積%	總數
1	4.959	61.988	61.988	2.227	27.840	27.840	4.159
2	1.013	12.665	74.653	3.339	41.744	69.584	4.032
3	.743	9.289	83.942	.554	6.931	76.515	2.396
4	.460	5.752	89.694				
5	.270	3.372	93.066				
6	.226	2.821	95.888				
7	.210	2.631	98.519				
8	.119	1.481	100.000				

萃取法：最大概似。

a. 當因子產生相關時，無法加入平方和負荷量 以取得總變異數。

② 由〔樣式矩陣〕，第 1 因子 = 健康價值因子，第 2 因子 = 基本價值因子，「經常推出新產品」與「有足夠的量」被分解到第 3 因子。

樣式矩陣³

	因子		
	1	2	3
使用安心安全的素材	.919	-.010	.044
注意健康	.858	.099	.005
新鮮剛出爐	.841	.027	-.021
價格合理	.118	.838	-.111
可口	.023	.834	.000
品項豐富	-.031	.832	.135
經常推出新產品	-.041	-.026	1.029
有足夠的量	.221	.083	.422

萃取方法：最大概似。
旋轉方法：含 Kaiser 常態化的 Promax 法。。

a. 轉軸收斂於 5 個疊代。

因子相關矩陣

因子	1	2	3
1	1.000	.738	.465
2	.738	1.000	.460
3	.465	.460	1.000

萃取方法：最大概似。
旋轉方法：含 Kaiser 常態化的
Promax 法。。

③ 由〔因子相關矩陣〕可知，第 3 因子與第 1 因子、第 2 因子的因子間相關略低。

從下節起，依據探索式因素分析所得到的結果，進行確認式因素分析。

【註 1】結構方程模式之事前分析的探索式因素分析，除了在特徵值 = 1 的基準下萃取因子之外，指定萃取的因子個數，再數次探索項目與因子之關係的方法也有。

【註 2】在反覆收斂的情形中，將〔因子萃取〕與〔轉軸〕對話框的〔收斂的最大反覆數〕從 25 增加到 100（當作一例）時，有時可迴避未收斂。

2. 潛在因子與觀測變數的定義 – 確認式因素分析

➤ 進行確認式因素分析（驗證式因素分析）

以探索式因素分析的〔樣式矩陣〕為參考，定義因子與項目〔潛在變數與觀測變數〕之關係，進行確認式因素分析。

所得到的結果即為如下的路徑圖。

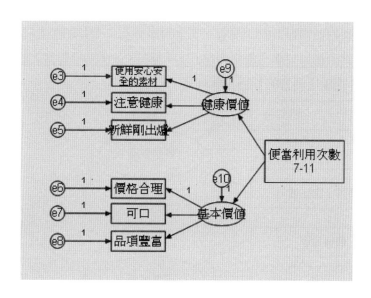

　　潛在因子被解釋成數個觀測變數的背後潛藏的共同原因。利用路徑係數大者，可以確認構成 3 個潛在變數的觀測變數的關係（項目的妥當性）與潛在因子間的關係強度。

　　因為 GFI 與 AGFI 分別接近基準值 1，因之模式與數據的適配良好。

【註 1】確認式因素分析是分析者可以假定因子與有關之項目，此點與探索式因素分析不同。

【註 2】項目的妥當性利用 α 係數驗證的方法也有。以 SPSS 所求出的各因子的 α 係數分別是健康價值 = 0.931，基本價值 = 0.897，其他價值 = 0.707。

14-3　建立假設與關係性的計測

1. 建立假設

➤ 建立假設，繪製路徑圖

　　針對 CVS 中購買便當之「理由」的潛在因子，與 CVS 連鎖店中便當的「利用次數」之關係建立假設，以路徑圖表現。

　　著眼於健康價值與基本價值之關係，其他的價值因子則從研究對象中移除。

> **基本假設：**對便當而言的「安心、安全的素材」、「注意健康」、「新鮮、剛出爐」的健康價值，與「價格合理」、「可口」、「品項豐富」的基本價值，是與 CVS 連鎖店便當的利用次數有關。

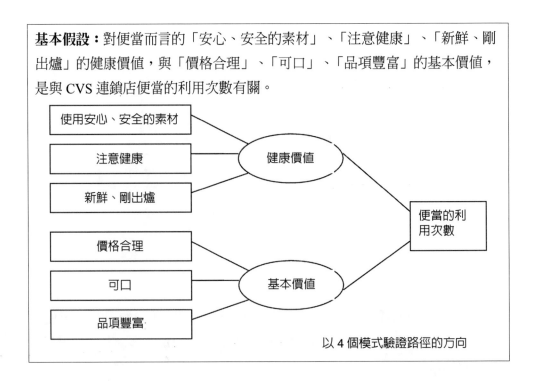

以 4 個模式驗證路徑的方向

> **➤ 設想路徑方向不同的 4 個模式**

模式 1-A

　　健康價值與基本價值相互間有關係，並影響利用次數。健康價值與基本價值是調查項目的共同原因。

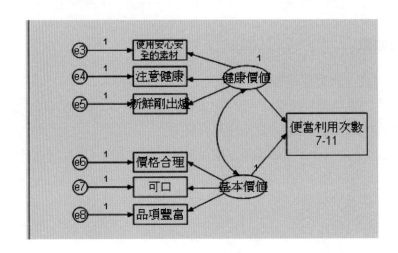

模式 1-B

利用次數影響健康價值與基本價值。健康價值與基本價值是各調查項目的共同原因。

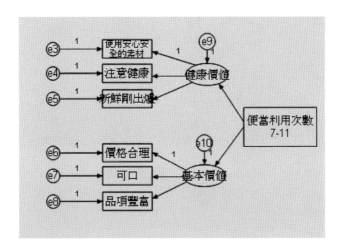

模式 1-C

健康價值與基本價值影響利用次數。健康價值與基本價值是以各個調查項目的比重和來定義。

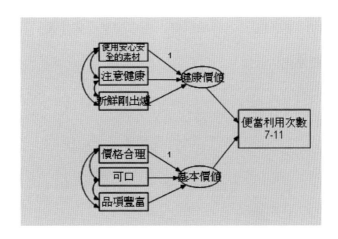

模式 1-D

利用次數影響健康價值與基本價值。健康價值與基本價值是以各個調查項目的比重和來定義。

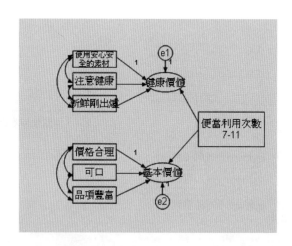

2. 購買理由與利用次數之關係性的計測

➤ 執行分析，檢討採納的模式

4 個模式進行結構方程模式時，得出模式 1-A 與 1-B 的結果。

將兩者比較時，A 的一方 GFI 與 AGFI 高，AIC 也低。另外，健康價值與基本價值影響利用次數的假設，容易解釋，所以採納模式 1-A。

模式 1-A（標準化估計值）

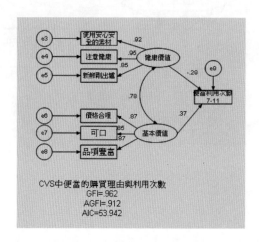

模式 1-B（標準化估計值）

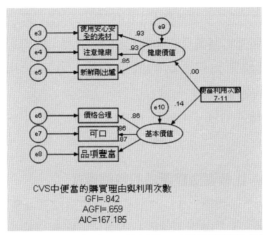

CVS中便當的購買理由與利用次數
GFI=.842
AGFI=.659
AIC=167.185

【註】模式 C 不收斂。模式 D 不能識別而不能測量。暗示數據與模式有可能不配適（觀測變數與潛在變數的對應關係或路徑的方向不妥當）。以 SPSS 進行主成分分析的結果，第 1 主成分包含所有的項目，所以可知設想合成變數型的 2 個潛在變數是有不合理之處。

➤ 解釋所採納之模式的結果

模式 1-A（標準化估計值）

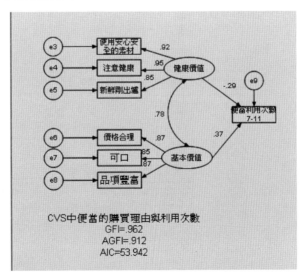

CVS中便當的購買理由與利用次數
GFI=.962
AGFI=.912
AIC=53.942

基本假設： 健康價值與基本價值相互有關，且影響利用次數。

> 所得到的見解

(1) 健康價值在「注意健康（0.95）」的關係上是最強的，基本價值在「價格合理（0.87）」與「品項豐富（0.87）」上，比「可口」的關係還強。

(2) 健康價值與基本價值具有強的正相關（0.78），且影響便當的利用次數。

(3) 從健康價值到利用次數的關係是負（–0.29)，相對的基本價值是正（0.37）的影響。

(4) 適配度指標的 GFI = 0.962，AGFI = 0.912 接近 1，所以模式與數據的適配良好。

> 為了萃練見解，比較有直線關係的數個模式

模式 1-A（以下簡稱模式 1），是基於健康價值與基本價值相互有關連且影響利用次數的假設，因之健康價值與基本價值假定雙向箭線，可以計測出它們對利用次數的影響。可是，相互具有正關係的 2 個要因對利用次數出現一正一負的矛盾關係，因之從健康價值與基本價值到利用次數的直線性關係，重新假設 3 個模式，再行分析。

假設 2：健康價值與基本價值獨立且影響利用次數

在健康價值與基本價值間未設定雙向路徑（相關關係）。

模式 2（標準化估計值）

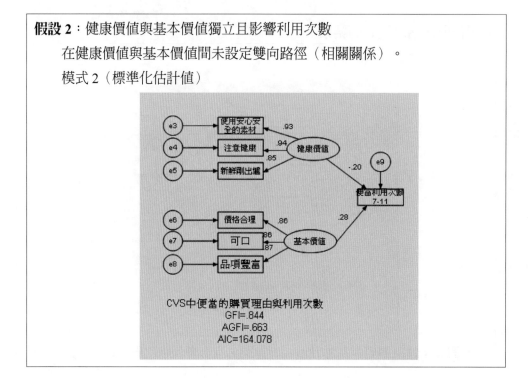

CVS中便當的購買理由與利用次數
GFI=.844
AGFI=.663
AIC=164.078

➢ **所得到的見解（假設 2）**

(1) 從健康價值與基本價值到利用次數的關係比模式 1 弱，路徑係數的符號條件不變。

(2) 數據與模式的適配上 GFI = 0.844，AGFI = 0.663，比模式 1 略低，AIC 也較大。

假設 3：健康價值影響基本價值，且影響利用次數。

　　刪除從健康價值到利用次數的路徑。將健康價值與基本價值的雙方向變更為到基本價值的單方向之模式（將確保基本價值之識別性的 1，從變異數向「價格合理」的路徑去變更，再加上誤差變數 e8）。

　　模式 3（標準化估計值）

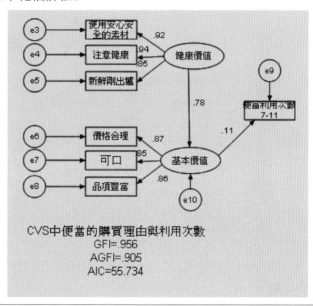

➢ **所得到的見解**

(1) 從健康價值到基本價值有強的正影響（0.78）。從基本價值到利用次數的關係是正（0.11）。

(2) 從健康價值經由基本價值到利用次數的間接效果（單向箭線的路徑係數之乘積）是 0.858（= 0.78×0.11）。

(3) 適配度是 GFI = 0.956，AGFI = 0.905，接近基準值的 1，模式與數據的適配良好，AIC 也比模式 1 略大。

假設 4：基本價值影響健康價值，且影響利用次數。

刪除從基本價值到利用次數的路徑。將健康價值與基本價值的雙方向變更為到健康價值的單向箭頭（將確保健康價值的識別性的 1，從變異數向「使用安心、安全的素材」的路徑去變更，再加上誤差變數 e8）。

模式 4（標準化估計值）

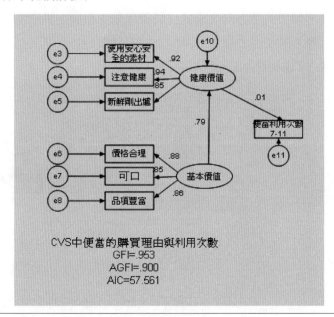

> ➤ 所得到的見解

(1) 從基本價值到健康價值有強的正影響（0.79）。從健康價值到利用次數的關係雖然弱（0.01），但是正的（也可解釋無相關）。

(2) 從基本價值經由健康價值到利用次數的間接效果是 0.079（= 0.079 × 0.01）。

(3) 適配度是 GFI = 0.953，AGFI = 0.900，接近基準值，模式與數據的適配良好，AIC 比模式 1 與模式 3 略大。

> **比較數個模式並整理結果**

　　從所表現的 4 個假設的模式，著眼於從健康價值與基本價值到利用次數的關係，以及數據與模式的適配度，將所得到的見解加以整理。

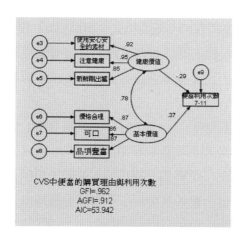

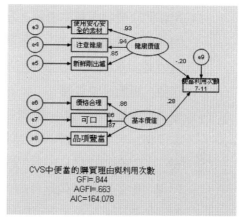

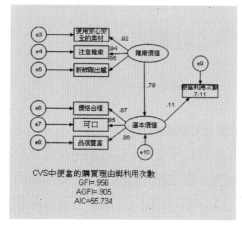

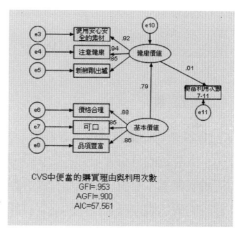

> **所得到的見解（數個模式的比較）**

(1) 為了驗證從健康價值與基本價值到利用次數的關係，比較了包含模式 1 在內的 4 個模式。

(2) 比較 4 個模式的適配度時，模式 1 的 GFI (0.962)，AGFI (0.912) 最高，AIC 為 53.942 也是最好。從所計測的路徑係數也大來看，在購買 CVS 的便當之理由的背景中所潛藏的健康價值與基本價值相互有強烈的關係，對 CVS 連鎖店的便當利用次數來說，健康價值有負的影響，基本價值有

正的影響，乍見可看出矛盾的構造。

(3) 比較健康價值與基本價值間有雙向箭線的模式 1 與無的模式 2 之結果，模式 1 的適配度較高，AIC 也小。另外，從利用次數的關係強來看，與其假定健康價值與基本價值獨立，不如考慮 2 個價值之間有關係較好。

(4) 比較健康價值與基本價值之直線路徑有所不同的模式 3 與模式 4，模式 3 的適配度較高，AIC 小。對利用次數的關係也強，因之 2 個價值從健康價值經由基本價值影響利用次數，比從基本價值經由健康價值影響利用次數，更能反映數據。

(5) 經由數個模式的比較，提高「價格合理」、「可口」、「品項豐富」的基本價值，可以期待對 CVS 連鎖店的利用次數有正面的效果。並且「使用安心、安全的素材」、「注意健康」、「新鮮、剛出爐」的健康價值，對利用次數的直接關係是負的，此暗示與其直接訴求不如以提高基本價值的間接要因來訴求，更可期待對利用次數有正面的效果。

14-4 潛在變數的平均差之計測

1. 組的定義

(1) 在平均結構模式中定義群組，計測潛在變數的平均差

由前述的分析，可知在 CVS 中購買便當的理由中，以潛藏的要因來說有健康價值與基本價值，2 個因子與便當的利用次數之關係是有不同符號的關係。對健康的價值觀是與人存在的根本有關的重要議題。因此，著眼於對健康有強意識的組與弱意識的組，計測健康價值與基本價值的大小。

為了維持健康，就「認為重要」，與飲食的健康有關的「4.營養均衡」、「5.注意用餐的素材」進行交叉累計。

營養均衡 * 注意用餐的素材 交叉表

個數

		注意用餐的素材				總和
		不太如此認為	均可	略微如此認為	如此認為	
營養均衡	不如此認為	0	0	1	0	1
	不太如此認為	1	0	1	0	2
	均可	0	0	0	1	1
	略微如此認為	0	7	20	3	30
	如此認為	0	7	40	73	120
總和		1	14	62	77	154

　　將 2 個項目的雙方「如此認為」的 73 名（全體的 47.4%）當作「對健康意識強的組」，與其他的 81 名（52.6%）當作「對健康意識弱的組」，定義成 2 個群組。

(2) 針對 SPSS 數據製作組的旗標變數

　　①計算 Q1_4「營養均衡」與 Q1_5「注意用餐的素材」的合計分數。

　　從 PAWS（SPSS）選取〔變換〕→〔計算變數〕。顯示〔計算變數〕對話框。

　　於目標變數輸入「健康意識分數」，於數值運算式輸入「Q1_4 + Q1_5」，按一下 確定。

②於資料檢視的最右行製作「健康意識分數」。

Q6_6	Q1_1	Q1_2	Q1_3	Q1_4	Q1_5	健康意識分數
1	4	3	5	5	4	9.00
1	4	3	4	5	4	9.00
1	5	5	5	5	5	10.00
1	5	2	5	5	4	9.00
3	4	4	4	4	4	8.00
3	3	3	4	5	5	10.00
1	5	5	5	5	3	8.00
2	5	5	5	5	4	9.00
1	4	2	5	5	3	8.00
1	5	3	5	4	4	8.00

③將健康意識分數＝10的樣本當作1，其他的樣本當作0，製作旗標變數。

從清單選取〔變換〕→〔重新編碼成不同變數〕。

顯示出〔重新編碼成不同變數〕對話框。

④投入「健康意識分數」，按一〔舊值與新值〕。

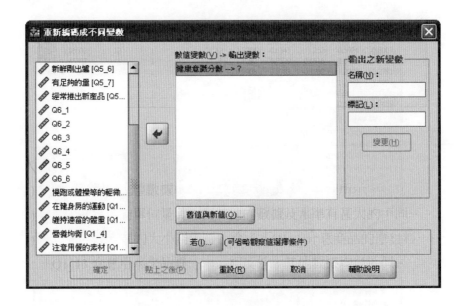

⑤於〔舊值〕中，勾選〔數值〕，輸入「10」。

於〔新值〕中，勾選〔數值〕，輸入「1」。

按一下 新增，在〔舊值--► 新值〕方框中顯示「10--► 1」。

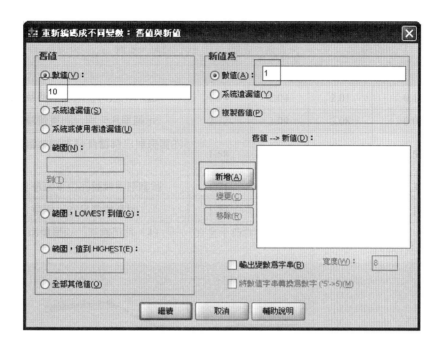

⑥勾選〔舊值〕中的〔全部其他值〕。

　於〔新值〕中勾選〔數值〕，輸入「0」，按一下 新增。

　顯示「ELSE - - ► 0」。最後按 繼續。

⑦〔輸出之新變數〕的〔名稱〕輸入〔健康意識 FLG〕，按一下 變更 。
〔數值變數（V）-- ▶ 輸出變數〕方框中的「-- ▶ ？」即變更成「-- ▶ 健
康意識 FLG」。

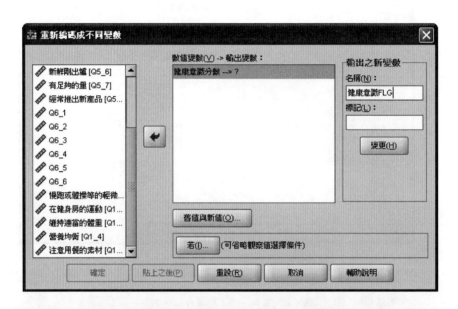

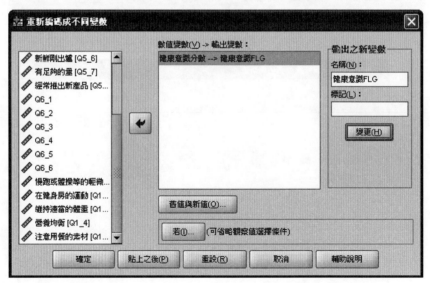

⑧按一下 確定 ，資料檢視的最右行即作出「健康意識 FLG」變數。

		Q1_5	健康意識分數	健康意識FLG	var	var
1	5	4	9.00	0.00		
2	5	4	9.00	0.00		
3	5	5	10.00	1.00		
4	5	4	9.00	0.00		
5	4	4	8.00	0.00		
6	5	5	10.00	1.00		
7	5	3	8.00	0.00		
8	5	4	9.00	0.00		
9	5	3	8.00	0.00		
10	4	4	8.00	0.00		
11	5	5	10.00	1.00		
12	4	4	8.00	0.00		
13	5	5	10.00	1.00		
14	5	5	10.00	1.00		
15	4	4	8.00	0.00		
16	5	4	9.00	0.00		
17	4	4	8.00	0.00		
18	5	5	10.00	1.00		
19	5	5	10.00	1.00		
20	5	4	9.00	0.00		
21	5	4	9.00	0.00		

- 對健康意識強的人

  2 個變數回答的合計 10 = 1.00
- 對健康意識弱的人

  2 個變數回答弱的合計未滿 10 = 0.00

2. 計測潛在變數的平均差

➤ 繪製計測模式的路徑圖

可以解釋健康價值是符合時代的變化難以改變的要素，基本價值是容易改變的要素，因之，刪除對利用次數的關係，著眼於 2 個潛在變數的大小。在 2 個價值之間定義雙向路徑並繪製路徑圖，在健康價值與基本價值中對健康的意識有強與弱之組，計測兩組的差異大小。

基本假設：就購買 CVS 中的便當來說，「使用安心、安全的素材」、「注意健康」、「新鮮、剛出爐」之健康價值，與「價格合理」、「可口」、「品項豐富」的基本價值相互有關係。

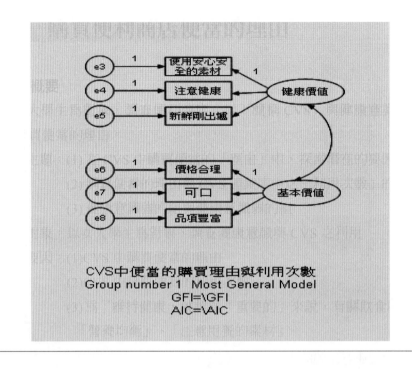

對健康意識強的組與弱的組，各個模式是否可以被識別，確認數據與模式之適配性。

➤ 進行組別的分析

首先，把回答「營養均衡」與「注意用餐的素材」兩者的合計 10，對健康意識弱的組當作 1，兩者的合計不滿 10 者，視為健康意識弱的組當作 0。進行組別的分析。

對健康意識強的組（標準化估計值）

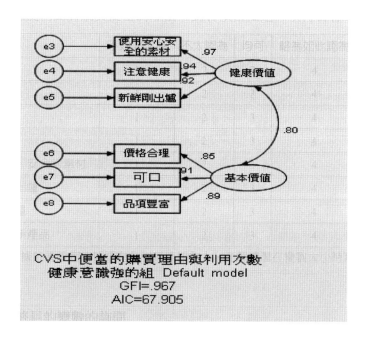

對健康意識弱的組（標準化估計值）

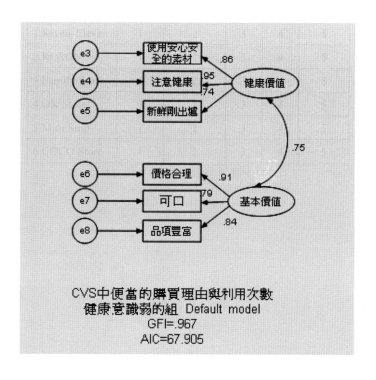

　　兩組均可被識別，且可得出解。模式與數據的適配度指標 GFI 雙方均接近基準值 1，算是良好。

> ## 設定平均結構模式的限制條件，並執行分析

　　對 2 個組的參數加上等值限制，比較 5 個模式。

　　要比較的 5 個模式
- 無限制
- 模式 1 比重 (a) 相同 {測量不變}
- 模式 2 比重 (b) 與其變異數（ccc, vvv）相同
- 模式 3 比重 (a) 與共變異數（ccc, vvv）與殘差（v）相同
- 模式 4 殘差（v）相同

　　對健康意識強的組（模式的指定（輸入））

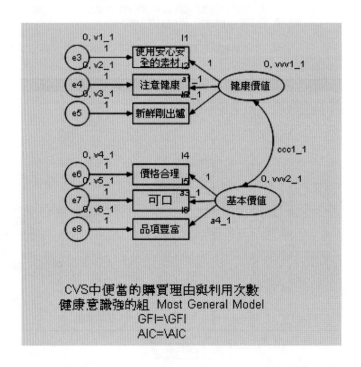

CVS中便當的購買理由與利用次數
健康意識強的組 Most General Model
GFI=\GFI
AIC=\AIC

對健康意識弱的組（模式的指定（輸入））

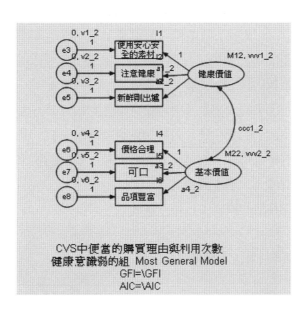

> **選擇要採納的模式，解釋結果**

平均結構模式的計測結果：5 個模式的比較

模式	加上等值條件的參數	平均差（健康強 = 0）		適配度指標	
		健康價值	基本價值	CFI	AIC
無限制	無 { 配置不變 }	−0.01	0.18	0.000	86.681
模式 1	測量模式的比重（路徑係數） { 測量不變 }	−0.06	0.10	0.999	85.151
模式 2	模式 1 的限制 + 結構模式的共變異數（潛在變 數間的變異數、共變異數）	−0.06	0.10	0.997	83.092
模式 3	模式 2 的限制 + 測量模式的殘差（誤差變數的 變異數）	−0.06	0.11	0.981	89.578
模式 4	測量模式的殘差（誤差變數的 變異數）	−0.03	0.05	0.980	97.471

【註 1】以對健康意識強的組的因子平均當作基準值 0，求出對健康意識弱的組的平均差。

【註 2】CFI（比較適配度指標）：愈接近 1 判斷模式與數據的適配值。

【註 3】AIC：評價數個模式間的相對性好壞的指標，採納值小的模式作為備選。

➢ 所獲得的見解

(1) 由分析結果可知，從 5 個模式之中採納 AIC 最小且 CFI 十分高的「模式 2：模式 1 的限制＋結構模式的共變異數（潛在變數的變異數、共變異數）在組間是相同的」。另外，此次作為比較對象的所有模式，可以確認均能順利估計，也未發生不適解。

(2) 健康價值因子的大小是「對健康意識強的組（0）＞弱的組（–0.06）」。

(3) 基本價值因子的大小是「對健康意識弱的組（0）＜弱的組（0.01）」。

(4) 由以上的結果可知，對健康意識強的組，比弱的組來說，對 CVS 的便當的健康價值高，基本價值低。

(5) 此特徵在其他的模式中也是一樣。

模式 2 的計測結果（未標準化估計值）

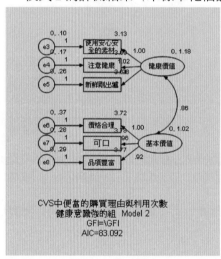
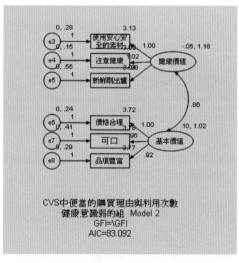

模式 2 的計測結果（未標準化估計值）

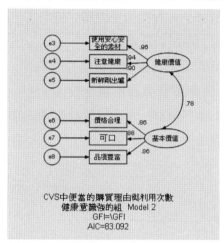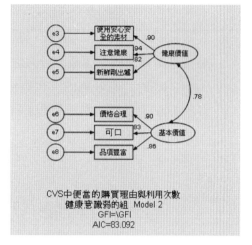

【註】模式 2 的未標準化估計值的路徑係數與潛在變數間的變異數、共變異數在組間是相關的，但因為殘差不同，所以標準化估計值的路徑係數在組間是不同的。

平均結構模式的計測結果：模式 2 的標準化路徑係數

潛在變數與觀測變數之間係	對健康的意識	
	強的組	弱的組
健康價值 → 使用安心、安全的素材	0.96	0.90
健康價值 → 注意健康	0.94	0.94
健康價值 → 新鮮、剛出爐	0.90	0.82
基本價值 → 價格合理	0.86	0.90
基本價值 → 可口	0.88	0.83
基本價值 → 品項豐富	0.86	0.86

【註】模式 2 的限制條件：測量模式的比重 (未標準化路徑係數) 與結構模式的共變異數（潛在變數的變異數、共變異數）在組間是相同的。

➢ 所得到的見解（平均結構模式：模式 2 的標準化路徑係數）

　(1) 對健康意識強的組，與影響健康價值之項目的關係在 0.9 以上，基本價值是未滿 0.9，與健康價值之關係比基本價值強烈的特徵，相較對健康意識弱的組明確。

　(2) 對健康意識弱的組看不出此種特徵。

(3) 從健康價值與 3 個觀測變數之關係來看，對健康意識強的組來說，「使用安心、安全的素材（0.96）」是最強的，對健康意識弱的組是「注意健康（0.94）」最強，「新鮮、剛出爐（0.82）」是最弱的。

(4) 從基本價值與 3 個觀測變數之關係來看，對健康意識強的組來說，「可口（0.88）」是最強的，相對地，對健康意識弱的組來說，「價格合理（0.90）」是最強的，「可口（0.83）」是最弱的，所以對健康意識強的組得知是「可口 > 價格合理」，對健康意識弱的組得知是「可口 < 價格合理」。

14-5　整理所得到的見解

1. 以女大學生為對象，利用調查有關健康意識與 CVS 之利用，著眼於 CVS 中購買便當的理由，以探索式因素分析與確認式因素分析探索、定義潛在變數，進行了結構方程模式與平均結構模式。

2. CVS 中購買便當的理由有由「使用安心、安全的素材」、「注意健康」、「新鮮、剛出爐」所定義的健康價值，以及由「價格合理」、「可口」、「品項豐富」所定義的基本價值。

3. 在 CVS 中購買便當的理由與 7-11 中便當的利用次數的關係中，提高「價格合理」、「可口」、「品項豐富」的基本價值可以期待有正面效果。另外，「使用安心、安全的素材」、「注意健康」、「新鮮、剛出爐」的健康價值對利用次數的直接關係是負面的，與其直接訴求不如提高基本價值作為間接的要因來訴求，對利用次數可期待正面效果。

4. 在對健康意識強的組與弱的組中，比較健康價值與基本價值的大小之結果，健康價值的大小是「強的組 > 弱的組」，基本價值是「強的組 < 弱的組」。加之，如著眼於與基本價值有關的變數的關係強度時，強的組是「可口 > 價格合理」，弱的組是「可口 < 價格合理」。

5. 研究的結果，CVS 的便當對健康有負面的印象，以方便性為主對基本的提供價值有較高的效用，不也能解釋可反映消費者的心理嗎？

第15章 結構方程模式須知

15-1 模式的建構與估計

1. 模式建構的重點

結構方程模式是「建構模式 = 繪製出要表現假設的路經圖」。將具有數據的觀測變數，與未具有數據意指概念的潛在變數加以組合，一面考量意義，一面繪製關係性。建構模式時有 3 個重點。

重點 1 將潛在變數與觀測變數的對應關係明確化

(1) 讓潛在變數與觀測變數對應的主要方法

①備妥表現假設的潛在變數，定義出與它相對應的觀測變數。

②備妥數個觀測變數，以因素分析等探索及定義潛在因素。

【註】潛在變數與觀測變數的整合性，使用「信度係數 α」確認的方法也經常採行。

(2) 使用潛在變數的 2 個好處

①引進潛在變數，可以歸納出顯示有類似傾向的觀測變數。

②如果在潛在變數之間檢討因果關係時，比直接處理許多的變數間的關係更具效率。

(3) 構成潛在變數的觀測變數的個數

考慮到結果的解釋的容易性，以 3 ～ 5 個左右為基準。1 個觀測變數是無法估計參數（除了誤差變異數之值已知外），2 個觀測變數時，有來自其他變數的單向或接受雙向箭頭時才能推估。另外，一個路徑圖中所包含的觀測變數的個數若是 3 個，無法得出適合度（cmin=0, df=0），因之最好是 4 個以上。

(4) 構成潛在變數的箭頭方向：「測量方程式型」與「結構方程式型」

對潛在變數而言有箭頭方向不同的 2 個類型。誤差的影響未包含在潛在變數中，或者在使用雙向箭頭的觀測變數間計測關係性的也有，測量方

程式型被使用的較多。

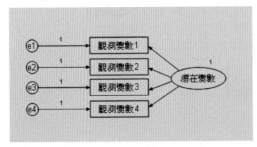

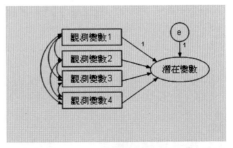

測量方程式型（潛在變數是觀測變數的共同原因）　　　　結構方程式型（潛在變數是相互有關係之觀測變數的加權比重和）

重點2　將潛在變數間的關係表現成路徑圖

　　檢視所假設的數個潛在變數間之的關係。繪製路徑圖時，一面考量意義，一面製作數個模式，從中檢視數據與模式的適合性、分析的意義、結果的有用性，最後再選擇模式。

【註】從事前的探索性因素分析（斜交解）或確認式因素分析所得到的因素間相關係數等，整理出有關潛在變數間的雙向關係的見解時有用性會更高。

重點3　確認 3 個必要條件

(1) 基本假設的客觀性：所建立的基本假設與所表現的路徑圖有無客觀性？

(2) 數據與模式的適合性：模式能說明數據嗎（適合度指標）？

(3) 結果的有用性：能否從分析結果得到有用性高的見解或在策略上的啟示呢？

2. 因果關係成立的 4 個基本條件

　　因果關係可定義為「A 是說明 B 的一部分，或 B 是提高發生之機率的充分條件」。路徑圖中繪製表現因果關係之單向路徑時，有需要考慮原因與結果的關係。特別是 2 個要因間的關係，要注意從相關係數解讀之相關關係與因果關係是不同的，因果關係成立的基本條件，依據日本學者豐田等人在醫療的領域中所使用的制定基準，以「抽菸是肺癌的風險要因」為例，舉出 4 個條件（參考鼎茂圖書，線性結構方程式入門，豐田等人著）。

(1) 時間上的先行

　　→ x（抽菸量）先行於 y（肺癌）出現。

(2) 變量間之關連強度

　　→ x（抽菸量）增加，隨之 y（肺癌）的死亡率也增加是可以確認的。

(3) 關連的普遍性

　　→ x（抽菸量）與 y（肺癌）之關係不受時間、場所、對象的選取方法，
　　　都一樣被認同。

(4) 關連的整合性

　　→香菸中包含的尼古丁會增加肺癌風險的假定，在醫療、生理學的觀點
　　　（實質科學上的見解）並不矛盾可以說明。

　　抽菸與肺癌的發生率之關係，由於滿足上述 4 個條件，因之可用來作為說明因果關係的例子。當然，肺癌的發生不只是抽菸，其他也有影響的原因。相反地，以相關關係 ≠ 因果關係的例子來說，儘管「青蛙的叫聲量與下雨量之間有相關，卻不能說明青蛙叫是造成下雨的原因」。

3. 路徑圖與方程式的對應

　　結構方程模式的路徑圖是對應方程式的。

(1) 單迴歸模式

　　結構方程式

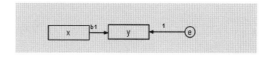

$$y = \alpha + \beta x + e$$

【註】Amos 是將常數項 α 當作截距，〔分析性質〕圖像→〔估計〕→〔平均與截距的估計〕。

(2) 複迴歸模式

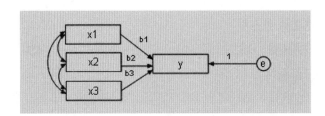

$$y = \alpha + \beta_1 x_1 + \beta_2 x_2 + \beta_3 x_3 + e$$

(3) 結構方程模式（**PLS** 模式）

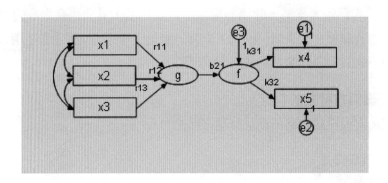

測量方程式 結構方程式

$$x_4 = k_{31} \times f + e_1 \qquad\qquad g = r_{11} \times x_1 + r_{12} \times x_2 + r_{13} x_3$$

$$x_5 = k_{32} \times f + e_2 \qquad\qquad f = b_{21} \times g + e_3$$

x＝觀測變數，f＝內生的潛在變數，g＝外生的潛在變數，e＝誤差

k_{3i}＝從 f 到 x_i 的影響指標（路徑係數），i＝4, 5

r_{1i}＝從 x_i 到 g 的影響指標（路徑係數），i＝1, 2, 3

b_{21}＝從 g 到 f 的影響指標（路徑係數）

4. 結構方程模式的估計

　　結構方程模式是從觀測變數的共變異數矩陣（相關矩陣）估計係數，從所得到的係數利用模式所重現的共變異數矩陣與實際由數據所得的變異數、共變異數矩陣法使之能一致而求解。變數的估計法有最小平方法與最大概似法，Amos 的預設是採用最大概似法。

・觀測變數（$x_1 \sim x_n$）的共變異數矩陣　　　　　・以模式所估計的共變異數矩陣

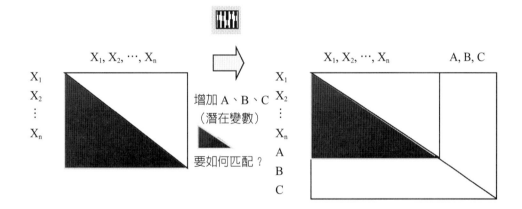

5. 共變異數與相關係數

　　共變異數是意指 2 個變數間之關係性的統計指標，因為受到變數的單位不同之影響，一般經常使用除去單位影響的相關係數。

(1) X 與 y 的共變異數（s_{xy}）

$$s_{xy} = \frac{1}{N} \sum_{i=1}^{N} (x_i - \overline{x})(y_i - \overline{y})$$

$s_{xy} = \{ 〔x-（x 的平均值）〕 × 〔y-（y 的平均值）〕 的總和 \} ÷ 樣本數

(2) χ 與 y 的相關係數（pearson 的機率相關系數）

$$\gamma = \frac{s_{xy}}{s_x s_y} = \frac{\displaystyle\sum_{i=1}^{n} (x_i - \overline{x})(y_i - \overline{y})}{\sqrt{\displaystyle\sum_{i=1}^{n} (x_i - \overline{x})^2 (y_i - \overline{y})^2}}$$

$$\gamma = \frac{x與y的共變異數}{(\chi的標準差) \times (y的標準差)}$$

(3) 相關係數之值是在 −1.0 ～ 1.0 之間，意謂 2 個變數間之直線關係的強度。

(4) 符號條件為正時，是正的相關（一方增加，另一方也增加），符號條件為負時，是負的相關（一方增加，另一方減少），值愈接近 0，可以說無相關（無關係）。

(5) 並無判斷相關係數大小的客觀性基準，依據絕對值的大小，可使用以下的指標。

0.0 ≦ |r| ≦ 0.2 幾乎無相關

0.2 ≦ |r| ≦ 0.4 有弱的相關

0.4 ≦ |r| ≦ 0.7 有中度的相關

0.7 ≦ |r| ≦ 1.0 有強度的相關

(6) 相關係數當有偏離值、有曲線關係、包含異質的母體時，無法正確反映整個母體的傾向，因之最好繪製散佈圖以視覺的方式確認數據。

(7) 要注意相關關係並不意謂因果關係（原因與結果的關係）。另外，路徑圖上「共變異數 = 雙向箭頭的未標準化估計值」，「相關係數 = 雙向箭頭的標準化估計值」。

6. 路徑係數的解釋

(1) 未標準化估計值：受單位的影響，可以解釋關係的大小。相當於迴歸分析的偏迴歸係數。

(2) 標準化估計值：將所有變數的變異數標準化成為 1 之值。不受單位之影響，值在 −1.0 與 1.0 之間，愈接近 1.0，可以解釋變數間的關係愈強，相當於迴歸分析的標準化偏迴歸係數。

【註】標準化估計值的絕對值超過 1.0 是很少的。

雙向路徑 > 1.0：因為是相關係數，超出 1.0 時，不適解的可能性高。

單向路徑 > 1.0：沒有問題的情形也有。所假定之獨立變數間的相關高時，不適解的可能性高。

7. 綜合效果與間接效果

路徑圖中，從通過路徑之組合可得出直接效果、間接效果、綜合效果。間接效果與綜合效果，是在事前充分檢討路徑圖本身的結構後再使用。

直接效果：2 個變數間的關連性，各路徑所表示的路徑係數。

間接效果：路徑經由數個要因時的影響。是指有關係的一條路線上的路徑係數的乘積（通過 2 條路線時，計算各路線再合計）。

綜合效果：直接效果與間接效果之和。2 個觀測變數之間的綜合效果近似相關係數。

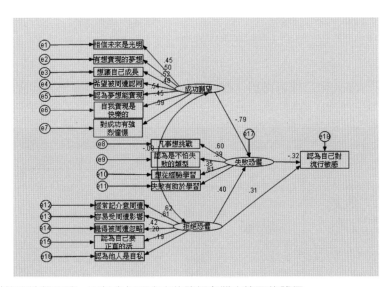

【註】計算間接效果時，不包含相反方向的路徑與雙向箭頭的路徑。

【例】從「對拒絕的恐懼」到「對流行敏感」的效果（標準化效果）

- 直接效果：「對拒絕的恐懼→對流行敏感」= 0.31
- 直接效果：「對拒絕的恐懼→（經由對失敗的恐懼）→對流行敏感」= 0.40×(–0.32) = –0.13
- 綜合效果 = 直接效果與間接效果 = 0.31 + (–0.13) = 0.18

Amos 是選取〔分析性質〕圖像（ ![icon] ）→〔輸出〕Tab →勾選〔間接、直接、綜合效果〕再執行分析。

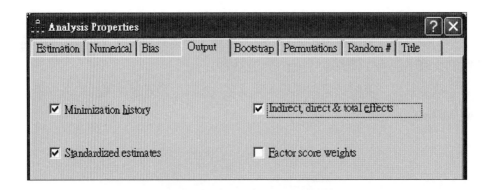

利用 Amos 輸出即可得出「標準化綜合效果」、「標準化間接效果」。

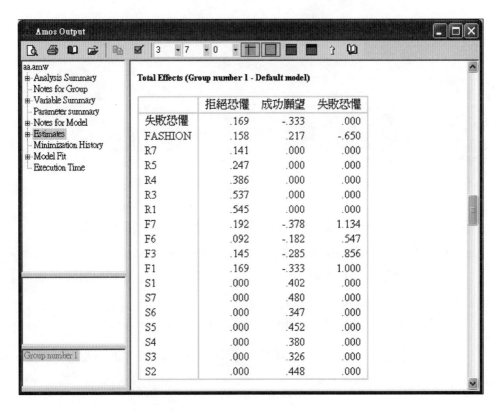

【註】R 表拒絕，F 表失敗，S 表成功，Fashion 表流行。

模式與數據的適配

1. 適配度指標

　　結構方程模式的適配度指標並無決定性者，有許多的指標被研究及提出，因之要從數個指標綜合來判斷。從所提出的許多指標之中較具代表的有以下指標。

(1)GFI（適配度指標：**goodness of fit index**）

　　GFI 通常是在 0 與 1 之間，愈接近 1 愈好，以 0.9 以上作為基準，但變數甚多的複雜模式中接近 0.9 是相當不易的，以 RMSEA 等其他指標作為參考再判斷是最好的。

$$GIF = 1 - 1 - \frac{tr((\sum(\hat{\theta})^{-1}(S - \sum(\hat{\theta})))^2)}{tr((\sum(\hat{\theta})^{-1}S)^2)} = 1 - \frac{tr((\sum(\hat{\theta})^{-1}S - I)^2)}{tr((\sum(\hat{\theta})^{-1}S)^2)}$$

(2)AGFI（修正適配度指標：**adjusted goodness of fit index**）

　　AGFI 是對 GFI 考慮模式的自由度（df）之指標，與 GFI 一樣，值是在 0 與 1 之間，愈接近 1 可以解釋適合度愈好，GFI 相當於迴歸分析中的複相關係數，AGFI 相當於修正自由度的複相關係數。

$$AGFI = 1 - \frac{n(n+1)}{2df}(1 - GFI)$$

(3)CFI（比較適配度指標：**comparative fit index**）

　　值是在 0 與 1 之間，愈接近 1 判斷適合愈佳。像平均結構模式等估計平均值與截距的模式，取代 GFI 與 AGFI，使用 CFI 的有不少。

$$CF = 1 - \frac{\max((N-1)f_{ML} - df, 0)}{\max((N-1)f_0 - df_0, 0)}$$

(4)RMSEA（均方誤差平方根：**root mean square error of approximation**）

在複雜的模式中使用甚多的指標。模式的分配與眞正分配之偏離以每 1 個自由度的量來表現。值愈小判斷愈好。以基準來說，在 0.05 以下適配是好的。0.08 以下：妥當；0.10 以上不應採納的模式

$$\text{RMSEA} = \sqrt{\max(\frac{f_{ML}}{df} - \frac{1}{N-1}, 0)}$$

(5)AIC（赤池資訊量基準：**akaike's information criterion**）

AIC 是與其他指標不同，比較數個模式時評價相對性好壞的指標。在比較的模式中，如果 GIF、AGFI、CFI 等均不變時，AIC 之值最少的模式當作最適模式採納。

$$\text{AIC} = \chi^2 - 2df$$

> **參考** χ^2 檢定
>
> ①模式複雜，②數據不服從多變量常態分配，③樣本數多，在此 3 個情形中檢定結果是沒有幫助的，因之要使用其他的適合度指標。

2. 路徑係數的檢定

以評估路徑係數安全性的方法來說，經常使用 wald 檢定，用以檢定「無因果關係」=「路徑係數是 0」的假設。Amos 在 Amos 輸出的「估計值－係數」輸出有依據檢定估計量的顯著機率，顯著水準當作 5% 時，機率之值超過 0.05 的路徑，影響力不安定，可以判斷是不顯著的路徑（可以刪除）。

另外，「***」是 1% 顯著，意謂安定。

(1)Amos 輸出的例子：估計值－係數

			Estimate	S.E.	C.R.	P	Label
失敗恐懼	<---	拒絕恐懼	.169	.049	3.418	***	
失敗恐懼	<---	成功願望	-.333	.056	-5.957	***	
S2	<---	成功願望	.448	.077	5.792	***	
S3	<---	成功願望	.326	.053	6.144	***	
S4	<---	成功願望	.380	.068	5.633	***	
S5	<---	成功願望	.452	.071	6.385	***	
S6	<---	成功願望	.347	.067	5.215	***	
S7	<---	成功願望	.480	.068	7.034	***	
S1	<---	成功願望	.402	.078	5.167	***	
F1	<---	失敗恐懼	1.000				
F3	<---	失敗恐懼	.856	.223	3.838	***	
F6	<---	失敗恐懼	.547	.155	3.523	***	
F7	<---	失敗恐懼	1.134	.212	5.353	***	
R1	<---	拒絕恐懼	.545	.087	6.269	***	
R3	<---	拒絕恐懼	.537	.087	6.180	***	
R4	<---	拒絕恐懼	.386	.088	4.380	***	
R5	<---	拒絕恐懼	.247	.086	2.876	.004	
R7	<---	拒絕恐懼	.141	.071	1.971	.049	
FASHION	<---	失敗恐懼	-.650	.236	-2.752	.006	
FASHION	<---	拒絕恐懼	.268	.101	2.646	.008	

(2) 利用路徑係數的檢定來修正模式

①刪除不安定的路徑時，模式整體的適配度大多會上升。

②不安定的路徑有數個時，刪除 1 個路徑，其他路徑的安定性會增高的情形也有，因此重複「先刪除最不安定的路徑→再分析→驗證結果」。

③最終來說，並非一定刪除不安定的路徑，一面考察以模式所表現假設的意義，一面檢討路徑的有無。

④路徑不安定成為有用見解的情形也有。

⑤路徑係數大，機率不安定的路徑，如增加樣本數，安定性會提高的情形也有。

3. 修正係數

分析者在路徑圖上未設定的變數間假定了單向或雙向的路徑時，基於 χ^2 值是否減少，修正指數（M.I.）可得出改善模式適合度的線索。與 Wald 檢定可以

檢出不安定的路徑（應刪除的路徑）是相對照的。

Amos 是在〔分析性質〕圖像（ 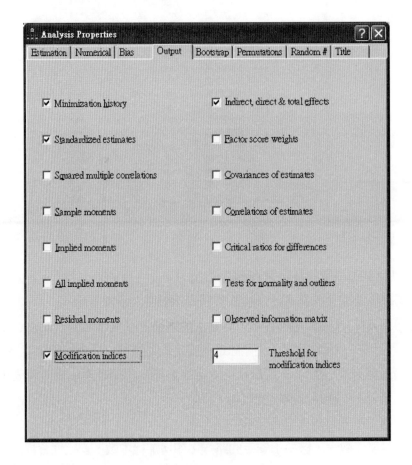 ）→〔輸出〕Tab →勾選〔修正指數〕。

在〔修正指數的門檻值〕中輸出「4」再執行分析時，即在〔Amos 輸出〕中輸出修正指數。

【註】期待 χ^2 檢定的減少值＝為了在 5% 水準下值能有顯著變化，需要減少「3.84」以上，因之將 3.84 四捨五入後的「4」當作預設。

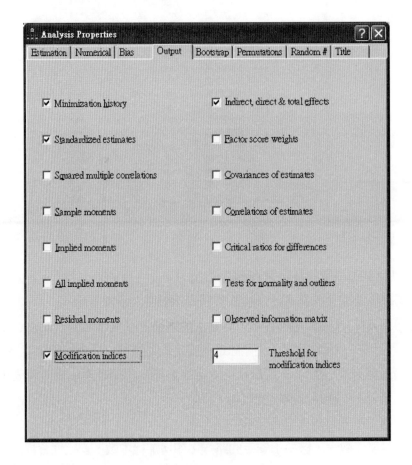

(1)Amos 輸出例：修正指數－共變異數

			修正指數	改善度
e5	<-->	e10	6.012	.091
e4	<-->	e20	16.431	.167
e4	<-->	e12	8.679	.132
e4	<-->	e7	7.410	.111
e3	<-->	e11	12.229	.105
e3	<-->	e10	35.711	-.168
e3	<-->	e9	15.436	.155
e3	<-->	e7	4.439	.066
e2	<-->	e5	7.758	.133

注視值大的關係

（例）一面考察意義，在誤差變數 e_3 與 e_{10} 加上雙向路徑再分析的結果，路徑係數成為 –0.32（未標準化估計值），GIF 從 0.895 改善成 0.928。

(2) 利用修正指數來修正模式

①著眼於修正指數之值高者，修正路徑圖再執行分析。改善度是顯示此時的共變異數或路徑的估計值（估計值是下限，實際上與除去路徑再分析所得之值是不同的）。

②利用結果的解釋並不成立的路徑來修正是沒有意義的。修正模式時要重視模式的意義。

4. 判定係數與影響度

在結構方程模式中，從獨立變數到從屬變數的標準化路徑係數的平方和即為判定係數，意謂獨立變數的影響度（各獨立變數說明從屬變數變動的程度）。

Amos 是選擇〔分析性質〕圖像（▦）→〔輸出〕Tab →勾選〔複相關係數的平方〕再執行分析時，路徑圖（標準化估計值）的各從屬變數（接受箭頭的變數）的右肩上即輸出判定係數。

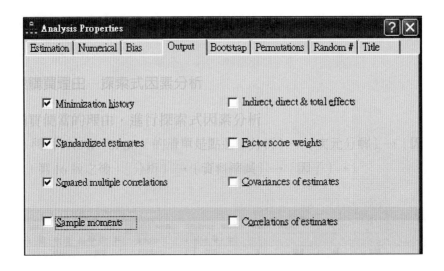

判定係數通常是在 0 與 1 之間，愈接近 1，判斷獨立變數對從屬變數的說明力愈高，另外，模式內的誤差變數所表示的並不只是測量誤差，所以判定係數並非當作信度的估計值，而是當作信度下限的估計值來解釋。

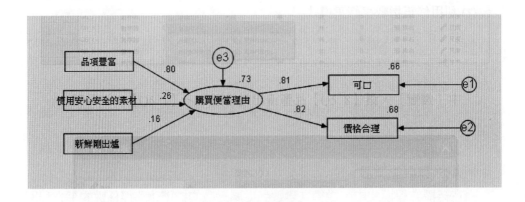

（例）對便當的購入理由來說「品項豐富」、「使用安心、安全的素材」、「新鮮剛出爐」的影響度 $= 0.80^2 + 0.26^2 + 0.16^2 = 0.640 + 0.068 + 0.026 = 0.73$

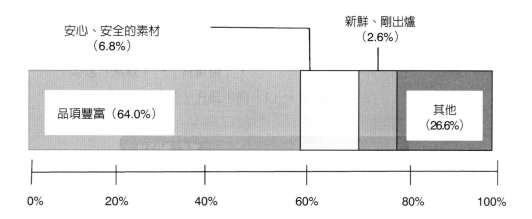

安心、安全的素材
（6.8%）

新鮮、剛出爐
（2.6%）

品項豐富（64.0%）

其他
（26.6%）

0%　　　20%　　　40%　　　60%　　　80%　　　100%

15-3　識別性的確保與不適解的解決

1. 識別性的確保

　　探討潛在變數此種無法直接觀測大小的結構方程模式，模式構成的自由度高，相反地，常會因解的不安定的鑑別性問題而受挫。以 Amos 繪製路徑圖執行推估，像下圖那樣反覆計算（iteration）在 1 處就一直停止而出現無法求解的狀態，此情形可以設想識別性無法確保的例子。

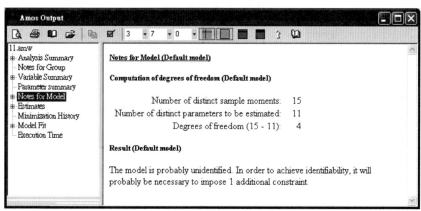

　　數據與所設想的路徑圖並不一致，無法確保識別性的例子，有需要重新檢討數據或路徑圖，路徑圖所輸入的部分設定是原因造成解不安定的情形也有，繪製路徑圖時要留意以下幾點。

(1) **將構成潛在變數的觀測變數的路徑係數之中的一者固定為「1」**

　　固定任一路徑，標準化估計值均相同。考慮到未標準化估計值的解釋容易時，有固定「想作為解釋基準之具有單位的變數」或「與潛在變數的正負一致的觀測變數」等之方法。

(2) **一個也未接受單向箭頭的潛在變數，並非將路徑係數，而是將變異數固定為「1」**

　　固定潛在變數的變異數，可得出路徑係數的檢定估計量。

(3) **從誤差變數到其他變數的路徑係數固定為「1」**

(4) **接受 1 個單向路徑的變數（內生變數）要設定誤差變數**

　　從數個觀測變數有箭頭連結之潛在變數，未設定誤差變數的方法也有。

(5) **在數個獨立的變數間認同共變異數（雙向箭頭）（假定獨立時除外）**

(6) **誤差變數間的共變異數通常不認同（認同誤差變異數間的相關時除外）**

◆ 確保模式的識別性所需要的「1」的個數 = 潛在變數的個數（包含誤差變數）。

◆「1」是在求估計值的程式內部為了容易處理而使用。

◆ 所假定的路徑圖是否能識別，由於並無事前確認的方法，因之實際以 Amos 執行推估是最佳捷徑。

◆ 在 Amos 的繪圖區留下有未使用的變數，大多是錯誤發生的原因（繪圖區不要留下不需要的變數）。

2. 何謂不適解（Hywood case）

　　以結構方程模式建構模式，然後執行分析時，在模式的詮釋中出現「以下的變異數是負數」，會輸出變異數之值成為負的變數名。變異數由其定義可知是不成為負。像此種估計值稱為不適解或 Heywood case。

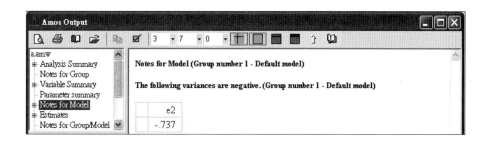

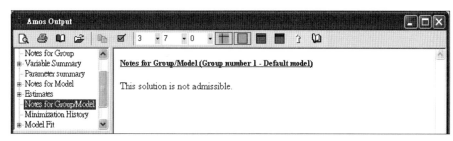

【註】在結構方程模式中母數的估計，因為是在於發現適合度函數的極小值，因之變異數的估計值有時會成為負。

3. 不適解的原因

不適解是在數據與模式有某種的問題時，是容易發生的。原因的認定不易，但以基準來說有以下 2 個。

(1) 數據所包含的資訊不足

與想要估計的母數（因素負荷量等）個數相比，樣本大小 n 不大。

(2) 模式不適切

模式的識別性有問題。適合數據的模式並不唯一。

4. 不適解的 7 種解決法

發生不適解，是無法原封不動地提出報告。雖非決定性的，但有以下的解決方法。

(1) 增加樣本數。

(2) 重新檢討模式。

(3) 將利用最大概似法的估計，改變成一般最小平方法等其他的方法。

(4) 認可誤差變數間的相關。

(5) 從不適解發生的誤差變數連結到觀測變數或潛在變數的箭頭上所輸入的「1」予以去除,將誤差變數的變異數固定為「1」。

(6) 不適解發生的誤差變數的變異數固定為「0」。

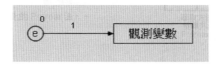

(7) 變異數在非負之下推估(Amos 中利用貝氏估計是可行的)。

5. 利用貝氏估計解決不適解

在樣本數是原因而發生不適解的情形裡,Amos 是可以利用貝氏估計推估變數。以下利用《Amos 17.0 使用手冊》的 Ex27 來練習操作。

(1) 分析的準備

①讀取發生不適解的路徑圖與數據。

②設定亂數表。

③從工具列點選〔分析性質〕圖線(![icon])。

④在〔估計〕Tab 中勾選〔估計平均值與截距〕。

在〔輸出〕Tab 中勾選〔標準化估計值〕、〔間接、直接、總合效果〕、〔模式有關所有變數的動差〕。

關閉視窗。

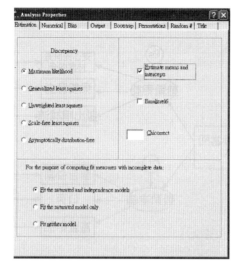

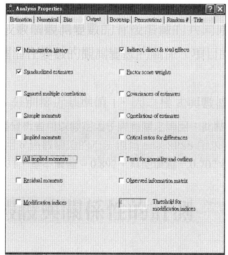

(2) 貝氏估計

　①點選〔貝氏估計〕圖線（ ）
　　顯示〔貝氏 SEM〕視窗，產生樣本。

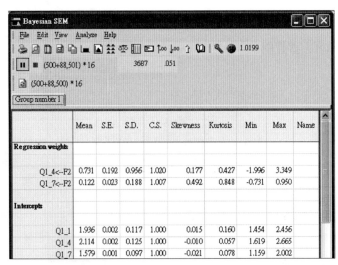

【註】模式在貝氏估計中不適切時，在頁面右下會顯示「在 Burn in 開始前遷移的接受在待
機中」的訊息，推估不能進行。

②〔貝氏 SEM〕視窗中顯示未標準化估計值。在變異數成為負值的參數的名
稱上按右鍵，點選〔事前分配的顯示〕

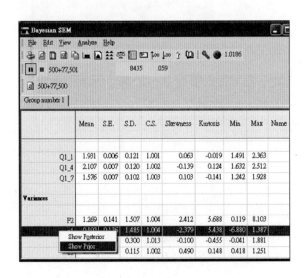

③顯示〔事前分配〕的對話框。

將均一分配的〔下限〕方框從「−3.4E+38」變更成「0」。

按一下 套用 、 關閉 。

進行將變異數之值當作正的樣本產生。

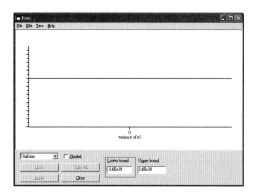 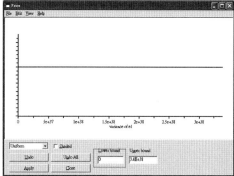

④在生氣的臉孔變成笑容之前進行生成，按一下〔抽樣的暫時停止〕（暫時
停止的時點由分析者判斷）。

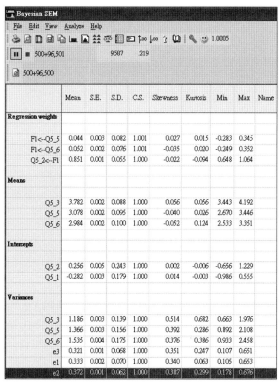

【註】收斂基準值低於基準值〔預設 = 1.002（保存值），Gelman (2004) = 1.10〕時，臉孔的
圖像會改變。基準值可從〔貝氏 SEM〕視窗〔顯示〕→〔選項〕，〔貝氏解析的選項〕
對話框→〔MIMC〕Tab→〔收斂基準〕中變更。

⑤從〔貝氏 SEM〕視窗的清單點選〔檢視〕→〔追加估計值〕。

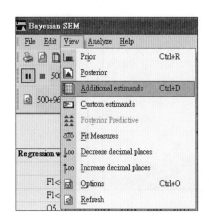

估計在進行，顯示〔追加估計值 Additional Estimands〕視窗，如選擇〔標準化直接效果〕與〔平均值〕時，得出單向路徑的標準化估計值，如選擇〔模式有關所有變數的相關〕時，可得出雙向路徑的標準化估計值。

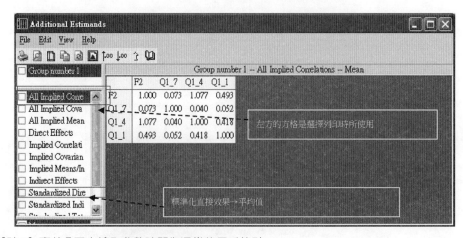

【註1】事前分配未輸入參數時即為通常的貝氏估計。

【註2】Amos 17.0 是估計值未輸出在路徑圖上（路徑圖以手輸出即可製作）。

【註3】誤差變數間的雙向路徑的標準化估計值，或 GFI 等的模式與數據的適配度指標是無法求出（DIC 或信賴區間與適配度指標或 Wald 檢定的用法不同）。

【註4】利用容許性測試迴避不適解的方法也有（參《Amos 17.0 使用手冊》）。

15-4　平均結構模式的補充

1. 平均結構模式的限制條件

平均結構模式是從參數加上等值限制的數個模式中選擇最適的模式。對參數的等值限制具有以下的意義，著眼於對未具有已被定義模式之特性的數據施與限制時模式的適合度會下降的性質。限制是當作減少母數的條件，假定是當作增加母數的條件。

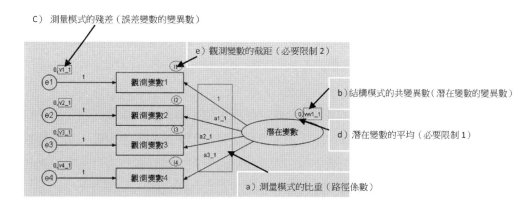

模式	加上等值限制的參數
無限制	無〔配置不變〕
測量模式的比重	路徑係數〔測量不變〕
結構模式的共變異數	路徑係數＋潛在變數的變異數 ‧ 共變異數
測量模式的殘差	路徑係數＋潛在變數的變異數 ‧ 共變異數＋誤差變數的變異數

除必要限制外加上等值限制之參數，或它們的組合，分析者一面考察假設驗證之意，一面隨意設定，Amos 是以上表的組合當成預設。

a) 測量模式的比重（路徑係數）──測量的不變性

驗證潛在變數等質性的限制。對觀測變數的影響（路徑係數）在潛在變數間是相等的，潛在變數的值可以視為相等。即使組間對觀測變數的影響是不同的情況，像年代或地域性等嗜好，一般是有差異時，潛在變數的質有差異是極為自然的，以相同的觀測變數進行比較之意（配置不變）解釋質的不同。

b) 結構模式的共變異數（潛在變數的變異數）

驗證潛在變數的高等質性的限制。在一般的結構方程模式中，將確保識別性的「1」固定在因素的「變異數」上，而平均結構模式是為了比較此限制條件，將路徑係數的一者固定為「1」。

c) 測量模式的殘差（誤差變數的變異數）─測量誤差的等變異性

驗證觀測變數的安定性的限制，即使加上此限制適配度也未下降時，所使用的觀測變數在測量潛在變數此點上可以判斷是安定的。

d) 潛在變數的平均（必要限制 1）

包含數個潛在變數的潛在變數群之中的一個變數的平均予以固定的限制。潛在變數（因素）畢竟是假想的變數，以其中的一個潛在變數的原點與單位作為基準予以固定，其他潛在變數的平均以比較來估計。

e) 觀測變數的截距（必要限制 2）

為了比較潛在變數（因素）間的原點與單位，與數據的性質無關而引進的限制。觀測變數的截距可以當作受到來自預測變數影響前的內生變數（基準變數）的期待值來解釋。具有相關意義的觀測變數的平均值儘管觀察出有差異，透過估計觀測變數的截距，因素（潛在變數）的平均值就能比較。

2. 平均結構模式的計測式

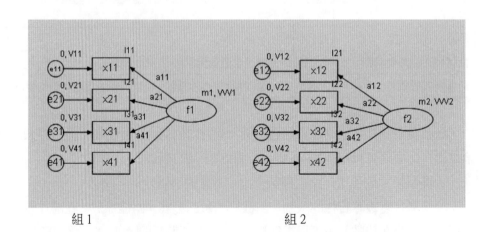

組 1   組 2

(1) 平常的共變異數結構模式（組 **1** 的測量方程式）

$$x_{11} = a_{11} \times f_1 + e_{11}$$
$$x_{21} = a_{21} \times f_1 + e_{21}$$
$$x_{31} = a_{31} \times f_1 + e_{31}$$
$$x_{41} = a_{41} \times f_1 + e_{41}$$

【註】結構方程式的潛在變數，平均結構模式是無法進行的。

(2) 平均結構模式（有平均結構的多母體同時分析的情況）

計測組 1 與組 2 的潛在變數的平均差。

在 2 組的方程式設定截距（I），計測潛在變數（因素）的平均差。

$$X_{11} = I_{11} + a_{11} \times m_1 + e_{11}$$
$$X_{21} = I_{21} + a_{21} \times m_1 + e_{21}$$
$$X_{31} = I_{31} + a_{31} \times m_1 + e_{31}$$
$$X_{41} = I_{41} + a_{41} \times m_1 + e_{41}$$

截距　　　=0 或 1

組 1

$$X_{12} = I_{12} + a_{12} \times m_2 + e_{12}$$
$$X_{22} = I_{22} + a_{22} \times m_2 + e_{22}$$
$$X_{32} = I_{32} + a_{32} \times m_2 + e_{32}$$
$$x_{42} = I_{42} + a_{42} \times m_2 + e_{42}$$

截距　　　=平均差

組 2

X：觀測變數（x）的組平均值；m：潛在變數的平均；I：截距；e：誤差項

必要限制：將要比較的潛在變數的平均的一者固定為 0 或 1。

$$m_1 = 0$$

必要限制：將具有共同意義的觀測變數的截距（I）加上等值限制。

$$I_{11} = I_{12}$$
$$I_{21} = I_{22}$$
$$I_{31} = I_{32}$$
$$I_{41} = I_{42}$$

透過 2 個限制即可求解方程式。

$$x_{11} = I_1 + 0$$
$$x_{12} = I_1 + m_2$$

實際的探討，除此兩個必要限制外，對以下的等值限制有無包含在內，再比較數個模式。

- 路徑限制 = 比重
- 潛在變數的變異數或共變異數
- 潛在變數的變異數 = 殘差

3. 平均結構模式的限制事例

平均結構模式為了測量潛在變數的相對大小，除了 2 個必要限制外，加上限制的參數依模式的類型而有不同。

以下說明較具代表的模式類型（加上限制的參數組合，分析者一面考察意義，一面隨意設定）。

➢ 必要限制

(1) 從具有相同意義的數個潛在變數（因素）中，將其中的一個潛在變數的平均當作基準值，固定為 0 或 1（第 2 個以後均加上標籤）。

(2) 構成潛在因素具有共同意義的觀測變數的截距，加上等值限制。

類型 1　利用一因素模式的多母體比較

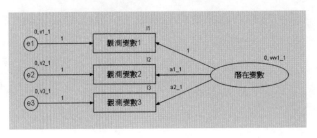

各母體（各組）設定

參數部分集合與等值限制的內容	模式		
	1	2	3
測量模式的比重（a_1, a_2）＝路徑係數在組間相等	○	○	○
結構模式的共變異數（vvv_1）＝潛在變數的變異數在組間相等	－	○	○
測量模式的殘差（$v_1 \sim v_3$）＝誤差變數的變異數在組間相等	－	－	○

【註 1】路徑圖的參數「_1」是意指組 1。

【註 2】○＝組間的等值限制的有無。

【註 3】必要條件〔①潛在變數的平均，②觀測變數的截距（$I_1 \sim I_3$）〕另項需要。

類型 2　利用多因素雙向因果模式的多母體比較

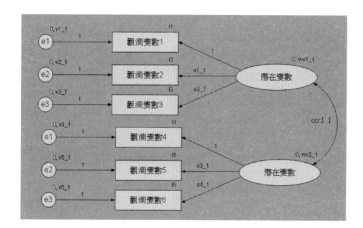

各母體（各組）設定

參數部分集合與等值限制的內容	模式		
	1	2	3
測量模式的比重（$a_1 \sim a_4$）＝路徑係數在組間相等	○	○	○
結構模式的共變異數（vvv_1, vvv_2, ccc_1）＝潛在變數的變異數在組間相等	－	○	○
測量模式的殘差＝誤差變數的變異數在組間相等	－	－	○

【註 1】路徑圖的參數「_1」是意指組 1。

【註 2】○＝組間的等值限制的有無。

【註 3】必要條件〔①潛在變數的平均，②觀測變數的截距（$I_1 \sim I_6$）〕另項需要。

類型 3　利用多因素因果模式的多母體比較

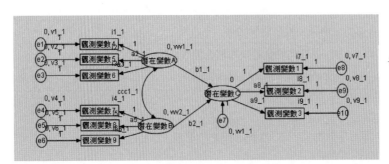

各母體（各組）設定

參數部分集合	模式					等值限制的內容
	1	2	3	4	5	
測量模式的比重 （a1~a6）	○	○	○	○	○	潛在變數→觀測變數的路徑係數在組間相等
結構模式的比重 （b1, b2）	—	○	○	○	○	潛在變數的單向路徑係數在組間相等
結構模式的共變異數 （vvv1, vvv2, ccc1）	—	—	○	○	○	潛在變數的變異數、共變異數在組間相等
構造模式的殘差 （vv1）	—	—	—	○	○	潛在變數的誤差變數的變異數在組間相等
測量模式的殘差 （v1~v9）	—	—	—	—	○	觀測變數的誤差變數的變異數在組間相等

【註 1】路徑圖的參數「_1」是意指組 1。

【註 2】○ = 組間的等值限制的有無。

【註 3】必要條件〔①潛在變數的平均（截距），②觀測變數的截距（I_1~I_6）〕另項需要。

【註】Amos 對於接受箭頭的潛在變數（內生的潛在變數），輸出的不是因素的平均而是截距，截距是意指不加入其他獨立變數之影響的因素的大小。加入其他變數之影響後的因素大小（內生的潛在變數的因素平均）是各組按如下求出。

潛在變數 A 的因素平均 = 潛在變數 A 的截距 + (b1_1× 潛在變數 B 的平均)
　　　　　　　　　　　　 + (b2_1× 潛在變數 C 的平均)

➤ 內生的潛在變數的因素平均的計算事例：1 條單向路徑

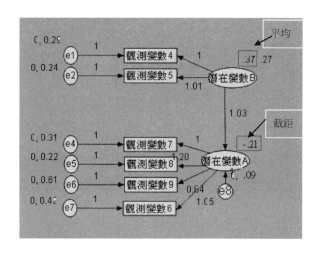

(1) 潛在變數 A 的因素平均＝A 的截距＋係數 ×B 的平均

　　＝－0.21＋(1.03×0.37)

　　＝0.17

(2) 潛在變數 B 的因素平均

　　＝0.37

➤ 內生的潛在變數的因素平均的計算事例：利用 2 條單向路徑的雙向因果

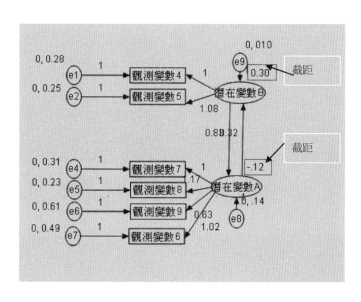

潛在變數 A 與 B 的因素平均為 m_a, m_b 時求解聯立方程式。

$$\begin{cases} m_a = -0.12 + 0.83 \times m_b \cdots ① \\ m_b = 0.30 \times 0.32 \times m_b \cdots ② \end{cases}$$

$$m_a = -0.12 \times 0.83 \times (0.30 + 0.32 \times m_a)$$
$$\quad = -0.12 + 0.249 + 0.266 m_a$$

$$0.734 m_a = 0.129$$

$$m_a = 0.1757 \fallingdotseq 0.18 \text{（潛在變數 A）}$$

將 m_a 之值代入②式，

$$m_b = 0.3576 \fallingdotseq 0.36 \text{（潛在變數 B）}$$

類型 4　利用 1 因素模式的同一母體的時間性比較

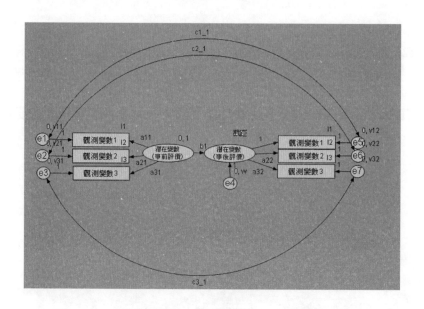

參數部分集合與等值限制的內容	模式			等值限制內容
	1	2	3	
測量模式的比重（$a_{11} \sim a_{32}$）＝路徑係數在潛在變數間相等	○	○	○	$a_{11} = 1$ ↓ $a_{21} = a_{22}$ ↓ $a_{31} = a_{32}$
測量模式的殘差（$V_{11} \sim V_{32}$）＝誤差變數的變異數在潛在變數間相等	－	○	○	$V_{11} = V_{12}$ ↓ $V_{21} = V_{22}$ ↓ $V_{31} = V_{32}$
誤差間的相關（$c1\_1 \sim c3\_1$）〔時間性比較的情況〕＝誤差變數間有相關（並非 0）	－	－	○	模式 1 與模式 2 中輸入「c1_1=c2_1=c3_1=0」

【註 1】Amos 中定義模式時，利用清單之模式管理，各模式輸入參數限制。（「↓」＝換列）

例：模式 1 的限制：$a_{11} = 1$ ↓ $a_{21} = a_{22}$ ↓ $a_{31} = a_{32}$ ↓ $S_1 = S_2 = S_3 = c1\_1 = c2\_1 = c3\_1 = 0$

模式 2 的限制：模式 1 ↓ $V_{11} = V_{12}$ ↓ $V_{21} = V_{22}$ ↓ $V_{31} = V_{32}$

模式 3 的限制：$a_{11} = 1$ ↓ $a_{21} = a_{22}$ ↓ $a_{31} = a_{32}$ ↓ $v_{11} = v_{12}$ ↓ $v_{21} = v_{22}$ ↓ $v_{31} = v_{32}$ ↓

（在管理模式的對話框中，輸入已定義的模式名時，會反映出該模式的參數限制）

【註 2】○ ＝潛在變數間的等值限制之有無

【註 3】必要限制「①潛在變數的平均，②觀測變數的截距（$I_1 \sim I_3$）」另外需要。

重點

平均結構模式是共變異數矩陣的分析，因之利用未標準化估計值來解釋為主（路徑係數是標準化估計值容易解釋）。

---

4. 利用 Amos 的因素分數－潛在變數的樣本分數

潛在變數的樣本分數利用 Amos 的數據代入（有 3 種方法）即可得出，確認式因素分析中樣本分數＝因素分數。

(1) 取數據，繪製路徑圖。

(2) 從〔分析〕→選擇〔數據代入〕。

〔Amos 數據代入〕對話框即被顯示。

(3) 選容易處理的〔回歸法代入〕，按一下 檔名 ，選擇〔儲存位置〕、〔檔

名〕、〔檔案種類〕，按一下 儲存 。

(4) 按一下〔摘要〕對話框的 OK ，結束 Amos。

(5) PAWS（SPSS）開啓數據。

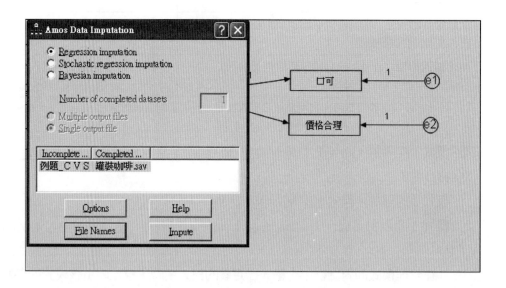

> **輸出到 PAWS（SPSS）的例子**

因素分數

Q1_1	Q1_2	Q1_3	Q1_4	Q1_5	透明性	CaseNo	var
4.00	3.00	5.00	5.00	4.00	3.55	1.00	
4.00	3.00	4.00	5.00	4.00	3.73	2.00	
5.00	5.00	5.00	5.00	5.00	3.46	3.00	
5.00	2.00	4.00	5.00	4.00	3.03	4.00	
4.00	4.00	4.00	4.00	4.00	4.27	5.00	
3.00	3.00	4.00	5.00	5.00	4.32	6.00	
5.00	5.00	5.00	5.00	3.00	2.65	7.00	
5.00	5.00	5.00	5.00	4.00	4.27	8.00	
4.00	2.00	5.00	5.00	3.00	2.88	9.00	

參考 1 利用 Amos 表示因素分數的項目比重的方法

利用迴歸代入的因素分數（Sample score）是以「項目比重 × 樣本的原始數據的項目合計」所求出。項目比重是勾選〔分析性質〕→〔輸出〕Tab →〔因素分數比重〕。執行估計時，即在正文輸出中輸出估計值（項目比重與路徑係數不同）。

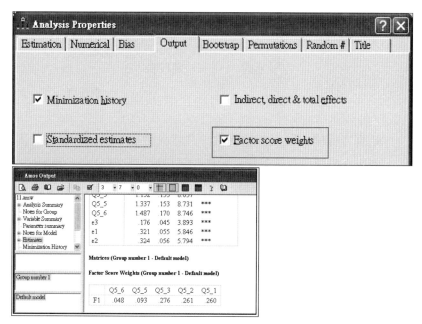

參考 2 與利用 PAWS（SPSS）的因素分數相同求出分數的方法

(1) 求各項目的平均值

(2) 求各樣本的平均偏差（樣本的原始數據各項目的平均值）

(3) 比重合成之和（項目比重★ × 樣本的平均偏差的項目合計）

★將確保潛在變數的識別性的 1 設定在變異數而非路徑係數上。在〔分析性質〕→〔變異數類型〕Tab →〔分析對象的共變異數中〕勾選〔不偏估計值共變異數〕。

15-5　Amos 的補充

1.Amos 中可以使用的數據尺度

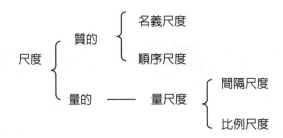

(1) 結構方程模式是根據變異數、共變異數矩陣來估計參數，因之 Amos 能使用之數據主要是量尺（包括間隔尺度、比例尺度）的數據。

(2) 調查的回答（4 級以上）嚴格來說是順序尺度，但順序是分配等間隔的數值，所以看成間隔尺度來分析。

(3) 樣本數基本上愈多愈好，最少的樣本數很難一概而論，但建議 200 以上。減少樣本數時不安定的路徑會增加，但不安定的路徑是沒有安定的，增加樣本數，不安定的路徑安定的時候也有。

2. 路徑圖的路徑係數顯示位數與變異方向的方法

(1) 點選〔檢視〕→〔介面性質〕。

在〔介面性質〕對話框→按一下〔形式〕或雙擊〔參數形式〕窗格。

(2) 按一下〔News Format〕。

(3) 輸入新形式的名稱（例：標準化 3 位數），按 OK 。

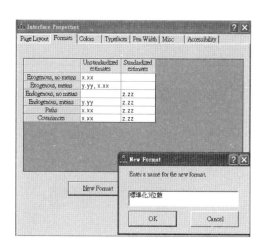

(4) 一面參照標準化估計值（2 位數），一面在〔標準化 3 位數〕中輸入〔Z.ZZZ〕（1 位元）。（未標準化估計值是輸入「x」與「y」）

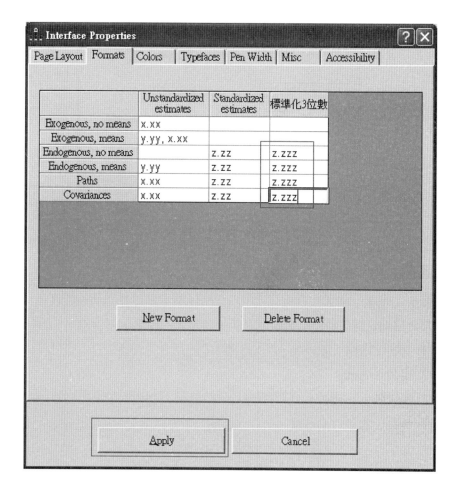

(5) 按一下 Apply ，關閉方框。

(6) 按一下〔參數形式〕窗格所追加的〔標準化 3 位數〕。

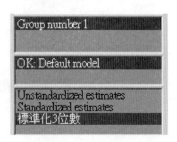

於是路徑圖上輸出 3 位數的標準化估計值。

(7) 將滑鼠指針放在路徑圖上按右鍵→點選〔物件性質〕，依〔物件性質〕
對話框→〔參數〕Tab，即可變更路徑係數的大小與方向。

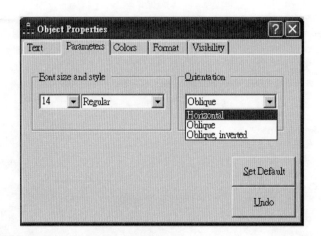

3. 路徑圖上顯示標題與適配度的方法

利用〔標題〕圖樣（ Title ），可以在路徑圖上顯是標題與適配度。

Text Macro 是自動顯示適配度之值，所定義的組名、模式名。

(1) 適配度指標：\gfi、\agfi、\aic 等

(2) 組名：\group

(3) 模式名：\model

(4) 參數形式名：\format

(5) 數據檔名：\datafilename

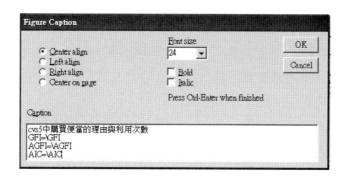

從 Amos 的清單中點選〔help〕→〔Topic 的檢索〕→〔Keyword〕Tab，輸入〔Text Macro〕時，即可顯示 Text Macro 指令的一覽。

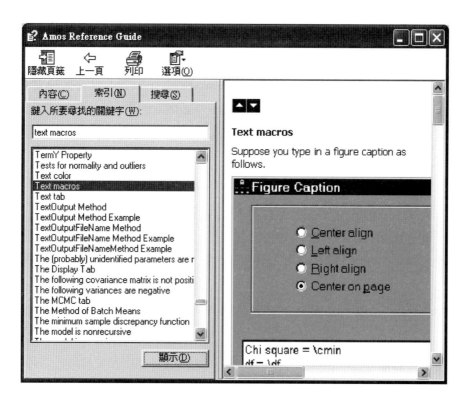

4. 輸入數據檔的形式

Amos 是可以與 PAWS（SPSS）獨立使用，因素也可讀取 Excel、TXT、CSV 形式的檔案。

除原始數據外，共變異數、變異數矩陣或相關矩陣也可當成輸入數據。

如下例，利用相關矩陣的輸入形式：

1	rowtype_	varname	講師處理	滿足度	理解度	目的一致	教材	發表	速度
2	n		118	118	118	118	118	118	118
3	corr	講師處理	1						
4	corr	滿足度	0.143	1					
5	corr	理解度	0.163	0.249	1				
6	corr	目的一致	−0.043	0.286	0.127	1			
7	corr	教材	0.219	0.14	0.022	−0.07	1		
8	corr	發表	0.452	0.232	0.2	0.148	0.22	1	
9	corr	速度	0.158	0.098	0.195	0.091	0.263	0.348	1
10	stddev		1.128	1.412	1.321	0.919	1.024	0.903	1.190
11									

(1) 左邊兩行：利用變數檢視將類型改成「字串」

(2) 最左邊的行：變數的名稱輸入「rowtype_」，下方的儲存格輸入「n」及數個「corr」，在下面的儲存格輸入「stddev」與「mean」。

(3) 左邊第 2 行：變數的名稱輸入「varname」，n 的列空白，下方輸入任意變數名。

(4) 第 3 行以後：第 1 列輸入變數名，n 的列輸入樣本數，相關係數之值以下三角形矩陣輸入，對角線輸入「1」。「stddev」之列輸入標準差，「mean」的列輸入平均值。

【註 1】平均值不明時刪除列。標準差不明時輸入「1」（所得結果只有標準化估計值）也可計算解。

【註 2】共變異數、變異數矩陣時，將「corr」改成「cov」（「stddev」不需要）。

【註 3】Amos 是勾選〔分析性質〕→〔輸出〕tap →〔樣本積率（sample moment）〕推估時，可以得出共變異數、變異數矩陣（樣本的共變異數）與相關矩陣（樣本的相關）。

5. 輸出的種類

以 Amos 執行分析時，會產生擴張子不同的檔案。保管的檔案除原先的數據外，最好也要保管路徑圖（amw）、路徑圖輸出（amp）、正文輸出（AmosOutput）。

擴張子	保管	內容
.amw	◎	路徑圖檔案【重要】。
.amp	◎	Amos 的路徑圖輸出檔案【重要】。
.AmosOutput	◎	Amos 正文輸出檔案。Excel 是選擇（所有檔案（*.*））讀取，也可從其他應用程式閱覽【重要】。
.bkl	○	支援檔案。可刪除。
.bk2	○	想從已保管的路徑圖恢復成原先的狀態時有用。（清單〔檔案〕→〔檢索支援檔案〕→開啓）。
.AmosP	△	數據的匯總檔案。可刪除。
.AmosN	△	路徑圖檢視的略圖檔案。可刪除。
.AmosBayes	△	進行貝氏估計或貝氏代入時被製作。可刪除。

第16章　縱斷面資料與平均結構模式

　　此處，試著調查平均結構模式另一個也甚具代表性的應用例。稱為縱斷面資料的分析（longitudinal research），這是針對同一母體調查潛在變數的時間性差異的分析方法。

　　假定對某一母體，在不同的時期進行相同的調查。此時，想調查潛在變數出現何種質性的差異，調查它即為「縱斷面資料」的分析。

　　調查公司內部員工教育作為例子看看。為了讓員工的 IT 技術提高，實施了 3 個月的技術研修，然後調查它的成果。因之，於研修實施前、後進行了 3 個測驗，分別是「中打」、「表格計算」、「OS 基礎」，此資料即為下頁的表。就此觀察員工的技能是否提高了呢？

　　由於員工的技能度無法直接觀測。調查其變化的平均結構模式即為其出色之處。表中 1 是表示「研修實施前」，2 是表示「研修實施後」。

教育成果

	中打1	表格計算1	OS基礎1	中打2	表格計算2	OS基礎2
1	7	8	8	8	6	8
2	8	7	9	7	5	8
3	7	7	8	7	7	7
4	5	6	5	8	8	6
5	5	8	6	6	7	7
6	6	6	5	5	6	8
7	5	4	2	4	4	4
8	9	9	9	9	9	9
9	7	4	3	4	5	4
10	6	8	9	8	6	6
11	6	7	6	5	5	5
12	5	8	5	6	4	6
13	6	4	4	5	4	4
14	7	9	7	9	8	7
15	5	5	6	7	3	6
16	6	6	5	6	6	4
17	6	6	7	6	8	6
18	6	5	5	6	7	6
19	6	6	8	8	7	9
20	8	9	7	8	6	9
21	6	5	4	7	6	6
22	4	5	6	6	5	7
23	6	6	6	4	7	5
24	5	7	7	9	6	8
25	6	6	3	5	7	5
26	6	5	7	7	4	6
27	7	5	4	6	4	6
28	6	6	8	8	4	6
29	5	7	6	7	6	7
30	9	9	10	9	8	10

【註】參資料檔 16_ 技術研修 .sav

16-2 畫潛在變數（因素分析模式）

參考第 2 章以前的路徑圖的畫法，試畫出如下的路徑圖。

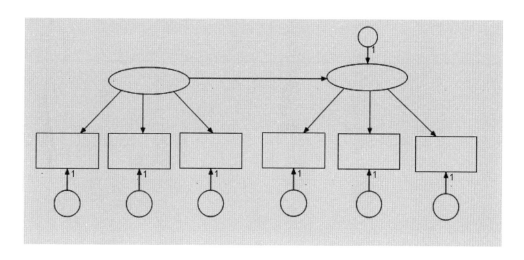

使 用〔Draw a latent variable or add an indication to a latent variable〕 圖 像（😀），畫出橢圓與觀測變數及誤差變數，再以〔Select all objects〕圖像（✋）與〔Duplicate objects〕圖線（📠）進行複製。

以〔Draw path (single headed arrows)〕圖像（←），從左側的潛在變數向右側的潛在變數畫箭線。

使用〔Add a unique variable to an existing variable〕圖像（♟），在右側的潛在變數按一下時，即可畫出誤差變數。

1. 指定觀測變數的變數名

步驟1 按一下〔List variables in data set〕圖像（▤），或從工具列選擇〔View〕→〔Variables in dataset〕，對觀測變數指定資料內的變數名。

【註】當然，不要忘了事前先指定好資料檔。

步驟2 變數名太長溢出方框時，與第 8 章相同，以〔Object properties〕設定變數標籤。

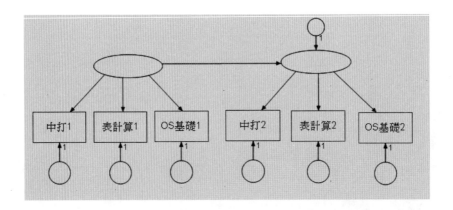

2. 對潛在變命名

步驟 1 為了對潛在變數命名，從工具列選擇〔Plugins〕→〔Name Unobserved Variables〕。

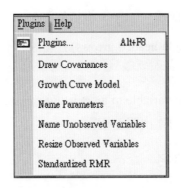

步驟 2 研修前、後的技能度以「研修前」、「研修後」來表現。此變化是目前最想調查的內容。

左側的潛在變數橢圓命名為研修前，右側的潛在變數（橢圓）命名為研修後。

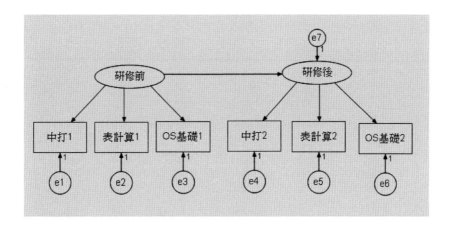

3. 分析的指定與執行

步驟1 按一下〔Analysis Properties〕圖像（ ），或從工具列選擇〔View〕
→〔Analysis Properties〕。
點選〔Output〕Tab。
勾選〔Standardized estimates〕、〔Squared multiple correlation〕關閉視
窗。

步驟2 按一下〔Calculate estimates〕圖像（ ），或從工具列選擇
〔Analyze〕→〔Calculate estimates〕，再執行分析。
如要求檔案的儲存時，即可儲存在適當的場所中。
那麼，利用平均結構模式，實際進行分析。路徑圖的初期設定之值。

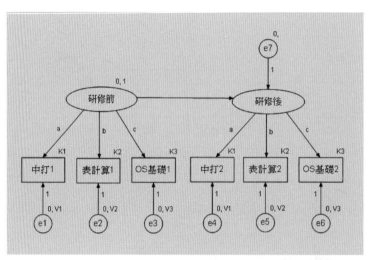

路徑圖與初期設定

在初期設定應注意的地方是要遵守「測量的不變性」。通常，截距、路徑係數、測量誤差等之值，在測量前、後最好使之相同。那麼，利用統計分析軟體 Amos，分析此模式看看。

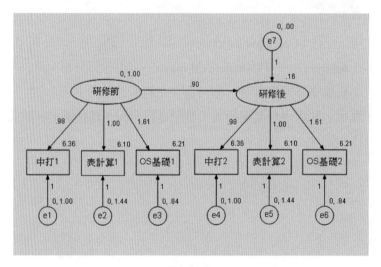

分析結果

> ## 技能度是否有變化

試觀察分析結果。取出最關心之「研修前後技能度」的變化部分來看。

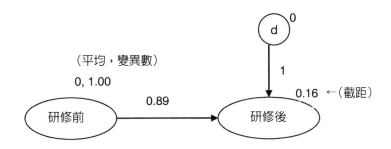

此以式子表示即為如下：

研修後 = 0.16 + 0.89× 研修前 + d

「研修前」的平均假定為 0，因之

「研修後」的平均 = 0.16

【註】此關係為結構方程式，附帶一提，d 的平均是假定 0。

因為 $x = k + \alpha f + d$ 將左式兩邊取平均時，$\bar{x} = k + \alpha \bar{f} + \bar{d} = k + \alpha \bar{f}$

多虧截距之惠，可知 2 個平均 $\bar{x}$、$\bar{f}$ 可以區分高低之差。

與研修前後相比，技能度只能提高 0.16 而已。

從「研修前」向「研修後」的路徑係數是 0.89。因此，變異數變成 0.89^2（約 8 成），減少 2 成。研修後技能的變異數變小，是表示研修的結果，員工的知識的變異數減少，在此方面，也可認同研修成果。

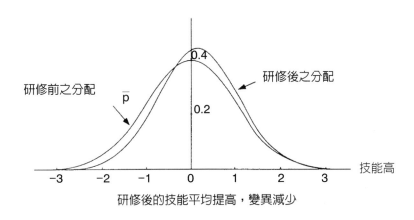

研修後的技能平均提高，變異減少

如同上述，利用平均、共變異數結構分析時，對於研修效果此種「看不見」的效果，也可進行統計學上的探討。

➤ 試評估分析結果

最後，觀察結果的評價。如下圖所示，並求計算出 RMR 與 GFI 的適配度指標。平均結構模式是不用求出它們的值。

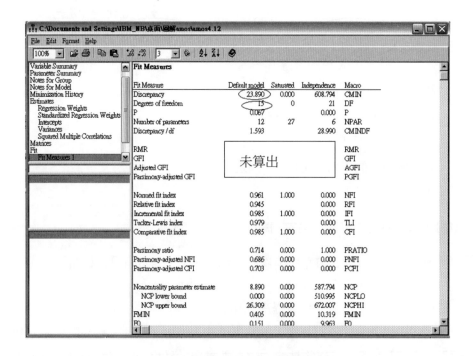

請看 χ^2 值（乖離度）看看。出現 23.890 之值。雖然看起來模式的「適配」並不佳，而自由度是 15。此點 χ^2 分配 95% 的點是 25，

H_0：路徑圖上所表示之關係模式是正確的。

因之，虛無假設無法捨棄，可以認同模式的正確性。

第17章 潛在曲線模式之利用

潛在曲線是能應用在縱斷面數據（對同一對象進行重複調查所得到的數據）之分析手法，因近年來的發展及研究進而受到矚目。

此模式是利用估計「截距」與「斜率」來說明縱斷面數據的平均值的增加或減少。並且，對於利用其他的分數預測截距與斜率也一併練習。

為了理解潛在曲線模式的內容，也說明重複量數的單因子變異數分析與相關關係的分析結果。不妨一面就這些加以比較，一面去理解看看。

- 單因子變異數分析（重複量數）
- 相關關係
- 潛在曲線模式：截距與斜率之估計
  　　　　　　　　：影響截距與斜率之模式

17-1 分析的背景

➡ 智能對算數的學習效果之影響－假想資料

1. 研究的目的

某一所小學開發出乘算的有效學習教材，使用該教材進行教育測試。此學習教材是採用訓練（drill）形式，教師測量兒童解答完教材的時間。此教育測試採取每月練習，是一非常有效的測試方式而受到其他學校的好評。

可是，對於使用此學習教材的教育測試來說，可以確認有何種程度的效果呢？至目前為止，並未有過明確的測量。並且，有教師報告說，利用此教育測試對於乘算的學習是有明顯出現效果的兒童，也有怎麼樣也毫無效果的兒童。因此，本研究注意到「偏差智能指數（IQ）」可當作兒童個人差異的一個要因。

本研究的目的是想檢討此小學進行測試的學習成效，從智能指數來看是受到何種的影響。

2.調查的方法

(1) 調查對象

從小學 2 年級學童中取得 100 名資料。

(2) 調查內容

首先，兒童在進行教育測試前，以智能檢查測量「偏差智能指數（IQ）」。

之後，兒童在 4 週之間採用此乘法的學習教材。

每週星期五測量解答完教材之時間，再換算成每一分的解答題。

針對每一位兒童將「偏差智能指數（IQ）」與 4 週之間每分鐘的平均解答數當作分析對象。

3.分析的摘要

(1) 4 週之間每一分鐘的平均解答數的分析

➤ 探討 4 週之間是否可以看出數據的變化。

➤ 進行反覆測量的變異數分析，檢討平均值之差異。

(2) 檢討智能指數與 4 次數據之相關

(3) 利用潛在曲線模式分析

➤ 利用 AMOS 估計 4 週間的數據之平均值與截距。

(4) 利用潛在曲線模式探討智能指數之影響

➤ 針對平均值與截距，估計智能指數影響的程度。

17-2　資料的確認與項目的分析

1.資料的內容

➤ ID（號碼），IQ（智能指數），W1 ～ W4（4 週間每 1 分鐘的平均解答數）

➤ 以下的資料可從本書所提供的數據檔下載。

ID	IQ	W1	W2	W3	W4
1	111	64.08	64.08	62.94	117.66
2	58	46.38	53.76	56.58	49.44
3	98	33.36	48.24	43.08	48.9
4	66	26.88	31.02	34.62	44.88
5	108	27.24	43.8	57.3	76.62
6	80	45.54	48.9	44.46	51.9
7	101	68.46	69.78	78.6	95.76
8	106	26.46	37.5	45	64.26
9	105	38.82	39.72	50.7	62.28
10	96	30	32.4	42.48	53.1
11	100	53.1	62.28	71.7	84.48
12	123	26.1	43.56	87.78	88.26
13	101	56.28	58.08	75	105.9
14	86	41.88	47.34	62.04	75
15	91	41.28	48.12	52.2	65.46
16	128	72.3	72	65.94	102.84
17	105	43.5	54.24	61.44	65.94
18	120	37.2	55.74	48.9	71.4
19	71	34.74	62.7	60.84	61.62
20	108	21.3	28.56	58.44	66.9
21	100	35.28	42.84	52.92	62.04
22	91	27.72	38.94	46.38	45.66
23	115	66.18	78.6	84.9	106.5
24	90	29.88	49.44	60.6	66.42
25	111	62.94	65.7	59.4	95.76
26	105	45	54.06	69.78	82.56
27	111	48.54	87.36	88.26	105.9
28	131	52.5	52.32	63.84	97.32
29	90	38.16	45.66	57.12	53.88
30	120	56.94	54.36	87.36	76.92
31	90	30.42	31.32	36.12	51.72
32	116	26.1	50.82	67.14	95.22
33	91	52.92	71.7	103.44	84.12
34	103	24.36	35.16	39.12	56.58
35	105	42.06	57.48	62.04	65.94
36	75	73.2	63.84	69.78	62.28
37	123	57.12	69.24	85.74	100.02
38	115	40.98	49.32	56.58	80.34
39	100	29.88	48.66	54.24	64.74
40	105	25.74	39.84	52.8	64.08
41	103	38.64	53.58	61.02	75
42	76	25.8	28.98	35.76	46.26
43	96	47.1	41.58	43.8	55.56
44	78	37.68	41.94	59.22	75.96
45	120	63.6	71.7	86.52	102.84
46	101	78.24	43.14	73.2	74.4
47	123	40.02	85.74	78.24	94.74
48	98	63.18	67.68	52.2	56.58
49	133	55.38	74.4	74.7	121.62
50	71	37.98	60.42	60.42	55.92
51	118	34.38	35.46	59.04	85.32
52	111	44.34	56.4	63.6	90
53	80	22.38	25.62	35.76	63.84
54	98	84.48	83.34	73.2	68.94
55	98	59.82	54.54	74.7	77.94
56	108	43.56	43.38	49.74	63.36
57	68	26.1	31.32	36.12	47.22
58	60	36.78	32.34	43.5	51.3
59	78	25.8	32.34	36.6	55.92
60	110	32.76	62.04	47.52	64.74
61	118	78.6	88.26	92.76	128.58
62	126	56.94	68.46	66.42	125.88
63	73	50.16	58.62	81.06	68.16
64	126	66.42	90	117.66	115.38
65	96	47.52	51.9	52.5	64.98
66	103	65.46	76.92	90.48	67.14
67	128	43.92	66.66	72	90
68	128	57.72	67.14	62.7	105.24
69	106	28.38	32.82	50.7	59.22
70	100	60	66.66	78.24	94.74
71	90	35.88	44.64	58.8	62.28
72	128	65.7	73.44	64.26	91.86
73	93	46.14	62.94	59.04	63.36
74	88	40.74	61.2	68.94	65.94
75	108	52.92	62.52	76.26	93.78
76	91	38.22	73.2	64.74	63.6
77	101	51	71.4	72.9	72.3
78	105	54.72	65.94	69.78	75.66
79	76	37.02	44.88	46.98	51.3
80	111	67.44	72.3	71.4	86.1
81	96	29.64	41.28	57.3	67.14
82	95	38.52	47.88	62.7	60.18
83	106	53.1	75	79.98	105.24
84	103	63.84	52.5	79.62	61.44
85	148	101.7	96.24	128.58	144

2. 單因子重複量數的變異數分析

首先，想掌握平均解答數在 4 週間是形成如何的變化。

每個人進行 4 次的重複，因之，試進行單因子重複量數的變異數分析。

(1) 分析的指定

①選擇〔分析〕→〔一般線性模式〕→〔重複量數〕。

出現〔重複量數定義因子〕視窗。

〔受試者內因子的名稱。

〔水準數〕當作 4，按 新增。

②按一下 定義。

〔受試者內變數〕中指定 W1 到 W4。

③按一下 選項。

於〔顯示平均數〕中指定週。

勾選〔比較主效應〕。

在〔信賴區間調整〕中選擇 Sidak 法。

勾選〔顯示〕的〔敘述統計〕。

④按一下 圖形。

〔水平軸〕中指定週。

新增 → 繼續。

⑤按一下 確定。

(2) 輸出結果的看法

①輸出有敘述統計。

連續 4 週，每 1 分的平均解答數得知正在上升中。

敘述統計

	平均數	標準差	個數
W1	46.6638	15.4570	100
W2	55.7766	16.1617	100
W3	63.6048	17.2826	100
W4	76.0338	21.2348	100

Mauchly 球形檢定[b]

測量: MEASURE_1

受試者內效應項	Mauchly's W	近似卡方分配	自由度	顯著性	Epsilon[a] Greenhouse-Geisser	Huynh-Feldt值	下限
週	.772	25.340	5	.000	.848	.873	.333

【註】 Mauchly 球面性檢定（Mauchly's test of sphereicity）：$H_0：\sum = \sigma^2 I$，當假設不成立時，照這樣無法正確求出變異數分析的 F 值的顯著機率，乃將此 Epsilon ε 乘上 2 個自由度，修正 F 值的顯著機率。Greenhouse-Geisser epsilon 或 Huynh-Feldt epsilon 是對利用反覆測量（時間性變化）的變異數分析修正 F 值之後的顯著機率之值。

②輸出有 Mauchly 的球面性檢定。

W 之值是 0.77，p < 0.001，在 0.1% 水準下是顯著的，因之否定球面性的假定。

③因為球面性的假定被否定，因之參照 Greenhouse-Geisser 或 Huynh-Feldt 的檢定結果。

由於 F 值或顯著機率均未改變，因之即使記述一般的變異數分析結果也不會有問題。此處僅止於參考程度。

◆ 球面性的假定：$F(3, 297) = 151.25, p < 0.001$

◆ Greenhouse-Geisser：$F(2.55, 251.95) = 151.25, p < 0.001$

◆ Huynh-Feldt：$F(2.62, 259.16), p < 0.00$

受試者內效應項的檢定

測量: MEASURE_1

來源		型 III 平方和	自由度	平均平方和	F檢定	顯著性
週	假設為球形	46468.810	3	15489.603	151.246	.000
	Greenhouse-Geisser	46468.810	2.545	18259.393	151.246	.000
	Huynh-Feldt值	46468.810	2.618	17751.617	151.246	.000
	下限	46468.810	1.000	46468.810	151.246	.000
誤差 (週)	假設為球形	30416.704	297	102.413		
	Greenhouse-Geisser	30416.704	251.948	120.726		
	Huynh-Feldt值	30416.704	259.155	117.369		
	下限	30416.704	99.000	307.239		

④輸出有平均值之差的檢定（Sidak 法）

成對的比較

測量: MEASURE_1

(I)週	(J)週	平均數差異 (I-J)	標準誤	顯著性[a]	差異的95%信賴區間[a]	
					下限	上限
1	2	-9.113*	1.149	.000	-12.198	-6.027
	3	-16.941*	1.386	.000	-20.663	-13.219
	4	-29.370*	1.729	.000	-34.012	-24.728
2	1	9.113*	1.149	.000	6.027	12.198
	3	-7.828*	1.204	.000	-11.059	-4.597
	4	-20.257*	1.565	.000	-24.460	-16.055
3	1	16.941*	1.386	.000	13.219	20.663
	2	7.828*	1.204	.000	4.597	11.059
	4	-12.429*	1.469	.000	-16.374	-8.484
4	1	29.370*	1.729	.000	24.728	34.012
	2	20.257*	1.565	.000	16.055	24.460
	3	12.429*	1.469	.000	8.484	16.374

以可估計的邊際平均數為基礎

*. 在水準 .05 的平均數差異顯著。

a. 多重比較調整：Sidak。

任一週的平均值之間，在 5% 水準下也都可以看出顯著的差異。

⑤因在〔圖形〕中已有設定，所以顯示有平均值的圖形。

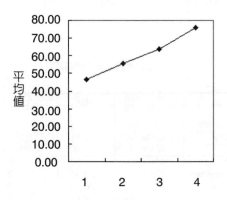

第 1 週到第 4 週，顯示平均值正在上升。

相關關係

1. 相互相關

其次，檢討 IQ 與 4 週間的平均值解答數之相關。

(1) 分析的指定

選擇〔分析〕→〔相關〕→〔雙變數〕。

〔變數〕中指定 IQ，W1 ～ W4。

按一下 選項 。

勾選〔平均值與標準差〕，按 繼續 。

按一下 確定 。

(2) 輸出結果的看法

①輸出有描述性統計量。

IQ 的平均值是 101.29，SD 是 17.47。

描述性統計量

	平均數	標準差	個數
IQ	101.2900	17.4682	100
W1	46.6638	15.4570	100
W2	55.7766	16.1617	100
W3	63.6048	17.2826	100
W4	76.0338	21.2348	100

②輸出有相關係數。

4 週間每 1 分鐘的解答數全部呈現相互顯著的正相關。

IQ 與 4 週所有的解答數呈現顯著的正的相關。

相關

		IQ	W1	W2	W3	W4
IQ	Pearson 相關	1.000	.391**	.443**	.512**	.736**
	顯著性 (雙尾)	.	.000	.000	.000	.000
	個數	100	100	100	100	100
W1	Pearson 相關	.391**	1.000	.737**	.647**	.595**
	顯著性 (雙尾)	.000	.	.000	.000	.000
	個數	100	100	100	100	100
W2	Pearson 相關	.443**	.737**	1.000	.743**	.680**
	顯著性 (雙尾)	.000	.000	.	.000	.000
	個數	100	100	100	100	100
W3	Pearson 相關	.512**	.647**	.743**	1.000	.727**
	顯著性 (雙尾)	.000	.000	.000	.	.000
	個數	100	100	100	100	100
W4	Pearson 相關	.736**	.595**	.680**	.727**	1.000
	顯著性 (雙尾)	.000	.000	.000	.000	.
	個數	100	100	100	100	100

**. 在顯著水準為0.01時 (雙尾)，相關顯著。

17-4　利用潛在曲線模式來檢討

1. 以潛在曲線模式檢討截距斜率

如右側的圖形所顯示，每一分鐘的解答數，每週分別是 46.66，55.78，63.70，76.03，逐週地成直線式增加的傾向。

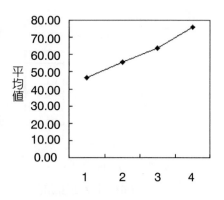

而且，4 週的標準差從 15.46 到 21.23 有增加的傾向。亦即，個人差隨著各週變大。

此處，將第 1 週（視為 1 個時點）的解答數當作截距，第 1 週到第 4 週解答數的成長率當作斜率來看。

或許 IQ 高的兒童在第 1 週的解答數有較多（截距）的傾向也說不定。並且，IQ 高的兒童其解答數的成長率逐週地增大（斜率大）也是說不一定的。

以 IQ 預測此個人差即為本研究的最終目的。

可是，在此之前，將解答數的變化套用線性模式之潛在曲線模式，試以 Amos 執行看看。

(1) 分析的指定

①選擇〔分析〕→〔Amos 5〕。

　Amos 中，為了簡單描繪潛在曲線模式的路徑圖，準備有 Macro。

②選擇〔Tool〕→〔Macro〕→〔Growth Curve Model〕。

　（Amos 17 是〔Tool〕→〔Plugins〕→〔Growth Curve Mode〕）

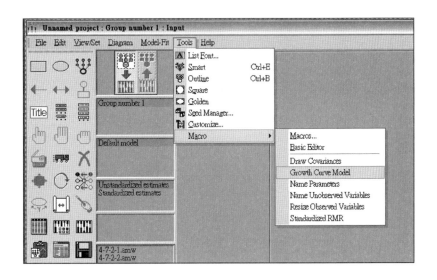

③顯示出視窗，因之將〔Number of time point〕當作 4，按 OK 。

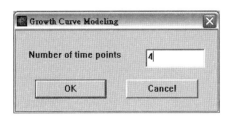

　　意指 4 個時點的縱斷數據。

④路徑圖可自動畫出。

　　ICEPT 意指「截距」，SLOPE 意指「斜率」。

　　X1 ～ X4 是觀測變數，e1 ～ e4 是誤差數。

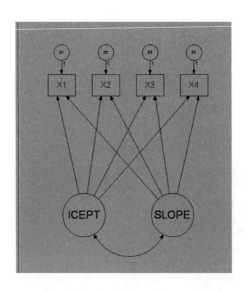

(2) 布置的調整

因形成縱長的圖形，故各自調整成容易看的布置。

①以〔逐一選擇物件〕圖像（ ），選擇 ICEPT 與 SLOPE。

②點選〔移動物件〕圖像（ ），移動到適當的場所。

(3) 觀測變數的指定與路徑係數之固定

①指定觀測變數。

點選〔資料組內變數一覽〕圖像（ ），或選擇〔顯示〕→〔資料組所含變數〕。

於〔X1〕指定 W1，〔X2〕指定 W2，〔X3〕指定 W3，〔X4〕指定 W4。

②路徑係數的固定

從「截距」ICEPT 到觀測變數的路徑係數全部固定為 1。

在表示路徑的箭線上按兩下，在〔參數〕Tab 的〔係數〕欄中，輸入「1」。

從「斜率」SLOPE 到觀測變數的路徑係數，如以下固定。

從 SLOPE 到 W1……0

從 SLOPE 到 W2……1

從 SLOPE 到 W3……2

從 SLOPE 到 W4……3

當係數不易看時，可以點選〔移動參數值〕圖像（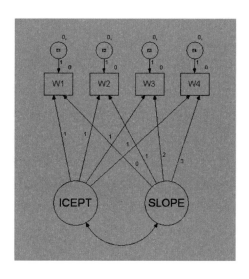）再讓路徑係數移動。

(4) 平均值、截距、因子平均的指定

①點選〔分析性質〕圖像（　　　）。

點選〔估計〕Tab。

勾選〔估計平均值與截距（E）〕。

②讓觀測變數的截距成為 0。

在觀測變數 W1 按兩下，顯示〔物件的性質〕。

在〔參數〕Tab 的〔截距〕欄中輸入「0」。

W2 ～ W4 也同樣將截距當作 0。

③進行因子平均的設定。

在 ICEPT 按兩下，刪除〔參數〕Tab 的〔平均〕所輸入的 0。

對 SLOPE 也同樣消去 0。

④顯示出誤差變數的參數。

在誤差變數上按兩下，在〔能見度（Visibility）〕Tab 中勾選〔顯示參數（show parameters）〕。

在目前的指定下，路徑圖成為下圖。

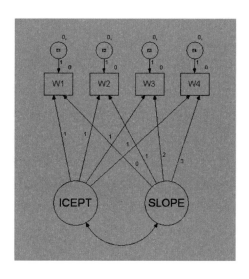

(5) 分析的執行

　①分析的設定

　　　點選〔分析性質〕圖像（ 🎹 ）。

　　　在〔輸出〕Tab 勾選〔標準化的估計值〕。

　　　在〔變異數〕Tab 中指定〔作為輸入所指定的共變異數〕、〔分析對象的
　　　共變異數〕以及〔不偏估計值共變異數〕。

　②分析的執行

　　　點選〔計算估計值〕圖像（ 🎹 ）。

(6) 輸出結果的看法

　①在未標準化的估計值方面，顯示出有截距（ICEPT）與斜率（SLOPE）的
　　估計值。

　　　ICEPT 是 46.33，SLOPE 是 9.35。

　②ICEPT 與 SLOPE 的共變異數是 3.39，相關係數是 0.07。

〈未標準化估計值〉　　　　　　　　　〈標準估計〉

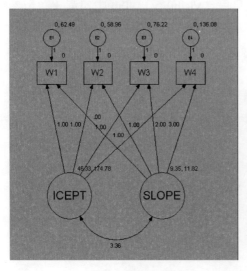
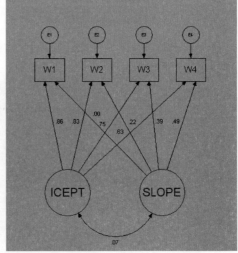

③觀察 Text 輸出的〔參數估計值〕。

從 ICEPT 與 SCOPE 到觀測變數的路徑係數如下。

Regression Weights: (Group number 1 - model 1)

			Estimate	S.E.	C.R.	P	Label
W1	<---	ICEPT	1.000				
W1	<---	SLOPE	.000				
W2	<---	ICEPT	1.000				
W2	<---	SLOPE	1.000				
W3	<---	ICEPT	1.000				
W3	<---	SLOPE	2.000				
W4	<---	ICEPT	1.000				
W4	<---	SLOPE	3.000				

Standardized Regression Weights: (Group

			Estimate
W1	<---	ICEPT	.858
W1	<---	SLOPE	.000
W2	<---	ICEPT	.832
W2	<---	SLOPE	.216
W3	<---	ICEPT	.749
W3	<---	SLOPE	.389
W4	<---	ICEPT	.632
W4	<---	SLOPE	.493

在未標準化的估計值方面，顯示分析時所固定之值。

標準化係數是將截距與斜率予以標準化之後的路徑係數之值。

④輸出有 ICEPT 與 SLOPE 的平均值之估計值。

Means: (Group number 1 - Default model)

	Estimate	S.E.	C.R.	P	Label
ICEPT	46.334	1.491	31.070	***	
SLOPE	9.353	.548	17.075	***	

ICEPT 的估計值為 46.334，SLOPE 的估計值為 9.353，在 1% 水準下均為顯著。

〈STEP UP〉利用 ICEPT 與 SLOPE 的估計值計算解答數

- 從以上的結果，某個人的每 1 分的解答數可如下求出。

第 1 週的解答數 = 46.334 + 0×9.353 + 誤差→ 46.334 + 誤差

第 2 週的解答數 = 46.334 + 1×9.353 + 誤差→ 55.687 + 誤差

第 3 週的解答數 = 46.334 + 2×9.353 + 誤差→ 66.040 + 誤差

第 4 週的解答數 = 46.334 + 3×9.353 + 誤差→ 74.393 + 誤差

- 試與先前的結果所表示的平均值（下表）相對照看看。

- 可知平均值與除去誤差後之值幾乎相等。

	每分的解答數		
	平均值	SD	F值
第1週	46.66	15.46	
第2週	55.78	16.16	151.23
第3週	63.6	17.28	p<0.01
第4週	76.03	21.23	

⑤ICEPT 與 SLOPE 之間的共變異數並不顯著。相關係數是 0.074，幾乎無相關。

Covariances: (Group number 1 - model 1)

	Estimate	S.E.	C.R.	P	Label
ICEPT <--> SLOPE	3.364	9.675	.348	.728	par_1

Correlations: (Group number 1 - model 1)

	Estimate
ICEPT <--> SLOPE	.074

⑥觀察 Text 輸出的〔模式適合度〕

χ^2 值是 5.981，自由度 5，不顯著。

CFI 是 0.996，RMSEA 是 0.046，顯示足夠之值。

CMIN

Model	NPAR	CMIN	DF	P	CMIN/DF
model 1	9	6.029	5	.303	1.206
Saturated model	14	.000	0		
Independence model	8	247.063	6	.000	41.177

Baseline Comparisons

Model	NFI Delta1	RFI rho1	IFI Delta2	TLI rho2	CFI
model 1	.976	.971	.996	.995	.996
Saturated model	1.000		1.000		1.000
Independence model	.000	.000	.000	.000	.000

RMSEA

Model	RMSEA	LO 90	HI 90	PCLOSE
model 1	.046	.000	.153	.440
Independence model	.637	.570	.706	.000

預測截距與斜率

1. 預測截距與斜率

此處是分析利用 IQ 預測截距與斜率的模式。

(1) 分析的指定

利用先述分析所使用的路徑圖。

①清除 ICEPT 與 SLOPE 的共變異數。

點選〔消去物件〕圖像（ ✘ ）。

②在 ICEPT 與 SLOPE 上追加誤差變數。

點選〔在既有的變數上追加固有的變數〕圖像（ 🔓 ）。

在 ICEPT 與 SLOPE 之上按一下，追加誤差變數。試按幾下調整至適當的位置。

變數的位置以〔移動物件〕圖像（ 🚚 ）調整。

變數的大小，可點選〔變更物件形狀〕圖像（ ✥ ），在變數的上面一面拖曳一面調整。

所新增的變數之名稱，當作 D1、D2。

③在誤差變數之間設定共變異數。

點選〔描繪共變異數（雙向箭線）〕圖像（ ↔ ），在 D1 與 D2 之間設定雙向箭線。

④追加觀測變數（IQ）。

點選〔描繪被觀測的變數〕圖像（ ▢ ），在 ICEPT 與 SLOPE 之間的正下方畫出觀測變數。

從所畫出的觀測變數利用〔畫出路徑（單向箭線）〕圖像（ ← ），對 ICEPT 與 SLOPE 畫出箭線。

點選〔資料組內變數一欄〕圖像（ ▤ ），對新畫出的觀測變數指定 IQ。

⑤進行至目前為止的作業後，應可顯示如下的圖形。

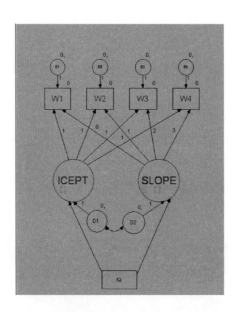

⑥〔分析性質〕的設定與先前相同。

⑦點選〔計算估計值〕圖像（▦），執行分析。

(2) 輸出結果的看法

①未標準化的估計值與標準化的估計值顯示如下。

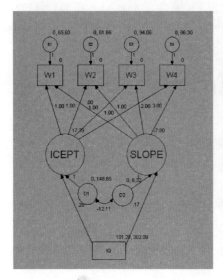 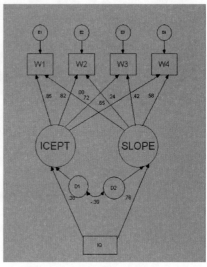

②試觀察 Text 輸出。

觀察〔參數估計值〕。

Regression Weights: (Group number 1 - model 1)

			Estimate	S.E.	C.R.	P	Label
ICEPT	<---	IQ	.285	.081	3.526	***	par_1
SLOPE	<---	IQ	.172	.027	6.395	***	par_2
W1	<---	ICEPT	1.000				
W1	<---	SLOPE	.000				
W2	<---	ICEPT	1.000				
W2	<---	SLOPE	1.000				
W3	<---	ICEPT	1.000				
W3	<---	SLOPE	2.000				
W4	<---	ICEPT	1.000				
W4	<---	SLOPE	3.000				

Standardized Regression Weights: (Group number 1 - model 1)

			Estimate
ICEPT	<---	IQ	.376
SLOPE	<---	IQ	.765
W1	<---	ICEPT	.852
W1	<---	SLOPE	.000
W2	<---	ICEPT	.824
W2	<---	SLOPE	.244
W3	<---	ICEPT	.715
W3	<---	SLOPE	.424
W4	<---	ICEPT	.648
W4	<---	SLOPE	.576

從 IQ 到 ICEPT 的路徑，從 IQ 到 SLOPE 的正向路徑均為顯著。

從 IQ 到 ICEPT 的估計值為 0.285，意指 IQ 每上升 1 時，每分鐘的解答數即上升 0.285。

從 IQ 到 SLOPE 的估計值為 0.172，意指 IQ 每上升 1 時，4 週間之變化的斜率即上升 0.172。

③觀察〔模式適合度〕

χ^2 值是 18.915，自由度 7，在 1% 水準下是顯著的。

CFI = 0.962，滿足 0.90 以上的基準。

RMSEA = 0.131，因超過 0.1 以上，配適並不佳。

Model Fit Summary

CMIN

Model	NPAR	CMIN	DF	P	CMIN/DF
model 1	13	18.915	7	.008	2.702
Saturated model	20	.000	0		
Independence model	10	325.844	10	.000	32.584

Baseline Comparisons

Model	NFI Delta1	RFI rho1	IFI Delta2	TLI rho2	CFI
model 1	.942	.917	.963	.946	.962
Saturated model	1.000		1.000		1.000
Independence model	.000	.000	.000	.000	.000

RMSEA

Model	RMSEA	LO 90	HI 90	PCLOSE
model 1	.131	.062	.204	.031
Independence model	.565	.513	.618	.000

2. 分析組別的因果關係

在配置不變與測量不變下，試進行組別的分析與輸出的指定。

步驟1 選擇〔Analyze〕→〔Manage Groups〕。

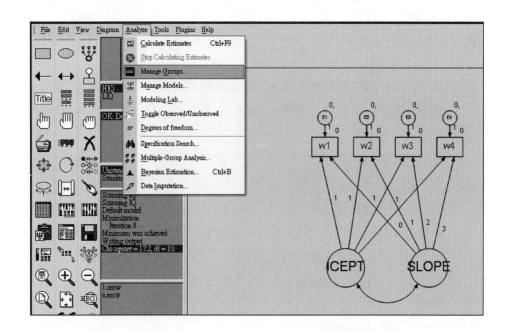

步驟2 刪除〔Group Name〕框內的字母，輸入「HIQ」，於是〔Groups〕的框內即顯示 HIQ。

按一下〔New〕。

在〔Group Name〕的框內輸入「LIQ」，然後關閉視窗。

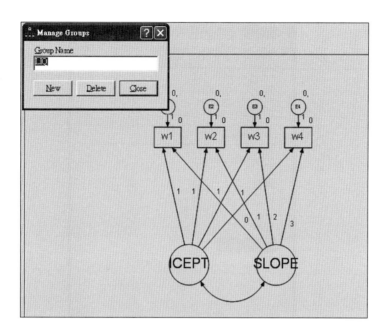

步驟 3 分別指定變數。

按一下〔Select data files〕圖像（ ▦ ），或從工具列選擇〔Files〕→
〔Data files〕。

試確定〔Group Name〕已顯示出 HIQ、LIQ。

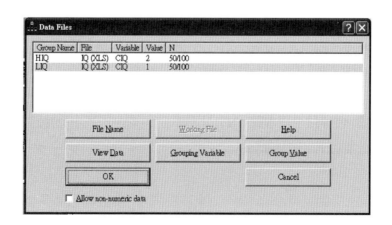

步驟 4 按一下 HIQ。點選〔Grouping Variable〕。
從變數一覽中選擇「CIQ」，按 OK 。

點選〔Group Value〕，因想指定 HIQ 組，選擇 2，再按 OK 。

步驟 5 同樣點選 LIQ。

點選〔Grouping Variable〕，選擇「CIQ」，按 OK 。

點選〔Group Value 〕，選擇 1 後，按 OK 。

步驟 6 〔Group Name〕分別顯示 HIQ、LIQ，〔Variable〕顯示 CIQ，〔Value〕顯示 2 與 1，樣本數〔N〕分別顯示 50 時，即表示數據的指定完成。在此狀態下，按 OK 。

(1) 輸出結果的看法

　①未標準化的估計值與標準化的估計值顯示如下。

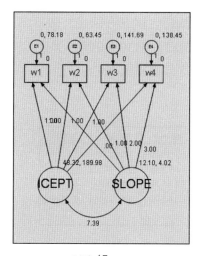

HIQ 組

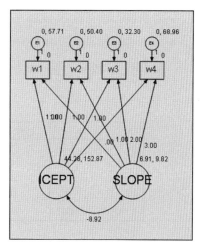

LIQ 組

　②試觀察 Text 輸出。

　　觀察〔參數估計值〕。

Means: (HIQ - Default model)

	Estimate	S.E.	C.R.	P	Label
ICEPT	48.323	2.232	21.648	***	
SLOPE	12.102	.719	16.837	***	

Means: (LIQ - Default model)

	Estimate	S.E.	C.R.	P	Label
ICEPT	44.279	1.981	22.355	***	
SLOPE	6.907	.665	10.383	***	

- 從以上的結果，HIQ 的每 1 分的解答數可如下求出。

　　第 1 週的解答數 = 48.32 + 0×12.10 + 誤差→ 48.32 + 誤差

　　第 2 週的解答數 = 48.32 + 1×12.10 + 誤差→ 60.42 + 誤差

　　第 3 週的解答數 = 48.32 + 2×12.10 + 誤差→ 72.52 + 誤差

　　第 4 週的解答數 = 48.32 + 3×12.10 + 誤差→ 84.62 + 誤差

- 從以上的結果，LIQ 的每 1 分的解答數可如下求出。

  第 1 週的解答數 = 44.28 + 0×6.91 + 誤差 → 44.28 + 誤差

  第 2 週的解答數 = 44.28 + 1×6.91 + 誤差 → 51.19 + 誤差

  第 3 週的解答數 = 44.28 + 2×6.91 + 誤差 → 58.10 + 誤差

  第 4 週的解答數 = 44.28 + 3×6.91 + 誤差 → 64.01 + 誤差

- 知 HIQ、LIQ 的平均值與除去誤差後之值幾乎相等。

敘述統計

	個數	最小值	最大值	平均數	標準差
w1	50	21.30	101.70	49.3800	16.33378
w2	50	22.32	96.24	59.8884	17.20990
w3	50	39.12	128.58	69.1740	17.93269
w4	50	56.58	144.00	87.2028	20.75317
有效的 N (完全排除)	50				

敘述統計

	個數	最小值	最大值	平均數	標準差
w1	50	22.38	84.48	43.9476	14.17268
w2	50	25.62	83.34	51.6648	14.03738
w3	50	34.62	103.44	58.0356	14.78500
w4	50	41.58	105.90	64.8648	15.02514
有效的 N (完全排除)	50				

〈補充〉預測模式的結果是表達什麼？

- 以 IQ 的平均值將調查對象分成高群與低群（分成 2 群），將 4 週間的平均解答數表示成圖形時，即如下圖所示。

- 從 IQ 到截距（ICEPT）的正且顯著的路徑，是顯示 4 週以來 IQ 高的兒童比低的兒童平均解答數較多。

- 如圖形所顯示那樣，從 IQ 到斜率（SLOPE）的正且顯著的路徑，意指 IQ 高的兒童比低的孩童斜率較大，亦即，平均解答數有逐週上升的傾向。

- 實際地分成 IQ 高分數者與低分數者，進行 IQ 高低 ×4 週的 2 要因混合計畫的變異數分析時，也可得知交互作用是顯著的（$F_{(3, 294)}=15.36$, $p < 0.001$）。

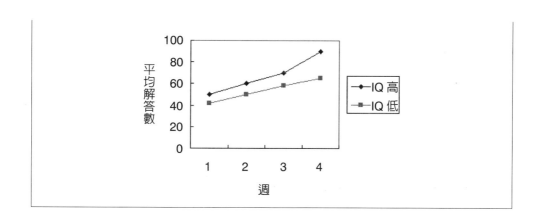

17-6　論文、報告的記述

1. 解答數的變化

　　爲了檢討 4 週間每 1 分鐘的解答數，進行了重複量數的變異數分析。

　　下表顯示有各週的解答數的平均值、標準差（SD）與變異數分析結果。下圖顯示出解答數的平均值。變異數分析的結果，可以看出各週的解答數有顯著差（$F(3, 297) = 151.25, p < 0.001$）。進行多重比較（sidak 法，5% 水準）後，所有的週間均可看出顯著差。

每一分鐘解答數的平均數、標準差與變異數分析結果

	每1分的解答數		
	平均數	標準差	F值
第1週	46.66	15.46	
第2週	55.78	16.16	151.25
第3週	63.60	17.28	p<.001
第4週	76.03	21.23	

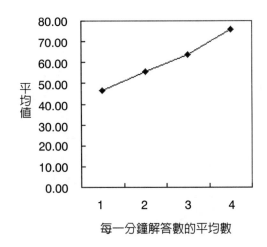

每一分鐘解答數的平均數

2. 相互相關

　　求出 IQ 的平均值與標準差之後，平均值是 101.29，標準差是 17.47。

　　其次，求出 IQ 與各週的每一分鐘的解答數之相關，以及各週的解答數之間的相互相關（見下表）。IQ 與所有週的解答數呈現顯著的正相關，相關係數隨週有增高的傾向。另外，4 週間的解答數呈現相互間顯著的正相關。

IQ 與每一分鐘解答數之相關

		每1分的解答數			
		第1週	第2週	第3週	第4週
IQ		0.39	0.44	0.51	0.74
每1分的解答數					
第1週		－	0.74	0.65	0.6
第2週			－	0.74	0.68
第3週				－	0.73
第4週					－

3. 利用潛在曲線模式估計截距與斜率

　　就 4 週的每 1 分鐘的解答數來說，假定 1 次式的成長曲線，利用潛在曲線模式估計了截距與斜率（見下圖）。分析則使用 Amos。

　　所估計的截距之平均值是 46.33，斜率是 9.35。另外，截距與斜率之相關係數是 0.07，並不顯著。截距與斜率之間幾乎無相關，說明第 1 週的解答數與此後的解答數的成長之間並無關連。

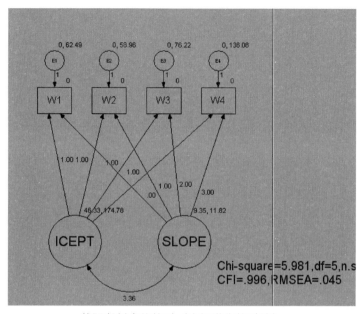

截距與斜率的估計（未標準化估計值）

4. IQ 對截距與斜率之影響

　　針對 4 週間每一份的解答數的截距與斜率，檢討了 IQ 的影響（見下圖）。IQ 對截距之影響力（未標準化估計值）是 0.28，對斜率的影響力是 0.17（均為 P < 0.001）。因此，可以認為比所有兒童的平均 IQ（101.29）高出 1 的兒童，在第 1 週的平均解答數多出 0.28，解答數的成長率每 1 週多出 0.17。

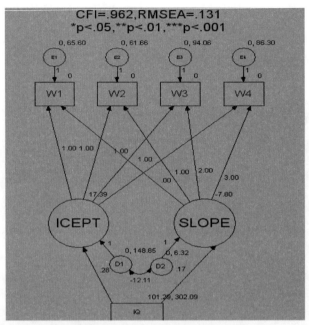

IQ 的截距與對斜率之影響（未標準化估計值）

17-7 補充說明

1. 利用潛在曲線模式提高適配度的秘訣

　　至目前為止，針對 4 週間的解答數的變化，利用了假定是直線式增加的 1 次式潛在曲線模式進行了檢討。

　　此處，作為補充說明，就改良潛在曲線模式加以說明。

　　改良模式的代表性方法，有以下 3 種方法。

　　(1) 引進誤差共變異數

　　(2) 適配非線性曲線

　　(3) 適配潛在混合分配模式。

　　此處，就 (1) 與 (2) 進行解說。

2. 引進誤差共變異數

　　引進誤差共變異數是觀察殘差矩陣，在殘差大的要素間引進誤差共變異數的

手法。

- 對於 Amos 輸出殘差矩陣來說，點選〔分析性質〕圖像（ ），勾選〔輸出〕Tab 的〔殘差積率（Residual moment）〕後執行分析。
  - ➢ 在〔正文輸出〕的〔參數估計值〕中，輸出有殘差共變異數與標準化殘差共變異數。
  - ➢ 譬如，在第 4 節的分析中，如輸出有殘差矩陣時，即如下所示。

Residual Covariances (Group number 1 - model 1)

	W4	W3	W2	W1
W4	9.011			
W3	1.677	-16.016		
W2	7.518	-3.066	6.308	
W1	8.632	-10.508	4.040	-.735

Standardized Residual Covariances (Group number 1 - model 1)

	W4	W3	W2	W1
W4	.145			
W3	.037	-.361		
W2	.187	-.087	.176	
W1	.231	-.320	.133	-.022

  - ➢ 觀察所輸出的殘差矩陣，與其他比較後在可看出較大的殘差之成對誤差間（如 W1 與 W2 時，即為 E1 與 E2）假定共變異數（雙向箭頭）後再進行分析。
    - ◆在此次的例子中，原本的模式的適配度是佳的，因之即使假定誤差共變異數再進行分析，適配度也會降低。

引進誤差共變異數時，引進的誤差共變數意指什麼，需要從理論上去檢討。

3. 適配非線性曲線

成長曲線無法以直線表現時，1 次式的模式是不太合適的。此種情形，引進高次項，或者變更從「斜率」到觀測變數的路徑係數的固定（0, 1, 2, …），利用此等手法可以使適配度提高。

(1) 引進高次項

- 以下的圖是引進 2 次項表現非線形曲線的例子
  - ➢ 1 次項是從「斜率」到觀測變數的路徑固定成 0, 1, 2, 3。
  - ➢ 2 次項是從「斜率」到觀測變數的路徑固定成 0, 1, 4, 9。
    - ◆2 次項是指定 1 次項的平方值。

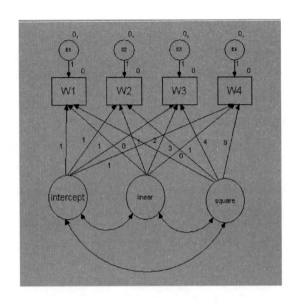

■分析例

- 利用第 4 節進行分析後的數據畫出上述的路徑圖，包含 2 次項進行分析後的結果如下。

Regression Weight(group number1-model1)

			Estimate	S.E.	C.R.	P	Label
W1	<---	intercept	1.000				
W2	<---	intercept	1.000				
W3	<---	intercept	1.000				
W4	<---	intercept	1.000				
W1	<---	linear	.000				
W2	<---	linear	1.000				
W3	<---	linear	2.000				
W4	<---	linear	3.000				
W1	<---	square	.000				
W2	<---	square	1.000				
W3	<---	square	4.000				
W4	<---	square	9.000				

Standardized Regression Weight (Group number1-model1)

			Estimate
W1	<---	intercept	.979
W2	<---	intercept	.935
W3	<---	intercept	.875
W4	<---	intercept	.712
W1	<---	linear	.000
W2	<---	linear	.541
W3	<---	linear	1.013
W4	<---	linear	1.238
W1	<---	square	.000
W2	<---	square	.096
W3	<---	square	.360
W4	<---	square	.660

■截距、1 次項、2 次項的平均的估計值

- 截距與 1 次項是顯著的，但 2 次項並不顯著。
- 從估計值求出各週的個人的解答數之數式如下。

第 1 週的解答數 $= 46.706 + 0 \times 7.440 + 0 \times 0.703 + 誤差 \rightarrow 46.706 + 誤差$

第 2 週的解答數 $= 46.706 + 1 \times 7.440 + 1 \times 0.703 + 誤差 \rightarrow 54.849 + 誤差$

第 3 週的解答數 $= 46.706 + 2 \times 7.440 + 2 \times 0.703 + 誤差 \rightarrow 64.398 + 誤差$

第 4 週的解答數 $= 46.706 + 3 \times 7.440 + 3 \times 0.703 + 誤差 \rightarrow 75.353 + 誤差$

Means: (Group number 1 - model 1)

	Estimate	S.E.	C.R.	P	Label
intercept	46.706	1.545	30.221	***	par_4
linear	7.440	1.380	5.392	***	par_5
square	.703	.455	1.543	.123	par_6

■截距、1 次項、2 次項之間的共變異數與相關

Covariances: (Group number 1 - model 1)

			Estimate	S.E.	C.R.	P	Label
linear	<-->	square	-13.894	15.964	-.870	.384	par_1
intercept	<-->	linear	-61.442	66.758	-.920	.357	par_2
intercept	<-->	square	16.777	17.050	.984	.325	par_3

Correlations: (Group number 1 - model 1)

			Estimate
linear	<-->	square	-1.028
intercept	<-->	linear	-.468
intercept	<-->	square	.719

■適配度指標

- 引進 2 次項，適合度整體來說降低了。

  ➢ 此次 $\chi^2 = 2.536$，df = 1，n.s.；CFI = .994，RMSEA = 0.125。

  ➢ 一次模式的適合度是 $\chi^2 = 5.981$，df = 5，n.s.；CFI = .996，RMSEA = 0.045。

Model Fit Summary

CMIN

Model	NPAR	CMIN	DF	P	CMIN/DF
model 1	13	2.561	1	.110	2.561
Saturated model	14	.000	0		
Independence model	8	247.063	6	.000	41.177

Baseline Comparisons

Model	NFI Delta1	RFI rho1	IFI Delta2	TLI rho2	CFI
model 1	.990	.938	.994	.961	.994
Saturated model	1.000		1.000		1.000
Independence model	.000	.000	.000	.000	.000

RMSEA

Model	RMSEA	LO 90	HI 90	PCLOSE
model 1	.126	.000	.326	.153
Independence model	.637	.570	.706	.000

- 此次的數據，引進 2 次項，適配度並未提高。
- 另外，使用 2 次以上高次項的模式，考察各因子的平均值、變異數、共變異數並不容易，因之有需要注意無法像 1 次式模式那樣能明確地解釋。
- 引進 2 次項的模式。

(2) 變更路徑係數的固定

- 在 1 次模式中，從「斜率」到各時點的觀測變數的路徑係數固定為 0, 1, 2, 3。
- 變更此數據，可以使適配度提高。
- 譬如，此次的數據可以考慮如下方法。
  ➤ 固定第 1 週的 0，至第 2 週的 1 為止，將第 3 週與第 4 週的路徑係數之固定除去。
    ◆ 第 1 週到第 2 週的平均增加量當作 1 時，即可估計第 3 週與第 4 週的平均增加量。
  ➤ 第 1 週當作 0 時，第 4 週當作 1 時（或 3），將第 2 週與第 3 週的路徑係數之固定除去的方法也有。
    ◆ 第 1 週與第 4 週的平均增加量當作 1（3）時，即可估計第 2 週與第 3 週的平均增加量。

■分析例

- 那麼,試著改良第 4 節進行分析後的模式。
  - ➢ 此處將第 1 週當作 0,第 2 週當作 1,除去第 3 週與第 4 週的路徑係數之固定的方法進行分析。
- 利用進行分析後的路徑圖,刪除從「SLOPE(斜率)」到 W3、W4 的路徑係數之數值。並且,從 SLOPE 到 W1 的路徑係數 1,從 SLOPE 到 W2 的路徑係數 1 則予以保留。

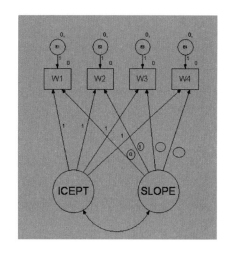

■輸出結果的看法

- 未標準化估計值如下。
  - ➢ 從 SLOPE 到 W3 的估計值是 1.87,到 W4 的估計值是 3.24。
- 觀察〔正文輸出〕的〔參數估計值〕。
  - ➢ 從 SLOPE 到 W3 的係數(未標準化估計值)是 1.873,到 W4 的係數是 3.228,在 0.1% 水準下均為顯著。

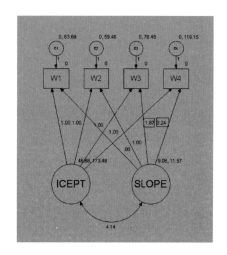

  - ➢ 從第 1 週到第 2 週的解答數的成長率當作「1」時,可知第 3 週是 1.873,第 4 週是 3.238。

Regression Weights: (Group number 1 - Default model)

		Estimate	S.E.	C.R.	P	Label
W1 <---	ICEPT	1.000				
W1 <---	SLOPE	.000				
W2 <---	ICEPT	1.000				
W2 <---	SLOPE	1.000				
W3 <---	ICEPT	1.000				
W3 <---	SLOPE	1.873	.198	9.484	***	par_1
W4 <---	ICEPT	1.000				
W4 <---	SLOPE	3.238	.354	9.139	***	par_2

Standardized Regression Weights: (Group number 1 - Default model)

		Estimate
W1 <---	ICEPT	.855
W1 <---	SLOPE	.000
W2 <---	ICEPT	.828
W2 <---	SLOPE	.214
W3 <---	ICEPT	.753
W3 <---	SLOPE	.364
W4 <---	ICEPT	.627
W4 <---	SLOPE	.525

(3) 截距與平均值如下

- 第 1 週的解答數 $= 46.677 + 0.000 \times 9.061 + 誤差 \rightarrow 46.677 + 誤差$
- 第 2 週的解答數 $= 46.677 + 1.000 \times 9.061 + 誤差 \rightarrow 55.738 + 誤差$
- 第 3 週的解答數 $= 46.677 + 1.873 \times 9.061 + 誤差 \rightarrow 63.648 + 誤差$
- 第 4 週的解答數 $= 46.677 + 3.238 \times 9.061 + 誤差 \rightarrow 76.017 + 誤差$
- 而且，在實際的數據中解答數的平均值，第 1 週是 46.66，第 2 週是 55.78，第 3 週是 63.00，第 4 週是 76.03。依據第 4 節〈STEP UP〉的結果，可知更接近實際的數據之值吧。

Means: (Group number 1 - Default model)

	Estimate	S.E.	C.R.	P	Label
ICEPT	46.677	1.546	30.197	***	par_4
SLOPE	9.061	1.147	7.903	***	par_5

(4) 觀察適配度

- χ^2 值是 1.230，自由度 3，並不顯著。

- CFI = 1.000，RMSEA = 0.000。

- 與進行模式的改良之前（χ^2 = 5.981，df = 5，n.s.；CFI = 0.996，RMSEA = 0.045）相比，整體而言，可知適配度有提高。

CMIN

Model	NPAR	CMIN	DF	P	CMIN/DF
Default model	11	1.230	3	.746	.410
Saturated model	14	.000	0		
Independence model	8	247.063	6	.000	41.177

Baseline Comparisons

Model	NFI Delta1	RFI rho1	IFI Delta2	TLI rho2	CFI
Default model	.995	.990	1.007	1.015	1.000
Saturated model	1.000		1.000		1.000
Independence model	.000	.000	.000	.000	.000

RMSEA

Model	RMSEA	LO 90	HI 90	PCLOSE
Default model	.000	.000	.118	.809
Independence model	.637	.570	.706	.000

4. 從結果來看

　　將第 1 週到第 4 週的解答數的平均值畫成圖形，通過第 1 週與第 2 週的直線延伸到第 4 週時，即為下圖所示。

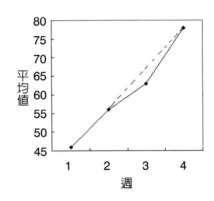

- 如觀察此圖形時,第 3 週的平均值偏於直線的下方,第 4 週的平均值偏於直線的上方。
  將第 1 週到第 2 週的解答數的成長當作「1」時,如果完全成為直線時,第 2 週理應為 2,第 3 週理應為 3。

- 第 3 週的估計值是 1.873,第 4 週是 3.238,如上圖所提示的那樣,此意謂這些解答數的平均值偏離在直線的上下方。

- 此「偏離」可以認為是假定直線時,適配度略為下降的原因。

第18章 干擾變數與中介變數

18-1 干擾變數簡介

干擾變數（moderator）又稱為調節變數，為一種外生變數，是因果關係的第三者，被定義為一個變數可以有系統性地改變自變數與依變數之間的相關形式或強度。

干擾變數有兩種型態：

1. 在傳統模型中影響自變數與依變數之間相關的強度
2. 改變了自變數與依變數之間相關的形式

在一個模型中，任一個變數，本身既有自（因）變數（IV）的特性，又有依（果）變數（DV）的特性，那麼就必有「干擾」或「中介（Mediator）」的現象存在。

干擾變數一般圖示如下。干擾變數也會影響 IV(X) 和 DV(Y) 之間的關係。IV 和 DV 之間的關係會因為干擾變數的值而改變，有可能是干擾變數是 0 的時候，IV 跟 DV 的關係很強，但干擾變數是 1 的時候，IV 跟 DV 的關係就不顯著了。

要選擇中介變數或是干擾變數呢？Reuben M. Baron 與 David A. Kenny 的研究提供了很實務的建議。如果 IV 與 DV 之間的關係很強，你可能想要用中介變數解釋 IV 是如何影響 DV 的；如果 IV 到 DV 之間的關係沒那麼強或是不一致，你可能會想要看干擾變數，來看 IV 對 DV 的影響是不是受到其他變數的影響。

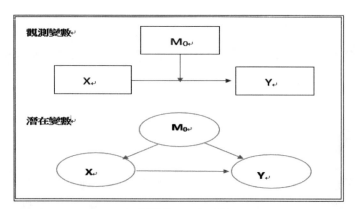

干擾變數 M_0 之圖解

　　干擾變數的一個特點是它可以是質性的（如：性別、種族、階級），也可以是量性的（譬如：得到不同程度的獎勵）。干擾變數可能會影響到 IV 對 DV 影響的方向（譬如：男生則有影響，女生則無影響）或是強度（譬如：IV 對 DV 的影響來說，男生比女生大）。如果熟悉 ANOVA 的話，干擾變數就是變異數分析中所看到的交互作用（interaction）。

　　另一特點是干擾變數與 IV 是在同一個層級的，也就是干擾變數其實也可以當作是一個 IV 來看待。

　　交互作用與干擾效果雖然是同樣的檢定方式，但其統計意義是完全不同的，干擾效果隱藏著因果關係的存在，而交互作用是沒有的。

　　在階層式迴歸分析中，可以從自變數和干擾變數的交互作用項顯著與否來判斷是否存在干擾變數。

　　交互作用的處理有些形式利用 SEM 是很容易的，但有些形式就很麻煩。

　　基本上，交互作用的形式依據變數性質分成兩類：

　　1. 交互作用項中至少有一項是分類變數

　　2. 交互作用項中兩個都沒有分類變數

　　對於第 1 類的交互作用項中至少有一項是分類變數來說，有兩種處理方式，一是虛擬變數，另一是群組模式。

　　對於第 2 類來說，請參陳順宇教授所著《結構方程模式》一書，此處省略。

　　以下針對第 1 類的方法進行解說。

1. 虛擬變數

使用虛擬變數可以將離散型資料改成連續型資料，交互作用即可以對應的變數交叉相乘項處理。當因子分成 k 類時，則要定義 k-1 個虛擬變數。

以下資料改編自陳順宇教授所著《結構方程模式》一書中的例 11.1，詳情請參閱該書。

〔範例〕

某設計師以顏色與造型兩因子設計出 4 種商品包裝，想研究 4 種商品包裝對食品銷售量（Y）的影響，顏色（A）分為黑白（A1）與彩色（A2），造型（B）分為金屬型（B1）與木製型（B2），隨機抽查 40 家規模約略相同的商店（M）分成 4 組，每組 10 家各銷售一種商品，記錄一年的銷售量如下表所示。

定義虛擬變數如下：

$$A = \begin{cases} 1 & \text{彩色} \\ 0 & \text{黑白} \end{cases}$$

$$B = \begin{cases} 1 & \text{金屬型} \\ 0 & \text{木製型} \end{cases}$$

	M	A	B	AB	Y
1	1	0	0	0	63
2	1	0	0	0	70
3	1	0	0	0	68
4	1	0	0	0	83
5	1	0	0	0	66
6	1	0	0	0	75
7	1	0	0	0	68
8	1	0	0	0	67
9	1	0	0	0	69
10	1	0	0	0	71
11	2	0	1	0	77
12	2	0	1	0	64
13	2	0	1	0	84
14	2	0	1	0	75
15	2	0	1	0	69
16	2	0	1	0	78
17	2	0	1	0	66
18	2	0	1	0	81
19	2	0	1	0	67
20	2	0	1	0	79
21	3	1	0	0	31
22	3	1	0	0	36
23	3	1	0	0	51
24	3	1	0	0	46
25	3	1	0	0	35
26	3	1	0	0	40
27	3	1	0	0	50
28	3	1	0	0	51
29	3	1	0	0	35
30	3	1	0	0	45
31	4	1	1	1	42
32	4	1	1	1	61
33	4	1	1	1	58
34	4	1	1	1	56
35	4	1	1	1	54
36	4	1	1	1	55
37	4	1	1	1	52
38	4	1	1	1	49
39	4	1	1	1	36
40	4	1	1	1	77

【註】表格檔參 18_1.sav

　　想觀察兩因子是否有交互作用？

　　此處以 SPSS 的方法與 Amos 的方法進行分析並加以比較。若以兩因子變異數分析執行 SPSS 時得出如下結果。

Tests of Between-Subjects Effects

Dependent Variable: Y

Source	Type III Sum of Squares	df	Mean Square	F	Sig.
Corrected Model	6560.000[a]	3	2186.667	33.902	.000
Intercept	144000.000	1	144000.000	2232.558	.000
A	5760.000	1	5760.000	89.302	.000
B	640.000	1	640.000	9.922	.003
A * B	160.000	1	160.000	2.481	.124
Error	2322.000	36	64.500		
Total	152882.000	40			
Corrected Total	8882.000	39			

a. R Squared = .739 (Adjusted R Squared = .717)

從中發現因子 A, B 顯著，交互作用 A*B 不顯著。

試就 Y 對 A, B, AB 進行複迴歸分析。

Model Summary

Model	R	R Square	Adjusted R Square	Std. Error of the Estimate
1	.859[a]	.739	.717	8.031

a. Predictors: (Constant), AB, B, A

ANOVA[a]

Model		Sum of Squares	df	Mean Square	F	Sig.
1	Regression	6560.000	3	2186.667	33.902	.000[b]
	Residual	2322.000	36	64.500		
	Total	8882.000	39			

a. Dependent Variable: Y

b. Predictors: (Constant), AB, B, A

Coefficients[a]

Model		Unstandardized Coefficients		Standardized Coefficients	t	Sig.
		B	Std. Error	Beta		
1	(Constant)	70.000	2.540		27.562	.000
	A	-28.000	3.592	-.940	-7.796	.000
	B	4.000	3.592	.134	1.114	.273
	AB	8.000	5.079	.232	1.575	.124

a. Dependent Variable: Y

$R^2 = 0.739$，此爲複判定係數，數字愈大顯示迴歸式愈有預測作用。
接著建立路徑圖如下。

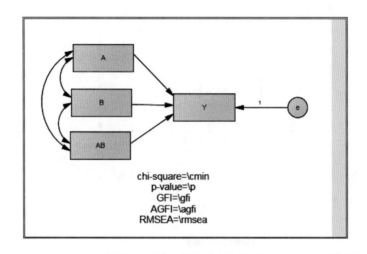

試從 File Name 找出 SPSS18.1 建立數據檔如下。

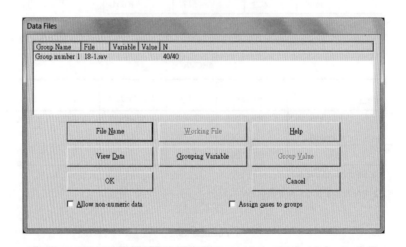

勾選〔標準化估計值〕及〔複相關相關係數之平方〕，再按 確定 。

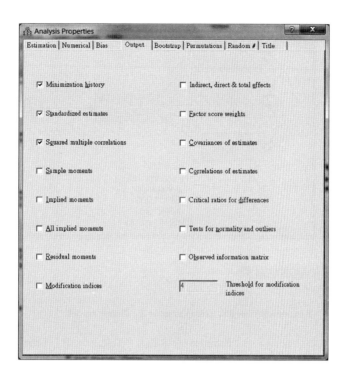

得出未標準化路徑係數如下。

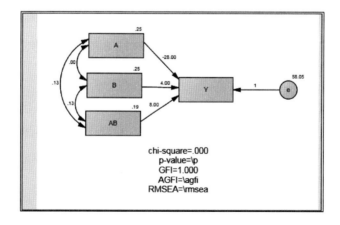

得出標準化路徑係數如下。

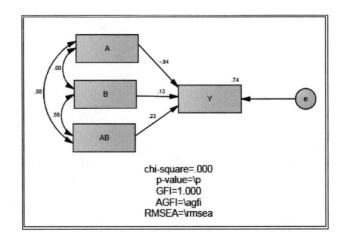

得出路徑係數之估計值。

Regression Weights: (Group number 1 - Default model)

	Estimate	S.E.	C.R.	P	Label
Y <--- A	-28.000	3.451	-8.114	***	
Y <--- B	4.000	3.451	1.159	.246	
Y <--- AB	8.000	4.880	1.639	.101	

　　交互作用 A*B 之 P 值 = 0.101，不顯著。R^2 = 0.74 與單因子變異數分析相同。但以此種方式定義的虛擬變數並不直交（AB 與 B 的相關係數是 0.58）。Y 的截距項 = 70 不等於全體平均數 60。

2. 以群組模式檢定交互作用

　　群組模式處理交互作用是以檢定各群組測量路徑係數是否相同，作為檢定交互作用是否存在的依據，當兩群組測量路徑係數不同時，即表示有交互作用，反之表示交互作用不顯著。

　　今想了解護理系學生的「心理學成績」x1，「生理學」成績 x2 對「成人護理學」y1 的影響是否受性別的干擾，亦即將性別視為干擾變數檢定是否有交互作用。就數據檔（參 18_2.sav）進行分析。

　　首先針對男生、女生之迴歸路徑不同下觀察其間差異，其次針對男生、女生之迴歸路徑是否相同進行檢定。

(1) Model 1：男生、女生迴歸路徑設定不同

　　①針對男生設定

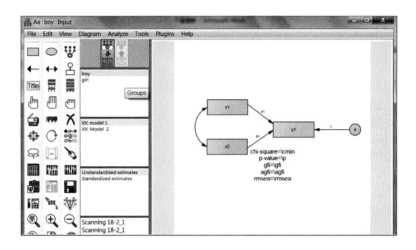

　　②針對女生設定

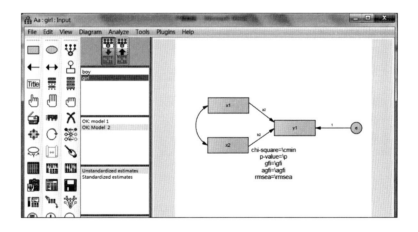

執行 Amos 分析，從模式 1 得出未標準化測量路徑係數如下。

　　①針對男生

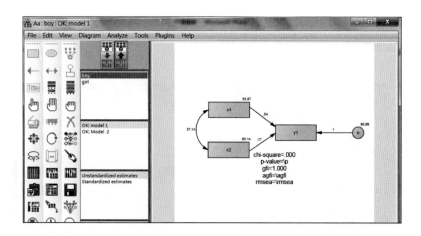

男生的迴歸式為 $y_1 = 0.54x_1 + 0.17x_2$

②針對女生

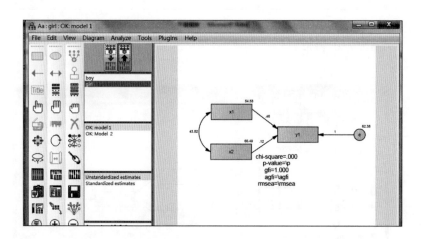

女生的迴歸式為 $y_1 = 0.46x_1 + 0.12x_2$

男生、女生的迴歸式相差不多，隱含交互作用不顯著，但以此種方式不能確定男生、女生 x_1 的路徑係數 0.54、0.46 是否有顯著差異？男生、女生 x_2 的路徑係數 0.17、0.12 是否有顯著差異？

因此，針對迴歸係數與截距建立虛無假設如下：

H_0：$a_1 = a_2$

H_0：$b_1 = b_2$

(2) Model 2：男生、女生迴歸路徑設定相同

　　針對模式 2 設定迴歸路徑 a1 = a2，b1 = b2 如下。

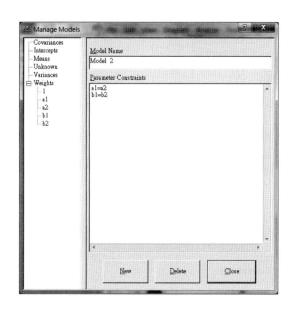

從模式 2 得出輸出未標準化測量路徑係數如下。

　　①針對男生

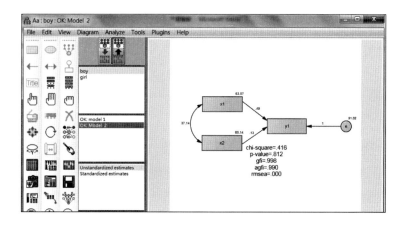

②針對女生

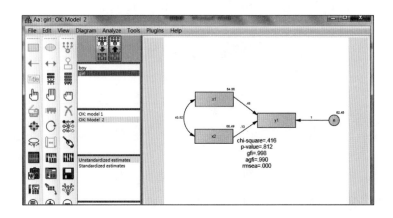

得出比較模式之結果如下。

Nested Model Comparisons

Assuming model model 1 to be correct:

Model	DF	CMIN	P	NFI Delta-1	IFI Delta-2	RFI rho-1	TLI rho2
Model 2	2	.416	.812	.003	.003		

結果可接受男、女的兩條迴歸路徑係數相同，也就是 x1、x2 與性別的交互作用不顯著。

18-2 **中介變數簡介**

中介變數（mediator）顧名思義，指的是 IV 對 DV 的影響，這個影響（一部分）是透過中介變數的。換言之，中介變數可解釋一部分 IV 對 DV 的影響。這三個變數的關係如下圖所顯示。要測試是否有中介效果，必須用複迴歸（multiple regression）或路徑分析（path analysis）。

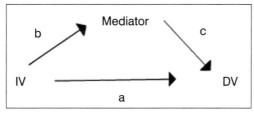

中介變數（mediator）關係圖

中介效果之驗證三部曲：

1. 以 IV 預測 DV

2. 以 IV 預測 Me

3. 以 IV 和 Me 同時預測 DV

我們解釋如下：

1. 第一步驟：以 X(IV) 預測 Y(DV)

　　迴歸方程式表示如下：

　　$Y = \beta_{10} + \beta_{11}X$

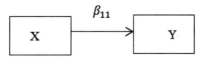

　　β_{10} 為常數，β_{11} 為迴歸係數

　　檢定：β_{11} 要達顯著，執行第二步驟，否則中止中介效果分析。

2. 第二步驟：以 IV 預測 Me

　　迴歸方程式表示如下：

　　$M = \beta_{20} + \beta_{21}X$

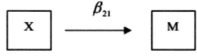

　　β_{20} 為常數，β_{21} 為迴歸係數

　　檢定：β_{21} 要達顯著，執行第三步驟，否則中止中介效果分析

3. 第三步驟：以 IV 和 Me 同時預測 DV

　　迴歸方程式表示如下：

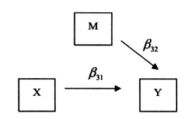

$Y = \beta_{30} + \beta_{31}X + \beta_{32}M$

β_{30} 為常數，β_{31} 為 X 的迴歸係數，β_{32} 為 Me 的迴歸係數

檢定：β_{31} 若為不顯著且接近於 0 →結果為完全中介

　　　　β_{31} 若為顯著，且係數小於第一步驟的 β_{11} →結果為部分中介。

Me 為中介成立的條件為：

(1) β_{11}、β_{21} 要顯著

(2) β_{32} 要顯著

(3) β_{31} 要小於 β_{11}

最好 β_{31} 的中介效果為接近於 0 且不顯著。

以下是中介效果檢定流程圖。

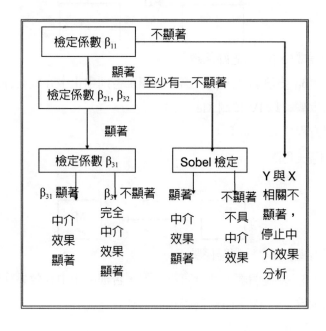

Sobel 檢定統計量 z 的公式表示如下：

$$z = \beta_{21}\beta_{32}/SE\beta_{21}\beta_{32}$$

$$SE_{\beta_{21}\beta_{32}} = \sqrt{\beta_{21}{}^2\, SE_{\beta_{21}}^2 + \beta_{32}{}^2\, SE_{\beta_{32}}^2}$$

式中

(1) β_{21} 與 β_{32} 均為非標準化係數值

(2) $\beta_{21} \times \beta_{32}$ 等值於（$\beta_{11} - \beta_{31}$）

　　$SE_{\beta_{21}}$ 及 $SE_{\beta_{32}}$ 分別為 β_{21} 與 β_{32} 之標準誤

在 $\alpha = 0.05$ 下，z 值 > | 1.96 |（或 p 值 < 0.05）即為顯著。

有關 β_{21} 與 β_{32} 標準誤可於 SPSS 的係數估計值中找出。

有關 sobel 檢定的計算器，下列網站有提供可供使用。

http://www.danielsoper.com/statcalc3/calc.aspx?id=31

http://quantpsy.org/sobel/sobel.htm

中介效果的計算：

1. C. M. Judd 與 D. A. Kenny 的係數相差法

　　$B_{indirect} = \beta_{11} - \beta_{31}$

2. M. E. Sobel 的係數相乘法

　　$B_{indirect} = \beta_{21}\beta_{32}$

〔範例〕

　　想驗證「健康意識」對「生活品質」的影響中，「生活環境」是否有中介效果（參數據檔 18_3）。

1. 資料輸入

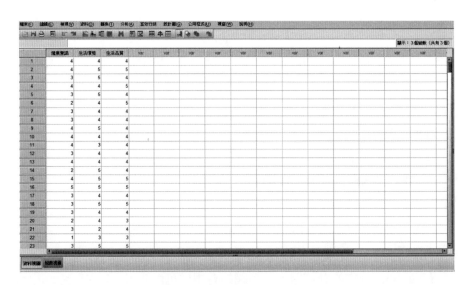

2.SPSS 分析步驟

〔第一階段〕

首先檢定健康意識對生活品質是否有影響。

步驟1 開啟數據檔後，點一下〔分析〕從中選擇〔迴歸〕，再點選〔線性〕。

步驟 2　將生活品質移入〔因變數〕，健康意識移入〔自變數〕中。點一下〔統
計資料〕。

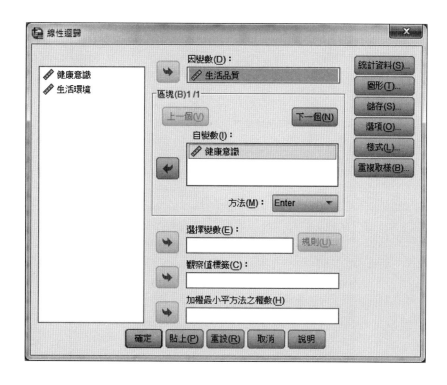

步驟 3　勾選〔估計值〕與〔模型適合度〕。按 繼續 。

步驟4 於返回步驟 2 頁面後，點一下〔儲存〕，於預測值中勾選〔未標準化〕。按 繼續，再按 確定。

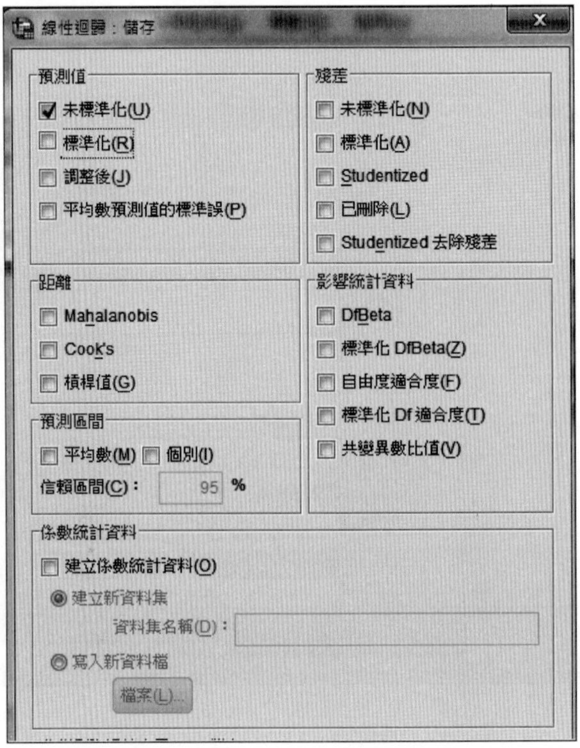

3.SPSS 輸出

Model Summary[b]

Model	R	R Square	Adjusted R Square	Std. Error of the Estimate
1	.217[a]	.047	.044	.694

a. Predictors: (Constant), 健康意識

b. Dependent Variable: 生活品質

Coefficients[a]

Model		Unstandardized Coefficients		Standardized Coefficients	t	Sig.
		B	Std. Error	Beta		
1	(Constant)	3.288	.139		23.638	.000
	健康意識	.169	.041	.217	4.140	.000

a. Dependent Variable: 生活品質

$\beta_{11} = 0.217$，$p = 0.000$ 達顯著，因之執行第二階段。

〔**第二階段**〕

按一下工具列中的 ▦ 圖像（跳到資料）即回到資料檢視的頁面中。將生活環境移入〔因變數〕，健康意識移入〔自變數〕中。按 確定。

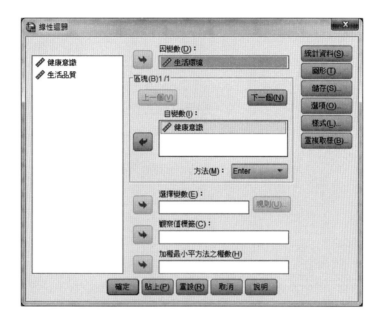

得出 SPSS 輸出如下。

Model Summary[b]

Model	R	R Square	Adjusted R Square	Std. Error of the Estimate
1	.314[a]	.098	.096	.747

a. Predictors: (Constant), 健康意識

b. Dependent Variable: 生活環境

Coefficients[a]

Model		Unstandardized Coefficients		Standardized Coefficients	t	Sig.
		B	Std. Error	Beta		
1	(Constant)	2.867	.150		19.148	.000
	健康意識	.270	.044	.314	6.160	.000

a. Dependent Variable: 生活環境

$\beta_{11} = 0.270$，$p = 0.000$ 達顯著，因之執行第三階段。

〔第三階段〕

回到資料檢視頁面後，將生活環境移入〔因變數〕，健康意識與生活環境移入〔自變數〕中。按 確定 。

得出 SPSS 輸出如下。

Model Summary[b]

Model	R	R Square	Adjusted R Square	Std. Error of the Estimate
1	.423[a]	.179	.174	.645

a. Predictors: (Constant), 生活環境, 健康意識

b. Dependent Variable: 生活品質

Coefficients[a]

Model		Unstandardized Coefficients		Standardized Coefficients	t	Sig.
		B	Std. Error	Beta		
1	(Constant)	2.296	.185		12.393	.000
	健康意識	.075	.040	.097	1.885	.060
	生活環境	.346	.046	.383	7.476	.000

a. Dependent Variable: 生活品質

$\beta_{31} = 0.075$，$p = 0.06$ 未達顯著且接近 0，

$\beta_{32} = 0.346$，$p = 0.00$ 達顯著。

結果可知此為完全中介。

此例試以 Amos 的路徑分析執行看看。

步驟 1　繪製路徑圖如下。

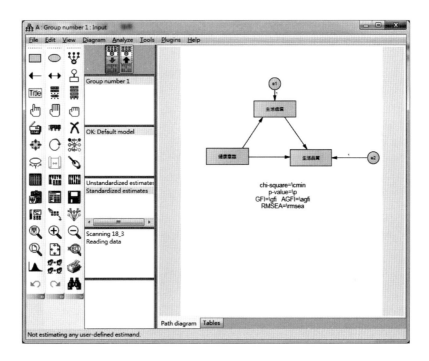

步驟 2　選擇數據檔。從數據檔名稱中找出 18_3.sav。按 OK。

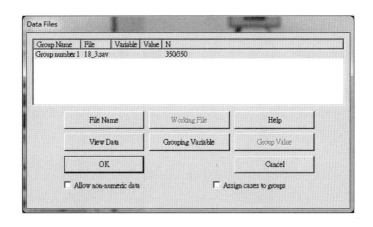

步驟 3　點選〔分析性質〕，從中勾選標準化、未標準化、複相關係數、間接、直接、綜合效果。

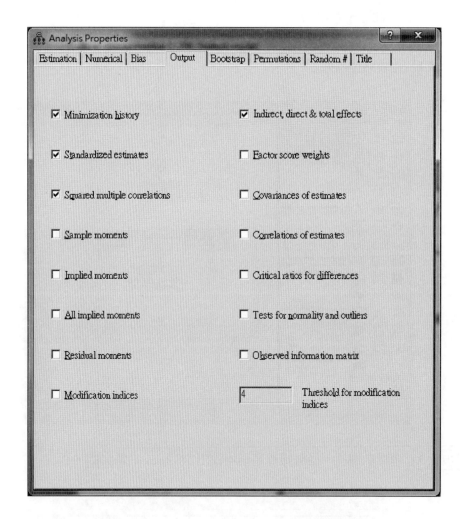

步驟 4　回到原頁面，點選〔執行〕圖像 ▦。得出輸出如下。
　　　　〔未標準化〕

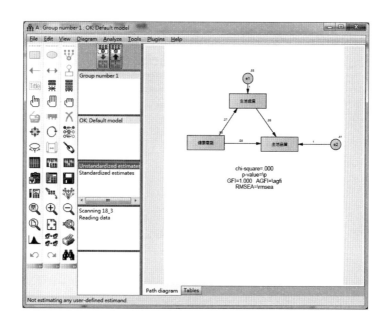

〔標準化〕

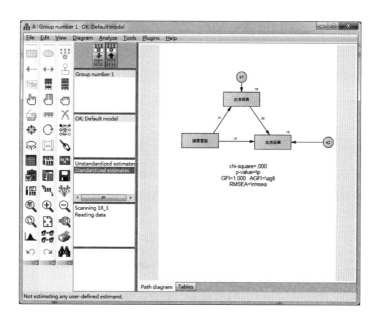

按一下〔Text輸出〕圖像 ▦，得出如下表之輸出。按一下〔估計值〕。

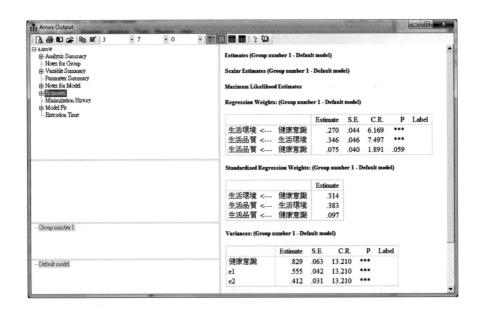

　　從未標準化路徑係數來看，健康意識到生活品質的未標準化係數是 0.075，p 值 = 0.059，未達到顯著。生活環境到生活品質的未標準化係數是 0.346，健康意識到生活環境的未標準化係數 0.270，p 值均達到顯著。

　　從標準化路徑係數來看，健康意識到生活品質的標準化係數是 0.097，可知生活品質受健康意識的影響較小；生活環境到生活品質的標準化係數是 0.383，可知生活品質受生活環境之影響較大；健康意識到生活環境的標準化係數 0.314，可知生活環境也受健康意識的影響。

　　從直接與間接效果來看，從健康意識到生活品質的直接效果是 0.097，從健康意識到生活品質的間接效果是 0.120 = 0.314×0.383，從健康意識到生活品質的綜合效果是 0.217(0.097 + 0.120)。當間接效果大於直接效果時，可推斷存在有中介效果。

Standardized Indirect Effects (Group number 1 - Default model)

	健康意識	生活環境
生活環境	.000	.000
生活品質	.120	.000

Standardized Direct Effects (Group number 1 - Default model)

	健康意識	生活環境
生活環境	.314	.000
生活品質	.097	.383

Standardized Total Effects (Group number 1 - Default model)

	健康意識	生活環境
生活環境	.314	.000
生活品質	.217	.383

參考文獻

1. 豐田秀樹，共變異數構造分析（入門篇），朝倉書店，2005
2. 豐田秀樹，共變異數構造分析（應用篇），朝倉書店，2005
3. 豐田秀樹、前田忠彥、柳井晴夫，探討原因的統計學，講談社，1992
4. 小塩眞司，利用 Amos 心理與市調資料分析，東京圖書，2007 年
5. 小塩眞司，共變異數構造分析入門（利用 Amos 的路徑分析），東京圖書，2008 年
6. 山本嘉一郎，小野寺孝義，共變異數構造分析與解析事例，Nakanishiya 出版
7. 涌井良美，圖解共變異數構造分析，東京圖書，2008 年
8. 小塩眞司，入門共變異數構造分析，東京圖書，2006 年
9. 田部井明美，「利用共變異數構造分析（AMOS）的資料處理」，東京圖書，2001 年
10. 田部井明美，SPSS 完全活用法─利用結構方程模式處理意見調查，東京圖書，2011
11. 大石展緒，都竹浩生，利用 Amos 調查數據解析，東京圖書，2009 年
12. 陳順宇，結構方程模式，心理出版社，2007 年
13. 吳明隆，結構方程模式─方法與實務應用，麗文文化，2009 年
14. 邱皓政，結構.方程模式：LISREL 的理論、技術與應用。雙葉書廊，2003
15. 陳耀茂，企業研究之量化分析，鼎茂圖書，2010 年
16. Spss Inc., *Spss Base for Windows User's Guid*, Spss Inc. 1997
17. James L. Arbucke & Werner Wothke, *Amos 4.0 User's Guide*, Small Waters Corporation, 1999
18. 柏木繁男，性格 5 因子論（FFM）對 TEG 的評價，心理學研究，69, 468-477, 1999
19. 小塩眞司，有關自我愛傾向之研究，名古屋大學教育學部記要（心理學），45, 45-53, 1998
20. 小塩眞司，高校生中自我愛傾向與友人關係之關聯，性格心理學研究，8, 1-11, 1999
21. http:// quantpsy.org/sobel/sobel.htm

國家圖書館出版品預行編目資料

醫護統計與AMOS—分析方法與應用／楊秋月，
陳耀茂編著. ──初版.──臺北市：五南，
2015.06
　面；　公分
ISBN 978-957-11-8148-6 (平裝)

1.統計套裝軟體　2.統計分析

512.4　　　　　　　　　　104009919

5J63

醫護統計與AMOS
─分析方法與應用

作　　者─ 楊秋月　陳耀茂（270）

發 行 人─ 楊榮川

總 編 輯─ 王翠華

主　　編─ 王俐文

責任編輯─ 金明芬

封面設計─ 曾黑爾

出 版 者─ 五南圖書出版股份有限公司

地　　址：106台北市大安區和平東路二段339號4樓

電　　話：(02)2705-5066　　傳　　真：(02)2706-6100

網　　址：http://www.wunan.com.tw

電子郵件：wunan@wunan.com.tw

劃撥帳號：01068953

戶　　名：五南圖書出版股份有限公司

法律顧問　林勝安律師事務所　林勝安律師

出版日期　2015年6月初版一刷

定　　價　新臺幣880元